赤門

——溶姫御殿から東京大学へ

東京大学創立一四〇周年記念・加賀前田家本郷邸開設四〇〇周年記念

東京大学総合研究博物館長
西野嘉章

東京大学は一八七七（明治一〇）年、東京開成学校を改組拡充するかたちで誕生した国内最古の官制大学である。以来、学内に収集蓄積された学術標本は膨大な量にのぼる。収集活動の更なる拡大、標本の高度活用を推し進めつつ、学問の新たな地平を拓くべく研究教育、公開発信を続けているのが、学内共同利用の第一号機関として誕生した総合研究博物館である。

本館ではこれまでにも数多の特別展示が開催されてきたが、それらのなかに構内埋蔵文化財の調査研究の成果を公開する機会もあった。二〇〇〇年の『加賀殿再訪』展と二〇一一年の『弥生誌』展、埋蔵文化財調査室との共催で実現した二度の展覧会がそれである。

今回、三度目の共催展を開催するにあたり、テーマとしたのは「赤門」である。東京大学のシンボルとしてつとに知られる歴史遺構であるが、その由来は、一八二七（文政一〇）年、徳川家斉の息女溶姫が前田家一三代藩主、斉泰の許へ輿入れしたことに遡る。本郷キャンパスが加賀前田家本郷邸跡地に重なるものであることを、かくも雄弁に物語る遺構は他にない。「赤門」は、幕府の終焉から、大学の創設、学術の展開を、二世紀近くに亘って見守ってきたのである。

本年は、前田家本郷邸の開設から数えて四〇〇年目にあたると同時に、東京大学創立一四〇周年の節目の年にあたる。溶姫御殿の発掘、歴史資料や学有記録の調査——本展は、それら研究活動の成果を基に、溶姫御殿の建立から東京大学の創設に至るまで、「赤門」とともにあった本郷キャンパス史に関する、最新の研究成果を公開しようとするものである。

末尾ながら、本展実現のためにご協力を惜しまれなかった関係諸機関、諸氏に厚く御礼申し上げる次第である。

東京大学埋蔵文化財調査室室長
大貫静夫

　東京大学本郷キャンパスには、国の重要文化財の赤門、国指定文化財（名勝）の懐徳館庭園、国指定文化財（史跡）の弥生二丁目遺跡、国の登録有形文化財である安田講堂をはじめとする大学の建造物など、数多くの歴史遺産が存在している。

　このような形が残っている指定対象物は、本来、組織（加賀藩や大学）全体の中で他の建造物と共に有機的に機能するものであった。現在そうした情報は、文字資料、画像として、あるいは学内の地中に考古資料となって良好な状態で残っている。

　東京大学埋蔵文化財調査室は、昭和五九年から三〇年以上継続的に学内の発掘調査を行ってきた。ここから得られた膨大な量の埋蔵文化財は、こうした復元に際して有力な情報源となっている。

　赤門は、現在では大学の顔として、また指定文化財としての側面を併せ持っている。赤門が持っていた機能や位置づけは時代と共に変化してきたが、こうした経緯にも時時の評価が大きく関係している。今回の赤門展は、当初の姿の復元と共にその後の変遷という視点も併せて構成したものである。

　本展開催にあたり、ご支援ご協力をいただいた関係者ならびに関係部局に感謝を申し上げるとともに、本展示を通して東京大学構内に遺存する考古資料の重要性に対してさらなる理解を願うものである。

「加賀藩江戸本郷邸泥絵」石川県立歴史博物館所蔵

目次

口絵1　赤門絵葉書1
手彩色絵葉書「東京帝國大學赤門」(舊幕時代、加賀の藩主前田侯の藩邸表門、舊形を存し赤塗なるより稱す)
(東京大学総合研究博物館所蔵)

1911(明治44)年7月に竣工した史料編纂掛(旧東京医学校本館)が右奥に見られないので(口絵13参照)、それ以前に撮影された写真であることがわかる。これまで確認されたうち、彩色された写真の中では最古と思われる赤門の姿である。ただし宛名面の特徴からすると発行は1918(大正7)年3月以降で、大正9年3月21日の消印を持つため、東京大学を題材とした手彩色絵葉書としてはとくに古いものではない(鶴見)。

口絵２　婚礼行列
「松乃栄」東京大学総合図書館所蔵

1889（明治22）年に出版されたこの錦絵には、「旧幕府の姫君加州家へ御輿入の図」という副題があり、1827（文政10）年に将軍徳川家斉の21女溶姫が加賀藩主前田斉泰に輿入れしたときの様子が想像を交えて描かれる。1889年は徳川家康が江戸入城した1590（天正18）年から300年目にあたり、東京開市三百年祭が催された年でもあった。この錦絵は、そうした祝祭的な雰囲気のもと、かつての江戸を懐古する気運の中で制作された作品で、必ずしも溶姫の婚礼行列を忠実に再現しているわけではないので注意したい（小松）。

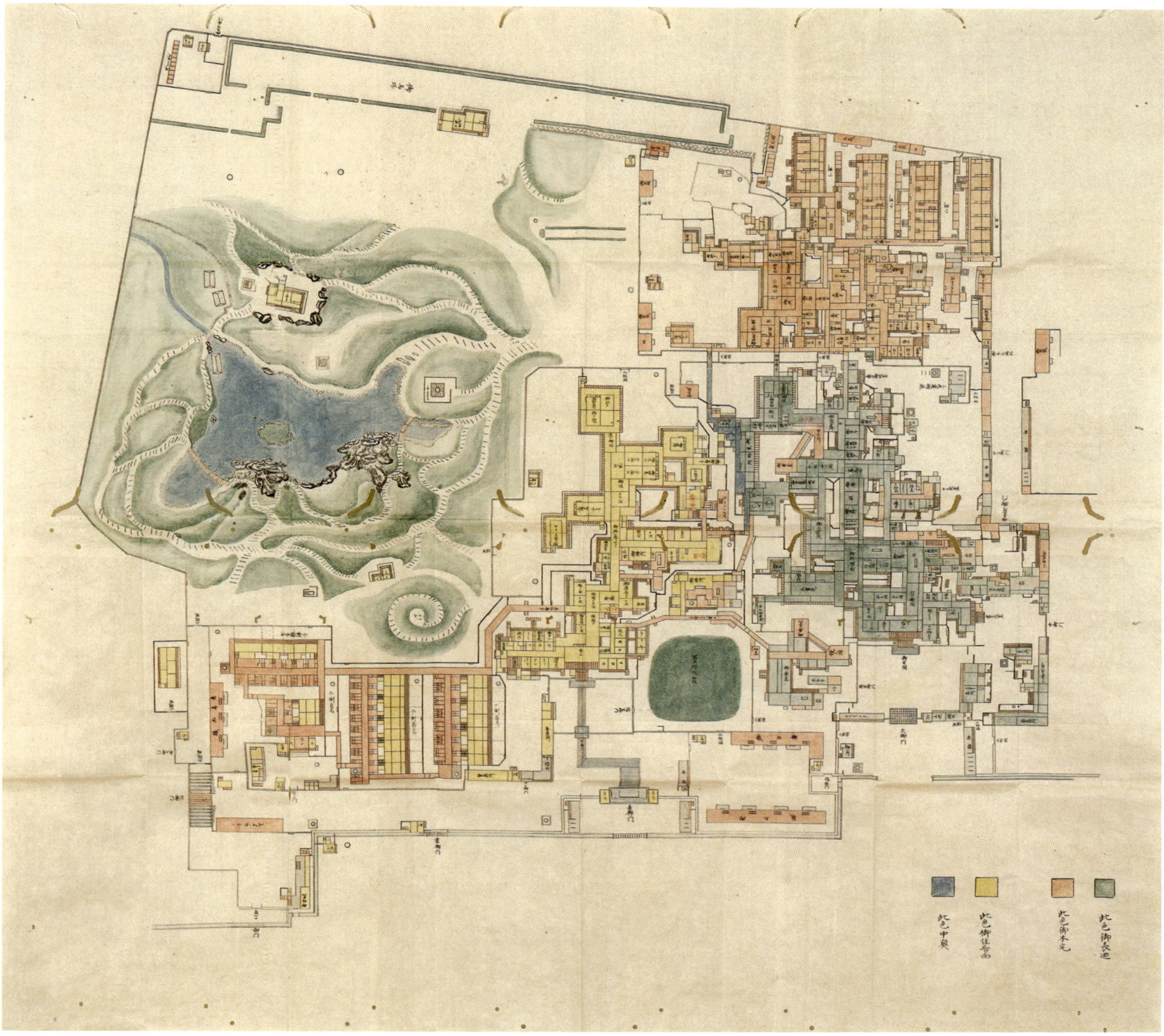

口絵３　溶姫御殿

「江戸本郷邸間取図」 横山隆昭氏所蔵

大名屋敷は一般に門・塀・表長屋などによって二重に閉じた空間で、内円部分は藩庁・藩主家族の生活の場である「御殿空間」、外円部分は家臣の住空間である「詰人空間」に区分される。上の絵図はこのうち「御殿空間」のみを描き、建物を4色―政務を行う「御表廻」（緑色）、藩主家族・奥女中の生活の場である「御本宅」（赤色）、将軍姫君である溶姫専用の御殿である「御住居向」（黄色）、これらを結ぶ廊下などを「中奥」（青色）で表現している（小松）。

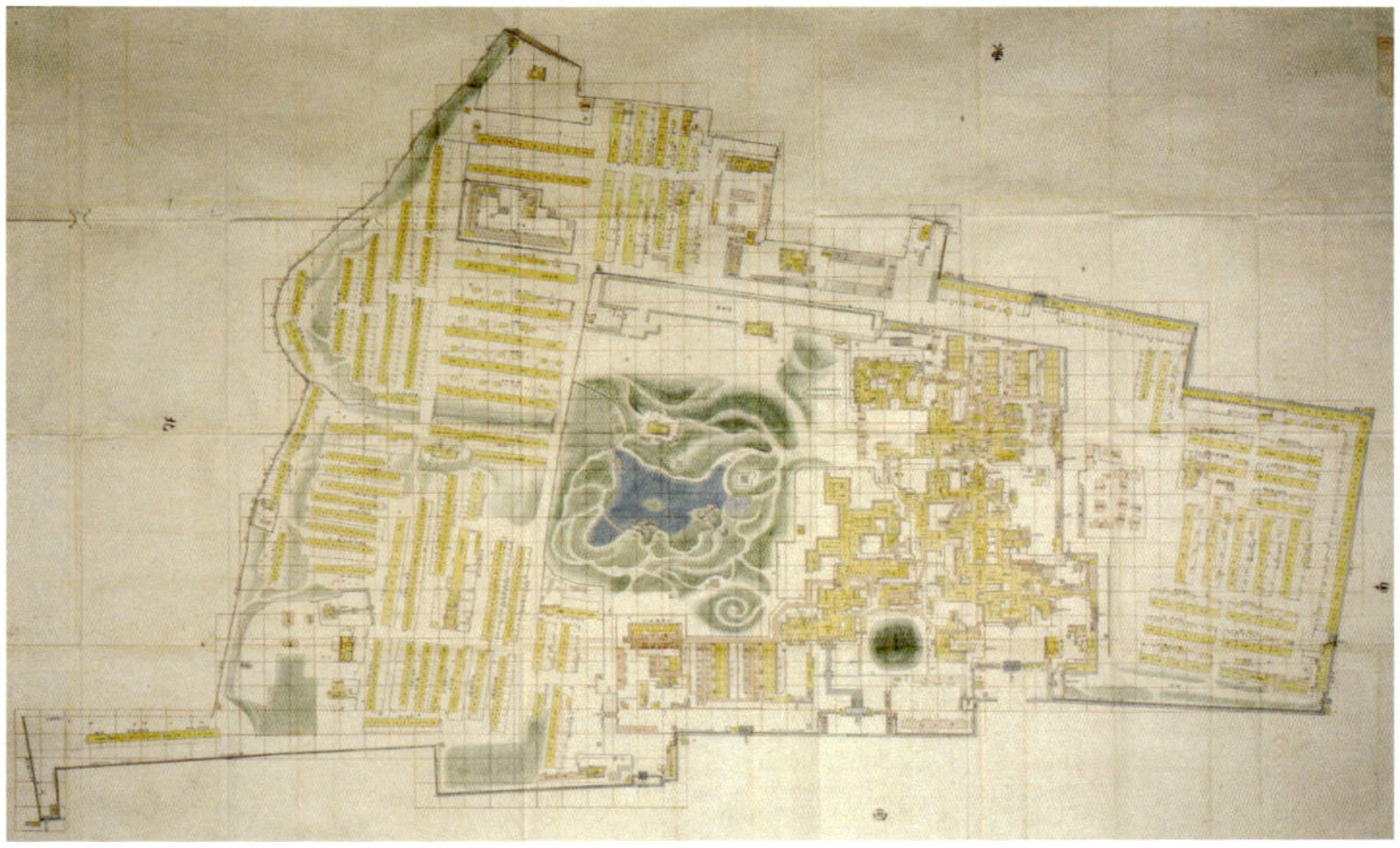

「江戸御上屋敷惣御絵図」金沢市立玉川図書館所蔵、1840～45年

「黒塗松唐草御紋散御料紙硯箱」前田育徳会所蔵

箱は方形の被蓋造で、表面は黒漆塗に葵紋を散らし若松唐草を蒔絵している。蓋の見返しは梨子地に松と鶴を金で蒔絵をし、本体の受けの部分も梨子地である。受けの中央に硯を置き、硯の上に水入1個、硯の両側に筆2本、錐1本、墨バサミ1本、小刀1本を配している。厨子棚一飾のうちで、四の棚の左に置かれる。

「黒塗松唐草御紋散御厨子棚」前田育徳会所蔵

黒棚とともに婚礼道具の中心をなし、化粧道具・文房具などの調度品を飾った。4段の棚からなり、最上段の一の棚は左右の端が上向きに反っている。三の棚の左と四の棚の右に観音開きの扉をつけた局を配す。表面を黒漆塗に葵紋を散らし若松唐草を蒔絵している。調度品の並べ方は諸説あるが、写真では一の棚の左に拾弐手箱、右に櫛箱、二の棚に左から色紙箱、短冊箱、香炉、香盆、三の棚の右に元結箱、四の棚の左に料紙硯箱が置かれている。

「黒塗松唐草御紋散拾貳手箱」前田育徳会所蔵

外箱は方形・甲盛の合口造で、側面に紐金具が打たれ、朱房の組紐が結ばれている。表面は黒漆塗に葵紋を散らして若松唐草を配し、蓋の見返しは梨子地に松と鶴を金で蒔絵している。中に外箱と同じ意匠の手箱が12合収まる。手箱の内容は確定していないが、一説では鏡箱２合、油入２合、櫛箱４合、白粉箱４合とされる。厨子棚一飾のうちで、一の棚の左に置かれる。

口絵４　婚礼道具「葵紋蒔絵調度品Ｉ」

1827（文政10）年に溶姫が前田家に輿入れした際の持参道具の一部である。当時の婚礼道具は通常、三棚（厨子棚・黒棚・書棚）や貝桶を中心に、化粧道具・文房具・遊戯具・楽器など大量に持ち込まれたようであるが、現在前田育徳会が所蔵するのはその一部であり、Ｉは厨子棚と黒棚に付属する道具26点で構成されている（書棚は伝わらない）。すべて黒漆塗に金地で葵紋と若松唐草を蒔絵している。（菊池）。

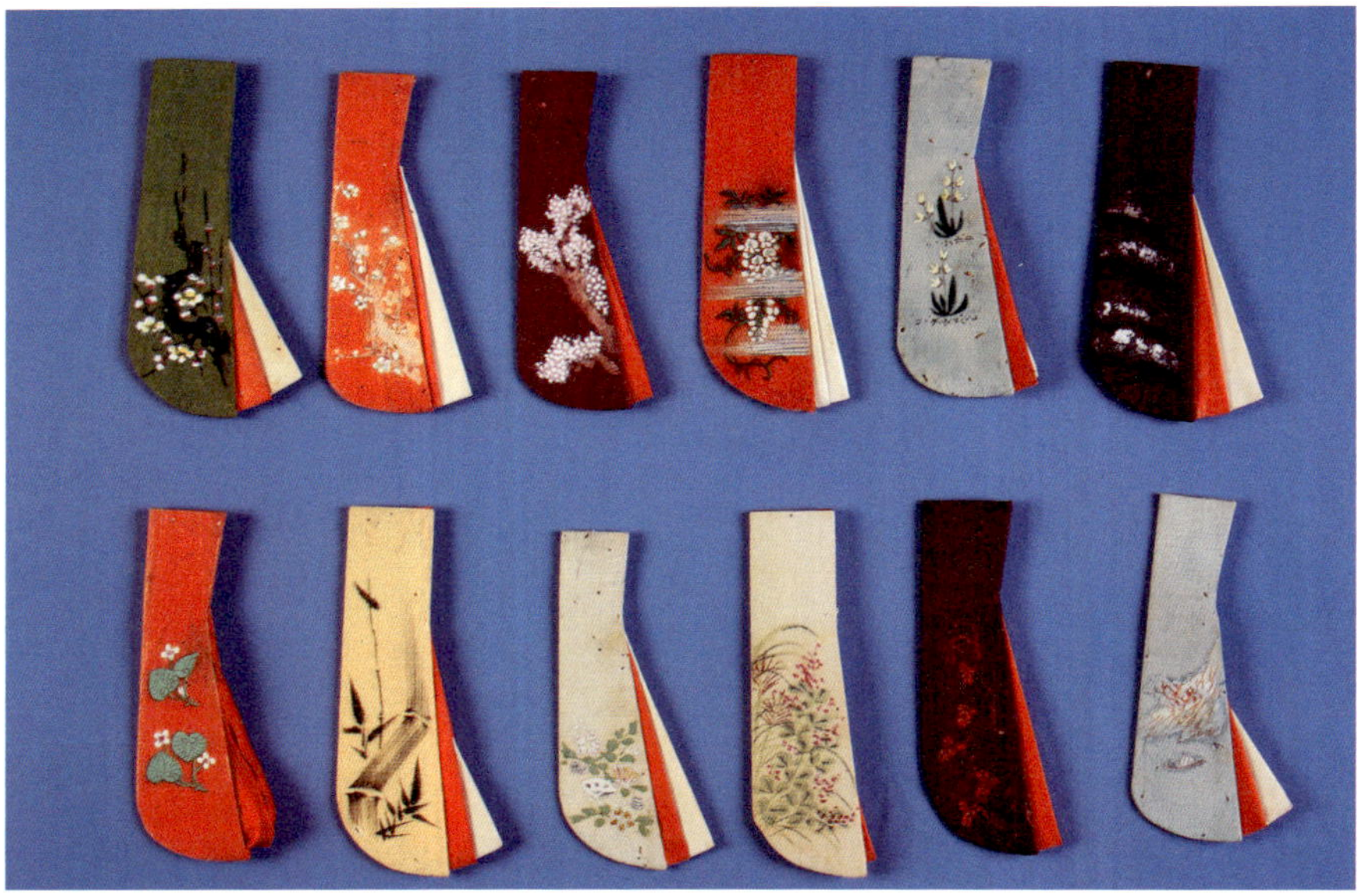

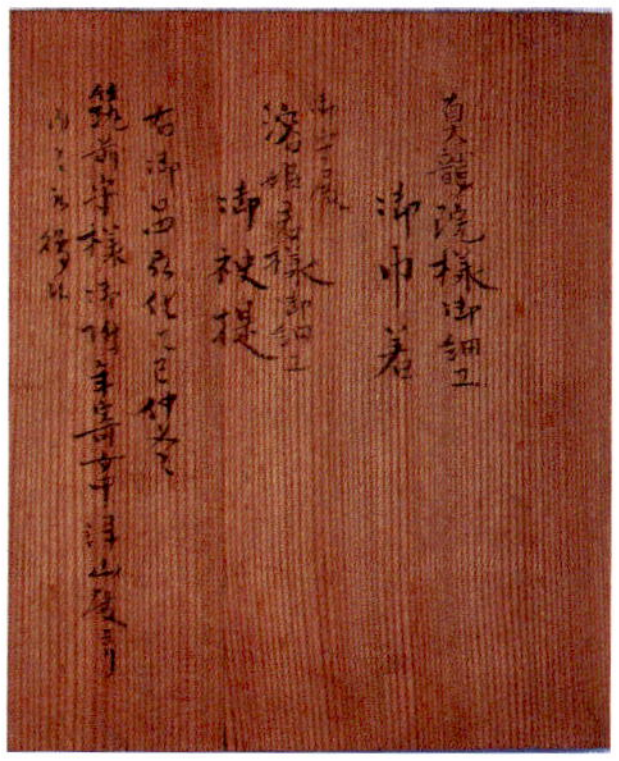

口絵５　溶姫細工物「溶姫君様御細工御袂提」
個人蔵

木箱に「御守殿溶姫君様御細工御袂提」と記されることから、溶姫が制作した品であることがわかる。「袂提」（袂落とし）は、古今集の「色よりも香こそあはれと思ほゆれ誰が袖ふれし宿の梅ぞも」という歌から「誰袖(たがそで)」とも呼ばれ、左右の袂にいれて匂袋として用いたとも、楊枝さしとして携帯したともいわれる。全12点あり、四季折々の花々、楼閣山水を描く（小松）。

口絵６　溶姫筆画「景徳夫人画桜花野馬図」
前田育徳会所蔵

桜の幹と枝を墨で、葉と花を彩色で、大きく伸びた枝の下に馬２頭と子馬３頭を墨で描いている。賛も収納箱の銘もないため、作製された経緯など詳細は不明だが、本紙の右上に捺された印章が、1841（天保12）年に描かれた「温敬公賛景徳夫人画併蔕茄子図」のそれと同じであることから、その時期のものである可能性もある（菊池）。

口絵７　溶姫御殿長局遺構

アカデミックコモンズ地点SD01
調査区東側から文学部3号館地点にかけて出土した石積みの排水溝である。溶姫御殿長局周囲を巡るように配置され、生活排水や雨水を邸外に排出していた。

アカデミックコモンズ地点SK204遺物出土状況
アカデミックコモンズ地点は溶姫御殿長局部分にあたり、5基の便所遺構が確認された。SK204からは女中が落としたと思われる複数の銅製のかんざし、鏡など女性が身につけるものが出土している（堀内）。

口絵８　溶姫御殿廃棄遺構
情報学環・福武ホール地点SK10

調査区北部から検出された土採り穴と考えられる大土坑で、掘削後はゴミ捨て場として使用された。写真左に隣接する石組溝は絵図との対比から、加賀藩邸の外周地境溝に比定され、本遺構は溶姫輿入れ時には、物見が建てられていた場所にあたる。この物見は1863（文久3）年以降に描かれた「御上屋敷御殿惣絵図」（前田育徳会所蔵）では南に移動し、この場所は更地になっていることから、本遺構は物見が移動した後に掘削されたことが判る（成瀬）。

口絵９　溶姫御殿出土陶磁器
情報学環・福武ホール地点SK10出土、19世紀中葉

九谷産色絵小坏
色絵付けは、赤、金を基本とし、精細な文様が描かれている。高台内に「九谷」の銘が認められる。「九谷」銘は宮本窯の末期、1848（嘉永元）年～1872（明治5）年頃の操業とされる松山窯とされる伝世品に認められる。大聖寺藩から奥女中への献上品と考えられる。

色絵角形段重
四面の窓絵には、各々春夏秋冬の花が描かれている（成瀬）。

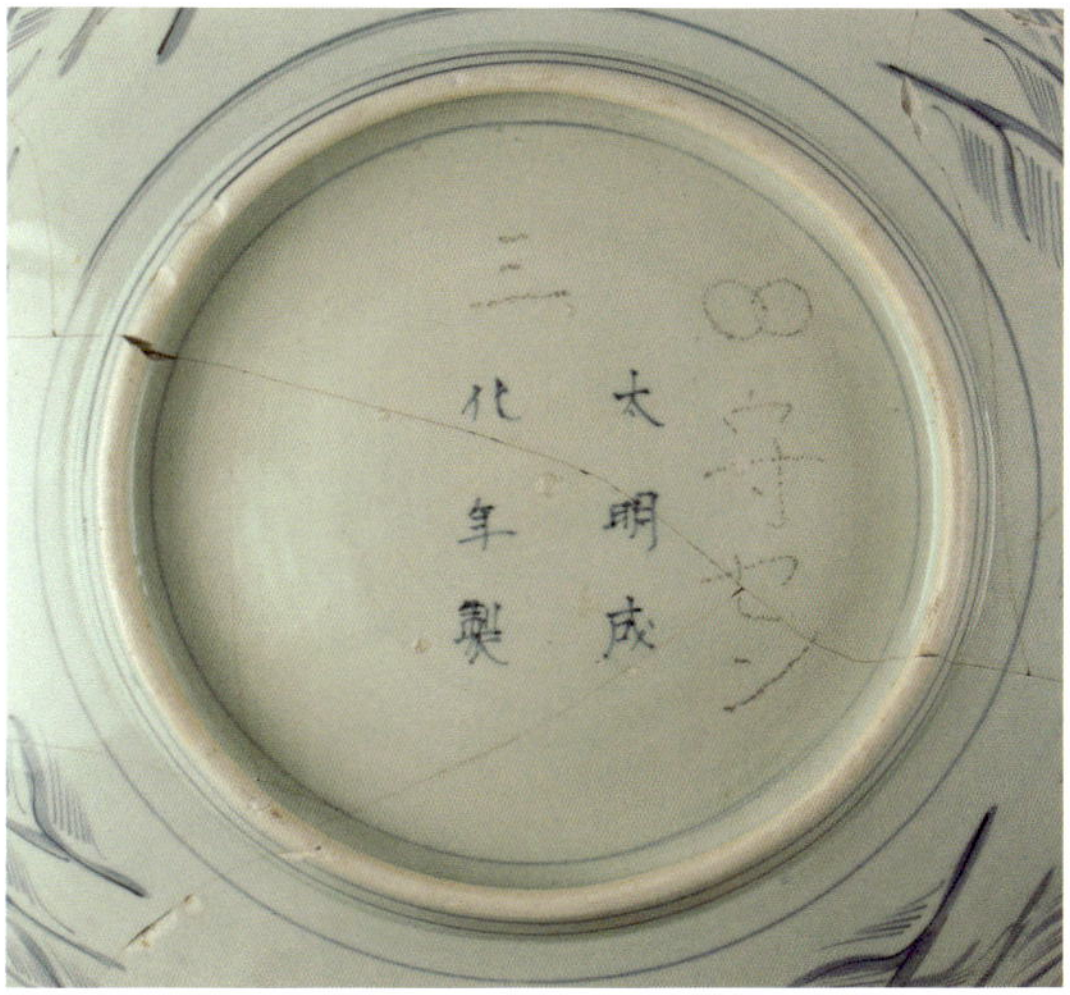

肥前産染付大皿

口径55.4cmを測る染付大皿で、高台内に「守セン　三」の釘書きが認められることから、守＝御守殿、セン＝膳所に帰属した皿と推定される。御守殿の膳所は御殿と共用されていたため、器の帰属を示す必要があったのだろう（成瀬）。

口絵10　溶姫御殿瓦

情報学環・福武ホール地点SK10出土（上段）
伊藤国際学術研究センター地点SX1342出土（下段）
安政年間頃の廃棄資料から徳川家と前田家の結びつきを象徴する両家の家紋瓦が、1959（昭和34）年の改修時の廃棄資料から東京大学を象徴する「學」字紋瓦が出土した。溶姫御殿から大学赤門へと主の変遷をうかがい知ることができる（成瀬）。

明治元年火災時の瓦礫
情報学環・福武ホール地点SK10焼土層出土
火ぶくれした瓦に焼けただれて焼土と化した壁土が溶着している。火災熱の凄まじさをうかがい知る資料である。

口絵11　昭和34年赤門修繕時の保存部材

左は門実肘木《さねひじき》の補修材で、「安政四巳年八月廿五日［　　］、本郷元町家主清助店大工権兵衛」（左）、「加々様［　　　］同久太郎［　　　］同権兵衛久太郎」（右）、右は飼楔《かいくさび》で「安政四年八月廿五日［　　］」（左）、「松平藤九郎［　］百姓　上州をうら《（邑楽）》［　　］仙石村大工権兵衛」（右）と記される。1855（安政2）年に発生した安政江戸地震で痛んだ門の修復が安政4年に行われ、そこで用いられた補修材であることが読み取れる（成瀬）。

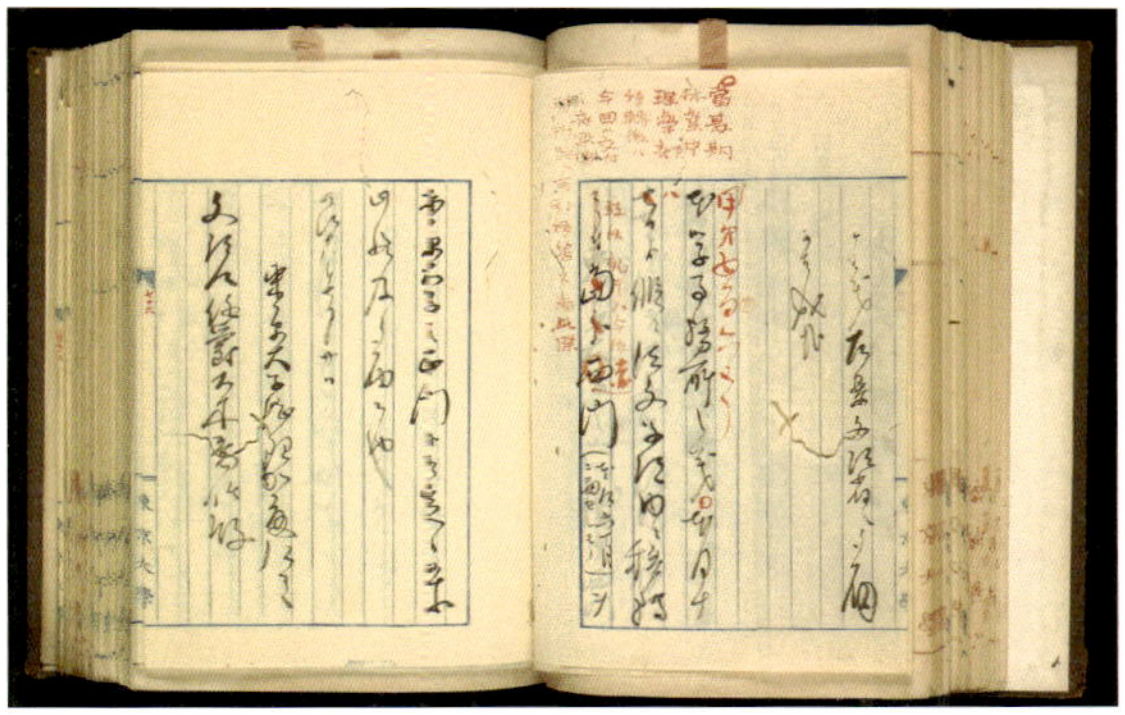

口絵12 「文部省往復　明治十八年分 二冊ノ内甲号」
東京大学文書館所蔵　重文 S0001/Mo082

「文部省往復」は東京大学と文部省との間でやりとりされた公文書綴で、1871（明治4）年以降のものが現存している。この1885（明治18）年の簿冊には、夏期休業中に理学部が本郷へ移転してくるのに伴い、7月18日から本部を法文学部内に仮移転したこと、そのため今後は赤門を東京大学正門と定めたという文部省への届け出の内容が記されている。

「西門」を朱書きで「赤門」と訂正しており、現段階では「赤門」と公式に表記した初出と位置づけられる。また、仮正門が建設される1892（明治25）年頃まで赤門が正門であったことを知る貴重な資料でもある（成瀬）。

口絵 13　赤門絵葉書 2
手彩色絵葉書「帝國大學赤門」(東京大学総合研究博物館所蔵)
手彩色絵葉書「(東京名所) 東京帝國大學」(東京大学総合研究博物館所蔵)

左奥に衛生学教室、右奥に1911(明治44)年竣工の史料編纂掛(旧東京医学校本館)が写っている。1913(大正2)年に延伸された市電のレールがまだ本郷通りに見られないので、その間に撮影されたとみられる。上は「東京芝愛宕町長島萬集堂發行」、下は「寫眞互藝社製版　東洋寫眞製版印刷所印刷」と宛名面に記されている。宛名面の通信欄の特徴からして、いずれも大正7年以前に発行されたものである(鶴見)。

口絵14 「國寶赤門」
『写真帳東京大学』(東京大学アルバム編集会1960年)
赤門標柱(東京大学総合研究博物館所蔵)

赤門は、1931(昭和6)年に国宝に指定され、それを記念して南側番所前に「国宝赤門」の木製標柱が設置された。1950(昭和25)年の国宝保存法の廃止と文化財保護法の施行により重要文化財指定となった。それを受けて昭和34〜36年の赤門修繕時に標柱の「国宝」文字は朱で塗り潰され「赤門」のみの表記となった。この標柱は土台部分が虫害によって激しく腐朽したため、平成14年に撤去され、昭和の修繕時に交換された部材と共に南側番所内に保管されていた。本企画展を期に保存処理を行い、博物館に移管されることとなった(成瀬)。

口絵15　赤門三次元スキャンイメージ
スキャン年月日：2016年7月12日、13日
使用機材：Faro Focus3D

上：三次元スキャン技術においては、赤門の周りの建造物や樹木、敷地境界、柵までもが寸法データとして記録される。情報を使う側が、データの中に入り込み、情報を探すプロセスは、情報の作り手による意図以上の発見を生む可能性を持っている。
下：スキャンされた情報の中から赤門のみを表示するべく情報整理中のスクリーンショット。これまでの図面では空白の画面上に情報を描いていくのが一般的だったが、三次元スキャンの場合は情報を見えなくすることで目的別の情報を作る（森下）。

一 江戸の赤門

本郷邸の中にみえる前田と徳川

堀内秀樹

はじめに

前田家略史

江戸時代金沢藩として加賀、越中、能登を領した前田家は、『寛永諸家系図伝』によると「菅丞相（菅原道真）の後胤なり。菅丞相筑紫にありて二人の子をむめり。兄を前田といひ、弟を原田といふ。そののち前田氏きたりて尾州の住人となる。」（）内著者（続群書類従完成会一九八八）とあり、菅原道真を祖とする届けを幕府に提出している。その後、前田利家の父利昌は尾張荒子二〇〇〇貫の領主であった。利昌の後は利家の兄利久が継ぐが、一五六九（永禄一二）年織田信長の命により兄利久の領地も併せて利家が前田家を相続している。

前田利家は、一五三八（天文七）年、尾張に生まれる。織田信長に仕え、信長の勢力増長に伴って家禄も拡大するが、一五八二（天正一〇）年に信長が本能寺の変により倒れると羽柴秀吉と柴田勝家との間で起きた後継者争いに巻き込まれる。織田家重臣として北陸方面の平定を命じられていた柴田勝家の与力であった利家は、当初秀吉と敵対関係であったものの、賤ヶ岳戦役後に秀吉に臣従する。その後、越中平定、小田原戦役、朝鮮出兵などに参陣し、豊臣家の有力大名となった。

秀吉の死後、その後の覇権を巡って徳川家康と対立関係になるが、利家が死んだことで跡を継いだ利長は、最終的には徳川の傘下で関ヶ原戦役、大坂の陣を戦う。この際に利家の正室芳春院が江戸に下るが、これが江戸に大名正室を置く制度の嚆矢とされている。関ヶ原の戦役では、西軍の大聖寺城攻略、丹羽長重との戦いによる軍功として加増を受け、加越能一一九万石余りを領する日本最大の大名となった。

江戸時代、幕藩体制下において最大の外様大名として幕末まで存続するが、徳川家に臣従した経緯、最大の石高（＝軍事力）などにより、徳川家とは時代による差異はあるものの緊張関係が存在した。両家の縁組みや御成などの儀礼行事は、幕藩体制下における両家の関係を知る材料となる。前田家当主のうち、以下の八人が徳川家あるいは親藩、御家門から来ており、徳川家との姻戚関係が重要視されていたことがわかる。

三代利常（天徳院：二代将軍秀忠娘珠）
四代光高（清泰院：三代将軍家光養女、水戸藩主徳川頼房娘大）
五代綱紀（松嶺院：会津藩主保科保之娘摩須）
六代吉徳（光現院：五代将軍綱吉養女、尾張藩主徳川綱誠娘松）
七代宗辰（梅園院：会津藩主保科正容娘常）
一〇代重教（寿光院：和歌山藩主徳川宗将娘勝）
一二代斉広（尾張藩主徳川宗睦養女、高須藩主松平勝当娘琴）
一三代斉泰（景徳院：一一代将軍家斉娘溶）

本郷邸の御殿

加賀藩富田景周による江戸各屋敷の沿革をまと

めた『東邸沿革図譜』（一八二三（文政六）年成立）によると本郷邸を拝領したのは一六一六～一七（元和二～三）年のころとされる（石川県図書館協会一九三八）。拝領当初は下屋敷であったが、一六八二（天和二）年の八百屋お七の火事で全焼した後、上屋敷となる。この間、一六二九（寛永六）年の将軍家光、大御所秀忠の御成、一六三九（寛永一六）年に致仕した三代利常の隠居所、明暦の大火（一六五七年）後の避難所などに利用されている。この間の下屋敷時代の本郷邸を描いた屋敷図は現在のところ確認されておらず、全て上屋敷時代の状態を描いたものになる。

　後章で詳述する東京大学本郷キャンパスに残る赤門は、一三代斉泰に入輿した溶姫のために作られた約五二〇〇坪の御殿（「御住居」のちに「御守殿」）の正門である。本郷邸では、一七〇八（宝永五）年六代藩主の正室松姫入輿の際に建築されて以来のことであった。松姫は一七二〇（享保五）年に二二歳で没してしまい、翌年、約七五〇〇坪の御守殿は取り壊されている。松姫の御守殿は絵図面（金沢市立玉川図書館所蔵「光現大夫人御守殿御間絵図」）が現存し、その内容が知られる。それによると一七〇三（元禄一六）年の火災（水戸様火事）によって全焼した後に再建された加賀藩御殿の北側に接続して作られたことがわかる。その後、加賀藩の御殿は幕末まで基本的な平面構成に変化がないことから、改修を行いつつ江戸時代を通じて使い続けたと考えられる。

　本郷邸の平面構成については、吉田伸之、宮崎勝美らによって分析が加えられている（吉田一九八八、宮崎一九九〇など）。元禄一六年の火災から再建された御殿の平面構成をみると、正門（大御門）は中山道（現在の本郷通り）に面して作られ、建物の主軸も中山道に沿った軸になっている（図1右）。それ以前の建物は、現在の春日通りに沿った軸で建てられていたことが、絵図面の対比から看取されるが（図1左）、この建物軸の変化は発掘調査でも確認されている。正門を入ると能舞台や書院などから構成される表御殿とその奥に藩主の居住空間、さらに奥御殿とつながっている。歴代の正室は、ここに居住していたが、松姫と溶姫は将軍の娘として入輿したことで、別に御守殿が建築された。

　御殿の空間は、上屋敷となって以降、藩邸の中央部、中山道（現在の本郷通り）に面して設けられ、こうした御守殿、一八〇二（享和二）年に建てられた隠居した藩主正室の居所（梅之御殿など）、元服後の嫡子の住居などの新設に伴って増改築が行われた。また、一七〇二（元禄一五）年には五代将軍徳川綱吉の御成があり、藩邸南東部に御成御殿を造っている。御成は時の権力者が家臣の家に訪れることで、元禄一五年の御成は「式正の御成」といわれる正式な公式行事であった。こうした御成は綱吉以降なくなるが、一七世紀に行われた式正の御成は君臣間の確認を行う、きわめて政治色が強いもので、家康から家光まで、浅野、池田、伊達、藤堂、上杉、蒲生、南部、佐竹、加藤（嘉明）、前田、島津などの外様雄藩と尾張、水戸、紀伊、駿河（忠長）などの御家門を中心に行われている（佐藤一九七四～八六）。この外様大名への回数の多さは、幕府成立期の御成の目的を伺うことができる。他方、寛永期後半に家光が内藤、酒井、稲葉、土井、井伊、堀田、柳生など譜代大名の邸にたびたび訪れているが、これらは茶事、供膳、立寄など式正とは異なったものであった。

加賀藩本郷邸と発掘調査

東京大学では一九八三年に創立一〇〇周年記念事業として企画された御殿下グラウンド、山上会館の整備事業など学内発掘調査に対応する組織として埋蔵文化財調査室（当時臨時遺跡調査室）を立ち上げた。本格的な発掘調査は、翌一九八四年から山上会館・御殿下記念館地点、法学部四号館・文学部三号館地点、理学部七号館地点、医学部附属病院地点が開始され、以降、調査室は本郷キャンパスをはじめ全国に存在する東京大学が所有するキャンパスで発生した埋蔵文化財の発掘調査を担当し、本郷キャンパスでは現在までに本調査、試掘調査、立会調査を含めて約二一〇件の調査を行っている。

本郷キャンパスのうち、弥生地区、浅野地区を除く大部が加賀藩本郷邸（加賀藩、富山藩、大聖寺藩）のエリアと言える。本郷邸は、明暦の大火直後の屋敷地相対替（牛込邸と本郷邸南側、駒込邸）によって、藩邸南側約二万坪が加わり、その後大きな変化はなく幕末を迎えている。一八四二（天保一三）年の「御上屋鋪御地面之図」（前田育徳会所蔵）によると、加賀藩邸として拝領した本郷邸全体が一一二七〇八坪六分三厘、このうちの一部を上屋敷として利用していた支藩の富山藩が一一〇八八坪六分、大聖寺藩が二七六二坪を占めている。

図2は、本郷キャンパス内でこれまでに埋蔵文化財調査室が行った主な調査地点を記したものである。富山藩邸と大聖寺藩邸は、おおむね現在のキャンパス東辺の病院地区にあたり、特に大聖寺藩は藩邸域の大部が調査されている。一方、加賀藩邸では、一、山上会館地点、二、法学部四号館・文学部三号館地点、三、御殿下記念館地点、一五、薬学部新館地点、二四、医学部教育研究棟地点、二八、薬学部資料館地点、五四、総合研究（文・経・教・社研）棟地点、六五、法学系総合研究棟地点、六六、薬学系総合研究棟地点、七八、情報学環・福武ホール地点、八一、経済学研究科学術交流棟地点、九二、学生支援センター地点、九三、伊藤国際学術研究センター地点、一一五、図書館前クスノキ移植に伴う事前調査、一四六、アカデミックコモンズ地点、一六九、文系総合研究棟地点などが御殿空間に位置している。御殿を取り巻くように詰人空間が広がるが、発掘調査では、これらの土地利用による違いが明確に出土する遺構や遺物の違いに現れている。

徳川将軍家との関係で、本郷邸は大きく四回の御殿の造営を行っている。二回の将軍御成と二回の将軍の娘の入輿である。これに関連した調査成果は、これまでに一六二九（寛永六）年の将軍家光と大御所秀忠御成時の饗宴に関する一括廃棄資料（東京大学遺跡調査室一九九〇）があるが、今回、展示を行う

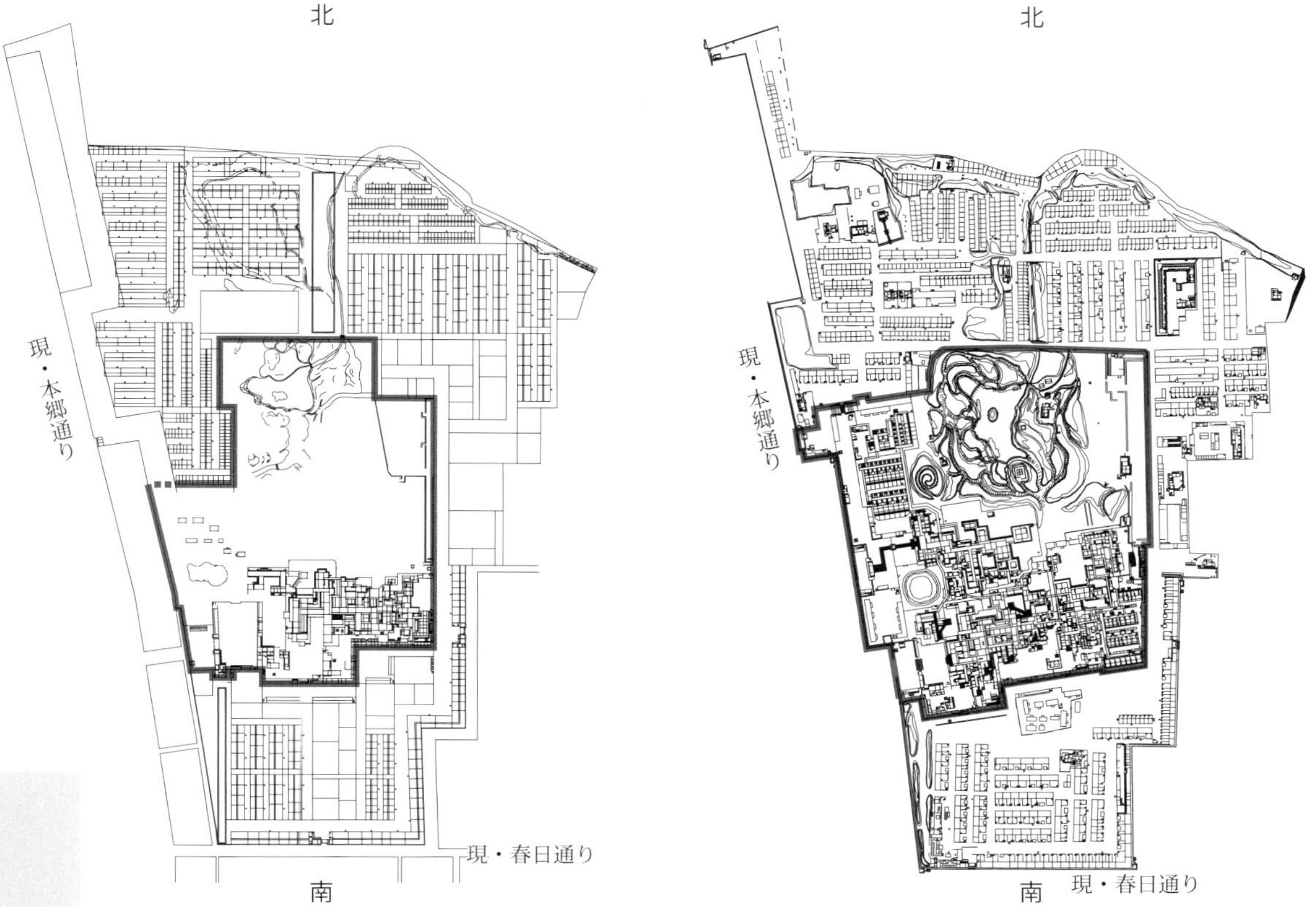

図1　本郷邸の建物軸の変化
右：「江戸御上屋敷惣御絵図」（金沢市立玉川図書館所蔵）をトレース
左：「御上屋敷御殿閣図」（前田育徳会所蔵）をトレース

浴姫御殿関連の資料が最も充実している。

前田家は、徳川幕藩体制下の最大の大名としての社会的、経済的地位から考えるなら、武家が持つ共通の生活様式（精神的共通性、人生儀礼や生活様式）を典型的に保持していたと思われる。そうした意味では本郷邸に残る赤門は、前田家と徳川家との関係を象徴的に表すものとも言える。その後、近代以降には大学の顔として、あるいは昭和六年に国宝指定されたことにより文化財としての側面を併せ持っている。赤門が持っていた機能や位置づけは時代と共に変化するが、こうした経緯にも時代の評価や場のニーズが大きく関係している。

【注釈引用・参考文献】
石川県図書館協会　一九三八「東邸沿革図譜」『景周先生小著集』
続群書類従完成会　一九八八『寛永諸家系図伝』
佐藤豊三　一九七四屋敷―八六「将軍家「御成」について（一）～（九）」『金鯱叢書』創刊号～第一三輯
東京大学遺跡調査室　一九九〇『東京大学遺跡調査室発掘調査報告書三　東京大学本郷構内の遺跡 医学部附属病院地点』
宮崎勝美　一九九〇「加賀藩本郷邸とその周辺」『東京大学本郷構内の遺跡　山上会館・御殿下記念館地点』東京大学埋蔵文化財調査室
吉田伸之　一九八八「近世の城下町・江戸から金沢へ」『歴史の読み方二　都市と景観の読み方』朝日新聞社

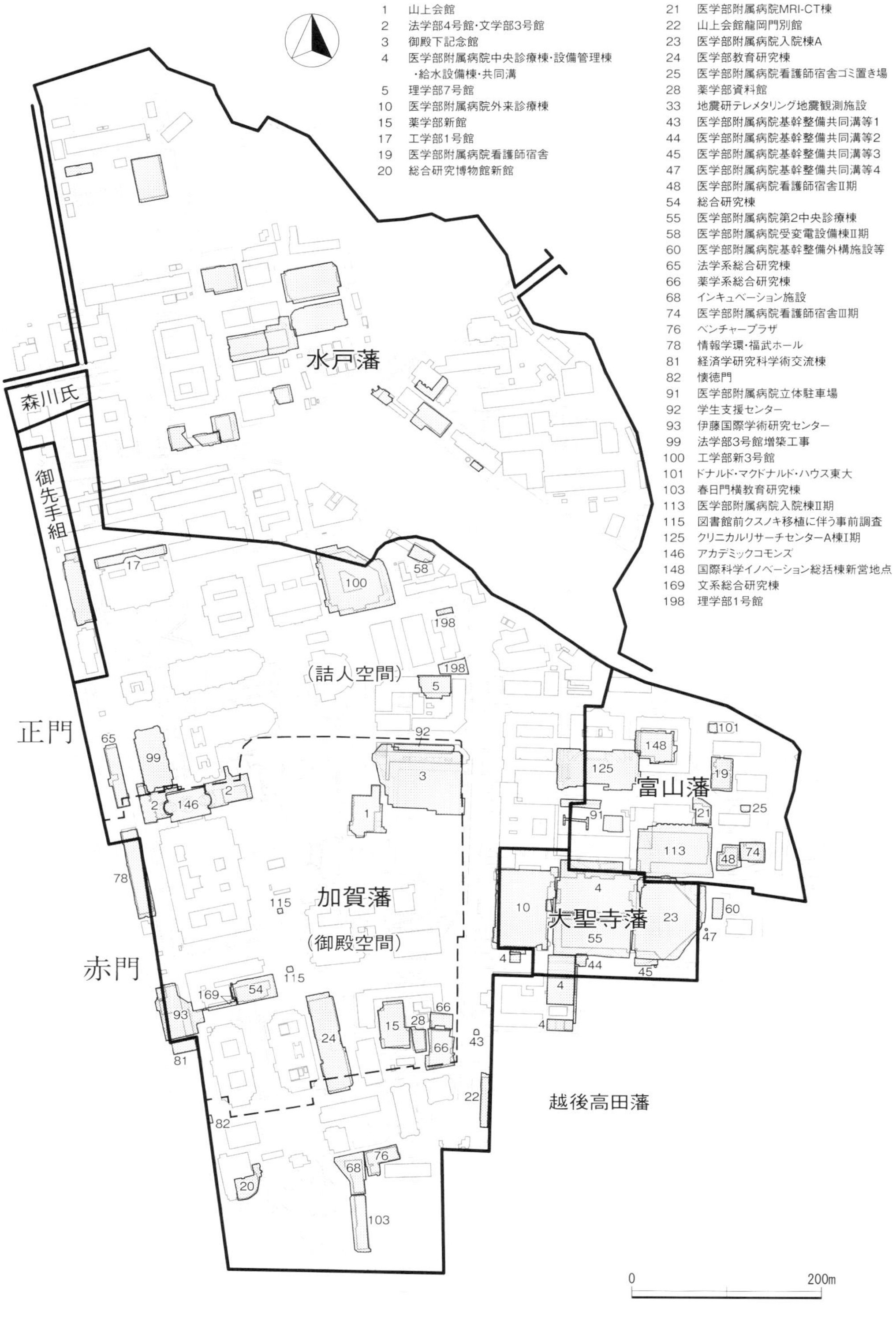

図２　東京大学本郷キャンパスの発掘調査地点

第一章

下屋敷から上屋敷へ

17世紀の加賀藩本郷邸

小川祐司

はじめに

東京大学本郷キャンパスを象徴する建造物のひとつ、御守殿門。一般には赤門の名称でよく知られるこの門の存在は、かつてこの場所が加賀百万石の大名屋敷であったことを静かに物語っている。キャンパス外周もよく見れば石垣が残る部分も多く、構内に入れば育徳園心字池（三四郎池）もあるなど、大名屋敷の面影を今も色濃く残している。

しかし、江戸時代の初めから赤門があったわけではない。私たちが現在目にする大名屋敷の痕跡は四百年近く繰り返してきた土地開発の結果であり、現状から赤門が建築される以前の姿を想像することは少々難しいかもしれない。だが、目に見えないかたちで当時のまま残されているところがある。それは地面の下、構内に遺跡として今も眠っている。ここでは一七世紀代はまだ下屋敷であった加賀藩本郷邸を考古資料から見ていきたい。

本郷邸のなりたち

加賀藩の立地する東京大学本郷キャンパスは、武蔵野台地の東端にある本郷台地の縁辺に位置する。不忍池を臨む東側には谷田川（藍染川）が流れ、そこから延びる谷（根津谷）によって東側は大きく開析されている。なお、これまでの発掘調査から、南東部には大きく蛇行する埋没谷があることが確認されている（成瀬二〇一一）。

台地の端部にあるため、標高を見るとキャンパス西側で標高二三メートル前後、東側で一五メートル前後、全体として西から東へかけて低くなっている。西の正門から三四郎池（育徳園）周辺を通って東の池之端門まで歩いてみれば、意外と邸内には大きな高低差があることに気が付くだろう。江戸時代から現代にかけて構内は幾度となく開発を受けているものの、広い邸内には自然地形を上手く取り込んでいることがうかがえる。

東京大学の敷地の大部分は加賀藩前田家の屋敷跡であるが、正確にはこれ以外の屋敷地も含まれている。江戸時代後期には本郷地区では支藩である富山藩前田家上屋敷、大聖寺藩前田家上屋敷をはじめ、高田藩榊原家中屋敷、先手鉄砲組屋敷がある。本郷地区の北側にある弥生地区・浅野地区では水戸徳川家中・下屋敷が大半を占め、これに安志藩小笠原家下屋敷、旗本森川家屋敷などが含まれている（図1）。

加賀藩が元々は大久保忠隣の拝領地であった本郷の地を拝領したのは、一六一六～七（元和二～三）年頃とされる。当初は下屋敷であった。一六三九（寛永一六）年には加賀藩三代藩主 前田利常の隠居に際して支藩が設立され、邸内は西側に加賀藩、北東部に富山藩、南東部に大聖寺藩の三つに分割されることとなる。なお富山・大聖寺両藩邸は幕府からは拝領しておらず、加賀藩からの借地であった。

後年には、赤門をはじめとして西側の中山道（現本郷通り）に表門が作られているが、一七世紀末までは屋敷地は通りに面していなかった。この頃の表門は南側にあったことが指摘されているが（宮崎二〇〇八）、後述する医学部教育研究棟の中央付近で発見された門により、屋敷境が後世より北側にあったことが確認された。なお、現春日通りに面する形となるのは、一六五七（明暦三）年に南側に添え地二万坪を拝領した後のこととなる。

　この後、一六八二（天和二）年には、いわゆる「八百屋お七の火事」により屋敷地は全焼してしまう。この翌年の一六八三（天和三）年に上屋敷となるにあたり、大火により生じた焼土や被熱した大量の遺物が各所で発見され、火災の後処理や土地造成などの屋敷地の再整備が大々的に行われていた様子が発掘調査から明らかとなっている。

発掘調査からみた本郷邸下屋敷

　一九八四年から始まった発掘調査は、これまで主なものだけでも九〇地点にのぼる。発掘調査では発見された火災層に早くから着目し、暦年代との対応が試みられてきた（堀内一九九七）。この結果、元禄～享保期以降は、おおむね屋敷地内の建物配置が安定し、幕末近くまで継続されることが明らかとなった（成瀬一九九〇）。一方、文献史からは絵図などの分析から、「御殿空間」「詰人空間」の二つの大きな空間に区分されていたことが早くから指摘されている（吉田一九八八）。確かに加賀藩では精密な絵図が多く残されており、理学部七号館地点の調査では発掘

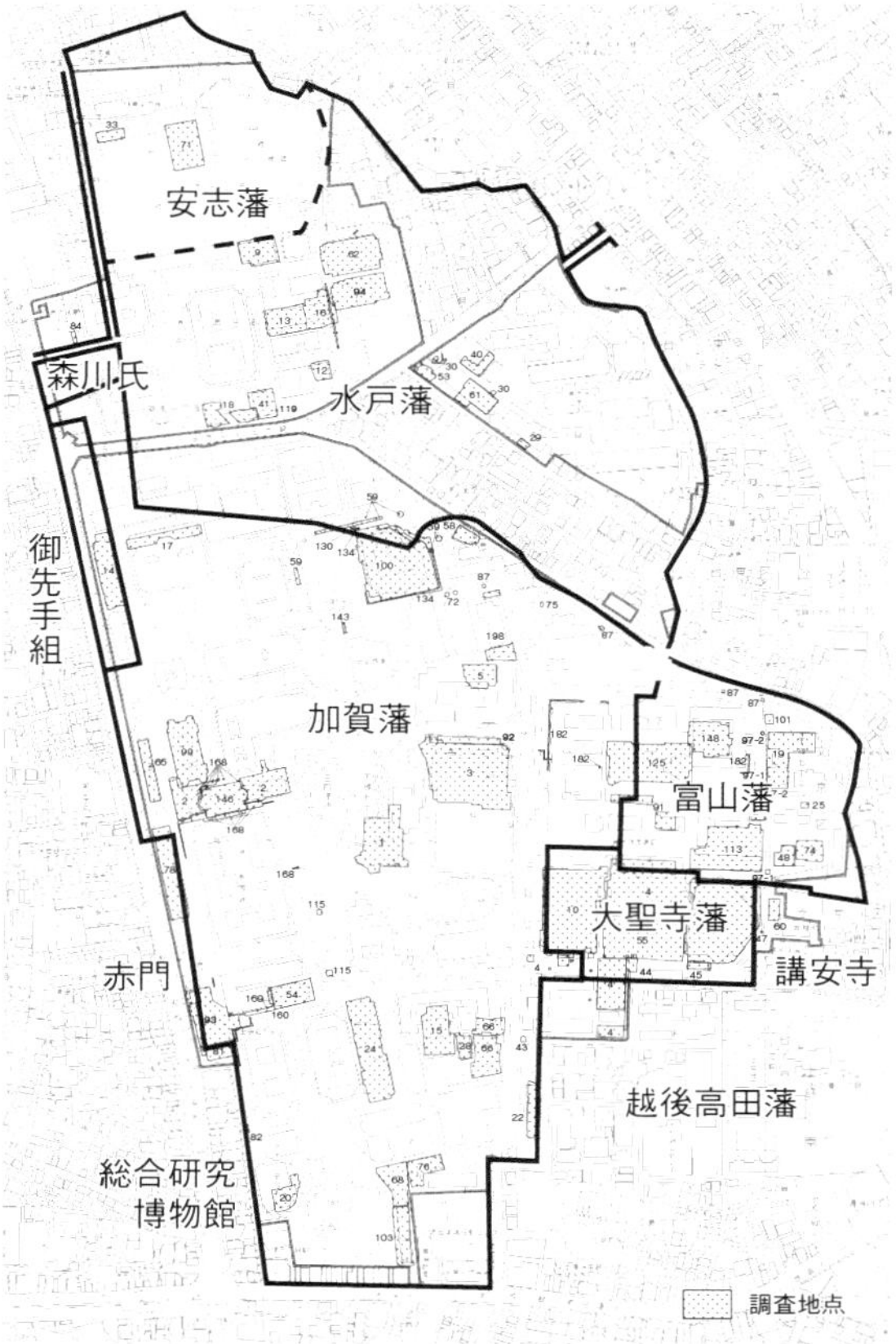

図1 現在の本郷キャンパスと藩邸の位置

調査された井戸の位置が絵図とほぼ一致するなど、高い精度で比定も進んでいる。しかしながら、現存する屋敷絵図では一六八八（元禄元）年の「武州本郷第図」（前田育徳会所蔵）が最古のものであり、これ以前の詳細な屋敷図面は残っていない。このことから、上屋敷となる以前の実態は、考古資料から読み解いていくこととなる。こうした空白期を知るうえで、まずは実年代のわかる寛永期と天和期の事例を手がかりに、下屋敷であった頃の本郷邸を見ていきたい。

◎寛永の御成

　御成とは将軍もしくは時の権力者が家臣などの邸へ訪れることである。加賀藩では江戸時代に、一六一七（元和三）年、一六二九（寛永六）年、一七〇二（元禄一五）年の三回「式正の御成」が行わ

れており、このうち本郷邸に訪れたのは寛永期と元禄期の二回である。寛永六年では四月二六日に将軍徳川家光、二九日には徳川秀忠が御成しており、これに徳川頼房、藤堂高虎、立花宗茂らが随行している。一見、遊興的にみえるが将軍と大名との主従関係を確認する政治的な意味合いが強い行事であり、これに要した資金も莫大であった。

この寛永期に行われた御成に関する資料が出土したのが、医学部附属病院中央診療棟地点の池遺構である。この池は人為的に作られたもので、覆土からは多くの遺物が出土している。六〇〇個体以上のかわらけ（土製皿）は、ほとんどが手づくね成形で、破片には金箔が僅かに認められるものもあった（図2）。このほか一四〇〇本を超える箸、多量の白木の折敷などの木製品も検出されており、御成の規模をうかがわせる。なかでも注目したいのは、荷札とみられる木簡である。これには「寛永六年三月」という年号や、「ます一五入」「あゆ」「雁九ツ」などの食品名、「高岡」といった領国の地名が記されている。「三壺聞書」にも、用意した品々は前田領国だけでなく京・長崎・奥州までも調達していたと記されており、これらが寛永六年四月に行われた御成に合わせて、わざわざ遠方から様々な品を取り寄せていたことがわかる。

考古資料は性格上、出土した遺構・遺物から特定の実年代を推定することは難しい場合が多く、文献史料と合致することはごく稀である。しかし、この二つが重なったとき、単一の資料だけでは知りえない歴史の実態が立体的に見えてくる。そうした資料としても貴重な事例といえよう。

図2 池遺構から出土したかわらけ

◎天和の火災

「火事と喧嘩は江戸の華」と言われるように、江戸では火事が多くあったことが知られている。ひとたび大火が起これば大名屋敷も例外ではなく、全焼にいたる事態もたびたび起こっている。本郷邸が下屋敷であった頃には、一六八二（天和二）年に屋敷が全焼する火災を受けていることが記録に残っている。発掘調査では、このときに作られた遺構が多く発見されており、こうした災害による後片付けと復興のための整備の痕跡を見ることができる。特徴的なのは、いずれも比較的大型の遺構であること、その中には数多くの陶磁器類が廃棄されており、なかには被熱しているものや、場合によっては大量の焼土が覆土に含まれていることもある。

その代表的なものとして医学部附属病院入院棟A地点SK三がある（図3）。やや歪な隅丸長方形の大型土坑で、規模は南北四〇メートル、東西一八メートル、深さは最大で三・五mにもおよぶ。底面や壁面は凹凸が激しく、工具痕が顕著に残ることから採土坑と考えられている。出土した遺物も多く、コンテナにして三〇〇箱を数える。一七世紀後半の陶磁器を中心に、「天和二年」と墨書された焼塩壺も発見され、遺構の廃絶年代の根拠のひとつとなっている。木製品では漆椀をはじめ、櫛、下駄、桶などといった日常生活品のほか、羽子板や人形の頭なども見られ

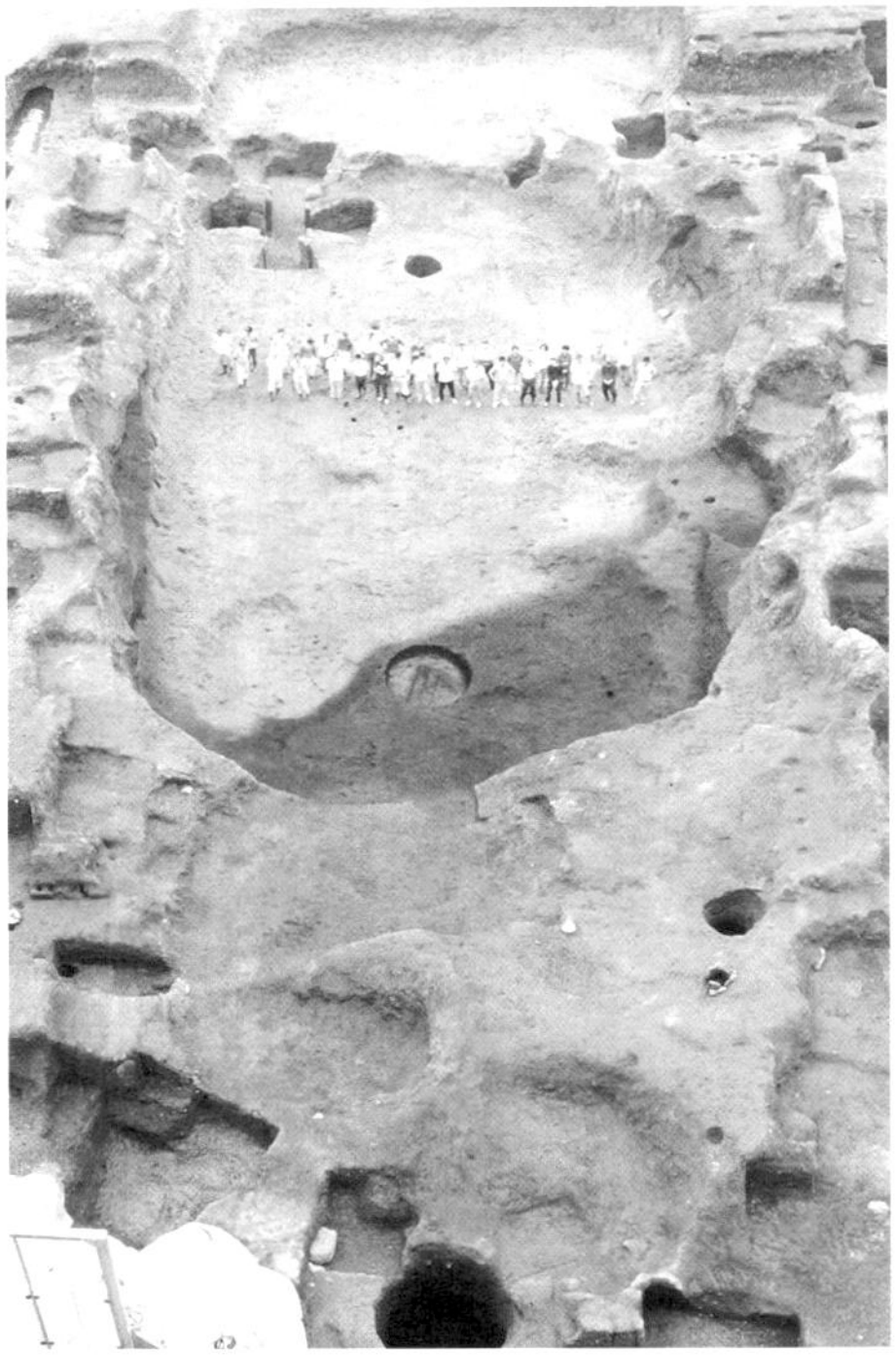

図３ 天和2年の大火を契機に構築されたSK3

る。また敷居などの建築材の一部や、鉋屑といったものも出土している（図４）。

また、これより規模は小さいものの、理学部七号館地点一号土坑・二号土坑や、近年調査の行われた理学部一号館地点ＳＫ七七・ＳＫ一八九なども類似した遺構である。ＳＫ七七の規模は長軸四・七メートル以上、短軸一・九メートル、確認面からの深さは最大で二・八メートル程度である。底面には複数回の浅い掘り込みがみられ、壁面には工具痕が多く残るなど、やはり採土坑であると考えられる。これらは遺物こそ少ないが、その製作年代や覆土に含まれる焼土などから、天和二年の火災に伴い構築・埋没したと推定される。これらの遺構から採った土がどのように利用されたかは、具体的には不明と言わざるを得ないが、大火以降に本郷邸の各所で盛土がなされていることが発掘調査から明らかとなっており、こうした整地に用いられたと考えられている（堀内二〇〇五）。

図４ SK3に厚く堆積した鉋屑

本郷邸では天和二年の大火を契機に下屋敷から上屋敷へと再編がなされる。復興してしまうと地上から姿を消されてしまう災害の痕跡も、地下にはタイムカプセルとして残されており、災害の後片付けとともに大規模な整備が邸内で行われていた様子が発掘調査からうかがえよう。

本郷邸の空間利用

◎上屋敷における二つの空間軸

下屋敷の空間を考える前に、まず上屋敷となってからの空間利用を見ておきたい。大名屋敷は築地塀や長屋塀によって外部から切り離されているが、その内部も「御殿空間」「詰人空間」という物理的・機能的な二重構造であることが本郷邸の大きな特色である。「御殿空間」は、藩邸の中枢を担う御殿を中心に、政務を執り行う表御殿と、藩主とその夫人や女中などが生活する奥御殿、育徳園（庭園）などからなる。これに対し、「詰人空間」は家臣団の居住空間である。家臣といっても家老から足軽、中間・小者を含むもので、一七九八（寛政一〇）年には二八二四人が邸内に居住していたという。子細に見れば、長屋の形態や藩邸諸施設などから、中級以上の藩士が居住する藩邸南部、上級藩士が居住する藩邸東部、下級藩士が居住する藩邸北部の三つの区域に大別されている（宮崎一九九〇）。「武州本郷第図」以降の確認できる屋敷絵図では、中央には「御殿空間」が大きく位置し、その周りを「詰人空間」が取り囲むという、基本的な空間構成はおおむね踏襲されていることがうかがえる。

この「御殿空間」と「詰人空間」という二重構造は、発掘調査からも読み取れる(図5)。それは発見された建物規模や、ごみ穴などの遺構性格、出土遺物の質などもあるが、ここでは遺構主軸に注目したい。上屋敷となって以降、遺構の主軸方位は大きくN—七度—W、N—一度—E程度を基軸とする二つに分かれる。前者は、本郷邸の西側にある中山道(現本郷通り)とほぼ並行もしくは直交するものである。これらは本郷邸の中央部から西側に多く分布し、絵図上では「御殿空間」に相当する場所である。なお中山道は北上するにつれて西側に反れていくため、角度はN—七~一三度—Wとやや幅がある。にもかかわらず、藩邸内の主軸方位がおおむねこの角度内にまとまるのは、通りに面して作られた門とこれを基軸として設定される御殿に起因するものと考えられよう。

一方、後者であるN—一度—Eに並行もしくは直交する遺構群は、邸内の南側や北東側に集中する傾向にある。これらは絵図上においては「詰人空間」と言われる家臣団の居住区域にあたる。この主軸方位は、本郷邸の南側を通る現春日通りを基軸としている。なお御殿空間の主軸から考えれば、通りを基軸というよりも厳密には南御門を基軸としていると捉えるべきであろうか。同様に南東側は、N—三~四度—E程度の傾きが看て取れ、同様に東御門を基軸としていると考えられる。

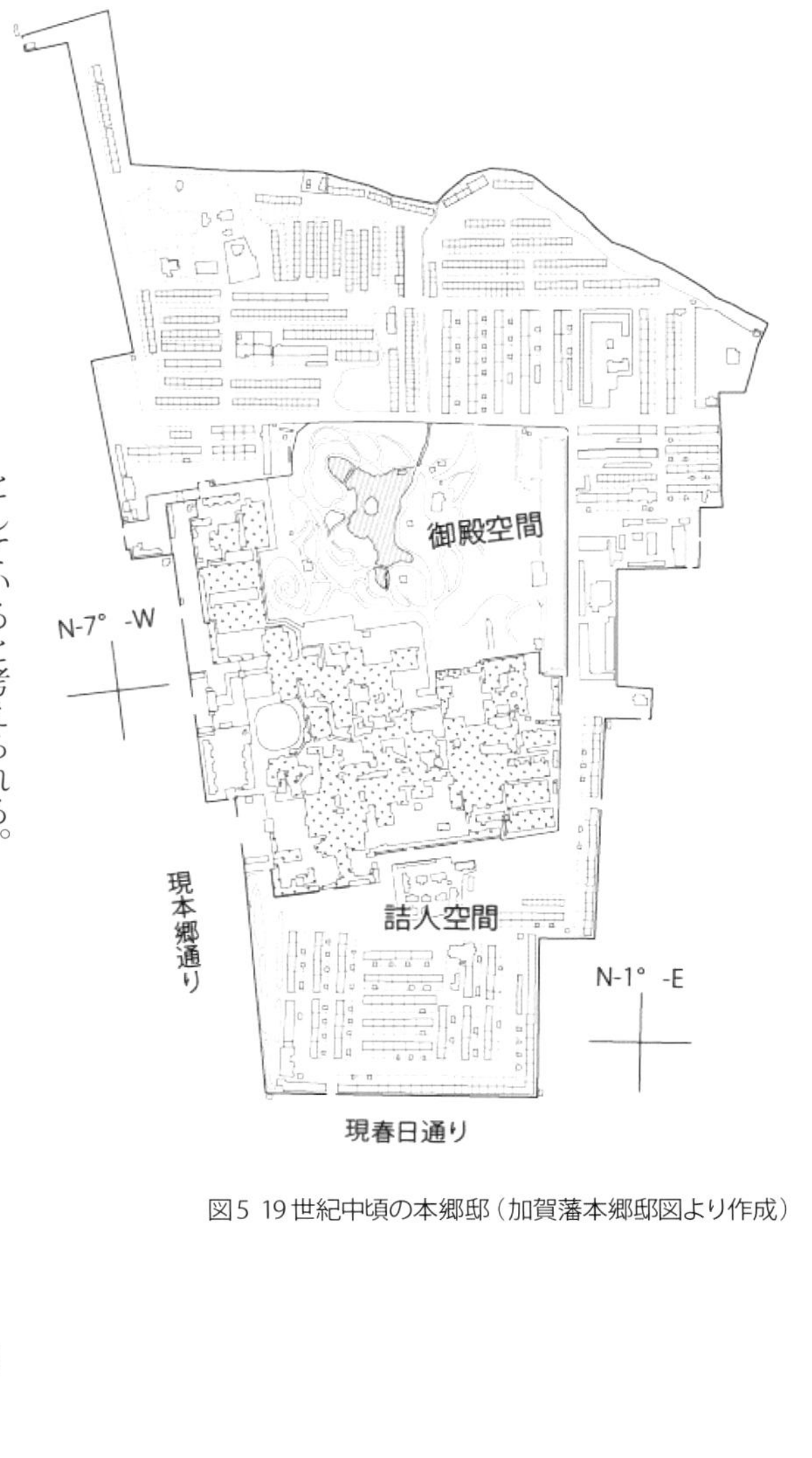

図5 19世紀中頃の本郷邸(加賀藩本郷邸図より作成)

このように発見された遺構主軸は、東御門とこれに伴う東御長屋などを除き、大きく二つの空間軸に固定されていることがわかる。詰人空間では、たとえ南御門から遠く離れた理学部七号館地点でもN—一度—Eを示すなど、非常に強い規制が屋敷全体に働いていることからも看取できよう。また詰人空間では天和二年の火災以後は基本的な建物配置が継続されており、大きな土地の変化は少ない傾向にある。こうした大規模で計画的な空間設計こそが、本郷邸上屋敷の大きな特徴といえるだろう。

◎下屋敷の多様な空間軸

では、絵図もなく検出遺構の少ない下屋敷時代では、どのような土地利用であったのか。まずは各地点の遺構主軸を概観したい。

本郷邸の西側にあたる法学部四号館・文学部三号館建設地地点では、遺構主軸により三期に区分しており、そのうち一七世紀後葉までとされるI期では、溝状遺構、柱穴列、不整形土坑の三基のみと少ない。いずれもN—二〇度—Wと極端な傾きを見せる。

中央部の山上会館・御殿下記念館地点の一七世紀前半とされるI期では、大型の土坑を中心に溝状遺構などが検出されている。このうち最も古い遺構である九二〇号遺構はL字を呈する溝状遺構で、N—二二度—Eを示す。複数基が確認されている土坑は調査区の東西でやや基軸が異なり、西寄り九七二号遺構などは育徳園側の地形に沿うN—一五度—Eを示す。一方、御殿下記念館地点に北隣する理学部七号館地点、同一号館地点では、おおむねN—二二度—Eでまとまる傾向にある。これに北隣する理学部一号館地点・同七号館地点も同様で、一七世紀代の遺構は僅かであるが溝状遺構を中心に、N—二〇度—E程度を示す。

中央南側の下屋敷との境付近で注目したいのは、医学部教育棟研究地点において発見された遺構である(図6)。六〇センチメートルにもおよぶ大型の礎石が一間の間隔でN—一度—E程度の傾きをもって規則正しく並んでいる。加えて、この付近の土層は硬化していることから通路であることは確かで、門の痕跡であることが明らかとなった。なお発見された門は、確認された範囲で幅五間、奥行二間と、下屋敷とはいえ大名屋敷の表門としては規模が

図7 道路状遺構と石垣(SB45)

図6 火災により焼け落ちた下屋敷の門

小さい。一方、他藩では一七世紀代の上屋敷の表門は、幅一〇〜一五間、奥行三〜五間であることから、表門に沿ってある通用門のひとつではないかと推測されている(宮崎二〇〇八)。もうひとつが薬学系総合研究棟地点である。現在整理作業中のため、今後も詳細な検討は必要であるが、一六八二(天和二)年以前とされる最終確認面においても、主軸方位はN—一度—Eを示す現春日通りを基軸としたものである。このラインは、後述する医学部教育棟研究地点の門の延長線上に近く、下屋敷時代の境界付近にあたる可能性もある。これより北側にある二〇〇四年の調査区では、一七〇二(元禄一六)年の火災より前とされるE面において、SD一七(柵列)とSB四五(石垣)の間にT字状の道路状遺構が確認されている(図7)。南北方向にはN—三〜四度—E程度の傾きをもって続き、後年の東御門や東長屋に沿うものであることから、その関係性も推測されている(原

二〇〇六)。

邸内の東側にあたるクリニカルリサーチセンターA棟地点や、近年調査が行われた医学部附属病院入院棟Ⅱ期地点は南北で主軸が異なる。北側などは、N―三〜四度―Eを示している。

南東側となる病院地点や外来地点では、おおむねN―五〜六度―Wを示す傾向がある。なお医学部附属病院入院棟Ⅱ期では、南端で検出されたSD四五四がN―五〜六度―Wを示し、中央診療棟地点七号溝と同一の可能性も考えられている。

以上のように、下屋敷の段階では上屋敷で見られるような規制の強い空間軸は設定されていないことがうかがえる。こうした主軸の統一は、下屋敷から上屋敷へと屋敷の機能の変化に伴い行われていったことが推測されよう。

◎御殿下記念館地点にみる空間の認識

下屋敷時代における各空間の利用状態は、天和の火災による後処理を除けば、溝などの区画施設が主となることもあり、具体的には不明瞭な部分もいまだに多い。しかし、このなかでも御殿下記念館地点は、主軸の変化が大きく、また一七世紀段階としては遺構・遺物ともに比較的豊富な地点として注目される。

この地点は御殿下グラウンドとして利用されてきたため遺跡の遺存状態が良く、一九世紀には梅之御殿(Ⅷ期)、一八世紀には坂下御厩(Ⅴ〜Ⅶ期)と変遷も明確である。興味深いのは、天和二年の火災(Ⅲ期)以後の遺構の主軸はN―一度―Eにほぼ統一されているのに対して、一七世紀中頃から後半にあたるⅠ〜Ⅱ期では、主軸が大きく異なることである。

西側に位置する育徳園の自然地形に沿うものを除けば、Ⅰ期で最も古い溝状遺構である九二〇号遺構と一〇一七号遺構は、N―二二度―Eを示す。しかし同じⅠ期でも、採土坑とみられる巨大な六七八号遺構や五三二号遺構は、天和二年以降となるN―一度―Eに近く、二つの異なる主軸が存在している(図8)。また続くⅡ期では、N―一五度―Eを示す遺構を主体とするものの、東西にクランク状に延びる溝状の三七三遺構などはN―一度―EとN―三〜四度―Eが複合するといった複雑な様相を呈している(図9)。これらの異なる軸の同時存在を報告書では「Ⅱ期とⅢ期の時間差があまりなくⅢ期初頭の段階では三七三号遺構によって区画される地割りがそのまま利用された可能性が高い」ためと見ている(東京大学埋蔵文化財調査室一九九〇)。だがⅠ期で最も古いN―二二度―Eを示す主軸は、北隣する理学部一号館地点・同七号館地点では一六八二(天和二)年の火災処理をした土坑の構築時期まで継続している。また前述した薬学系総合研究棟地点や医学部教育棟研究地点においても、天和二年以前からN―一度―Eを主軸とした遺構が検出されている。このことから、主軸の異なる遺構の同時期存在は、時間差の近接ではなく、それを主とした空間の近接を示しているのではないだろうか。つまり御殿下記念館地点は、南側から続くN―一度―Eに近い値を示す区域と、N―二二度―Eを示す北東側の区域という、二

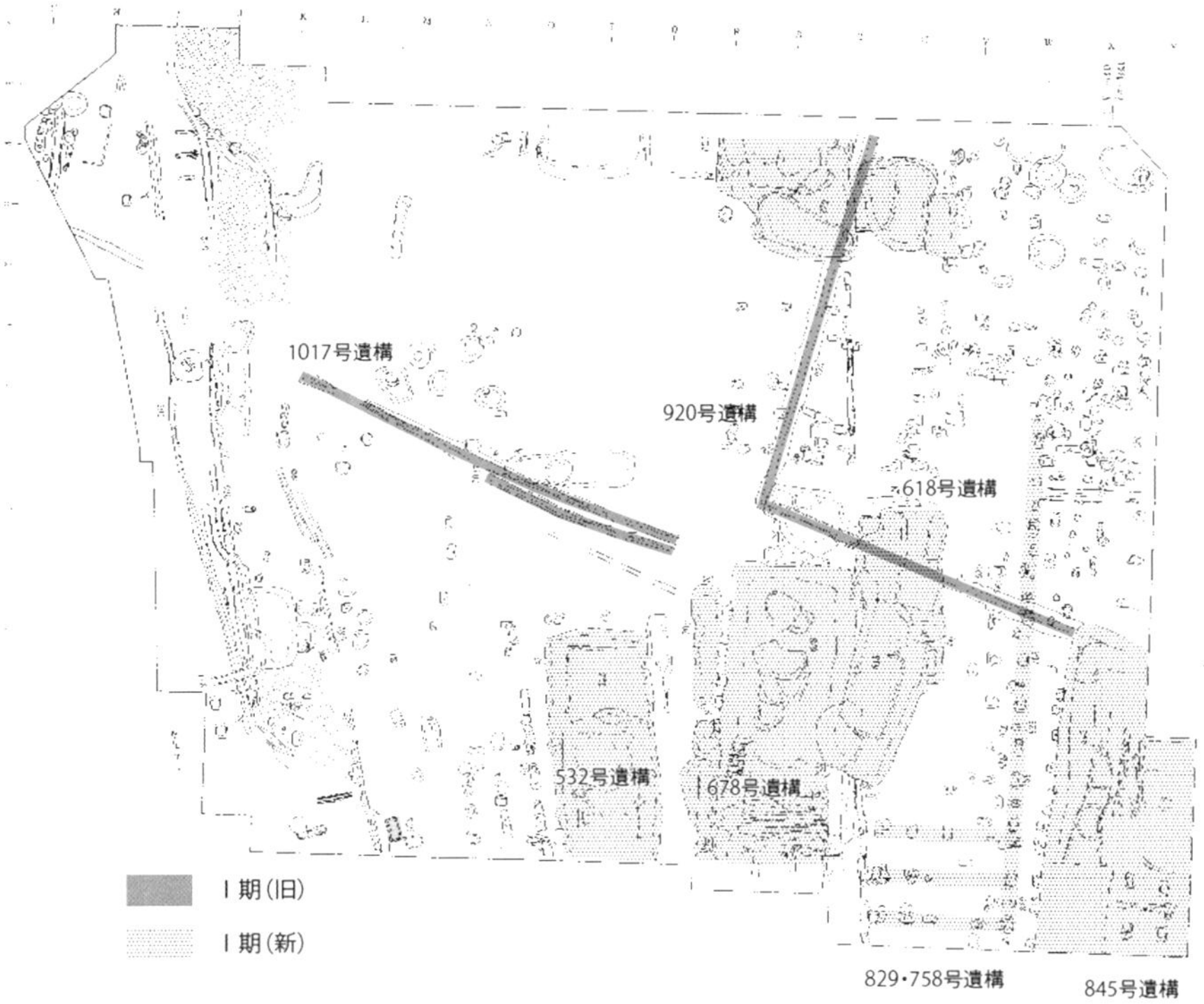

図8 御殿下記念会館地点 Ⅰ～Ⅱ期の主な遺構

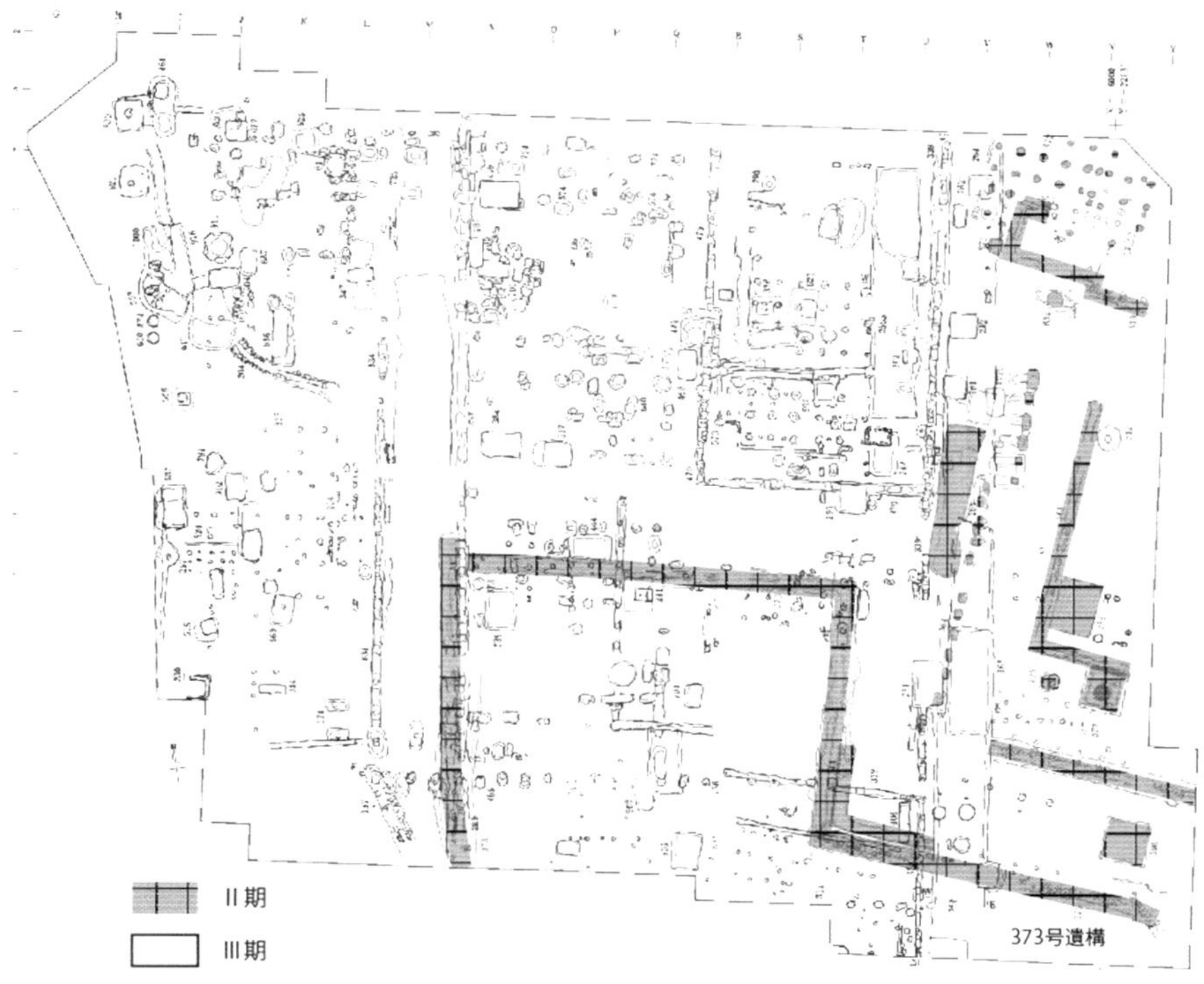

図9 御殿下記念会館地点 Ⅱ期の主な遺構

つの空間の末端であるとともに、隣接空間と重なり合う結節点と考えることができよう。

最後に御殿下記念館地点付近がある空間の末端と推測する根拠のひとつに、大型廃棄土坑の分布を挙げたい。これまでの本郷邸の調査でも多くの廃棄土坑が検出されているが、法学部四号館地点や工学部一号館地点SK〇一にあるように、敷地の奥(縁辺)に構築されることが指摘されている(成瀬二〇一〇)。これを前提に考えれば、御殿下記念館地点で出土した五三二号遺構や六七八号遺構の付近が、一七世紀段階において縁辺と認識される空間であったと捉えることができよう。また、出土した遺物には一尺以上の大皿が多数検出されるなど、質が良好であることを考慮すれば、下屋敷における主要な建物が付近にあり、ここから排出された可能性も想起される。

屋敷地全体を見れば、御殿下記念館地点より奥はどのように利用していたかなど、未だに不明な部分は多い。理学部一号館地点・同七号館地点の大型土坑が一六八二(天和二)年の火災を契機に構築されていることを鑑みれば、一七世紀後半までのこの付近が生活空間からは遠く離れ、見えない場所であったことが推測できよう。

下屋敷の空間利用と境界施設

本来、下屋敷とは上屋敷などが被災した際の避難所や物資などの貯蔵施設としての基本的な機能を有

図10 「江戸図屏風」に描かれた本郷邸
(国立歴史民俗博物館所蔵)

している。このほかに休息用・接客用の機能も重視されており、萩藩毛利家麻布下屋敷の清水園や尾張徳川家下屋敷の「龍門の滝」に見られるような趣向を凝らした庭園を、風光明媚な場所に造ることが指摘されている(竹内二〇〇四)。下屋敷であった本郷邸の当初の機能を考える上で手がかりとなるものに、一六三四(寛永一一)年前後の制作とされる江戸図屏風(国立歴史民俗博物館蔵)がある。ここには「加賀肥前守下屋敷」として、御殿と育徳園心字池(三四郎池)が描かれている(図10)。また一六二九(寛永六)年と一六三八(同一五)年、一六四〇(同一七)年に将軍の御成があったことから見ても、深山幽谷の風情を生かした庭園を重視しており、この空間が屋敷地の中核であったことは想像に難くないだろう。

他方、これまでの発掘調査から見てきたように、下屋敷の段階おいては屋敷全体の主軸方位に統一感はなく、場所ごとに異なる様子が看取できる。このことから、少なくとも屋敷地内での一貫した計画的な土地利用はなかったことは明らかであろう。この傾向は上屋敷となってから遺構の主軸方位が二つにほぼ統一され、敷地内には非常に強い規制が働いているのと比べれば対照的といえる。また全体を俯瞰すれば、中央の御殿下記念館地点から理学部一号館地点にかけてと、南西地点の後年には大聖寺藩邸となる場所などでは、おおむね主軸に統一感が見られる(図11)。こうした限定的な主軸のまとまりは、それぞれ異なった空間の性格が個別に発生し、発展・拡張されてきたことを示唆していよう。このような

A：法学部4号館・文学部3号館地点　B：理学部1号館地点　C：理学部7号館地点　D：御殿下記念館地点

E：医学部教育研究棟地点　F：薬学部総合研究棟地点　G：クリニカルリサーチセンター地点　H：入院棟Ⅱ期地点（仮称）

I：外来診療棟地点　J：中央診療棟地点　K：第2中央診療棟地点　L：入院棟A地点

図11　下屋敷における遺構主軸のまとまり

空間がいくつか展開する理由のひとつに、一六三九（寛永一六）年には加賀藩は下屋敷のまま、富山・大聖寺両藩の上屋敷が邸内に貸与され、これに加えて利常の隠居所が設けられていることなども挙げられよう。

　ここで注目したいのは、空間を分けるための境界施設である。下屋敷は面積の広大さに比して「低密度な施設配置」であることが指摘されている（古泉二〇〇四）。本郷邸内でも同様で、後年の開発によるものもあるだろうが検出遺構は概して少ない一方で、天和の火災による後処理を除けば、溝などの区画施設は多く検出されている。こうした傾向は広大な面積を有する下屋敷に顕著で、津藩藤堂家下屋敷（染井遺跡）でも同様の傾向が見られる。屋敷地内には多くの堀や溝によって区画されており、井戸や地下室といった生活に密接な遺構は通り沿いに集中する。他方、敷地の奥は大半が植栽痕という、遺構の集中と分散、その区画となる溝・堀の存在が明瞭にうかがえる事例である。

　逆に上屋敷となった本郷邸においては、こうした溝状の区画施設は決して多いとは言えない。理由のひとつには、敷地内の狭さにも起因するのであろう。上屋敷となった本郷邸は中心に「御殿空間」が大きな面積を占めている。その周りにある「詰人空間」には二〇〇〇人近くの家臣団が暮らす住居に加えて、藩邸内の建築・営繕を行う作事方、藩直属の足軽・中間などを管理する割場、藩士の生活に必要な米搗所など、江戸での生活に必要な公的な施設も林立する。こうしたなか、面積を必要とする溝や堀といった区画施設は選択されないのかもしれない。また、同じ区画施設でも視覚的な遮蔽を重視する塀とは異なり、堀や溝は連続した空間を心理的に分断する機能もある。下屋敷における境界施設は、空間の広さから選択されているだけでなく、固有の性格も考慮しながら検討していく必要があろう。

おわりに

これまでの発掘調査から明らかとなった遺構主軸や大型土坑の位置から一七世紀代の空間利用を見てきた。絵図・文献史料が少ない時期における本郷邸の復元を考えるうえで、ひとつの小さな視点を得られたのではないかと思う。こうして下屋敷であった頃の本郷邸を俯瞰できたのは、これまでの地道な発掘調査に基づいて精緻に積み上げた研究成果によるものである。屋敷絵図のない一七世紀段階おいて、これからも考古学が担う役割は大きいといえるだろう。

本郷邸の研究は、これまでの蓄積により一八世紀から一九世紀代の考古・文献資料が徐々に充実してきている。このことにより、手がかりの少ない一七世紀代の様相を把握するための比較資料も増えつつある。これからも学際的な研究を行なっていくにあたり、考古学的な見地に立脚した精密な調査・研究の継続が今後も重要と言えるだろう。

【参考文献】
小川祐司　二〇一一「江戸周縁の大名屋敷―藤堂家染井屋敷―」吉川弘文館　江戸遺跡研究会編
追川吉生　二〇〇四『江戸のミクロコスモス　加賀藩江戸屋敷』新泉社
古泉弘　二〇〇四「下屋敷発掘の現状と展望」『江戸大名下屋敷を考える』品川区立品川歴史館編
品川区立品川歴史館編　二〇〇四『江戸大名下屋敷を考える』
竹内誠　二〇〇四「江戸の大名屋敷とは」『江戸大名下屋敷を考える』品川区立品川歴史館編
東京大学遺跡調査室　一九九〇『東京大学構内の遺跡　法学部四号館・文学部三号館建設地遺跡』東京大学遺跡調査室発掘調査報告書二
東京大学遺跡調査室　一九九〇『東京大学構内の遺跡　医学部付属病院地点』東京大学遺跡調査室発掘調査報告書三
東京大学総合研究博物館　二〇〇〇『加賀殿再訪　東京大学本郷キャンパスの遺跡』東京大学コレクションX
東京大学埋蔵文化財調査室　一九九〇『東京大学構内の遺跡　山上会館・御殿下記念館地点』東京大学埋蔵文化財調査室発掘調査報告書四
東京大学埋蔵文化財調査室　一九九七『東京大学構内遺跡調査研究年報一』
東京大学埋蔵文化財調査室　一九九九『東京大学構内遺跡調査研究年報二』
東京大学埋蔵文化財調査室　二〇〇五『工学部一号館地点』東京大学埋蔵文化財調査室報告書六
東京大学埋蔵文化財調査室　二〇一六『医学部付属病院入院棟A地点』東京大学埋蔵文化財調査室報告書一三
成瀬晃司　一九九〇「江戸藩邸内土地利用研究の一指針」『法学部四号館・文学部三号館建設地遺跡』東京大学遺跡調査室発掘調査報告書二
成瀬晃司　二〇一〇「御殿をとりまく空間」『加賀殿再訪　東京大学本郷キャンパスの遺跡』東京大学コレクションX　東京大学総合研究博物館
成瀬晃司　二〇一一「加賀藩本郷邸東域の開発―斜面地にみる大名屋敷の造成―」『江戸の大名屋敷』吉川弘文館　江戸遺跡研究会編
原祐一　二〇〇六「東京大学薬学部系総合研究棟地点（二〇〇四年度）二次調査」『東京大学構内遺跡調査研究年報五』
堀内秀樹　一九九七「東京大学構内の遺跡における年代的考察」『東京大学構内遺跡調査研究年報一』
堀内秀樹　二〇〇五「加賀藩本郷邸における廃棄物処理に関する考察」『工学部一号館地点』東京大学埋蔵文化財調査室報告書六
宮崎勝美　二〇〇八『大名屋敷と江戸遺跡』日本史リブレット八七
吉田伸之　一九八八「近世の城下町―江戸から金沢へ―」『週刊朝日百科　日本の歴史別冊　歴史の読み方』二

資料1　宴会で使われた大皿
入院棟A地点SK3出土、17世紀後半、肥前
藩主を中心として行われた行事・儀礼の宴会で使われたやきものであろう。上質の色絵（古九谷様式）大皿である。

資料2　宴会で使われた大皿
御殿下記念館地点391号遺構出土、17世紀後半、肥前
ヨーロッパをはじめ日本でも受容された中国磁器（芙蓉手）を、肥前でコピーしたもの。色絵の製品は珍しい。

資料3　燭台
入院棟A地点SK3出土、17世紀後半、肥前
当時の灯りは、灯火皿によるものが多かったが、本例は17世紀に作られた色絵磁器の燭台である。

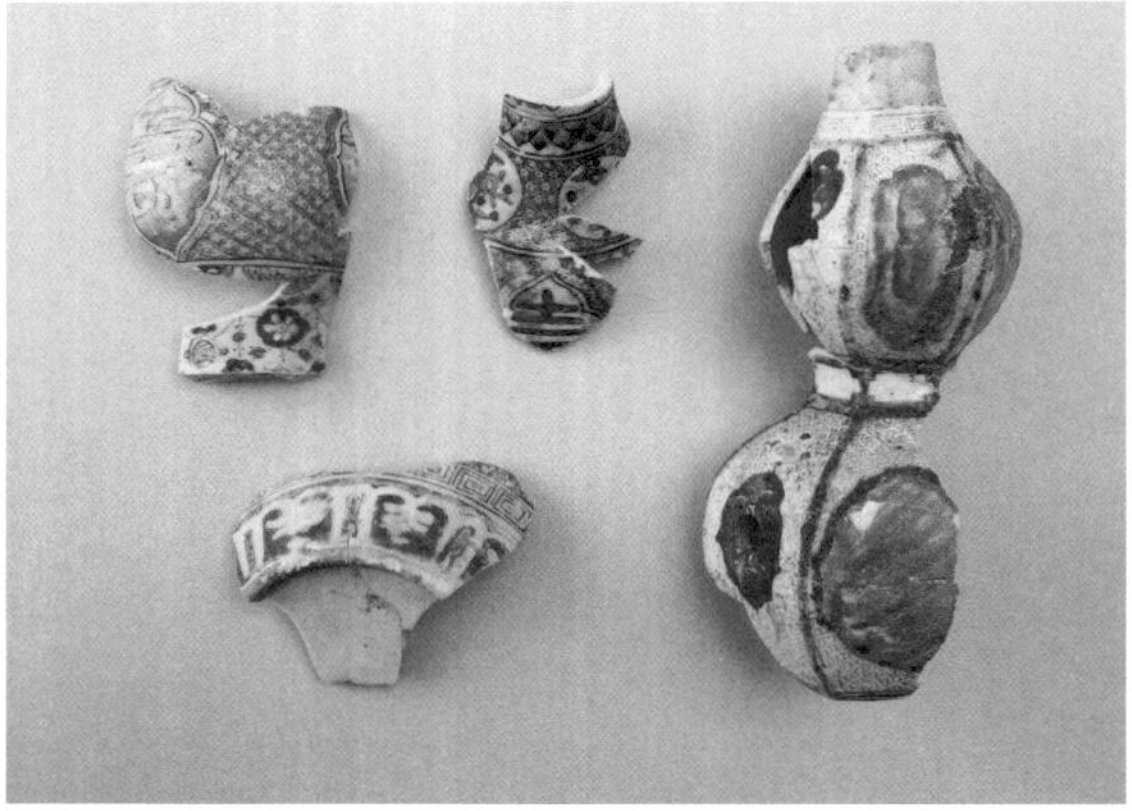

資料4　加賀藩の宴会道具
入院棟A地点C2層出土（左）・法学系総合研究棟地点SK42（右）、16世紀、中国景徳鎮
大名藩邸で出土するやきものの中には、儀礼、茶会などの行為に伴って使われる製品が含まれている。これらは中国景徳鎮の金襴手と呼ばれるきわめて上質な製品である。

資料5　火災による窯着資料
入院棟A地点C2層出土、17世紀後半、肥前
1682（天和2）年に起こった八百屋お七の火災で藩邸が全焼し、当時使用・保管していたやきものが多量に廃棄された。今では高く評価されている古九谷様式の製品も「使うもの」として積み重ねて保管されていたことが判る。

資料6　加賀藩が使っていた優品
入院棟A地点C2層出土、17世紀後半、肥前
いわゆる古九谷様式の百花手の大皿である。石川県立九谷焼美術館などに類例があるやや深い大鉢で、口径は40cm程度であったと推定される。

資料7　揃いの皿
入院棟A地点C3層出土、17世紀後半、肥前
佐賀県有田の南川原地区で生産された上質な染付である。家臣を含めた大人数での行事の際に使うために、同じ文様で揃えられたものである。

資料８　火災による溶着資料
入院棟A地点C2層出土、17世紀後半、肥前
器面には型紙によって白泥を用いた装飾が施されている。

9

資料9-12　加賀藩の中国製品
9：中央診療棟地点L32-1出土、17世紀前半、中国景徳鎮、
10：山上会館地点３号遺構、法学部４号館地点E11-１号土杭出土、15世紀、中国景徳鎮
11：中央診療棟地点L32-1出土、14～15世紀、中国龍泉
12：入院棟A地点C2層出土、17世紀前半、中国景徳鎮
外国から招来したやきものの中心は中国であった。加賀藩邸からは多くの中国磁器製品が出土している。同時代に購入したものの他に、武家の間で珍重された古い時代

10

11

12

13

14

資料13-14　加賀藩の茶道具（中国）
13：法学系総合研究棟地点SK42出土、13～16世紀、中国景徳鎮（左下）・中国龍泉（その他）
14：看護師宿舎地点SK299出土、13-15世紀、中国龍泉
中世から武家の威信財として存在したこれらの上質の製品は、「唐物」と呼ばれた。これらは部屋飾りとして用いられていたが、江戸時代になっても茶道具として重要な接応アイテムとして使われた。

資料15　加賀藩の茶道具（ベトナム）
看護師宿舎地点SK299出土、14世紀、ベトナム
茶道具（水指）として使用されたが、元来骨壺として利用される場合が多かった。これらの多くは16〜17世紀に南蛮あるいは島物として招来されることが多かった。

資料16　加賀藩の茶道具（李朝）
看護師宿舎地点SK299出土、16世紀、朝鮮
李朝の製品は高麗物と称され、その多くは16世紀に招来した茶碗である。加賀藩の御道具を記した『加賀藩前田家表御納戸御道具目録帳』でも高麗物の茶道具は、中国製に次いで多い。

資料17　加賀藩の茶道具（国産）
看護師宿舎地点SK299出土、
16〜17世紀、瀬戸・美濃
国内では、14世紀はじめ頃から瀬戸で天目茶碗や茶入れの生産が開始される。しかし、国内産のやきものが多く取り入れられるのは、16世紀以降である。ここでは唐物中心のSK299の出土資料の中に国産の茶道具が確認され、新しい時代相が確認できる。

18

19

資料18-19　下屋敷時代の武士の生活
薬学部資料館地点出土、薬学部新館地点出土、17世紀前半、中国・瀬戸・美濃・肥前・江戸在地など
17世紀前半下屋敷時代の藩邸は、史料が少なく不明な点が多い。発掘調査によって出土するこの時代の生活遺構は三四郎池の南側に集中している。これらの製品は、日常の生活で使用廃棄されたものが中心である。

資料20　御成御殿の金箔瓦
総合研究棟（文・経・教・社研）地点出土、
第2中央診療棟地点出土、17世紀前半
1629（寛永6）年に将軍徳川家光、大御所秀忠が本郷邸に御成した。下屋敷として拝領した本郷邸はこの直前に急速に整備された。発掘調査では多くの金箔瓦が出土しているが、これらは御成御殿に伴うものと考えられる。（堀内）

資料21　金箔かわらけ
医学部教育研究棟地点SK4516出土、17世紀前半、加賀？
御成などの格式の高い儀礼に出される本膳料理には、金や銀を塗布した素焼きの土器や白木の膳、箸などが用いられる。医学部教育研究棟地点からは、金が塗布されたかわらけが多く出土しており、御成に使用された可能性が高い（堀内）。

第二章

畑　尚子

加賀藩邸内の徳川将軍家

溶姫御住居（御守殿）

将軍の息女は大名家の娘とは区別され「姫君」と尊称された。大名と婚礼をあげその屋敷地に居を移しても将軍息女としての立場は変わらず、その大名家の一員となるものではなかった。そして輿入れする際に引き連れていく五〇人前後の御付女中と、用人を筆頭とする男性役人もまたその雇い主は幕府であり、大名家の家臣となることはない。

将軍の姫君を正室に迎えることとなった大名家では、門や玄関も別にある姫君の独立した住まい（御守殿や御住居と呼ばれる）を新たに建築しなくてはならない。上屋敷に隣接した場所に御守殿用地を下賜されることもある。加賀藩前田家は溶姫以前も複数回将軍姫君を正室に迎えていることから、上屋敷の敷地内に確保するスペースはあるが、溶姫御住居建築のため本郷通りに面した本郷五・六町目の町屋を撤去し、囲込地として拝借した。藩邸全体を俯瞰すると、御守殿（御住居）が建てられたことにより、奥向御殿が複数存在する構造となる。

一〇代将軍徳川家治以前は輿入れ先の家格や相手の官位にかかわらず御守殿と呼ばれていた。一一代家斉の息女から、御守殿と称されるのは御三家・御三卿と婚姻を結んだ者に限られるようになった[1]。溶姫の場合は加賀藩よりの強い要望により一八五六（安政三）年二月二日に御住居から御守殿と称替が行われた。

◎溶姫御住居の構造

江戸城大奥は広敷向・御殿向・長局向に分かれる。将軍姫君の御殿も基本的には同様な構成であるといえるが、溶姫御住居での名称は不詳なため、便宜上江戸城大奥の呼称を用いて考案していきたい。

参照としたのは以下の図面である。a「江戸本郷邸間取図」一八二七（文政一〇）年（横山隆昭氏所蔵）、b「御住居御絵図」一八二八年（前田育徳会所蔵）、c「小君東都第館全図」一八三二（天保三）年（同前）、d「前田家本郷屋敷図」一八四五（弘化二）年頃（金沢市立玉川図書館所蔵）、e「江戸屋敷総図　御住居御奥廻」一八五八（安政五）年（同前）、f「御上屋敷御殿惣絵図」一八六三（文久三）年（前田育徳会所蔵）。先ずはa・b図より引移り当初の様子を見ていきたい。

①広敷向

広敷向は玄関を入った周辺の接客空間と御用人など男性役人の詰所、膳所（賄方）の三つに大別できる。先ずは門から玄関までのアプローチを見ておこう。御住居表門（御守殿門）は両側に出番所があり、塀より奥まったところに設置されている。腰掛は表門の内側と外側に設置されている。表門をL字に進むと中門があり、さらに進むと玄関（御住居表御式）となる。

玄関を入り広間に当たる場所は階上ノ間と呼ばれている。その左に使者之間があり、廊下を挟んだところに御客間がある。御用人・御用達・医師・御侍の部屋は二ヶ所に分かれている。一ヶ所が幕府よりの御付人、もう一ヶ所が加賀藩より付けられた御住居付の詰所となる。

膳所は渡廊下の先にあり、さらに渡廊下で藩の表向（表廻）に行くことができる。膳所の料理人などは「御住居御附方名帳」（金沢市立玉川図書館所蔵）によると、藩の役人で占められていることがわかる。今回は紙幅との兼ね合いから詳述は避けるが、氷室史子氏が松姫御守殿の男性役人について考察している。

広敷向と御殿向との境は一般的には錠口と称されるが、溶姫御殿では鎖口と呼ばれている。藩の奥向である本宅や、後に述べる松姫の御殿でも鎖口となっている。加賀藩独特の呼び方を将軍姫君の御殿でも使用していることがわかる。（図1）

②御殿向

御殿向は女中詰所と接客空間、主の居住空間に大別できる。

鎖口を入ったところが鎖口上ノ間でその南側には、溜と二階建ての御使番詰所がある。その南が広敷役人との交渉を担う表使の詰所と、その際使用する御広座敷となる。少し東へ進むと御殿向内の膳所があり、脇に中居と御末の詰所がある。この膳所は小さく、温め直しや配膳に使われたといえる。職制別に老女・御三之間の詰所があり、右筆部屋・呉服之間と女中詰所の一番奥にある御輿部屋は二階建てとなっている。茶菓を整える台子と茶所が数ヶ所に点在している。御殿向を奥に向かう廊下が御輿廊下と呼ばれていることから、溶姫は輿に乗ったままこの廊下を進んだことが看取できる。

御殿向の北側が接客空間となっている。鎖口を入るとすぐ梅ノ間がある（御通抜の時、着替えの場として使用されている）。御輿廊下が切れた北側が上使之間（江戸城大奥の老女など上使を迎える部屋）でその奥に御小座敷がある。一番奥が上段・下段・二之間・納戸からなる対面所である。

御輿廊下の先の三之間からが溶姫の居住空間となる。座敷と休息之間は二之間までありその脇の溜之間には溶姫の世話をする中年寄や中﨟が控えていると思われる。寝所・化粧之間・拝所（徳川家先祖の霊を祀る所）・湯殿・納戸土蔵から構成される。化粧之間西の納戸には二階がある。

藩邸の表向と溶姫の居住空間を結ぶ御鈴廊下は、寝所と化粧之間の間から延びている。藩の奥向である本宅に行くにも、御鈴廊下を通らなくてはならない。御鈴廊下は南へ少し行き境の塀を越え東に折れると階段がある。つまり、溶姫御殿のほうが加賀藩の本来の御殿より少し高いことがわかる。溶姫御殿は上屋敷の中で地形的に一番高いところに建てられていた。

御鈴廊下が最初につながる所には真龍院の溜があった。真龍院が駒込中屋敷に移徙するのは一八三二（天保三）年二月で、真龍院溜は一八三二年写のC図では単なる溜に変わっている。さらに、廊下を東に進み本宅に入ったところに「（姫君様）御溜」がある。この部屋は溶姫が本宅を訪れるときに使用したのだろうか。もう一本、女中たちの詰所の先に

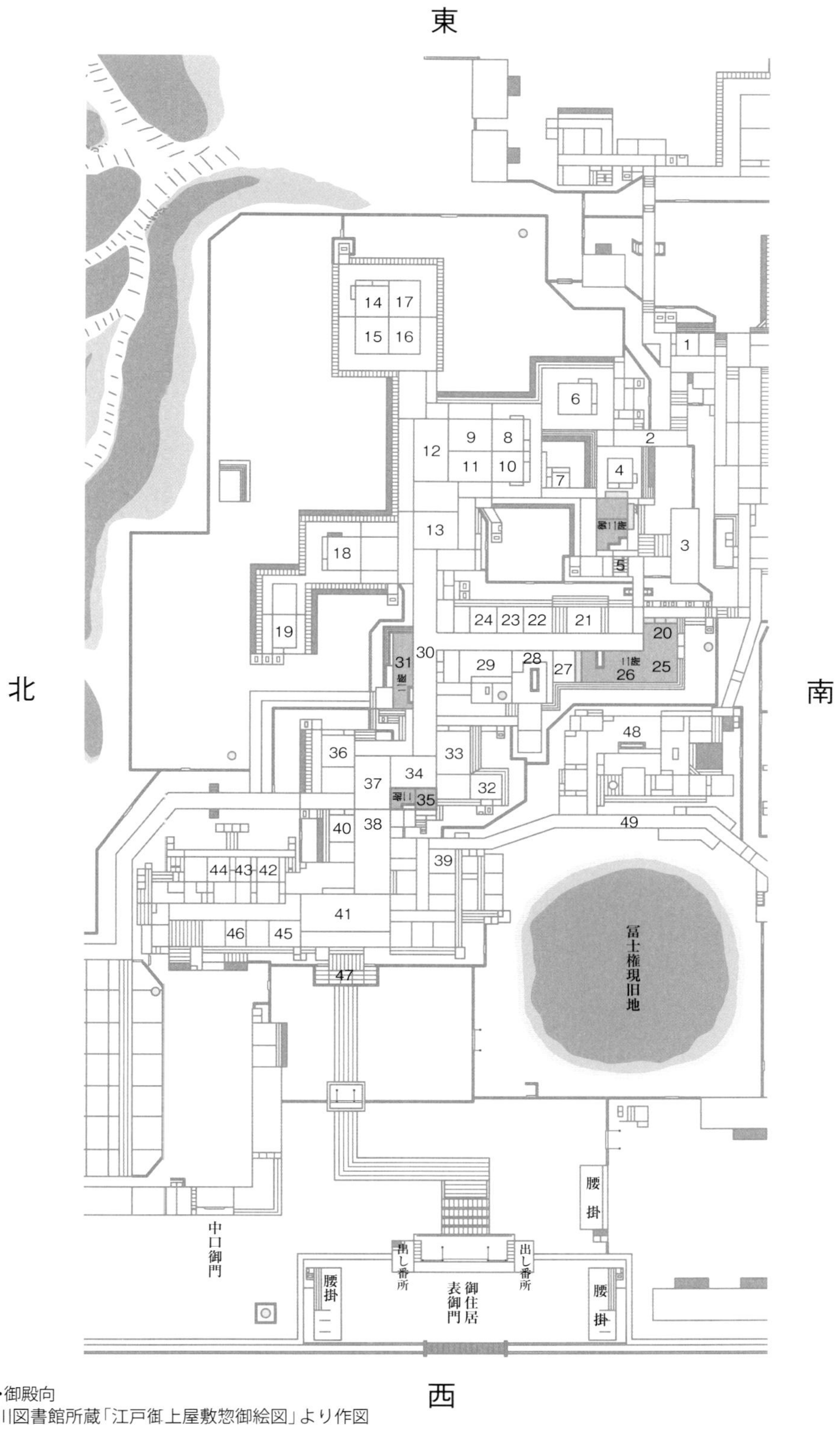

図1　広敷向・御殿向
金沢市立玉川図書館所蔵「江戸御上屋敷惣御絵図」より作図

1）御溜
2）御鈴廊下
3）御納戸御土蔵
4）御化粧ノ間
5）御湯殿
6）御寝所
7）御拝所
8）御座ノ間
9）二ノ御間
10）御休息
11）二ノ御間
12）溜り間
13）御三ノ間
14）御対面所
15）御下檀
16）二ノ御間
17）御納戸
18）上使ノ間
19）御小座鋪
20）表方女中控所
21）臺子
22）御三ノ間
23）御次
24）老女
25）御輿部屋
26）呉服之間
27）御中居
28）御末
29）御膳所
30）御輿廊下
31）御祐筆ノ間
32）表使
33）御広座鋪
34）溜り間
35）御使番詰所
36）梅ノ御間
37）御鎖口上ノ間
38）御鎖口
39）役人詰所
40）御客間
41）階上
42）御用人
43）御用達
44）御医師
45）御使者ノ間
46）中ノ口
47）御玄関
48）御膳所
49）御表渡り廊下

も表へ行くことが出来る廊下があり、そのすぐ脇に表方女中の控所がある。

③長局向

長局は総二階で、一ノ側が七部屋、二ノ側が九部屋、三ノ側が二部屋、三ノ側続が六部屋の計二四部屋。部屋の間取りは縁座敷・部屋・次の間、明り取りの中庭と階段と続き、廊下をはさんだ所に湯殿・厠・物置がある。(図2)

「御住居御絵図」(前田育徳会所蔵)より引移り直後の部屋割を知ることが出来る。一ノ側から三ノ側まで各二部屋計六つの客部屋があるので、四九名の女中が一八部屋に配置されている。上﨟御年寄や御年寄も一人部屋ではなく、二、三人で一部屋となっている。溶姫付の筆頭である上﨟岩倉ではなく、御年寄関岡が一番御殿に近い部屋をもらっているが、一ノ側からほぼ職制順になっている。七ツ口に一番近いところに御半下部屋があるのが一般的であるが、

1) 客部屋
2) 客部屋
3) 御年寄関岡・御中﨟とい
4) 上﨟年寄岩倉・呉服ノ間まき
5) 御年寄染山・御小将(性) まち
6) 中年寄袖嶋・御次かめ
7) 御中﨟やよ・御次まん
8) 客部屋
9) 客部屋
10) 中年寄八重沢・御次ゆさ
11) 御中﨟りか・御中﨟つせ
12) 御中﨟みせ・御中﨟さゑ
13) 中年寄亀村・御三ノ間かほ
14) 表使田沢・御三ノ間なよ
15) 表使染尾・御三ノ間まし
16) 御次りす・呉服之間とわ・御三ノ間やの
17) 御右筆には・御次つと・御三ノ間たそ
18) 御右筆もよ・御右筆にほ・呉服之間ほん
19) 客部屋
20) 客部屋
21) 御末頭こな・御仲居宮路
22) 御末頭たこ・御仲居村雨・御仲居トヽ曲関里
23) 御使番まかき・御使番うねめ・御使番亀路
24) 御半下10人

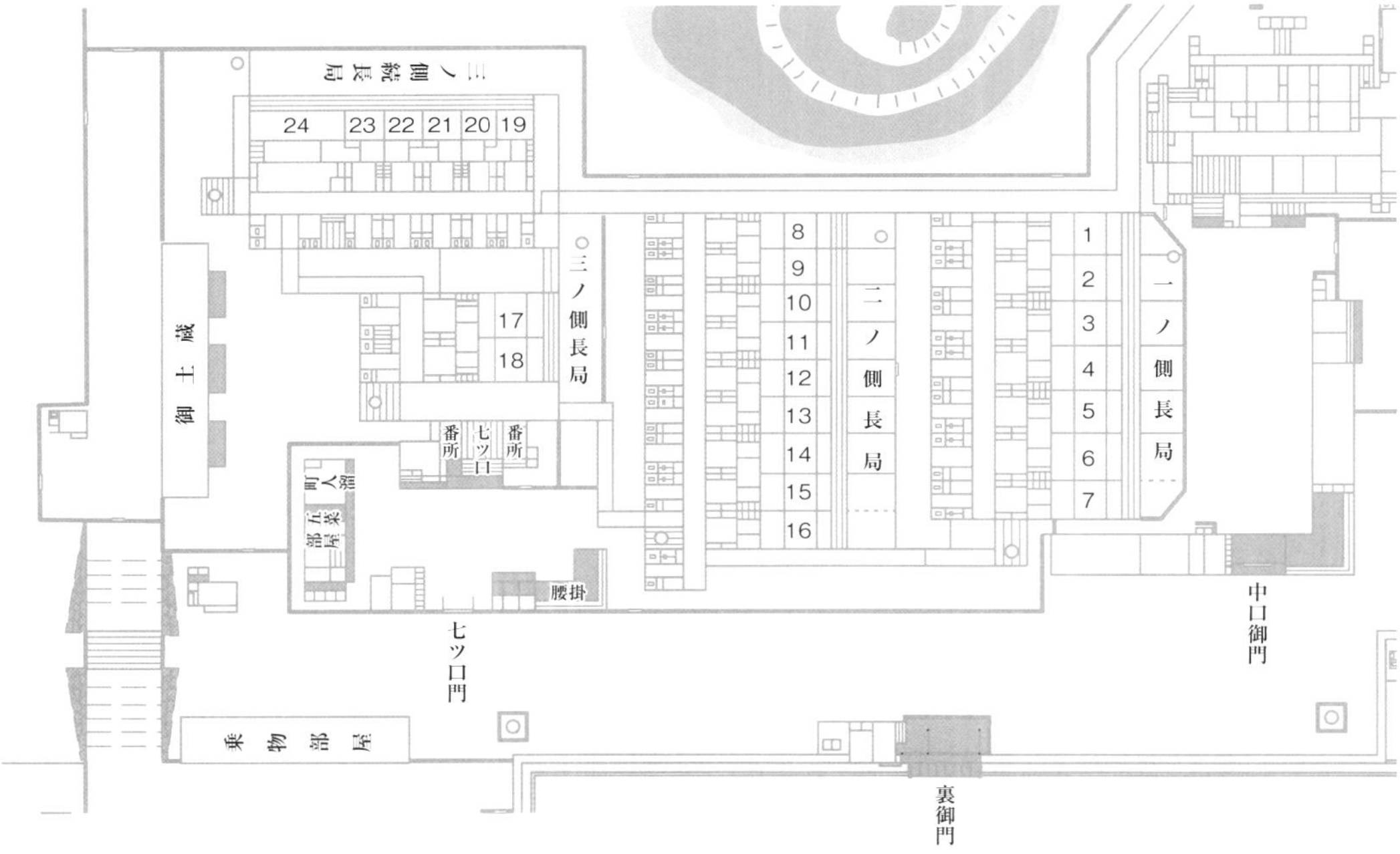

図2　長局向　金沢市立玉川図書館所蔵「江戸御上屋敷惣御絵図」より作図
女中の部屋割は前田育徳会所蔵「御住居御絵図」(文政11年) を参照した

用地との関係からかそうなっていない。溶姫付女中は最大で五二人になるが客部屋を減らせば収容できる。客部屋は江戸城大奥や他の御住居からの女使を泊めるための部屋であろう。

外には長局専用の土蔵がある。七ツ口と七ツ口門の間には番所・腰掛・町人溜・五菜部屋がある。七ツ口門を出た所に女中の駕籠部屋があり、その先の裏門から直接通りに出ることができる。

裏門からみて西北の角に祭礼行列などを見物する物見がある。「御物見」とあるように溶姫が使用するための施設である。この物見は一八五五（安政二）年一〇月の大震災で破損したため、表門の南側角に移された。

一八五六年二月二日溶姫を御守殿と称することが許された後、御殿に変化はあったのだろうか。e図f図とそれ以前の図面を比較すると、対面所の脇から不自然に渡り廊下が延びてその先に部屋が造られているのがわかる。廊下の先には間口二間の床と棚、付書院さらに折上天井という最も格式の高い座敷飾りを備えた「鍍之御間」を中心に、次之間の他に二間とさらに井戸を備えた「御料理之間」がある。しかし、物見が元の位置にある一八四五（弘化二）年頃のd図にもこの一角がある。従って、この一角の増設は御守殿の格式とは関係ないと思える。

◎松姫御守殿との比較

御住居（御守殿）の比較は溶姫御住居を中心に縦軸と横軸を見ていきたい。縦軸では同じ加賀藩本郷上屋敷内の御殿として、一七〇八（宝永五）年に輿入れした前田吉徳の夫人松姫（五代綱吉養女）の御殿と比較したい。松姫付女中数は六〇人ほどで、溶姫より一〇人ばかり多くなっている。

松姫御守殿が建てられた場所は、溶姫とは位置がずれている。後に慶寧の東御住居が建てられる所から東西に貫いている。参考とした図面は以下の二図である。「御守殿廻物御絵図」「光現大夫人御守殿御間絵図」（金沢市立玉川図書館所蔵）。

松姫御殿との比較はすでに宮崎勝美氏が行っているので、その見解をまとめて置こう。文政期の本郷邸の御殿全体は約一万三〇〇〇坪で、約五二〇〇坪が溶姫御殿に当たる。一方松姫御殿は九〇〇〇坪（御殿四〇〇〇坪、長局三五〇〇坪）の敷地を有しており、本殿の規模は不明であるが、御守殿の方が広かったと考える。また、御殿内で長局が占める割合も、松姫のほうが大きい。溶姫御殿の長局は三ノ側まであり局総数は二四、松姫のそれは六列あり局総数三三で、さらにひと部屋ごとの面積も広い。

これらの差は御守殿と御住居との違いや、御付女中の数が松姫の方が多いことに起因するものではあるが、御殿全体の造りを俯瞰すると、松姫と溶姫の時代の違いから来るものもある。江戸城大奥の長局が、御殿向と完全に分離し、一ノ側から並ぶように配置されるのは六代家宣以降である。五代綱吉の時代までは御殿向を長局が囲むようになっており、松姫の御殿も同様となっている。職制ごとの女中の詰所が一部しかないのは、長局と主の居住空間との距離が近いことに因ると考えられる。地震発生時の緊急避難所としての「地震之間」があるのも、綱吉時代の江戸城本丸中奥と同様である。

図面の色分け表示から、松姫の御殿では表向・奥向・部屋方という呼称が用いられていたことを知ることができる。膳所が巨大でそれに関わる人も多く、藩の表向と接しておらず独立している。独立して食材を調達し町人の出入りを許していたと推察できると氷室史子氏は述べている。さらに広大な広間と多数の客間を備えている。つまり、溶姫の御住居は奥向御殿の一つにすぎないが、松姫の御守殿は独立した世子が上屋敷内に表・奥に分かれた御殿を新たに建ててもらったのと似ている。もっとも、松姫御殿の表向に当たる場所が広敷という呼称に変わった可能性も考えられることから、広敷の初出を検証する必要がある。

これらの違いが、時代による相違なのか、御守殿・御住居という格による差異なのかは淑姫御守殿の考察で結論を出したい。

◎姉妹（家斉息女）との比較

大勢いる溶姫の姉妹のうち、今回図面が確認できた三人の御殿との比較を試みたい。嫡女で御守殿と呼ばれた淑姫と、溶姫と年齢や婚姻時期が近い二人とに分けて考察する。

一七八九（寛政元）年に誕生した家斉の嫡女（第一子）淑姫（鎮子・清湛院）は、一七九九年一一月一五日に尾張藩主徳川斉朝と婚礼を挙げた。家斉の娘の内、正式な形の婚礼「御入輿御婚礼」が行われたのは淑姫のみで、それ以降は「御引移御婚礼」となり略式化された。また、御付女中の数も淑姫七二名、溶姫五二名で明らかに格差が見られる。

では、肝心な御殿の造りはどうであろうか。徳川林政史研究所が所蔵する二枚の図面から見ていこう。一枚目は「市谷御殿絵図」で、淑姫御守殿と斉朝奥向と表向からなる。一八〇六（文化三）年に一四歳となった斉朝が寝所を表向に移した後の図である。もう一枚は「御朱殿御広敷之図」と標題があるもので淑姫御守殿と斉朝奥向（＝御広敷）からなり、淑姫没後で御殿の改造を指示する図面となっている。

長局が五〇部屋もあるが、これには斉朝付女中の部屋も含まれるためである。能舞台については「御朱殿御広敷之図」には「式舞台」とあるが、「市谷御殿絵図」ではそこは「大溜」となっている。土蔵の数が多く、御殿向に御客座敷が三部屋もあり、膳所が表向の膳所と接しておらず独立している。これら三点は松姫御守殿と共通で、溶姫御住居との相違から、御守殿の特色と考えられる。但し、淑姫御守殿は斉朝奥向と面で接しており（一つの建物）、松姫御守殿のように表と奥に分かれてはいない。

溶姫より二ヶ月早い一八一三（文化一〇）年正月に生まれた和姫は、溶姫より二年遅い一八二九（文政一二）年一〇月二七日に萩藩毛利家世子、毛利斉広に輿入れして、一年も経たないうちに死去した。御住居は桜田上屋敷のうち桜田御用屋敷側に位置し、表門（御住居門）は日比谷掘に対面した所に設置されている。斉広が世子であったことから、桜田上屋敷には藩主夫妻が住む本殿と和姫御住居に挟まれるところに斉広の中奥が造られた。

　溶姫の同母妹末姫は一八一七(文化一四)年生まれで、一八三三年(天保四)一一月一五日に浅野斉粛に輿入れし、一八七二(明治五)年に亡くなる。御住居と表門の場所は、霞ヶ関上屋敷の裏側、彦根藩邸に面したところに位置する。

　和姫・末姫御住居の構造や御殿の部屋の名称などは溶姫のそれと大差はない。長局部屋数も和姫は二四で溶姫と同数、末姫は二三である。長局に客部屋が存在することも和姫の図面より確認できた。和姫御住居の特徴は御殿向に二階建ての部屋が多いことにある。休息之間・小座敷・化粧之間・寝所に二階が有る。末姫御住居も休息之間は二階建てとなっているが、化粧之間・寝所に二階が存在するのは珍しい。一方、女中詰所に当たるところは末姫のほうが、二階部分が多くなっている。溶姫の御殿では納戸・右筆部屋・呉服之間といった二階建てであることが一般的な部屋が、二階建てとなっているのみである

　江戸城大奥からの上使を迎える「上使之間」が溶姫の場合は御殿向にあるが、和姫では御殿向に「上使控所」があり広敷向に「上使之間」がある。末姫の図面には「上使之間」という名称の部屋は見あたらない。和姫御殿の「上使控所」は対面所の脇にあることから、上使と面会するときは対面所を利用したのであろう。末姫の場合も恐らくは同様と思われる。溶姫のみ対面所と別に「上使之間」を持っていたことになる。幕末期に溶姫は姫君の筆頭となるが、当初よりあったためそのことと関連するかは疑問符が付く。

　参考とした図面は和姫が「和姫様御住居差図」「和姫様御住居御絵図面」「和姫君御入輿御婚礼其外一件」(山口県文書館所蔵)で、末姫が「〔御住居絵図〕」(広島市立中央図書館所蔵)である。

　霞ヶ関上屋敷で暮らし末姫に接したことのある浅野長勲の話を、三田村鳶魚が紹介している。[2] 御住居の方が浅野家本宅の中奥より高いということ。これは溶姫の御殿と同様である。御住居に女歌舞伎を行う簡単な舞台があったこと。御住居（末姫）が中奥へ遊びに来ることはなかったことなど、御住居の構造と暮らしを知るヒントがあり興味深い。

将軍家の一員として

◎大奥登城

　大名家に引移った姫君は定期的に江戸城大奥に登城した。婚礼後に新婦の実家で新郎を招いて饗宴を催すことを膝直し(里抜き)と呼び、婚礼後初めての登城は「御膝直御登城」と称された。溶姫の場合は婚礼式から九日後の一八二七(文政一〇)年一一月六日に実行された。この時は斉泰も登城して黒書院で将軍家斉に婚礼の御礼を申し上げ、様々な品を拝領した。

　溶姫の登城の回数、時期について、(表1)を参照に見ていこう。姫君の登城は年始登城といわれ、三

月の上巳の頃登城するといわれてきたが、（表1）を見る限りその時期に統一性はない。ほぼ毎年、本丸と西丸を一回ずつ訪れている。これは本丸に将軍、西丸に世子が居るからで、西丸が明屋敷であれば本丸のみとなる。家斉死去した一八四一（天保一二）年のように何らかの事情でどちらかのみの年もある。一八五六（安政三）年以降は記録がないが、この習慣が幕末、いつまで続けられていたかは気になるところである。

　淑姫の場合（「江戸日記寄」徳川林政史研究所所蔵）は、例えば一八〇〇（寛政一二）年は四月六日に登城して二一日に帰殿、九月二三日に登城して一一月一一日に帰殿、とかなり長い日数江戸城大奥に滞在している。溶姫の場合は毎年そうであったかは断定できないが、一八五五（安政二）年八月は横山政和の記録を見る限り日帰りである。

　一八三三・三六（天保四・七）年は犬千代（慶寧）を同道しての登城である。慶寧にとって最初の登城で、大奥にて初めて将軍家斉に謁見する。これで江戸城大奥とのつながりができたことになる。江戸城以外を訪れたのは、加賀藩板橋下屋敷一回と浜御庭二回の計三回である。浜御庭（現浜離宮）は将軍家の別邸で利用できるのは将軍とその家族に限られる。

　次に、登城行列の構成員を見ていきたい（表2）。女性は先乗女中一人・跡乗女中一二人、御見送り老女一名の計一四名である。御見送り老女は加賀藩の老女で、斉泰より付けられる者で、事前に幕府に届け出る。それ以外は溶姫付女中である。男性は幕府からつけられた御付用人らはほぼ全員がついて行っており、彼らは溶姫の輿の周りを固める。また、幕府

表1 溶姫登城年月日

年月日	場所	供の家老など	備考
文政10.12.6	本丸	青山将監知次	膝直し
文政11.2.27	本丸	奥村内膳惇叙*	
文政11.11.28	西丸	成瀬掃部当職	
文政12.2.13	本丸	成瀬掃部当職	
文政12.11.23	西丸	青山将監知次	
文政13.9.21	本丸	横山蔵人政孝	
天保2.1.27	本丸	玉井勘解由貞矩	
天保2.9.6	西丸	前田図書貞事	
天保3.閏11.6	本丸	横山蔵人政孝	
天保3.閏11.25	西丸	前田図書貞事 青山将監知次	
天保4.4.18	本丸	横山山城守隆章*	犬千代同道
天保4.4.27	下屋敷	横山蔵人政孝	
天保4.9.27	西丸	横山蔵人政孝	
天保5.8.13	浜御庭	横山山城守隆章*	
天保5.8.27	本丸	前田図書貞事	
天保5.9.18	西丸	横山山城守隆章*	
天保6.2.23	本丸	前田図書貞事	
天保6.5.27	西丸	奥村内膳惇叙*	
天保7.3.6	本丸	奥村内膳惇叙*	犬千代同道
天保8.6.2	本丸	山崎庄兵衛範古	
天保8.9.5	西丸	横山山城守隆章*	
天保9.1.21	本丸	横山山城守隆章*	
天保10.1.25	本丸	前田図書貞事	
天保10.9.18	西丸	横山山城守隆章*	
天保11.3.21	西丸	前田図書貞事	
天保11.9.1	本丸	山崎庄兵衛範古	
天保12.1.27	本丸	前田万之助知故	
天保13.1.23	本丸	青山将監知次	
天保13.5.21	西丸	中川八郎右衛門典義	
天保14.3.27	西丸	中川八郎右衛門典義	
天保15.3.26	本丸	今枝内記易良	
弘化2.4.28	本丸	長将之佐連弘*	
弘化2.9.11	西丸	本多大学政守	
弘化3.2.21	本丸	本多大学政守	
弘化3.閏5.2	西丸	前田兵部孝事	
弘化4.5.1	本丸	前田美作守孝本*	
弘化4.6.2	西丸	前田美作守孝本*	
嘉永1.1.18	本丸	山崎庄兵衛範古	
嘉永1.9.18	西丸	今枝内記易良	
嘉永2.2.5	本丸	山崎庄兵衛範古	
嘉永2.閏4.11	西丸	奥村助右衛門栄通*	
嘉永3.1.22	本丸	中川八郎右衛門典義	
嘉永3.8.27	西丸	竹田市三郎忠善	
嘉永4.1.18	本丸	前田図書貞事	
嘉永4.4.3	西丸	竹田市三郎忠善	
嘉永4.8.5	浜御庭	奥村助右衛門栄通*	「姫君様御登城御行列附」より
嘉永5.2.5	本丸	奥村助右衛門栄通*	
嘉永5.3.27	西丸	成瀬掃部当職	
嘉永6.1.18	本丸	篠原監物精一	
嘉永6.5.22	西丸	山崎庄兵衛範古	
嘉永7		津田内蔵助正行	
安政2.8.13	本丸	横山蔵人政和	

*は年寄　無印は家老
「姫君様御供一件」（金沢市立玉川図書館所蔵）より作成
供の人物の人名・役職については宮下和幸氏よりご教示いただいた

から遣わされた留守居が加わっており、膝直しの登城では御台所用人も派遣される。行列の大半は加賀藩家臣団で、その中心となるのは御住居附御用人を筆頭とした広敷役人ではなく家老である（表1）。加賀藩家臣団の最上位は「加賀八家」と呼ばれる家の当主が就任する年寄であるが、年寄が江戸に滞在しているときは行列に供奉している。他には、目付、留守居、聞役、横目、物頭といった役人も御供する（表2）。

登城行列の構成は各姫君おおむね同じで、どの藩も家老が入っている。若干の相違は藩ごとの職制の違いからきているといえる。

毎回これだけの人数の行列を仕立てたことになるが、一八五五（安政二）年八月に御供人数を減らす措置がなされた。しかし、牽馬をやめ馬取や沓持、手替や若党など従者（供建）を減らすというもので、基本構成は変わらない。

溶姫の登城行列を描いた錦絵「松乃栄」（口絵2）や『徳川盛世録』では歩いている女中がいるが、文献では全員駕籠に乗っている。錦絵などはデフォルメされたもので歩いている女中を描くことで姫君の行列であることを強調したかったのだろう。

住んでいる屋敷や近所で火災があり、延焼の恐れがある場合、将軍姫君は登城して江戸城に避難することができた。行列も普段の登城行列とは異なる（表2）。また、「惣歩行女中」と記載があることから歩いている女中がいることがわかる。

鶴姫（綱吉嫡女）は一七〇三年の元禄地震で紀州

表2　溶姫登城行列

（文政10年11月頃）
道払　御徒1組
足軽2人
挟箱2　持人2人　手替
先乗女中　乗物添4人　舁人4人
挟箱2　持人2人　手替2人
徒8人
大小将組2人
御住居番2人
長刀　持人　手替
横目
留守居
家老
※御住居番3人
※御附用人2人
御輿　輿舁12人
御留守居・御留守居番
御附御用人・御附御用人並
御広敷番之頭・御附御用達
日傘　持人　手替
御附御医師
御附御侍3人
番頭
※御附用達3人
大小将組2人
立傘　持人　手替
蓑箱　持人　手替
※鎖口番3人
輿台2　持人2人　手替1人
物頭　横目
※鎖口番2人
茶弁当　茶堂　持人　手替
茶弁当台　持人　手替
薬長持1棹　※足軽1人　持人3人
徒横目2人
※横目足軽2人
※足軽小頭
足軽2人
跡乗女中　乗物添4人　舁人4人
跡乗女中　乗物添4人　舁人4人
跡乗女中　乗物添2人　舁人4人
跡乗女中　乗物添2人　舁人4人
跡乗女中　乗物添2人　舁人4人
跡乗女中　乗物添2人　舁人4人
跡乗女中　乗物添2人　舁人4人
跡乗女中　乗物添2人　舁人4人
跡乗女中　乗物添2人　舁人4人
跡乗女中　乗物添2人　舁人4人
跡乗女中　乗物添2人　舁人4人
跡乗女中　乗物添2人　舁人4人
※小遣2人・手廻才許
足軽2人
御見送り老女　乗物添2人　舁人4人
使番　小遣　舁人4人
☆押足軽2人
女中乗物桐油入枠2棹　小者6人
菅笠入1　傘入2　小者9人
☆足軽2人
御留守居同勢
御留守居番同勢
御附御用人同勢
御附御用人並同勢
御広式番之頭同勢
御附御用達同勢
御附御医師同勢
☆横目足軽2人
家老同勢
番頭同勢
御附用人同勢
物頭同勢
留守居同勢
横目同勢
☆押足軽2人
惣従者
若党
草履取
鑓
※押足軽2人
挟箱
馬
沓籠
笠籠
惣雨具
※足軽2人
小者小頭
押足軽2人

火事
道払　御徒1組
足軽6人
物頭騎馬
足軽2人
挟箱2　持人2人　手替
先乗女中　乗物添4人　舁人4人
挟箱2　持人2人　手替2人
徒6人
大小将組4人
長刀　持人　手替
留守居・横目
御住居番3人
御附用人2人
御輿　輿舁12人
御留守居・御留守居番
御附御用人・御附御用人並
御広敷番之頭・御附御用達
御附御医師
日傘　持人　手替
御附御侍3人
御附用達2人
御住居番2人
鎖口番2人
立傘　持人　手替
輿台2　持人2人　手替
※鎖口番2人
茶弁当　茶堂　持人　手替
茶弁当台　持人　手替
蓑箱　持人　手替
物頭
徒横目
※横目足軽2人
※足軽小頭
※足軽2人
手明小者
跡乗女中　乗物添4人　舁人4人
跡乗女中　乗物添4人　舁人4人
※足軽2人
惣歩行女中
鎖口番2人
※手廻才許
手明小者2人
御見送り老女　乗物添2人　舁人4人
使番　小遣
御膳奉行
長持1棹　料理人　膳所下役　持人3人
長持1棹　持人3人
長持1棹　持人3人
長持1棹　持人3人
長持1棹　持人3人
長持1棹　持人3人
押足軽2人
惣供
押足軽2人
番頭騎馬
此所間□台
足軽2人
御跡歩行女中
鎖口番2人
御金箪笥1棹　持人4人
勘定方　御用人執筆役
御用長持1棹　持人3人
御用箪笥1棹　持人4人
※御附用人
提灯才許足軽2人
家老騎馬
☆押足軽2人

太字は幕府よりの附人・幕臣
※は加賀藩の御住居附、☆は表と明記のあるもの
「姫君様御行列一巻」（金沢市立玉川図書館所蔵）より作成

家の麹町上屋敷が破損したので、修復が成るまで西丸で過ごすこととなり、御付女中ともども江戸城に入った(3)。一八四三(天保一四)年正月の火災で越前松平家常盤橋上屋敷内の御住居が類焼したので、松栄院(浅姫・家斉息女)は江戸城本丸大奥内の広大院(家斉正室寔子)の元に身を寄せた。松栄院は越前家の常盤橋邸に戻ることはなく、新居となった神田橋邸に五月六日に移徙した(4)。神田橋邸は御三卿の控え屋敷としての性格があり、一橋治済(家斉実父)や田安斉匡(家斉弟)が隠居後の住まいとして利用している。

御住居近くで火事が発生すると、御台所より見舞状が遣わされる。一八四六(弘化三)年正月一五日本郷丸山の火災では、本郷御住居への見舞状を携えた添番が、春日通りを一直線に走り、本郷五丁目に突進したが一面の大火となったので、迂回して白山から根津に出て無縁坂を上り裏門より漸く御住居御広敷に入ったと『風俗画報』が伝えている(5)。

◎家斉・家慶の御通抜

将軍の大名邸訪問は、有力大名や御三家を訪れた二代秀忠・三代家光の御成、柳沢吉保や牧野成貞ら寵臣宅を訪れた綱吉の御成、将軍子女(弟妹)の引移り先である大名家を訪れた家斉・一二代家慶の御通抜と、時代によりその性質や訪問先が変化している。家斉・家慶の場合は新規の御成御殿を大々的に造作して相手側に多大な経済的負担を強いる御成ではなく、簡略化した御通抜という形で行われている。しかも、大名邸そのものではなく御守殿・御住居を訪れている。父親が娘(兄が妹)に会いに行っているともとれるが、大概は一回なので形式的なものと考えられる。しかし、淑姫御守殿へは二度御通抜を行っており、また尾張家の戸山下屋敷も訪問している。

溶姫御住居には、家斉は一八二八(文政一一)年三月一三日に、家慶は一八五〇(嘉永三)年三月二一日に御通抜を行っている。家斉は婚礼の翌年に訪れることが多い。

◎将軍家族としての付き合い

江戸城大奥と御守殿(御住居)との交流は、年中行事(正月、七草、上巳、端午、土用、重陽、玄猪、歳暮など)の際に行われる贈答儀礼に加え、将軍家の若君や姫君の出生、髪置、元服、婚礼などの祝いには御守殿から祝儀の女使が、また大名家の祝い事にも江戸城大奥から上使が遣わされた。

奥向日記が残っていればその実態が窺われるが、溶姫の奥向日記が管見に入っていないので、竹姫(八代吉宗養女・島津継豊室)の例を参考としたい。正月、七草、上巳、端午、土用、重陽、玄猪、歳暮などのつど上使(江戸城大奥の老女など)が訪れ拝領物を頂き、返礼のため御守殿付老女(御城使)が登城した。具体的には、一七五五(宝暦五)年の歳暮の祝儀には本丸大奥から上使として、九代家重付上﨟御年寄岩橋が遣わされた。また、行事とは関係なく、竹姫は家治付上﨟松嶋や高岳を庭で催した歌舞伎見物に招き、御守殿に一泊させている。このような時に長局の客部屋が利用されたのだろう。

溶姫の時代は将軍息女の数が多いため、竹姫ほどの頻繁な交流があったかは検証の必要がある。瀧山(一三代家定・一四代家茂付御年寄)は一八六〇(万延元)年一二月朔日歳暮の上使として本郷御守殿を訪れているので、歳暮に上使を派遣する習慣は幕末まで続けられていたことがわかる。その後、瀧山は一八六四(元治元)年に「溶姫君様御用取扱」に就任する。担当でない者が上使を務めたことになるが、幕末期の人手不足がその要因といえる。

上使は御台所の意を呈した者であるから、丁重に扱われる。溶姫の婚礼が済んだ後に遣わされた女使は、御台所寔子と御簾中喬子からの拝領物を届けに本郷御住居を訪れた。御住居表門から玄関に付けられた駕籠はそのまま御鎖口内まで舁込まれた。女使も駕籠に乗ったまま御殿内に入ることがわかった[(6)]。姫君より朝昼晩と料理が饗せられ、召連れてきた下女にも料理が下される。また一八三〇(天保元)年、犬千代御七夜祝儀として、家斉・家慶からは老中が、寔子より女使花町、喬子より女使岡山が遣わされた。

さて、『瀧山日記』から溶姫に関する記事を抜粋してみよう。一八五九(安政六)年一〇月の本丸火災により溶姫初(溶姫・末姫・晴光院・誠順院・精姫)より白銀三枚ずつを拝領する。一八六三(文久三)年三月は溶姫が国許(金沢)へ入るに当たり瀧山から御付御年寄・中年寄・表使へ金銭を贈り、溶姫より反物など様々頂戴し、別れに鉢盛を上臈岩倉に送る。一〇月九日溶姫付御用人交代の事務取扱につき一五両拝領。一八六四(元治元)年一一月二二日は溶姫の江戸帰着につき上使として本郷御守殿を訪れ、衣服や帯など拝領、瀧山からは岩倉初めへ鉢盛を送る。

一八六五(慶応元)年四月九日「筑前守(慶寧)慎御宥免御願取扱ニ付」として扇子掛を瀧山は溶姫より頂戴する。一八六四年七月に起こった禁門の変で、慶寧は砲声を聞きながら京都を退去し、長州に内通した疑いを受けた。このため、斉泰により幕命に背き御所の警備を放棄したとして金沢で謹慎を命じられた。これはこの謹慎が解かれた御礼である。瀧山との親密な関係から、溶姫が慶寧の謹慎を解いてもらうために大奥(瀧山)に働きかけたと推察できる。

同年八月朔日には溶姫付表使亀野の中年寄格、御右筆しゅんの表使格への昇格を取り扱った御礼として、溶姫より帯を頂く。一八六五・六六年(慶応元・二)の年末には納戸払として小袖などを頂戴し、瀧山からは肴を差し上げる。納戸払のやりとりは毎年行われていたと推察できる。

次に、溶姫の江戸城大奥への御機嫌伺を、家茂付御客応答格であった瀧島の一八六六年の日記(遠壽院所蔵)から見ていきたい。家茂は上方にいて不在である。

正月元日年頭の祝儀、対面所御上段に出座した和宮に対し、溶姫からの御使である御年寄浜山を初め、四方の姫君よりの御使が口上を申上げ目録を披露する。七日には若菜の祝儀、御使の名前はない。上巳の祝儀では御年寄儀山が登城。端午節句の祝儀も例年通り行われ、六月一一日暑中の挨拶には瓜一籠を献上、六月一六日嘉祥祝儀と女使を登城させて御機嫌伺いを行っているが、御使の名前は記されていない。

七月に家茂が逝去したため、後半がないが通常であれば重陽、玄猪、歳暮の折も御機嫌伺がなされたのであろう。溶姫の徳川将軍家内の順列は和宮・天璋院の次で姫君の筆頭、末姫・晴光院・誠順院・精姫と続き、その後が家定生母本寿院となる。

年中行事以外での女使登城は四月一八日、斉泰が隠居して慶寧が家督相続をした御礼として、岩倉が登城して御座之間で和宮に拝謁して、口上を申上げ目録を披露、菓子・吸物をいただく。五月二七日には慶寧が「筑前守」から「加賀宰相」となったことの御礼として、やはり岩倉が登城している。

これらの贈答儀礼は徳川将軍家というひとつの家の中で行われているもので、加賀藩前田家と徳川将軍家間のものと捉えるのは正しくない。前田家からの儀礼行為はまた別に行なわれる。一八三二(天保三)の藩主家族の順列に溶姫の名前はないが、このことは溶姫が徳川家の一員であり、前田家の順列には入らないことを示している。

ここまで溶姫が徳川家の一員であることを強調してきたが、その生活を支えているのは前田家で、広敷の運営も登城行列の構成も圧倒的多数の前田家家臣団に支えられている。

今回の論文の中では「嫁す」という言葉を使わないよう細心の注意を払った。以前は不用意に使っていたが、将軍姫君にはそぐわない。『風俗画報』[7]に「諸家御住居《おすまい》の姫君」という一文がある。まさにこの表現が核心を得ている。

【註】

1 市川正一、一九八九、『徳川盛世録』平凡社

2 三田村鳶魚、一九九七、『武家の生活　鳶魚江戸文庫一一』中公文庫

3 「年中日記」紀州藩家老三浦家文書、和歌山大学所蔵(宮崎勝美、一九八八、「紀州藩麹町邸の平面構成と紀尾井町遺跡」)

4 「江戸邸宅ニ関する部」福井県立図書館所蔵(畑尚子、二〇〇九、『徳川政権下の大奥と奥女中』岩波書店)

5 蓬軒居士、一八九四、『風俗画報』六六、東陽堂、「御本丸大奥の火事使」

6 「御婚礼済御老中上使并女使・姫君様御膝直御登城之節御作法」金沢市立玉川図書館所蔵

7 蓬軒居士、一八九三、『風俗画報』六〇、東陽堂、「御本丸大奥より御住居へ御鳥使」

【参考文献】

宮崎勝美　一九八八「紀州藩麹町邸の平面構成と紀尾井町遺跡」『紀尾井町遺跡調査報告書』千代田区紀尾井町遺跡調査会

江後迪子　一九九八「武家の江戸屋敷の生活Ⅱ—鹿児島藩島津家中奥日記から—」『港区立港郷土資料館研究紀要五』

東京都埋蔵文化財センター　二〇〇〇『尾張藩上屋敷跡遺跡Ⅴ　絵図集成編』

氷室史子　二〇〇五「大名藩邸における御守殿の構造と機能—綱吉養女松姫を中心に—」『お茶の水史学』第四九号

徳田寿秋　二〇〇七『前田慶寧と幕末維新—最後の加賀藩主の「正義」』北國新聞社

吉成香澄　二〇〇九「将軍姫君の婚礼の変遷と文化期御守殿入用—尾張藩淑姫御守殿を事例として」『学習院史学』第四七号

畑尚子　二〇〇九『徳川政権下の大奥と奥女中』岩波書店

佐藤豊三　二〇一二「将軍家御成」『徳川将軍の御成』徳川美術館

畑尚子　二〇一二「大奥御年寄瀧山日記　上・下」『國史學』第二〇六～八号

宮下和幸　二〇一六「加賀藩の政治過程と前田慶寧」『幕末維新の政治と人物』有志舎

一八二七（文政一〇）年に一一代目徳川家斉の二一女、溶姫（一八一三〜一八六八）が加賀藩主前田斉泰（一八一一〜一八八四）と結婚した。それに先立ち加賀藩前田家の江戸上屋敷（現東大本郷キャンパスの一部）では徳川から溶姫を迎えるに当たり、敷地内に新たに御殿が建設された。いわゆる赤門はその御殿の正面入口であると共に、輿入れの際に迎える門として一八二七（文政一〇）年六月二八日着工、同年一一月二七日に竣工した。その後、一九〇三（明治三六）年、帝国大学の医学部建設工事に伴い、現在地である本郷通り方面に一五メートル程移築された。移築直前に撮影された貴重な写真には、だいぶ老朽化が見られるものの、御守殿門の様子がよく捉えられている（図1）。

　結婚当時、前田斉泰は四位であったが、一八五五（安政二）年に権中納言に任じられた事から溶姫も御守殿と称するようになった。「御守殿」とは元は武家建築の主殿から派生した言葉で、将軍の娘で三位以上の者に嫁した者の呼称である（四位以下は「御《お》住居《すまい》」と称される）(1)。現在「赤門」と呼ばれている門も当初は斉泰の官位に拠り「御住居門」と称していただ、一八五五年以降「御守殿門」と言われるようになった。そこで、ここでは一般に赤門を指す言葉として以下「御守殿門」、または「溶姫御殿の正門」を使用する。

　こうした事からも「門」は単に建築的な意味にとどまらず、塀や石垣と共に御殿の境界を定め、その門の内側に居住する人の身分や権威を示す役割を

第三章

ウィリアム・コールドレイク

溶姫御殿の正門

その建築的特徴と国持大名上屋敷の表門様式に関する考察

図1 1900（明治33）年の加賀藩上屋敷御守殿門
小川一真撮影『東京帝國大學』より

担っている。これは、あるものを表すのにその属性と密接な関係のあるもので表現する「換喩」に当たる。例えばアメリカで「The White House」と言えば「大統領」を、イギリスで「Buckingham Palace」と言えば「女王陛下」を指し、日本では「赤門」は即ち「東大」の事である。

　さらに御守殿門の場合は溶姫専用の門で、屋敷全体が加賀藩主のものであるにも関わらず、藩主である前田斉泰は御守殿門より格式の低い別の大御門を使用した事から、この二つの門は徳川家と前田家という幕藩体制における身分関係をも示していたのである。

　そこで溶姫の為に造られた「御守殿門」と、前田家も含めた諸大名の大御門、すなわち上屋敷表門との相違を幕府覚書に基づいた建築様式とその様式による象徴的な意味から論じていく。

御守殿門の建築特徴

　御守殿門の形式は三間薬医門で屋根は本瓦葺の切妻造、左右には前後唐破風造りの屋根の離番所が付属しており、離番所からは塀が繋がっている（図2〜5）。薬医門はいわゆる「放れ門」として別棟となっており、桁行三間（二六尺六寸／八・〇六メートル）、梁間一間（一〇尺八寸／三・二七メートル）、高さは二九尺三寸／八・八〇メートルである。各番所は梁間二間一二尺六寸／三・八二メートル）、桁行三間（一八尺九寸／五・七三メートル）、高さは一七尺

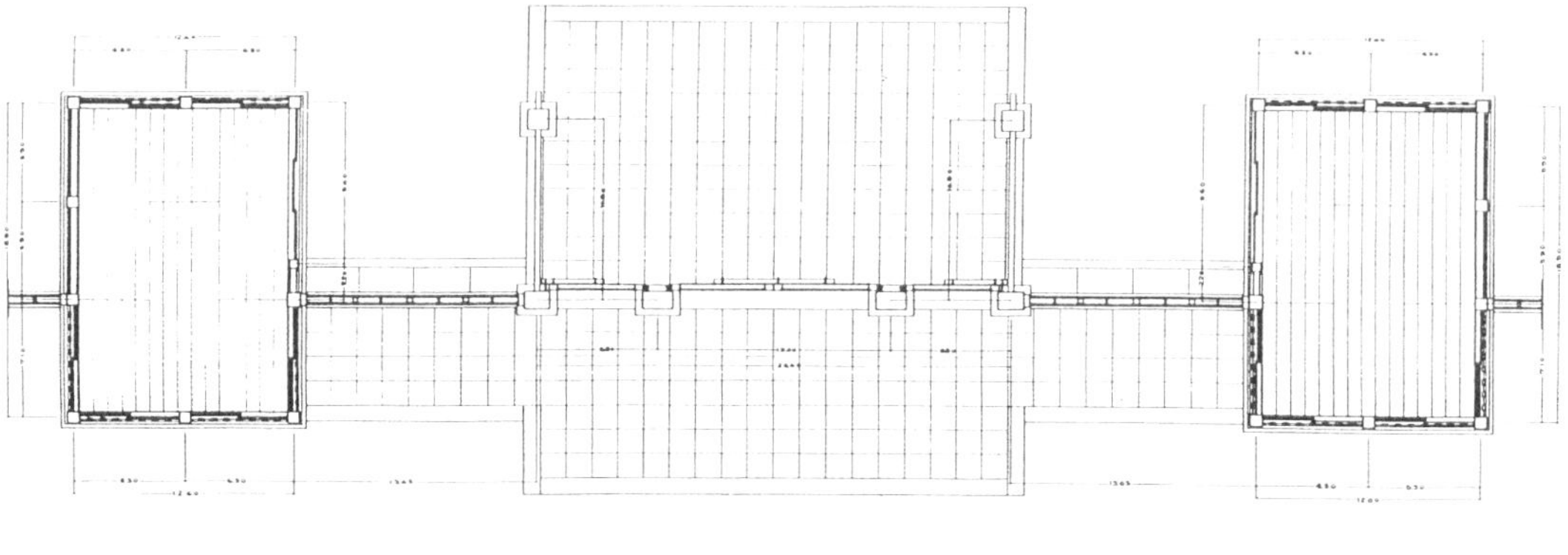

図2 加賀藩上屋敷御守殿門平面図
（文化庁『国宝重要文化財建造物実測図集』
第3（東京都2）、1967）

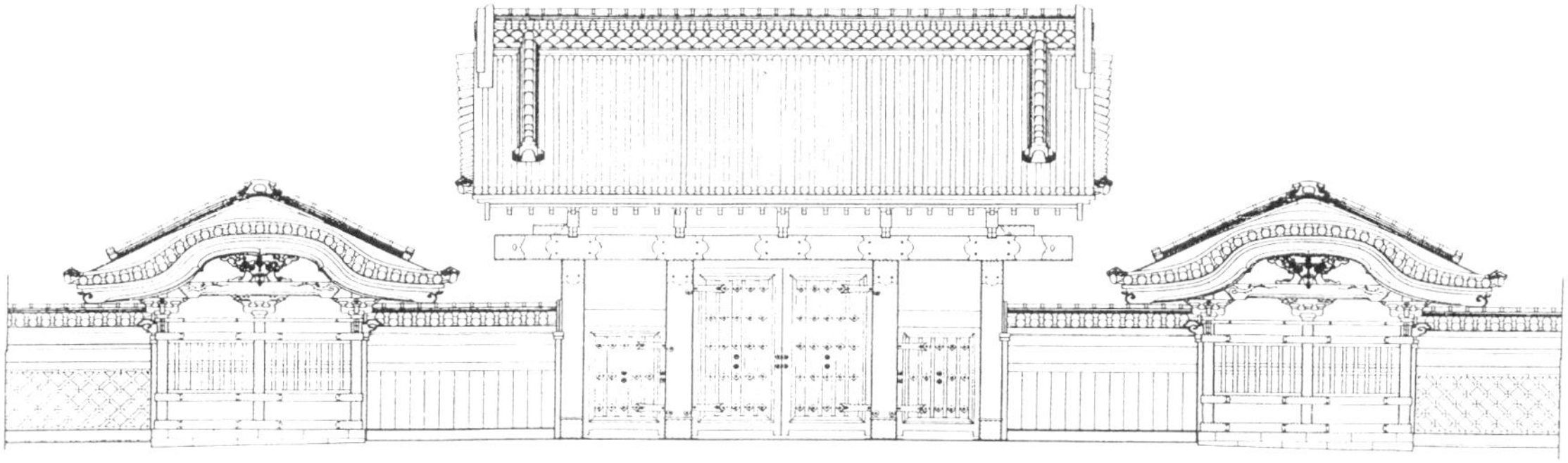

図3 加賀藩上屋敷御守殿門正面図
（文化庁『国宝重要文化財建造物実測図集』第3（東京都2）、1967）

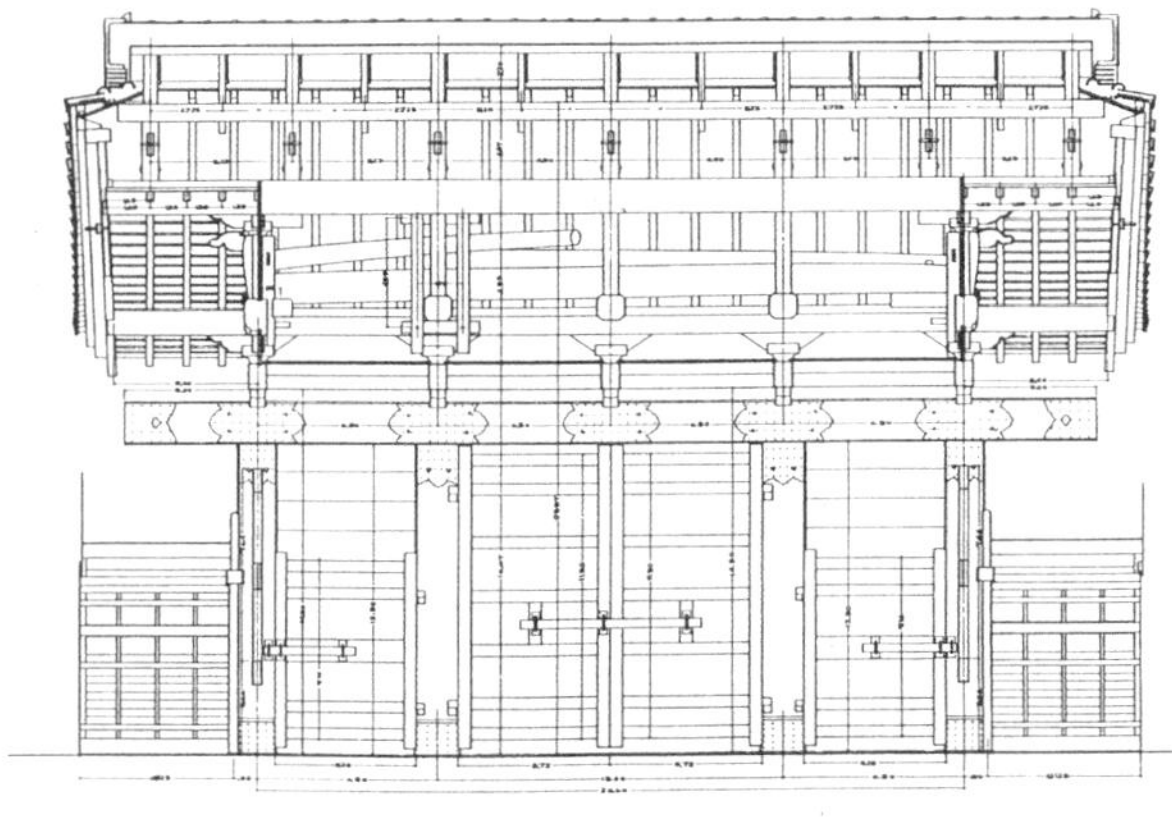

図4 加賀藩上屋敷御守殿門の薬医門（放れ門）桁行断面図
（文化庁『国宝重要文化財建造物実測図集』第3（東京都2）、1967）

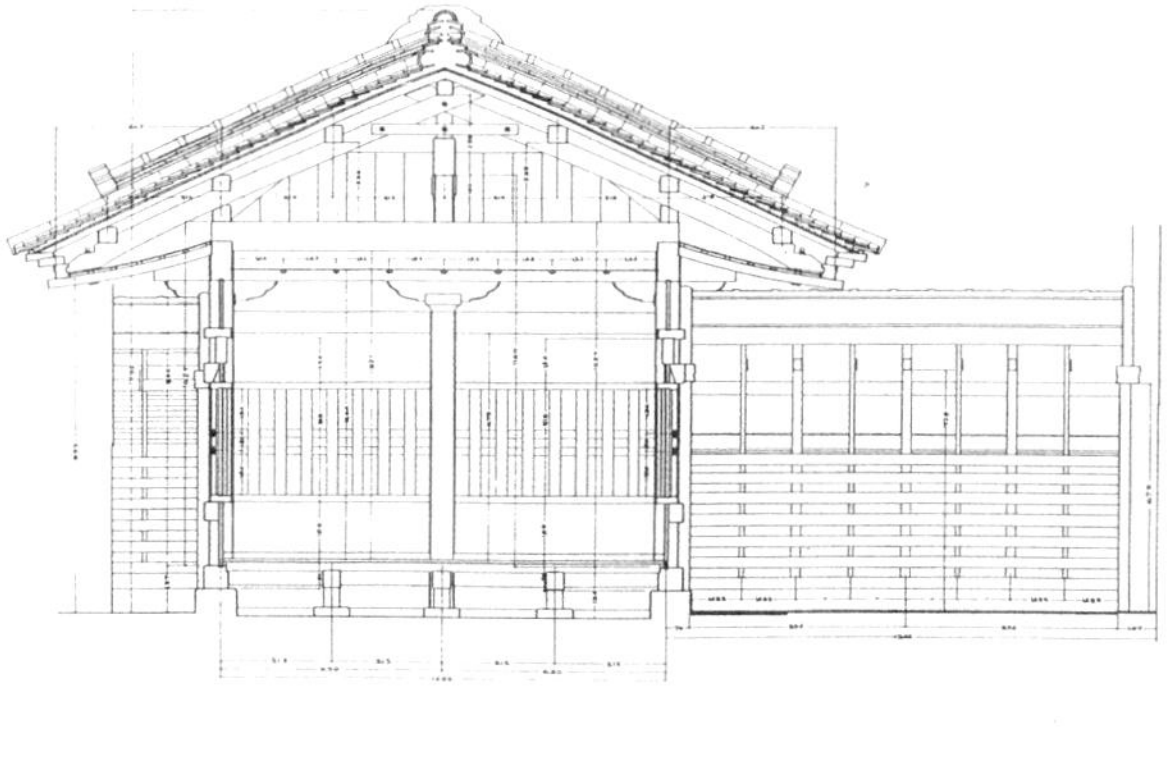

図5 加賀藩上屋敷御守殿門番所桁行断面図
（文化庁『国宝重要文化財建造物実測図集』第3（東京都2）、1967）

九寸二分／五・四三メートル。薬医門と左右の番所の間には一三尺六寸五分／四・一四メートルの塀がある。

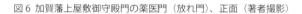

「薬医門」とは御守殿門に見られるように、本柱四本と内側に控え柱二本という丈夫な構造で、本柱の間に中央入口、左右の間に潜りが備わっている（図6）。その上には簡単な切妻屋根が載り、その棟は本柱と控え柱の中間にやや前方に位置している（図7〜8）。一般的に門の屋根は本柱の真上に位置しているが、薬医門の構造では本柱がやや内側に入る事で重たい屋根の加重を支えている。またこの構造では前方の屋根の下の空間が広くなり、門の入口部分を開放的に見せると共に威厳のある佇まいにより身分を象徴している。

図6 加賀藩上屋敷御守殿門の薬医門（放れ門）、正面（著者撮影）

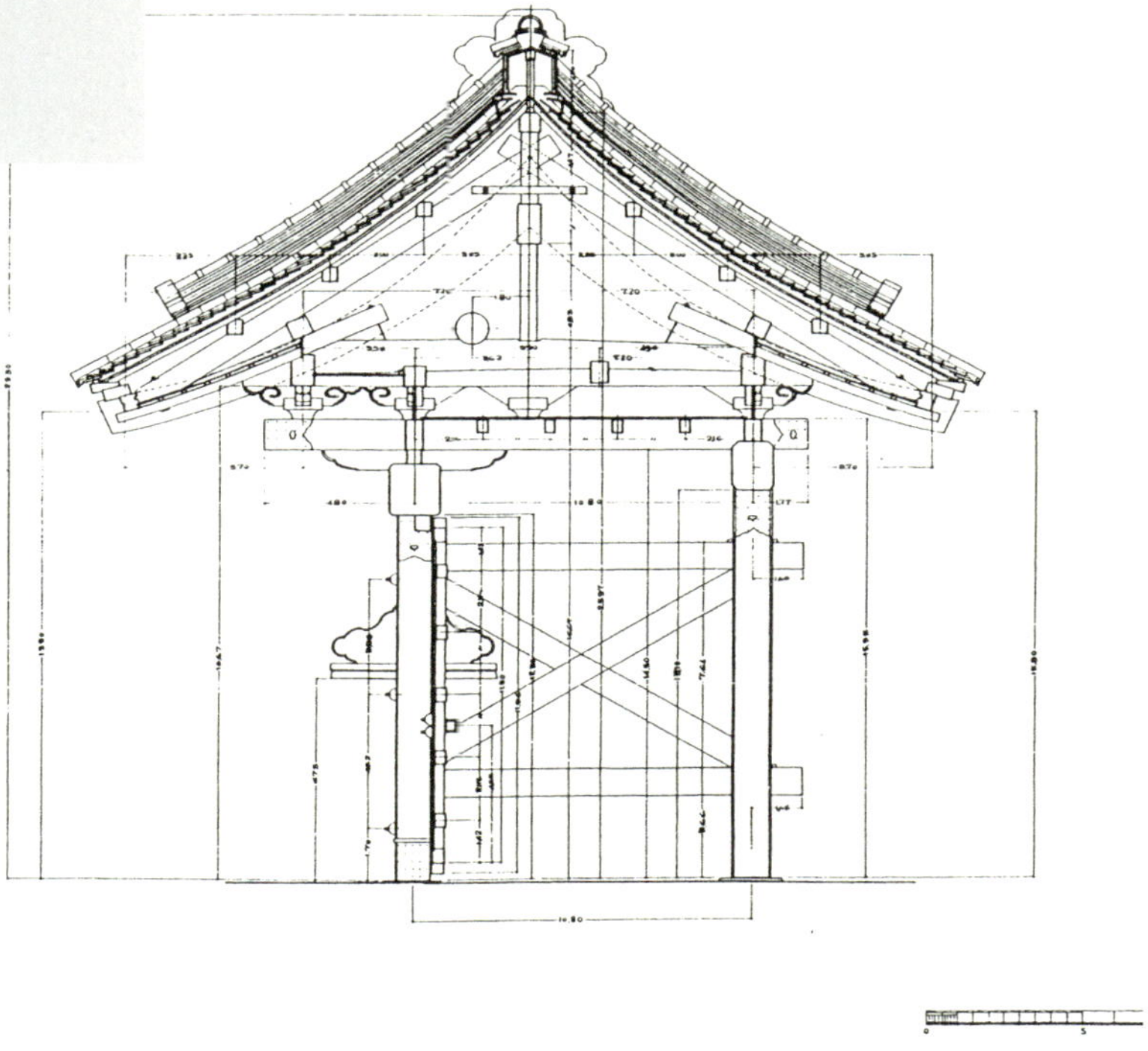

図7 加賀藩上屋敷御守殿門の薬医門桁行断面図
（文化庁『国宝重要文化財建造物実測図集』第3（東京都2）、1967）

図8 加賀藩上屋敷御守殿門の薬医門、左側の本柱と控え柱（著者撮影）

薬医門の起源や用語については不明であるが、一八四二（天保一三）年に出版された、日本の住宅の歴史を解説した「家屋雑考」では「薬醫門」について「鎌倉御殿繪圖、京都將軍御館繪圖ともに薬醫門あり、或は役居門としるせり、武家雛形に圖あれども、其の名の由て起るところを詳にせず」とある。[2]「武家雛形」は一六五五（明暦元）年、建物のデザイン書である木割書として出版されたが、更に一六五八（万治元）年、明暦大火の後「新編武家雛形上」としてまとめられ、その中で薬医門について触れられている[3]（図９）。現存する薬医門の最古の例は京都の高台寺の表門であり、一六〇四（慶長九）年頃に建てられたものである[4]（図10〜11）。

これまで紹介した御守殿門は現存する昭和三五年以降の修理後の様子であったが、建築当時はどのようなものであったのだろうか。現在の門と同じであった、あるいはどのような相違点があったかを探っていく。それを明らかにする二つの史料がある。一つ目は「江戸御上屋敷惣御絵図」（金沢市立玉川図書館所蔵）である（図12）。この地図は溶姫が実際に住んでいた頃の門の様子を記録している。門の外側に

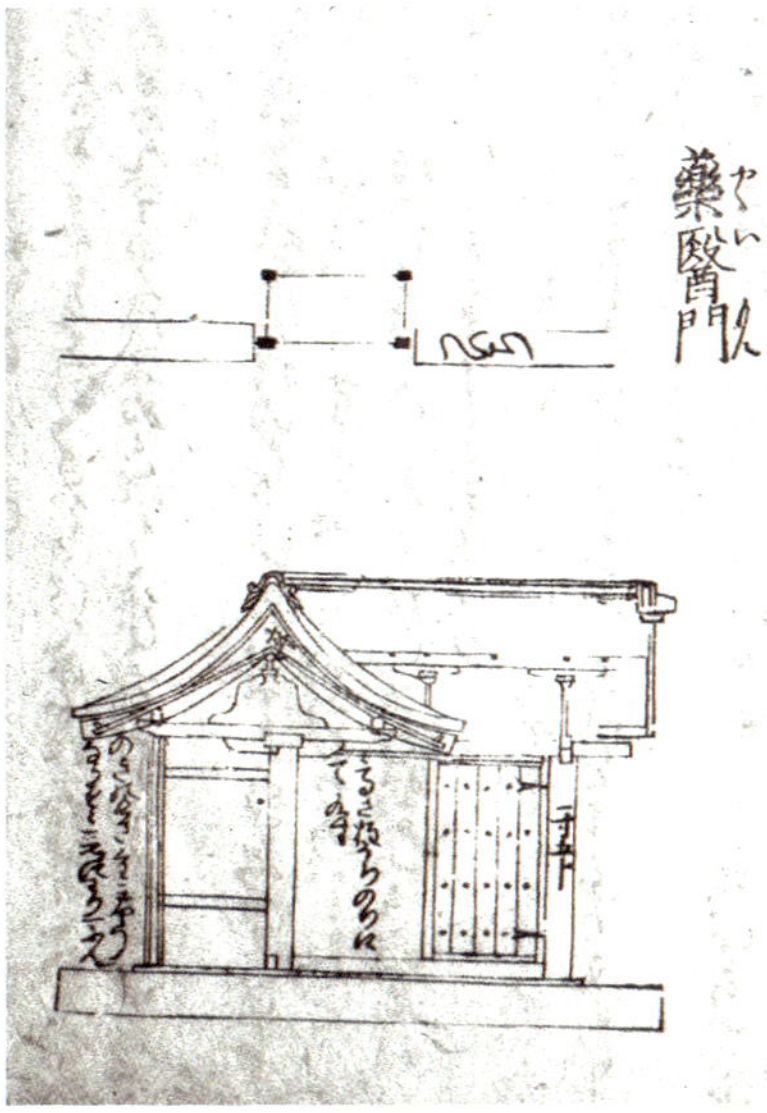

図９「藥醫門」、平面図と正面図／側面図、『新編武家雛形上』、万治元年（1658）（著者所蔵）

図10 高台寺の表門、正面、慶長9年（1604）頃（著者撮影）

図11 高台寺の表門、側面図、慶長9年（1604）頃（京都教育委員會事務局管理部國寶保存課『國寶建造物高臺寺表門修理工事報告書』便利堂、1950）

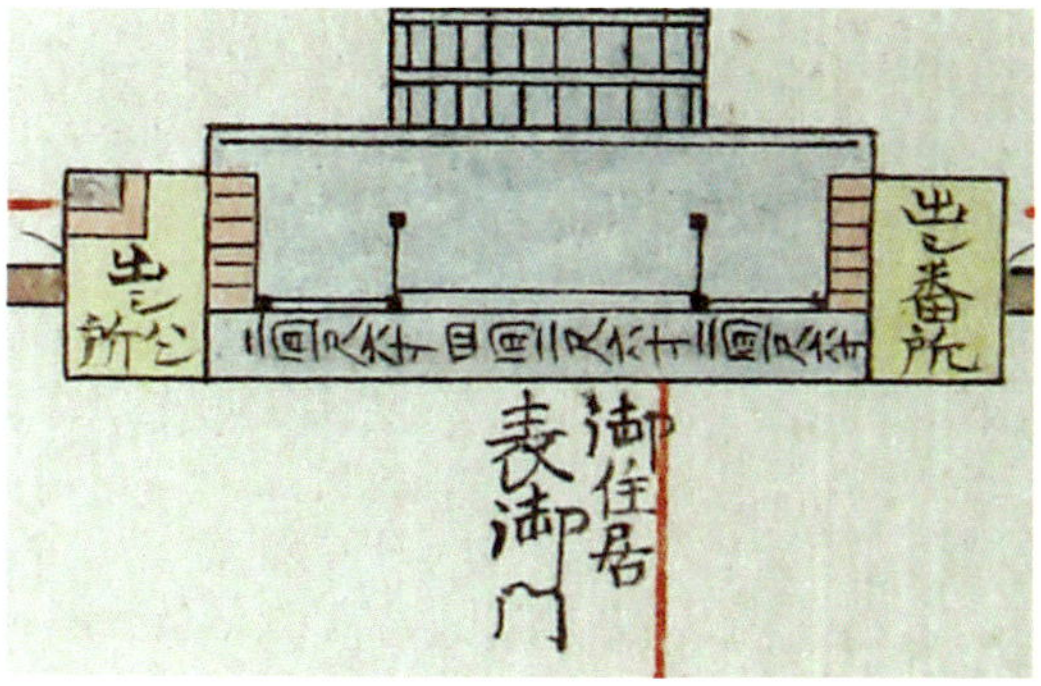

図12「江戸御上屋敷惣御絵図」部分（金沢市立玉川図書館所蔵）

は「御住居表御門」と記されており、「御守殿門」と称していない事から前田斉泰が権中納言に任じられた一八五五年より前の記録であり、門が建設された一八二七年から一八五五年の間のものである事がわかる。細川義によればこの地図が描かれた時期を一八四〇年から一八四五年であると特定している[5]。

地図を細かく分析すると、この御住居表御門はやはり三間薬医門で左右に「出し番所／出しハン所」が付属している。この番所は現存のものと同じく門から離れて置かれ、門の軒先と同じ長さ分表側に張り出している。

二つ目の史料は一八六三（文久三）年以降の、幕末に描かれた「江戸屋敷総図」である（金沢市立玉川図書館所蔵）（図13）。これを先の地図と比較するとこちらには門番所の詳細まで描かれており、右番所には見張りの為に外側とその左右、反対側には内側に格子窓があり、屋敷の方向に出入りの為の引き戸が取り付けられている。内部は一二畳の畳敷であった。左番所にも右と同様に格子窓が設置され内部の広さは一二畳で、畳一〇畳の一部には湯沸かし用の為と思われる風炉らしきものがある。屋敷側には二畳分の板張りがありその中に「ナカシ」と書かれている事から流し台があったようだ。現在の番所には同じく格子窓が取り付けられているが、その内部は左右どちらも板張りのみである。

このように御守殿門の現在と江戸時代の形態を紹介してきたが、次に大名の表門である大御門について説明を進めていく。

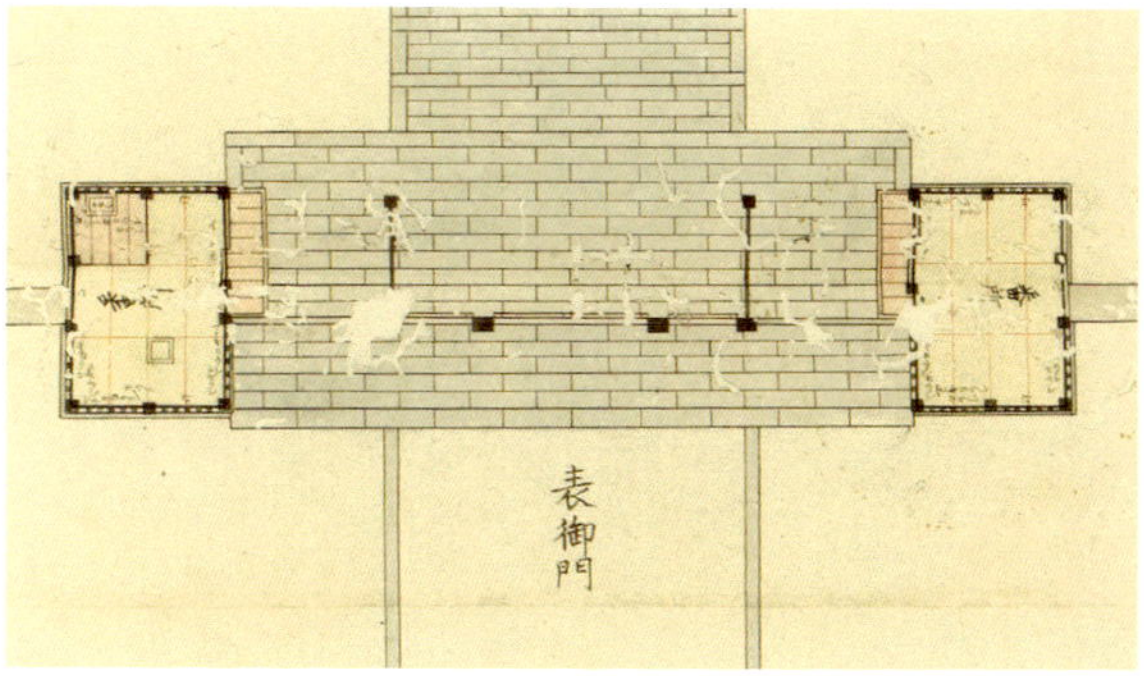

図13「江戸屋敷総図」部分（金沢市立玉川図書館所蔵）

加賀藩の大御門の建築特徴

加賀藩の大御門について現在残されている史料には「青標紙」がある。これは一八三九（天保一〇）年に前半が、一八四〇（天保一一）年に後半が成稿されて、それぞれ翌年に小型折本として出版された武家故書である。著者は幕臣で国学者の大野広城（一七九七～一八四一）である[6]（図14）。ここでは大名屋敷の表門に関する規制が挿絵入りで細かく説明され、関連する幕府の門構えに対する覚書についてまとめられている[7]。これによれば国持大名の格式高い門は「放れ門」として独立した形を取り、それ以下の諸大名は「長屋門」と言われる、屋敷の敷地を囲む長屋に付属する入口のみであった。こうした身分による区別は放れ門と長屋門の他には門番所の形態に表れている。例えば格式の高い大名屋敷には左右に番所があり、五万石以下の大名のそれは概ね片方のみで、もう一方は出格子窓、あるいは番所はなく両方とも出格子窓のみであった。

そこでここでは御守殿門と大御門の形式について、図14の右側上下の図を中心に検証していく。右上図の国持大名の門構えは御守殿門と同様、放れ門で唐破風付の左右番所が付属した形式である。右下には加賀家、越後家および稲葉家の門構えが描かれているが、これらはその他の国持大名と異なり両番所の屋根が唐破風ではなく簡素で格式が低い切妻造である。図面上には「往古」との記載があり、この「往古」

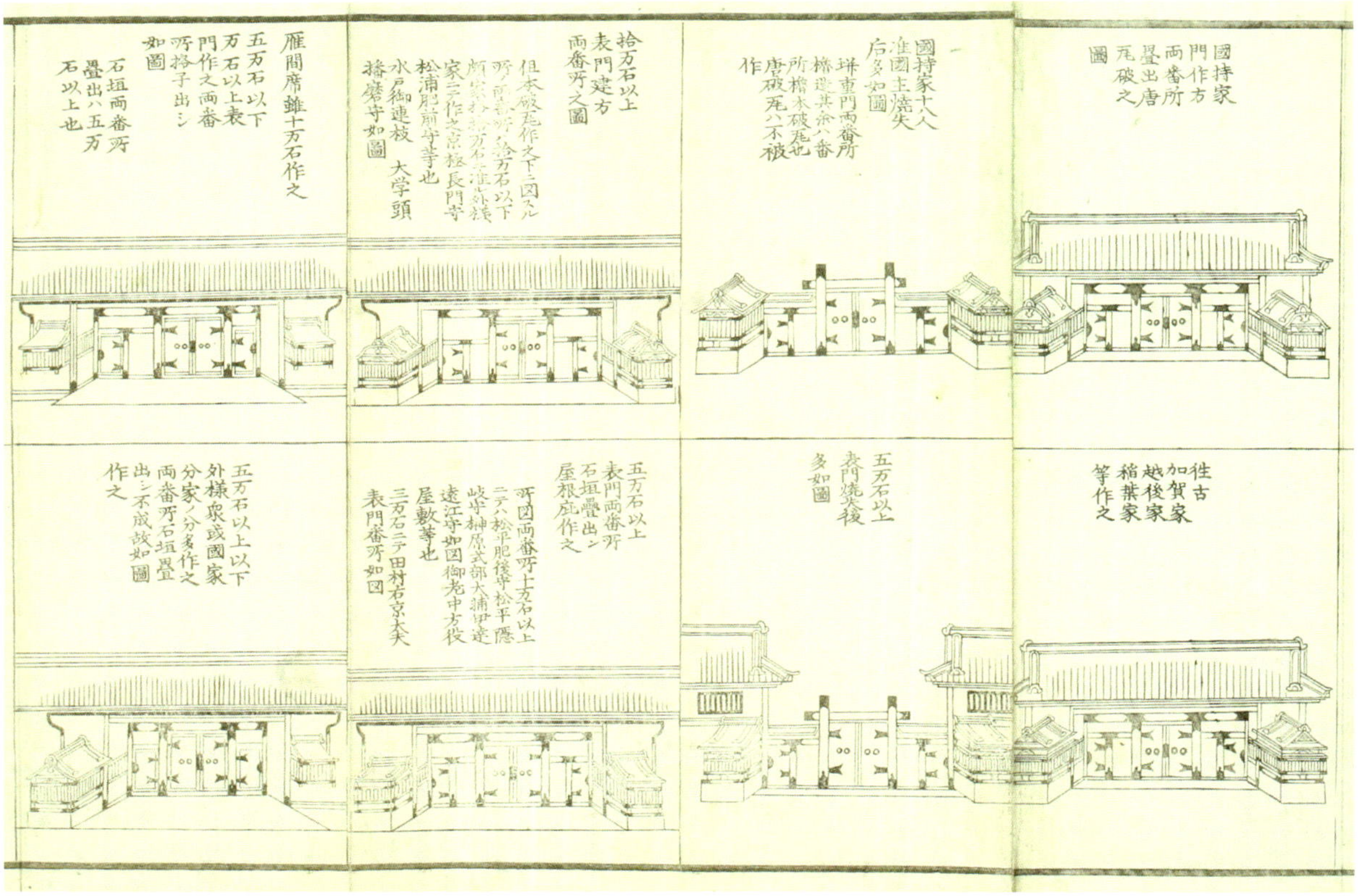

図14 大名屋敷門構えの格式、「青標紙」前編、1840（天保11）年
（早稲田大学図書館所蔵）

がいつの時代を指し示すのかは詳らかではないが、何れにせよこの図は天保年間当時の大名の表門形式の記録ではない。そこで、文化・天保年間の実際の加賀藩の門構えを知る手がかりとして一八一二（文化九）年に成立した「要筐弁志年中行事」若しくは「要筐弁志」と呼ばれる武家の諸制度について編集した書誌を挙げる事が出来よう。これは稲垣栄三（東京大学教授・当時）によれば「I guess the Aobyoshi was the"pocket"edition of the Yokyobenshi」[8] とあるように「青標紙」がこの「要筐弁志」の要覧であった可能性に由来する。[9]「要筐弁志」によると加賀家は他の国持大名と同じく放れ門と左右の番所に唐破風がついた門構えであったが、一七三〇（享保一五）年の火災後に再建された時には、薬医門の放れ門であるものの番所は右側のみで、左側は「青標紙」に見られる身分の低い大名のような出格子窓であった。[10] この事を明らかにする史料がある（図15）。「泥絵（加賀藩江戸本邸）」（石川県立歴史博物館所蔵）には加賀藩上屋敷の門についてその細部が詳しく描かれている。

安価な顔料に胡粉を混ぜ、膠で溶いた泥絵の具を使用したいわゆる泥絵は天保年間（一八三〇〜四四）に江戸土産として人気を博していたが、これは御守殿門の建立や、「青標紙」出版の時期と重なっている。[11] この泥絵には加賀屋敷の大名の大御門が御守殿門右側に見える（図16）。表通りから角を回り一段奥に入ったところにあるが、これは「江戸御上屋敷惣御絵図」の位置と一致している。この門は薬医門の放れ門で切妻屋根、入り口の左右には番所がなく右側のみに出格子窓が備わっているが、赤い塗装は見られない。これは「青表紙」の国持大名の様式とは異なっている。この泥絵が当時の建築を正確に模写しているかは明らかではないが、地理的な位置関係や御守殿門の細部は簡素な描き方ながら基本的な部分が正確に描かれている。このような事から、大御門に関してもある程度正確さが期待出来る。

この泥絵の内容や「要筐弁志」の記録が正確であったとして、御守殿門建設当時の加賀家の門構えは、御守殿門に比べ格段の差があったと言える。

次にこうした大名屋敷の門構え形式について、その変遷の背景、そして溶姫御殿正門の門構えとの関係性を幕府の覚書を分析しながら考証していく。

大名表門と幕府の覚書

大名屋敷の門は江戸時代初期にはその多くが絢爛さを誇っていたが、これは幕府が大名の蓄財を予防するための政策の一つであった。中でも将軍の大名屋敷への御成の際にお迎えする門は特に装飾性を極めた唐破風付きのもので、その豪華さかは一日中眺めても楽しめるという意味で「日暮門」と呼ばれた程であった。

当時の資料にもそれらの門の様子が記録されている。例えば幕府の大棟梁となった甲良家の史料では一六三二(寛永九)年頃に松平伊予守忠昌(福井藩五二万五〇〇〇石)の上屋敷について下記のような記述がある。

図15「加賀藩江戸本郷邸泥絵」
(石川県立歴史博物館所蔵)

図16「加賀藩江戸本郷邸泥絵」部分
(石川県立歴史博物館所蔵)

「神田橋通有、御成有之、御成御門大四足軒唐破風、柱分竜巻柱、総木端、冠木端、同上置物共獅子彫物、貫台輪冠木何地紋彫、唐戸算八仙人物彫物、腰貫上同断、総金ミガキ箔、表御門大棟門、組物相、冠木所木端、獅子竜彫物ミガキ箔…[12]」

この記録には江戸時代初期における大名屋敷の門について二つの特徴が記されている。一つ目は豪華絢爛な唐破風が将軍専用の御成門を象徴している事、そして二つ目は大名上屋敷にはそうした御成門と別に大名が使用する表門の二つの門があった事である。この二種類の門はそれぞれ格式が異なり、身分を象徴するものであったので、松平忠昌の表門も御成門より簡素な切妻屋根の大棟門であった。それに対し江戸時代末期の加賀藩屋敷に於ける溶姫の為の御守殿門は、江戸初期の将軍向けの御成門と同等の機能を果たし、加賀大名の大御門より格式の高い形式であった。溶姫が将軍の御成と同じように徳川家の三つ葉葵紋付きの籠に乗り、長い行列と共に御守殿門から入輿している様子は六〇年後の三代目歌川国貞の錦絵に描かれている(図17)。

しかし一六五七(明暦三)年の大火後、建築、特に門の様式に対して幕府の政策は一転した。それまでのような豪華な建造物はご法度となり、その規制は幕末まで続いたのである。それは身分により、とりわけ大名屋敷の表門に対して細かな条件が付けられたが、大目付から大名に出された覚書にその変遷を見る事が出来る。明暦大火以降も江戸の市中は頻繁に火事が発生していたが、大名門関連の規制を記した覚書はそうした火事の後に多く出されている。場合により厳しい条件が付されていたものの、これらは火災により経済的に困窮している大名らにはある意味救済ともなっていた。しかしながら覚書は法律と異なり大名が従わない場合にも罰則は伴わず、こうした事からも覚書は単なる行政指導、あるいは奨励のようなものであった事がわかる。

ここで特に注目したいのは明暦大火の後の大名門建築は、独立した形の門である放れ門が身分の高い大名の象徴となり、屋敷を囲む長屋に付属した入口が表門になった場合が一般的となった。そこで門の入口の番所には家臣が駐在する事となったが、幕府は番所の形式や数、また番所への唐破風についての基準を覚書として定める事となった。中でも最も細部にまで亘る覚書は一八〇九（文化六）年六月に出され、特に国持大名の門については

「國持大名并拾萬石以上拾萬石以下にても、
侍従にも可被任家柄之面々者、兩潜り兩門
番所不苦、尤博風造之儀有來通相心得、改
而唐博風造之儀者無用之事…」[13]

その内容は改めて「青標紙」にそのまま出版された。これは溶姫の御守殿門が建てられる一八年前に大名を対象に出された覚書であったが、御守殿門とこの大名門の形式を比較すると溶姫の唐破風付の番所に対し、国持大名のそれは切妻造で身分が一段階低い事がはっきりしている点である。このような理由か

図17 「松乃栄」旧幕府の溶姫加州家へ御輿入れの図
歌川国貞（三代）（1848 ― 1920）（東京大学総合図書館所蔵）

ら「青標紙」に描かれた加賀屋敷も番所の屋根は切妻造であったと思われる。しかしながら、この規制を遵守する大名は少なく、例えば江戸末期に建てられ、現存する唯一の国持大名の門で現在の東京国立博物館構内にある鳥取藩の旧池田家の門は両番所に唐破風が付いていている(14)(図18)。他にも昭和二〇年五月二五日の空襲で焼失してしまった旧薩摩装束屋敷表門(東京都千代田区)や旧備前池田侯江戸上屋敷表門(東京都港区)にも両番所に唐破風が見られた(15)。徳川幕府終焉後の一八七三(明治六)年、ウィーンで行なわれた万国博覧会に「武家雛形」として展示された大型大名屋敷の模型にも表門には唐破風付きの両番所が備わっていた(図19)。この模型は「雛形」という事で大名屋敷の典型あるいは理想という意味合いがあるが、僅か三十余年前に出た「青標紙」の国持大名の表門と全く同じである。現存する旧池田家の門も同じく一番格式の高い門を持つ江戸末期の大名屋敷である事から、この模型にもやはり唐破風付きの番所が備わっていたに違いない(16)。

その後、徳川家斉の治世になると御守殿門が建てられる僅か三年前の一八二四(文政七)年二月に出された覚書では

「大名屋敷表門左右番所有之候は、御格合御坐候哉、片番所之處、新規左右に番所付候儀は、不相成儀御座候哉…」(17)

ここには「身分相応に表門に両番所を造る事、以前から片方しか番所を置いていなかった場合、新規に左右造ってはいけない」といった内容が書かれており、

図18 旧因州池田上屋敷表門、正側面、江戸時代末期(現在東京国立博物館構内)(著者撮影)

図19「武家雛形」表門。ウィーン万国博覧会, 1873年 (Weltausstellung 1873 Wien). Welt Museum Wien, cat.nos.117.752-117.754(?). 著者撮影
(Coaldrake, William H. 2003 "Japan at Vienr a: The Discovery of Meiji Architectural Models from the 1873Vienna Exhibition." Archiv für Völkerkunde 53, p. 33, fig. 4 より)

つまりは現状維持を奨励しているものである。こういった事情から家斉の時代には、加賀藩の上屋敷は享保一五年火災後に再建された貧弱な表門の形態そのままであったように思われる。しかし、国持大名の多くが「青標紙」に記されて いるような以前からの豪勢な門構えであった。そういった事から国持大名の表門と御守殿門の形式にはあまり差がなかったと言える。建築形式に大差がないとすれば、御守殿門のシンボルとも言える「赤」という色については、他の国持大名の表門の色と比較して、それほどまでに特殊なものであったのだろうか?

「赤」門の普及

これまでの研究では、大名の表門と御守殿門の大きな違いは、その「色」にあると言われてきた。そこで、最後に色の持つ象徴性と門建築に実際使用された色についての関係を探っていく。

実は、溶姫の御守殿門は総朱塗りの門としては珍しくない。例えば江戸芝にある増上寺の三解脱門も総朱塗りである。その最初の三門は一六一一（慶長一六）年に完成され、家康が徳川の菩提寺として増上寺を格式の高いものに仕立てたいとの強い希望を反映したものであった。ところが、「台徳院殿御実記」によれば一六一一年に完成したこの三門は、一六二一（元和七）年に大風で倒壊してしまう。直後に再建工事を開始し、翌年一〇月一五日に完成したのが現在の三解脱門である[18]（図20）。これは、五間三戸二階二重門、左右繋塀及び山廊付きで高さは約二一メートルと江戸城の大手門を凌ぎ、知恩院三門（約二四メートル）に続く日本でも有数の大きな門である。一際目を引くその赤は、加賀藩屋敷の「赤門」と同じく増上寺のシンボルとして存在しているが、珍しい総朱塗りは当時としてもかなりのコストがかかっていた。朱塗りにしたのは、徳川の菩提寺として秀忠の権威のイメージにふさわしくするためと考えられる。一六三四（寛永一一）年に再建された本堂も同じ理由で総朱塗りであったと推測出来る。

大名屋敷の門の彩色について「青標紙」、「要筐弁志」、さらに覚書にも一つも指摘がない。幕府の出した覚書を調べても、表門の色についての記述は全くない。溶姫の御守殿門の大きな特徴が「赤門」であるものの、色は幕府の覚書による規制からではなく、慣習により定められたものであった。慣習は記録されない事が多いが当時の絵画が貴重な資料となっている。

図20 現在の増上寺三解脱門、正側面、元和８年（1622）再建（著者撮影）

図21「泥絵画帖（水戸様）」、小石川の水戸徳川家の上屋敷、（部分）、江戸時代末期、作者不詳（東京都江戸東京博物館所蔵）

「赤」で塗られている大名屋敷門は江戸時代末期の錦絵や泥絵によく描かれている。これには江戸の大名屋敷を題材にしたものが多いが「小石川水戸徳川家上屋敷」を描いたものでは神田川沿いに長屋が見られ、そこには赤く塗られた放れ門と、少し離れた場所にもやはり赤く塗られた長屋門が見られる（図21）。加賀藩上屋敷のように表門としての放れ門には番所がなく、左右に赤塗りの出格子窓が描かれている。この他にも赤塗りの番所が付属している長屋門は安芸国広島藩四二万六〇〇〇石の大名であった「霞ヶ関の広島藩浅野家」の絵に見られる。また「山下御門」の絵には肥前国佐賀藩三五万七〇〇〇石の鍋島家の上屋敷が描かれ、そこには唐破風造の両番所付きで赤塗りの大長屋門が見受けられる。その他、近江国彦根藩三五万石井伊家上屋敷の絵にも赤く塗られた長屋門が描写されている。

これら泥絵の彩色に見られる赤は朱であるのか否かは明らかではないが、安価な土産物として量産された泥絵に使用された色彩にはほとんどくすんだ色がなく、割と少ない色数が使用する箇所によりシンボリックに塗られていた。屋敷という人工的なものの絵である事と、土産物として楽しめるものであった事を考えると、ここで見られる色彩に正確さを求める事はあまり出来ない。しかし以前紹介した加賀屋敷の泥絵（図15）にも屋敷の裏御門（通用門）が「江戸御上屋敷惣御絵図」と同じように御守殿門の左側に描かれ、この門もまた赤である。小石川の水戸家や汐留の奥平上屋敷でも通用門は赤く塗られており、当時の江戸では赤を用いた門が数多く見られたのは事実である。(19)

正確な色などの詳細についてはこれからの更なる調査、研究が必要ではあるが、赤で塗られた門は泥絵だけでなく当時の絵画や錦絵にも登場する。「江戸一目図屏風」（鍬形蕙斎、一八〇九年、津山郷土博物館所蔵）には現在の丸の内近辺の大名上屋敷が多く見られ、それらの門は全部長屋門であるが、その殆どの門の出入口周辺が赤で彩られている。彩色には朱または赤土（ベンガラ）が使用されているように見え、明確には判断出来ないが明らかに赤色である。また歌川広重が一八三五～三八（天保六～九）年に描いた「江戸勝景図」の陸奥国平藩安藤家五万石の上屋敷には赤塗りの出入口が描かれている。泥絵が正確な門の外観の記録と言えないとしても、他の絵画や錦絵の例でも江戸の大名小路や桜田門近辺などには、長屋門入口に赤い門が見て取れる。その事からも、当時門を赤で塗る事はそれほど特殊な事ではなかったと思われる。

今回の論文では御守殿門と国持大名屋敷を覚書や泥絵などを分析する事でその関連性を示した。その中で江戸幕府の末期では門に赤を用いる事への流行性を感じた。しかし加賀藩にとって紫外線に弱い朱塗りの御守殿門の塗り替えは藩財政を圧迫する要因でもあった。実は両番所は外側だけが朱塗りで内側はそのままである（図22）。これは財政を維持しつつ対面を保とうとする窮余の一策であったに違いない。この事は磯田道史著「武士の家計簿：「加賀藩御算者」の幕末維新」に書かれており、(20)「武士の家計簿」（森田芳光監督　『武士の家計簿』製作委員会　二〇一〇）として映画化もされている。こうしてみると外から見える門の顔も一歩内側にまわるとその素顔は異なっている事もあるのである。

図 22　加賀藩上屋敷御守殿門左側の番所、
a. 正面　b. 裏面（著者撮影）

【参考文献】

石橋絢彦　一九〇一『工業字解。　建築ノ部』出版社不明

伊藤平左エ門校訂・解題　一九六九『武家雛形』出版社不明

江戸叢書刊行会編　一九六四、『江戸叢書』二名著刊行会

大隈喜邦　一九三七「泥絵と大名屋敷（三）」『東洋建築』（一―三）

大蔵省編　一九二二～二五『日本財政経済資史料』、二冊、財政経済学会

太田博太郎編　一九七四『日本建築史基礎資料集成』十七「書院」二、中央公論美術出版

岸熊吉　一九四六『日本門牆史話』大八洲出版

京都教育委員會事務局管理部國寶保存課　一九五〇『國寶建造物高臺寺表門修理工事報告書』便利堂

大本山増上寺編集　一九九九『大本山増上寺史』本文編一大本山増上寺

田辺泰・伴野三千良　一九三三「江戸に於ける武家屋敷表門に就いて」『建築雑誌』五六九

東京都江戸東京博物館監修　二〇〇七『大江戸図鑑』［武家編］朝倉書店

西荻良宏編　二〇〇〇『東京大学コレクションX　加賀殿再訪　東京大学本郷キャンパスの遺跡』東京大学総合研究博物館

文化庁　二〇〇三『新版　戦災等による焼失文化財』戎光祥出版

Coaldrake, William H. 1981 "Edo Architecture and Tokugawa Law." *Monumenta Nipponica* 36 (3), pp. 253-284

Coaldrake, William H. 2003 "Japan at Vienna: The Discovery of Meiji Architectural Models from the 1873 Vienna Exhibition." *Archiv für Völkerkunde* 53, pp. 27-43

【註】

1　村井益男、『国史大辞典』「御守殿」

2　石橋絢彦、一九〇一、『工業字解。建築ノ部』出版社不明、二二一頁。岸熊吉、一九四六、『日本門牆史話』大八洲出版、二一八～二〇頁。

3　伊藤平左エ門校訂・解題、一九六九、『武家雛形』出版社不明。

4　京都教育委員會事務局管理部國寳保存課、一九五〇、『國寳建造物高臺寺表門修理工事報告書』便利堂、一頁。

5　東京大学埋蔵文化財調査室発掘調査報告書四　東京大学本郷構内の遺跡『山上会館・御殿下記念館地点』第三分冊　考察編　四〇頁。

6　江戸叢書刊行会編、一九六四、『江戸叢書』名著刊行会、二巻二二～四頁。

7　田辺泰・伴野三千良、一九三三、「江戸に於ける武家屋敷表門に就いて」『建築雑誌』五六九、三七一～九四頁。

8　稲垣栄三から著者に宛てた手紙、一九八六年三月一五日。

9　田辺泰、伴野三千良「江戸に於ける武家屋敷表門に就いて」三七六～七八頁。

10　西秋良宏編、二〇〇〇、『東京大学コレクションX　加賀殿再訪　東京大学本郷キャンパスの遺跡』東京大学総合研究博物館、六七頁。

11　東京都江戸東京博物館監修、二〇〇七、『大江戸図鑑』[武家編]、朝倉書店。

12　甲良宗俊、一七〇六(宝永三)、「向念覚書」。太田博太郎編、一九七四、『日本建築史基礎資料集成』一七「書院」II、中央公論美術出版、八頁。

13　大蔵省編、一九二二～二五、『日本財政経済史料』財政経済学会、四巻七五〇頁。

14　この門は丸之内の大名小路(現丸の内三丁目)にあった旧因幡藩池田屋敷表門であったが、明治期に東宮御所の正門として芝高輪に移築された。戦後に現地に移築保管されている。

15　文化庁、二〇〇三、『新版　戦災等による焼失文化財』戎光祥出版、三二二～三、四五三～五六頁。

16　この模型はウィーン万国博覧会終了後行方不明であったが二〇〇三年六月にウィーン民族博物館倉庫の奥にある棚の上で再発見されたものである。発見時には図19の左側に見られるように博覧会当時のラベルがまだ付いていたが、これには「XIX-1　十九区ノ一」と「武家雛形」と記載され、それに気づいた著者が現場ですぐにウィーン博覧会出品目録と照合した結果、この博覧会に出品した模型であると確定したのである(東京国立文化財研究所編集、一九九七、『明治期万国博覧会美術品出品目録』中央公論美術出版、一七七頁)。発見時の様子は直後に英語で出した記事に書かれているが、日本語訳は次の通りである。「私がノイホフバーグにある民族博物館の中の大きな倉庫で調査を開始して早々、私は非常に届きづらい高い棚の上に布カバーを被せられた大きな三個の物体がある事に気づいた。東アジア担当のベッティナ・ゾーン博士によれば「もしかしてこれが一八七三年のウィーン博覧会に出品された大きな模型のパーツではないかとずっと疑問を持っていたが、今まではなかなか届きづらく未調査だった」との事だったが、幸いに調査が行なわれた二〇〇三年六月は倉庫内のほとんどのものが修理のためどこかに移動されていて、空のような状態であった。そこでこれらの物体にそれまでよりは近づきやすくなり、ゾーン博士から四メートルほどの梯子を借りて棚の最上段にあるそれらを確認する事にした。私はそれから三日間というもの、その梯子の上でバランスをとりながら棚の奥の方まで確認したところ数十年来の埃にまみれた覆いの下から大型で素晴らしい大名屋敷の模型が姿を現した。建物はまるで地震後のような有様で屋根瓦が落ち、畳ははがれ、襖がはずれてはいたが修理可能な状態であった。」(Coaldrake, William H. 2003 "Japan at Vienna: The Discovery of Meiji Architectural Models from the 1873Vienna Exhibition." Archiv für Völkerkunde 53,p.32)

17　『日本財政経済史料』八巻一二二七頁。

18　大本山増上寺編集、一九九九、『大本山増上寺史　本文編』大本山増上寺、六八一～五頁。

19　大熊喜邦、一九三七「泥絵と大名屋敷(三)」『東洋建築』(一―三)、一一二～三頁。

20　新潮新書、二〇〇三、三二一～五頁。

二

溶姫

歴史資料が語る実像

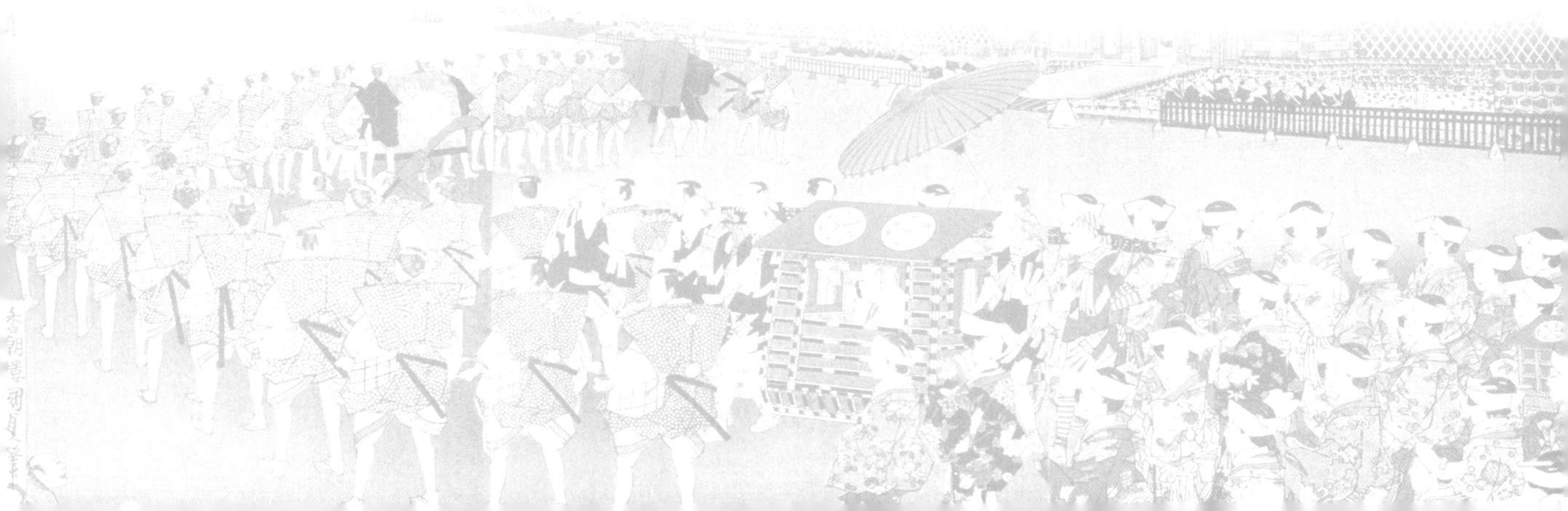

第四章

小松愛子

溶姫の引移り婚礼

はじめに

一八二七（文政一〇）年一一月二七日に執り行われた、加賀藩主前田斉泰と将軍徳川家斉娘溶姫の婚礼について、主に加賀藩側で作成された文献・絵図資料を用いて検討を行う。

この婚礼については、将軍徳川家と外様大名で最大の石高を有する加賀前田家との縁組みであったこと、また溶姫専用の御座所である「御住居（御守殿）」の表門が、「赤門」として明治以降も毀されずに現在までのこされたこともあって注目されてきた[1]。東京開市三百年祭が営まれた一八八九（明治二二）年に、溶姫の輿入れの様子を想像を交えて描いた図「松乃栄」（東京大学総合図書館所蔵、口絵2）が刊行されたが、数ある輿入れの中からあえて題材に選ばれたことは、溶姫の輿入れが旧幕府時代を象徴する出来事として当時の人びとに認識されていたことを物語っているだろう。

溶姫の父である将軍家斉は、二二人の妻妾から五五人の子女をもうけ、このうち成人まで成長した二五人は、嫡男家慶をのぞいて養子縁組や婚姻によって御三家以下の有力大名家二〇家に配された（表1）。

本章で扱う溶姫を含む将軍家斉子女と大名家の縁組みは幕府政治に多大な影響を与えた[2]。まず、縁組みにかかる費用は幕府財政を圧迫させ、またこれに奔走した幕府老中水野忠成をはじめとする将軍家斉の閨閥による情実・贈賄政治の横行が、幕府自身の権威の弱体化につながった。一方、大名家側においても、将軍家と縁組みすることにより専用の御殿、日々の生活・交際費などで多大な負担が生じるため、拝借金の貸与、加増や有利な領知替え、家格の引上げといった優遇措置を見返りとして要求した。将軍家はこれらの要求を「続柄」を理由に認めたために、それまで均衡が保たれてきた幕藩関係のバランスは崩され、結果として幕府政治に大きなダメージを与えることとなった。

近世国家の政治主体は将軍家・大名家という武士の「家」を基盤としており、子女の存在、子女の縁組みは「家」の存続・継承のために必要不可欠であった。幕府は一六一五（元和元）年の「武家諸法度」において、縁組みを許可制とし、全て幕府の掌握下で行うように命じており、大名統制策の一つとして捉えていた。縁組みの象徴的な儀礼である婚礼は、家と家が結びつく場を華やかに演出する儀式といえるが、家格の差異によって序列化されていた大名家においては自身の家格・家礼に適した婚礼を調えること、そのために必要な多大な経費の捻出など、短期間で様々な政治的課題への対処が求められた。本章では、将軍姫君・溶姫と加賀藩主前田斉泰との縁組みを事例に、加賀藩が溶姫を迎えるにあたりどのように対応したかを具体的に検討していくこととしたい。

溶姫の略歴

まず、溶姫の生涯について、徳川家・前田家に伝来する家譜類(3)からおさえておきたい（附編　系図・年表）。

溶姫は一一代将軍徳川家斉（一七七三〜一八四一）の二一女(4)として、一八一三（文化一〇）年三月二七日江戸城本丸大奥にて誕生し、四月一六日に「溶《ヨウ》姫君様(5)」と称することが定められた。のち文政一〇年九月一五日に実名（諱）が偕子《とも》と命名された（史料上、一般的には「溶姫君様」と表記されるため、本章においては「溶姫」と表記を統一した）。溶姫の生母は側室のお美代の方（専行院）で、通算四〇人を数える家斉の側室の中でも特に寵愛を受けたとされる。お美代の方は、本丸小納戸頭取の旗本中野清茂（碩翁）の養女で、実父は内藤就相とされるが、内実は日蓮宗の下総・中山法華経寺智泉院住職日啓の娘とされる(6)。同母妹には仲姫（夭折）、末姫（のちに広島藩

表１ 11代将軍家斉の子女一覧

生年順	名　前	生　年	縁組先, (縁組み—死去年), 格式
1	淑姫	1789	尾張藩徳川斉朝室, (1799.11婚礼-1817.5), a
4	家慶	1793	12代将軍
⑥	敬之助	1795	尾張藩徳川宗睦養子, (1796.3-1797.3)
⑦	敦之助	1796	清水家養子, (1798.11-1799.5)
⑧	綾姫	1796	仙台藩伊達周宗室, (1797.閏7婚約-1798.3)
13	峯姫	1800	水戸藩徳川斉脩室, (1805.2婚礼-1853.6), a
15	斉順	1801	清水家養子、紀州藩徳川治宝養子(1810.11、1816.6-1846.閏5)
21	浅姫	1803	福井藩松平斉承室, (1821.9婚礼 -1857.5), b
㉓	虎千代	1806	紀州藩徳川治宝養子, (1809.12-1810.10)
26	元姫	1808	会津藩保科容衆室, (1821.2婚礼- 1821.8), b
28	文姫	1809	高松藩松平頼胤室, (1826.11婚礼-1837.3), b
29	斉明	1809	清水家養子, (1816.12-1827.6)
30	斉荘	1810	田安斉匡養子、尾張藩徳川家養子(1813.12、1839.3-1845.3)
32	盛姫	1811	佐賀藩鍋島直正室, (1825.11婚礼-1847.2), b
33	斉衆	1812	鳥取藩池田斉稷養子, (1817.9-1826.3)
34	和姫	1813	萩藩毛利斉広室, (1829.11婚礼-1830.7), b
36	**溶姫**	1813	**加賀藩前田斉泰室, (1827.11婚礼-1868.5), b**
38	斉民	1814	津山藩松平斉孝養子, (1817.9-1891.3)
43	末姫	1817	広島藩浅野斉粛室, (1833.11婚礼-1872.11), b
45	喜代姫	1818	姫路藩酒井忠学室, (1832.12婚礼-1868.12), b
46	永姫	1819	一橋斉位室, (1835.11婚礼-1875.9), b
47	斉温	1819	尾張藩徳川斉朝養子, (1822.6-1839.3)
48	斉良	1819	館林藩松平武厚養子, (1822.6-1839.6)
49	斉彊	1820	清水家相続, (1827.10-1849.3)
50	斉善	1820	福井藩松平斉承養子, (1835.閏7-1838.8)
51	斉裕	1821	徳島藩蜂須賀斉昌養子, (1827.閏6-1868.1)
53	斉省	1823	川越藩松平斉典養子, (1827.7-1841.5)
54	斉宣	1825	明石藩松平斉韶養子, (1827.7-1844.5)
55	泰姫	1827	鳥取藩池田斉訓室, (1840.12婚礼-1843.1), b

『徳川歴代将軍事典』、吉成香澄(2009)を元に作成。丸数字は幼没。表示していない子女は、縁組以前に幼くして死没。格式のaは入輿・御守殿、bは引移り・御住居を示す。

浅野斉粛正室）がいる。一八一七（文化一四）年七月に将軍家斉正室の養女となり、一八二三（文政六）年四月、一一才になった溶姫は、二才年上の加賀藩主前田斉泰と婚約、文政一〇年一一月二七日に加賀藩上屋敷（本郷邸）へ設けられた御住居へ引移り、婚礼が行われた。斉泰との間には三人の子宝に恵まれ、一八三〇（文政一三）年五月四日に長男犬千代（のちの一四代慶寧）、一八三二（天保三）年七月六日に次男鈞次郎（翌四年五月一〇日死去）、一八三四（天保五）年三月二三日に三男亀丸（利順、慶栄）の三人の男子を出産した。長男慶寧は一八六六（慶応二）年に斉泰のあとを継ぐ。三男利順は一八四八（嘉永元）年一〇月九日に幕府より鳥取藩主池田慶行養女へ智養子の命を受け、一二日に同藩八代洲邸へ転居、一二月九日に家督を相続するが、嘉永三年五月、初入国の道中、伏見において病死してしまう。

溶姫は御住居で生活を送ったが、幕府の文久改革で参勤交代制度が緩和されたことで一八六三〜四（文久三〜四）年にかけて約一年八ヶ月の間は国元金沢に滞在し、緩和が解除されると帰府した。さらに一八六八（慶応四）年二月に江戸城に危険が迫ると、溶姫は避難のため再度金沢へと引っ越した。この金沢帰国は前回とは異なり、藩の方針で朝敵の扱いとなった徳川家の家臣である溶姫附女中たちは、加賀藩領国境で江戸へ戻るよう命じられたため、溶姫ただ一人だけが入国することとなった。そして金沢に到着してからわずか一ヶ月余り後の五月一日、溶姫は金沢で五六歳の生涯を閉じた。墓所は、三代前田利常正室珠姫（将軍徳川秀忠娘）の菩提所として建立された天徳院に設けられた。法号は景徳院殿舜操惟喬大禅定尼。

将軍家との縁組み受諾の経緯

一八二三（文政六）年四月一一日、江戸城に呼び出された加賀藩主前田斉泰は、将軍家斉より自身の娘・溶姫との縁組みを正式に命じられた。ここでは、加賀藩側にのこされる史料から、前田家が将軍姫君との縁談を受諾した経緯について少しさかのぼってみていきたい(7)。

斉泰は、一八一一（文化八）年に金沢にて一二代藩主前田斉広（一七八二〜一八二四）の長男として誕生する(9)。生母は側室の栄操院（一七八九〜一八五〇）であったため、翌九年に斉広の継室真龍院（関白鷹司政熙娘、一七八七〜一八七〇）の養子として、幕府に出生と嫡子の届が出された。その後まもなく高松藩主松平頼儀の娘律との婚約を出願し、幕府から許可されている。乳幼児の生育率が低い江戸時代にあっては、婚約を結んでも成婚まで至らないケースが多かったが、斉泰の場合も律が没したあとに分家・富山藩主前田利幹の娘銈と婚約、銈が没するとさらに秋田藩主佐竹義和の娘利瑳と婚約した。

斉泰は一八二二（文政五）年に出府し、江戸城で将軍徳川家斉の前で元服、さらに家督相続を許可された。この家督相続は、前藩主である父・斉広が表向きには病気を理由に、内実は幕府への公務を離れ藩政に専念したいという意図で出願されたものであった。[9] 当時、斉広は在国しており、在国したまま隠居を願い出ることは加賀藩にとって先例のないことであったが、その手続きを幕閣との関係も深い富山藩主前田利幹が斉広の名代として尽力し無事に済ませることができた。しかし、その喜びの矢先に斉泰の婚約者・利瑳の訃報が届く。[10] 訃報が秋田藩から幕府へ届けられたのは一二月八日のことであったが、翌九日にはもう加賀藩側に将軍姫君との縁談がもたらされた。利瑳の訃報は国元金沢へも伝えられ、国元の家老は費用が嵩む将軍家との縁組みを避けるために、富山藩主前田利幹の娘鍇《ママ》との縁談を進めるようにと江戸詰め家老に連絡している。[11] 斉泰が、乳幼児の段階から分家・親類の大名家と婚約を重ねた背景には、将軍家からの縁談持ちこみを極力避けようとする意図もあったとみられる。

　前田家と将軍家との縁組みは、三代利常と珠姫（天徳院・徳川秀忠娘）、四代光高と大姫（清泰院・徳川家光養女）、六代吉徳と松姫（光現院・徳川綱吉養女）と近世前期に集中する。六代吉徳の子が家督を継ぐ七代以降は当主の早世が続いた中で、一三代斉泰は久々の現当主の長男＝嫡子であった。斉泰と将軍家との縁談はこれまでもあったようで、その時は財政難を理由として断ることができていた。そこで今回も財政難を理由に断る構えをとったが、最終的には幕府側の説得に応じることとなった。この間の幕府側の説得について、江戸詰めの加賀藩聞番（幕府・大名と接する渉外担当役人、長瀬善左衛門・岡田十郎左衛門）が国元にいる斉広の側近（御用人大地文宝・神戸周盛）にあてた書状からみていきたい。聞番両人は一二月九・一一日に幕府奥右筆の田中良顕から面会を求められた。田中は、利瑳の死去を受けて老中水野忠成が前田家と将軍家との縁談を進める準備を始めたこと、さらに将軍家斉も水野に前田家との縁談を実現させるよう内命を下したことを伝えた。水野は家斉の内命を実現させるために、田中に対して前田家が縁談を断った理由を前もって調べさせ、その上で前田家の説得にあたるよう命じたが、これらまでもが、聞番両人へもたらされた。

　田中の説得は大きく二段階あり、一段階は将軍家斉と老中水野、奥右筆衆の動き、考えを伝える内容で、①この縁談は将軍家斉が「懇望」していること、②受諾することは加賀藩の「御為」にもなること、③将軍が「御為」という時は受諾した方が良いという論法であった。二段階は前田家がかつて断る理由としてあげた、縁組みにかかる経費に関してで、直近の会津藩の元姫、福井藩の浅姫にかかる年間経費、姫附の男性役人や女中の人数を具体的にあげた上で、幕府側は「御手軽を御好み」であること、前田家側で「御手重」にしてはかえって他の兄弟に対して迷惑であるとして、以前の松姫の時と比べても負担は少なくすむことを力説する内容であった。

　とはいえ、聞番は田中の説得を受けて、「今日の御模様にては御断り仰せ立てらるとも、御手をかへ御品をかへ御諭し御座候様なる御模様」と述べている。将軍家斉が内命を下した老中水野忠成は、家斉の小姓役として出仕し、寵愛を受けて台頭してきた人物で、その忠成が主導している縁談であればこの縁談は最早断ることができないと判断された。

この書状は、藩政を担う年寄・家老を介さずに、聞番から直接、藩主斉泰の父斉広の元に届けられた。この書状を受けて、斉広も将軍の懇ろの内意を受けては断ることはできないという判断を江戸に返答している。江戸に返答する以前に、斉広は国元の年寄・家老にもこの書状を回覧させた上で詮議を命じたが、家老日記に詮議の具体的な内容は記されていない。そのため、父斉広が最終的な決断を下したとみられる。その後まもなく、斉広の意図を直接聞き取るために聞番の長瀬が一時帰国した。斉広は縁組み受諾の条件として、①将軍姫君の住まいの名目は「御守殿」ではなく、会津藩同様の「御住居」とし、できる限り経費を少なくすること、②御殿建設は来年三月の斉泰の初入国中に行い、婚礼は再来年三月の出府後に行いたいこと。婚礼の時期は再来年三月以降でより遅い方が好都合であること、③縁組み受諾の見返りとして、家格を上昇させたいという願いはなく、ただ領民の生活維持のために領民の負担軽減につながる参勤交代の回数軽減（五年あるいは三年おきにすること）を希望すること。しかしそれも「過当」な希望にあたるならば、なにも望むことはないことの三点をあげ、これらを長瀬に言い含めて江戸に帰らせた。

将軍家との縁組みを受諾した大名家の多くは、膨大にかかる経費の見返りとして家格上昇や加増などを求めた中で、加賀藩の場合は、「御国民成立[14]」を重点におく斉広によって、領民の負担を軽減させる方が優先させた。参勤交代の回数軽減については他藩にも関わることで結局は受け入れられなかったが、①、②については加賀藩側の意向が汲み入れられた。なお、「御住居」という名称はその後一八五六（安政三）年に、格上の「御守殿」に変更されるが、これは「御奥通り」すなわち溶姫の働きかけによった[12]。

引移り婚礼に向けての準備

斉広の縁組み受諾の返答を受けて、一八二三（文政六）年二月一八日に富山藩主前田利幹が老中水野忠成宅で斉泰と将軍家斉の娘溶姫との縁組みの「内命」を受け、さらに四月一一日に斉泰が江戸城において正式に溶姫との縁組みを命じられた。婚礼の時期については斉泰が初入国を済ませて再び出府したあとの文政八年以降の予定とされたが、その後、文政七年七月一〇日に父斉広が死去したことも影響し、二度目の帰国を終えて出府したあとの文政一〇年に執り行われた。婚礼に向けた準備内容は、①婚礼後の溶姫の生活規模の確定、②溶姫の御座所（御住居）の新築、③引移り婚礼式の準備に大別される。

①婚礼後の溶姫の生活規模の確定

婚礼後に将軍家の負担で将軍姫君に付けられた男性役人と女中の数は、婚礼後の将軍姫君の生活の格、準備する御住居の規模にも関わるため、正式な婚約後すぐに交渉が開始された。また、将軍姫君の生活費の一部も幕府から支給されたが、その金額は一律ではなく、毎年一定の支給額とは別に拝借金や石高加増などが許可される事例もあり、幕府役人との交渉で加賀藩の場合は年間金三千両と米五百俵の支給となった。御住居での生活費は幕府から支給された金米人員だけで賄うことはできず、それ以外に加賀藩の持ち出し分が生じた。婚礼後の溶姫が江戸城登城するさいに必要な人数の見積りを作成する過程では、藩主が在国の場合、通常の江戸詰め家老一人では溶姫の御供で江戸城に同行すると藩邸が手薄になってしまうために増員が必要であることが発覚している。[13] 溶姫附役人のみにとどまらない影響が生じたことがわかる。

②御住居の新築

将軍姫君を正室に迎え入れるにあたって、各大名家では将軍姫君の御座所(御住居・御守殿)を、藩主の建物(本宅)とは別に、本宅と隣接する位置に新たに設ける必要があった。そのため、御住居の設計すなわち御殿空間の大改造が取り組まれた(図1~3, 口絵3)。設計を担当したのは加賀藩の作事方で、それに江戸詰めの年寄(長年斐守)らが意見を出す形で作りこまれていった。現在、御住居の設計図は複数枚残存しているが、そのうち最も古い文政六年七月一五日という日付のある設計図は、本宅の広式(奥)を御住居に改造する案であった(図2)。しかし、これは幕府に正式に提出される以前に廃案となったようである。続いて同年一一月一四日付の設計図には「御住居御地面富士山の方に御治定につき、田中龍之助殿へ御絵図を以って御示談に及び(中略)表向き和泉守殿へ淡路守様御持参成さるべき御絵図」という注記があり、御住居が富士山のある現・本郷通り側に決定し、奥右筆田中との評議を経た後、富山藩主前田利幹が幕府老中松平乗寛へ持参した、正式の設計図となった(図3)。これで御住居の立地はほぼ固まり、翌文政七年にかけてさらに個別の建物の間取りなどの調整がはかられた。

御住居の建設予定地は本宅の北側部分で、この位置はかつての松姫の御守殿とほぼ同じ位置であった。松姫の没後に御守殿が撤去されたあとは、露地(庭園)の一画となり、その中心部分には図1で確認できるように本宅居間に接続する藩主専用の馬場(御居間前馬場)が設けられていた。当初はそれをあえてつぶしてまで御住居を設けようとは考えていなかったようだが、幕府側と内向きの交渉を重ねる中で、馬場を梅之御殿跡地に移した上で御住居が作られることになったようだ。

普請は、文政七年に斉泰が帰国してから開始された。まず、藩主不在時に本宅居間部分の改築が行われた(文政七年五月~八年二月)。翌八年二月一五日に富山藩主前田利幹と世子利保が御住居用地の見分を行っていることから同時平行で馬場の移築も終えたのであろう。さらに同月には実績のある、旧来からの御用達町人である森川五郎左衛門に「御住居向御普請御用」を命じ、加賀藩の作事所で作成した仕様書を示し、見積りを提出させた。森川に対して、

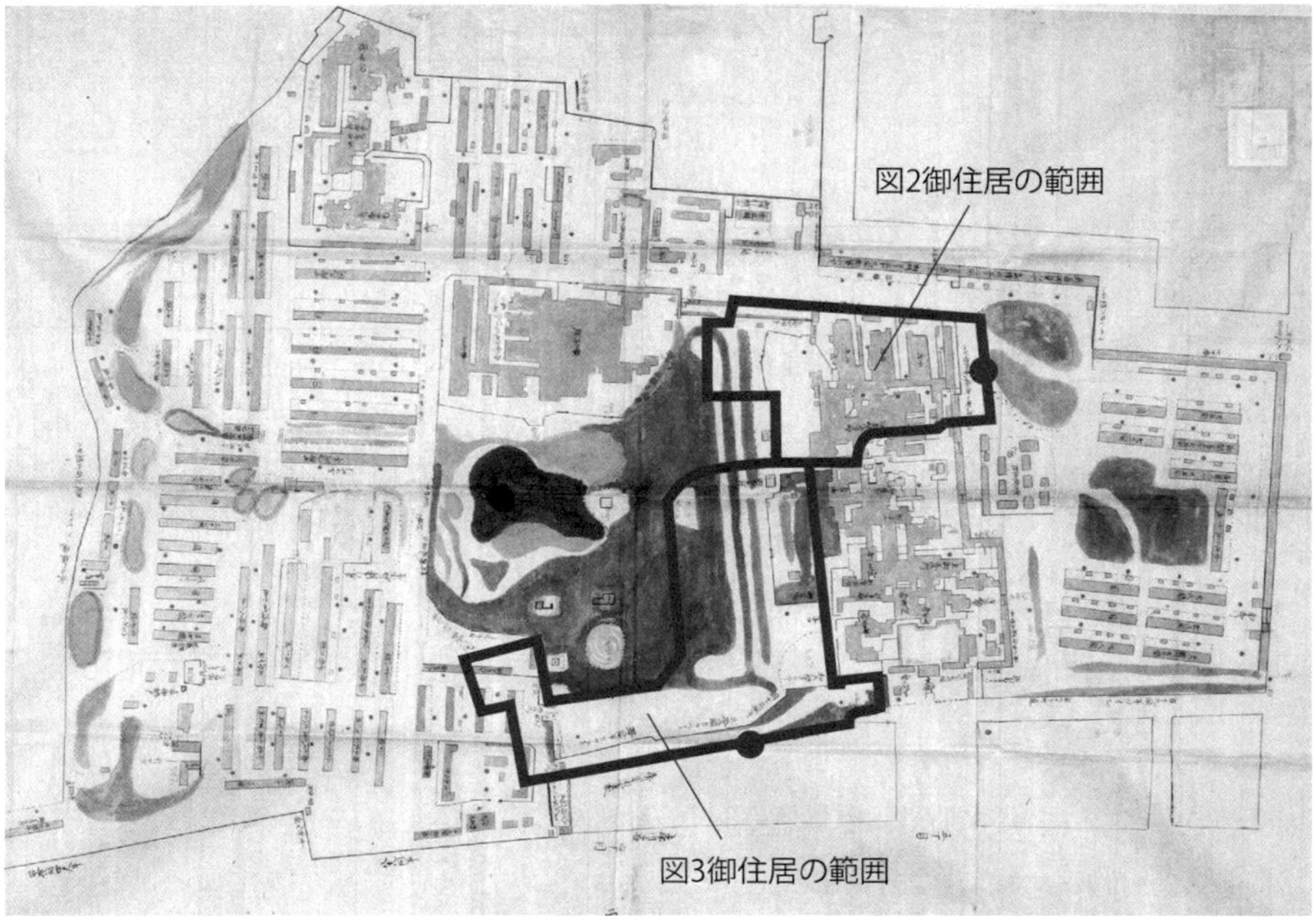

図1　御住居建設以前の本郷邸
「江戸本郷上屋敷之図」（金沢市立玉川図書館所蔵、1802〜25年）
に図2・3の御住居、同表門の位置（●印）を加筆

図2　御住居設計図（1）
「江戸御本宅御広式御住居御取繕等之絵図」
（金沢市立玉川図書館所蔵、1823年7月）部分
東側（図2の上部）に御住居建物（2,210坪）、
その西側に御身附御広式（前田家の奥御殿）
建物（830坪）を設ける計画であった。

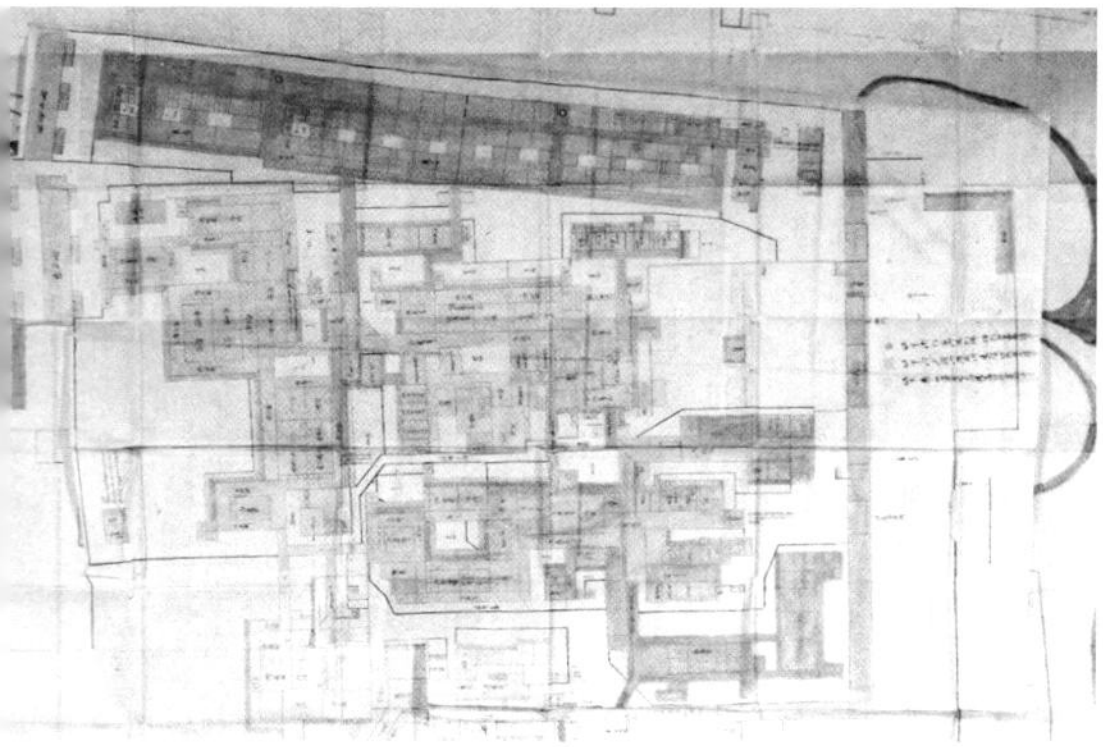

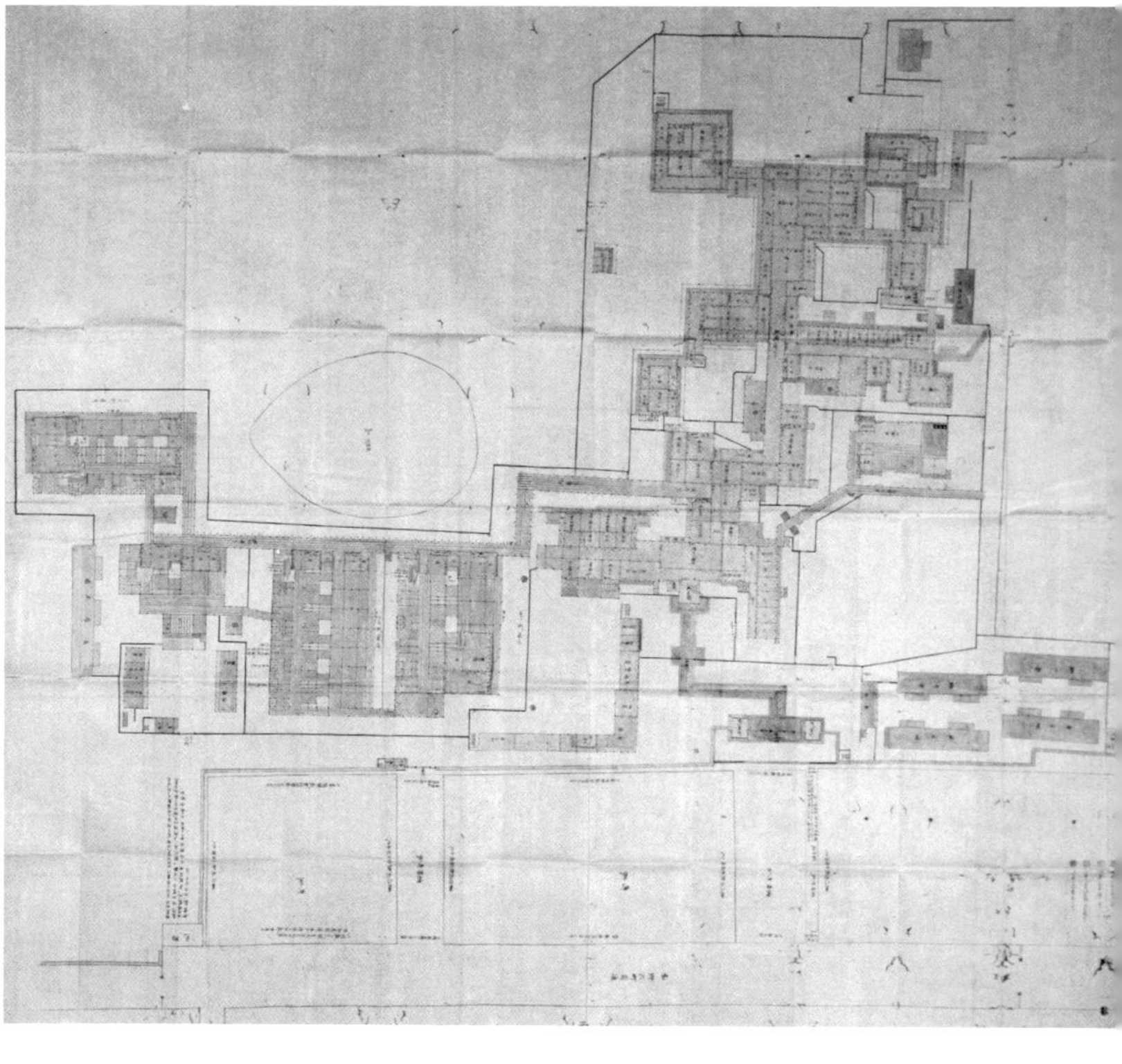

図3　御住居設計図（2）
「御住居地面富士山之方云々絵図」
（金沢市立玉川図書館所蔵、1823年11月）

「御作事所根図りより金高少しにてもあい増し候ては御用仰せつけられまじく候、御手請けに仰せつけらるべく候」[14]と伝えている。藩は御用達町人が提供する建築の品質を藩の作事所と同等とみなし、この両者で相見積りを行うこと、その上でより低い値段をつけた方を選ぶという姿勢であった。なお、ここでは森川の名しか出ていないが、森川は同じ御用達町人の芹川六兵衛・岸本太兵衛とも相談を重ねており単独ではない。[15]結果は、森川が作事所よりも高い金額をつけたため、作事所による御手作事に決まった。将軍家・前田家との関係で細心の注意が求められるこの作事に、江戸町人が経営上の利益を求めて参入するにはリスクが大きかったとみられる。

御住居の造営は文政八年七月から始められ、その後一一月から長局の造営、翌文政九年に斉泰が帰国した後に、本宅広式に住んでいた一二代斉広継室真龍院を本宅居間に一時転居させた上で、本宅広式部分の改築が行われた。同年一二月に幕府は本郷通りに隣接する本郷五・六丁目の町人に対して立退きを命じ、道路を含めた三一三一坪余りのうち一〇四九坪余りを囲込拝借地(加賀藩上屋敷用地として囲いこむ分)、一五四〇坪余りを御住居火除地、五四二坪余りを御住居表門・裏門通りの道とすることを定めた。[16]設計図(図3)と完成後の絵図(口絵3)を見比べると、設計段階では御住居と本郷五・六丁目の町屋が塀一枚隔てるのみの近接した状態であったが、この立退きによって西側を塞ぐ建物がなくなった。表門と裏門は拡幅した地面上に建てられ、一連の御住居の建築の中で一番最後に取り組まれた。建築にかかった費用は銀三二七六貫三七〇匁余り[17](≒金五・四六万両)で、心得として聞いていた福井藩の入用高二・五万両[18]の倍以上の経費が費やされる結果となった。

③婚礼式の準備

婚礼式は、溶姫が江戸城本丸大奥から本郷邸に移った当日に行うこと、またその格式は先例である松姫の「入輿の先格」ではなく「引き移り婚礼」と称し、「加賀守家格の式法」すなわち前田家の家格の式法で行うことが幕府から命じられた。文政九年末に御住居が完成すると、翌一〇年正月から婚礼式の準備が本格的に開始された。加賀藩の礼法師範をつとめ、溶姫の引移り婚礼式を取り仕切った渡辺喜内(一七七七〜一八四〇)の記録を通して、婚礼式の準備の様子をみていきたい。渡辺家は喜内の養父次左衛門(一七四二〜一八〇〇)より加賀藩の藩校で礼法師範をつとめた。渡辺家では礼法師範をつとめる上でさらなる研鑽を積むために、幕府の諸礼式を担当する旗本・小笠原平兵衛家に弟子入りしたが、同家への入門は藩の公認を受けて行われ、藩のいわば代表として正式な礼法を身につけ、それを国元の藩校で家中に伝授、さらに婚礼式など現実の場で実践する役割を担った。[19]

溶姫の引移り婚礼式を担当する「御婚礼御用主附」に任命された家中を(表2)に示した。藩の重臣である年寄二名が名を連ね、その下で聞番・藩主の側近である御用部屋（近習）・経費削減を主眼とする財政担当の省略奉行で構成される全体を頭衆が統轄した。礼法師範をつとめた喜内は、頭衆の指示を受けて、前田家の家格に見合う婚礼式を具体的に作り上げるという重要な役をつとめた。なお、喜内を含めた組外組以下の役人は、婚礼式当日の御住居の飾付け、献立の調製、それら関連書類の調査・作成や費用計算にあたった実務役人といえる。

　喜内は出府すると、師匠である小笠原家に出向き、小笠原平兵衛・孫七郎・平八の三代と対面して、前田家がどのような格で婚礼式を準備したらよいかを相談した。小笠原家からは、「御住居」への「引移り婚礼」であるため、その家の礼式を用いて構わないが、前田家の場合は「水戸殿御振先御的例」と水戸徳川家を参照するよう具体的に示され、小笠原家が所有する水戸家の「御式帳控」が貸し渡された。喜内はこれらを参照しながら、婚礼式当日の規式を記した「御式帳」、「献立帳」、御住居の間取り図に婚礼道具などの飾付けを示した「御間絵図」などの帳面・絵図を作成し、小笠原家の添削を受けながら体裁を調えていった。帳面を作成するにあたって生じた疑問点に対しては、喜内が小笠原家に赴いて直接意見を聞き取っている。また、小笠原家で解決できない場合、同家が大奥女中に問い合わせた上で回答している。完成した帳面は、前田家から幕府へ提出された。

　婚礼式当日に御住居で飾り付けられたり、使用された婚礼道具についてみていきたい。婚礼道具は、将軍家が準備する持込道具と、前田家側で準備

表2　溶姫の引移り婚礼を担当した加賀藩役人

長甲斐守連愛	年寄	勝手方御用
奥村内膳惇叙	年寄	勝手方御用
長瀬善左衛門忠良	頭衆	聞番
丹羽七郎左衛門致孝	頭衆	御用部屋
石黒宇兵衛祗知	頭衆	御省略奉行
青山四郎左衛門芳雄	頭衆	聞番／定府
木村勘六	組外組	執筆
渡辺喜内	組外組	礼法師範
坪内金左衛門	組外組	御次執筆
雪野助左衛門	組外組	料理頭
松波重左衛門		算用者小頭並
永井簾之助		算用者小頭並
猪山金蔵		算用者
石黒与平		算用者
清水九左衛門		算用者
長谷川庄左衛門		料理人
山本庄兵衛		料理人
大友才三郎		料理人

参考：『諸頭系譜』（上下、金沢市立玉川図書館近世史料館編、2013〜4年）など

する道具に大きく区分される。文政一〇年一一月二三日に喜内は頭衆を通して幕府留守居が作成した持込道具の一覧を受け取った。これをみると、品目は一二六四点に及び、長持だけで二〇〇棹近くに達した。[20]持込道具は溶姫が使用するものの他に、溶姫と対座した時に藩主斉泰や真龍院、客人らが使用する膳具類、溶姫附の女中たちが日常に使用する品々などで構成されている。このうち溶姫が使用する品々の多くは、大名（二六九家）・御留守居など大奥に関係する幕府役人・大奥女中からの献上品であった。献上した大名側で作成されたリスト[21]を参照すると、

　一、濃梨子地　御厨子棚一餝　　紀伊中納言殿
　一、中屏風一双　花鳥
　　　代金六百弐両余

というように、献上者ごとに品目、代金が記される。金額は石高に比例して設定されており、最高額は尾

張藩の七八七両二分、河内丹南藩(一万石)の一〇両二分で、全合計は一・八七万両に及んだ。これを溶姫の直前の文姫の事例[22]と比較したところ、

一、御膳部一通　　紀伊中納言殿

一、御貝桶一対

代金六百六両余

とあり、献上品目は異なるものの、金額はほぼ同額に設定されていた。大名家が婚礼道具をどのように納入しているのか、対馬藩宗家の事例からみていきたい[23]。対馬藩宗家では、文政一〇年八月二三日に老中松平乗寛の公用人から「御小箪笥 一」を献上すること、御道具類の作成はすでに細工頭に命じているので、品位や箱・台などの附属品、最終的な金額については細工頭と直接相談するようにと命じられた。九月四日に宗家の家中が幕府細工所がある鎌倉河岸の小屋場へ出向き、代金一〇七両余のうち九〇両を納めている。そして一一日には完成した御小箪笥が宗家の屋敷に持参された。御小箪笥は使用する溶姫の格式を反映して、宗家の表御門を通って邸内に納められた。藩主が在府していれば藩主の見分を受けるのが習わしであったが、当時は不在であったため藩主の見分はなく、一八日に江戸城に持参し献上された。その後一一月二三日に残金を納入し、二五日には関係する細工頭以下の役人へ謝礼が行われて、細工所とのやりとりは終了した。

溶姫が持参する婚礼道具のリストは二月段階ですでにできており、それに基づいて幕府・細工所へ発注がかけられていたのだろう。大名家側では将軍姫君の婚礼が公表されたら、一定の献上品代金を用意し、老中の指示通りに細工所に納金するという定例になっていたとみられる。現在、遺される溶姫が持参した婚礼道具は、このように幕府細工所で製作された品々の一部であった。

次に、前田家が準備した婚礼道具についてみていきたい[24]。前田家が準備した品は婚礼式当日に使用する膳具類、白木類の他、掛け軸、小道具などの床飾りの品であった。経費削減のために、なるべくあり合わせの物を用いるという方針であったが、実際には江戸や京都の御用達町人に命じて調えられていった。とりわけ、木具・檜物類御用をつとめる本郷金助町の伊藤弥五兵衛が膳具類、蓬莱台・作花などの小道具の製作に従事した。当日使用する品は専ら弥五兵衛の元で作られ、藩の細工所では予備の作成にあたった。この他、掛け軸は幕府の御用絵師である狩野栄信・養信(木挽町)、狩野墨川(神田松永町)、鶴沢探龍(愛宕下)、住吉広尚に依頼し、生花は家中の清水伊左衛門の他、本郷春木町に居住する生花等師範の関本理遊に手伝いを依頼している。

前田家が準備した婚礼道具は、婚礼当日に給仕をつとめる大奥女中が手にする品も含まれるため、それらの準備は特に念入りに行われた。例えば、婚礼式で用いる三方の側面に描かれる「鶴亀松竹梅」の装飾について、参照すべき水戸家は銀泥であったが、鍋島家は金銀濃を用いたという情報を頭衆が聞きつけた。頭衆は「本体はあい当たらずとも、御女中衆などにては、右金銀濃御丁寧のように御心得成され

候訳もござ有るまじきや」と、実際には違っても大奥女中は金銀濃の方が丁寧だと理解してしまうことはないか、小笠原家への聞き取りが不十分で、女中たちに麁末だと誤解されるような事態がないようにという懸念を喜内に伝えている。喜内は小笠原家に率直に相談し、同家からの指図であればどこからも批判は出ないこと、水戸家の例も考慮するよう説得を受けて、前田家も水戸家同様の銀濃を使用することに決めている。頭衆のうち聞番は、仕事柄、他家の様子を耳にする機会も多く、また近年将軍姫君の婚礼が相次いだことで、その時々に見聞きして目の肥えた大奥女中が前田家が準備した婚礼をどう評価するか、という点にかなり敏感になっていた。婚礼式の前には実際の品を陳列して、小笠原家による内々見分、表見分を行った上で、婚礼式に臨むというのが一般的であったが、前田家の場合、それ以前にあらかじめ「御下《おし》モ」と称される見本品を作成して、小笠原家の見分を受けるという念の入れようであった。小笠原家からの評価は、近例の鍋島・会津・高松家のうち最も丁寧であった高松家と比較しても、前田家には及ばない、見事な出来という最高の評価を得た。しかしその一方で、三方の猪の目（刳り形）をもっと広くするように、本膳や島台は可能であればより軽量にするように、など、大奥女中が給仕するさいの便宜を考えての意見も述べている。小笠原家は喜内に対して、「大奥女中方など臨時に手前勝手申し立て、御義定（議定）なぞもあい立ち兼ね候由」という大奥女中の勝手ぶりを吐露している。これらから喜内の勤めが、単に前田家の家格にあった婚礼を調えるだけでは済まない、深慮が常に必要とされる内容であったことをうかがわせる。喜内は小笠原家で同門の高松藩士矢田左門を自宅に招いて、その経験を聞き取っているが、左門は「惣て前広より掛（懸）念仕り候義など、却って何の御沙汰もなく、又不用意に雑事など出来、二日も寝申さず義などこれ有り、誠に御式あい済み候えば夢の覚め申す如く」と述べており、婚礼式が済むまでの大変さが伝わってくる。

婚礼式当日の様子

婚礼式は文政一〇年一一月二七日に行われた。当日朝に富山藩主が江戸城にいる溶姫を出迎えるために登城し、四半時（午前一一時頃）に溶姫が本郷邸に無事に到着した。この本郷邸への引移りの様子を後世に描いたものが「松乃栄」（東京大学総合図書館所蔵、口絵2・図4）である。この錦絵は、東京開市三百年祭が営まれた一八八九（明治二二）年に出版された。往事の祝賀を想像を交えて描いたもので、実際の情景をリアルに再現しているわけではない。例えば、赤門前の腰掛や裏門北側の御物見などの建築物、敷地の凹凸が描かれていなかったり、一一月の婚礼なのに邸内に桜が咲いている点、溶姫が御簾をあげて姿を見せていること、溶姫附の女中が駕籠ではなく歩行であるなど、行列自体もデフォルメされていることなどがすでに指摘されている。[25]この他、沿道の様子にも注目してみたい。まず、加賀藩が準

図4 「松乃栄」(東京大学総合図書館所蔵)が描く馳走

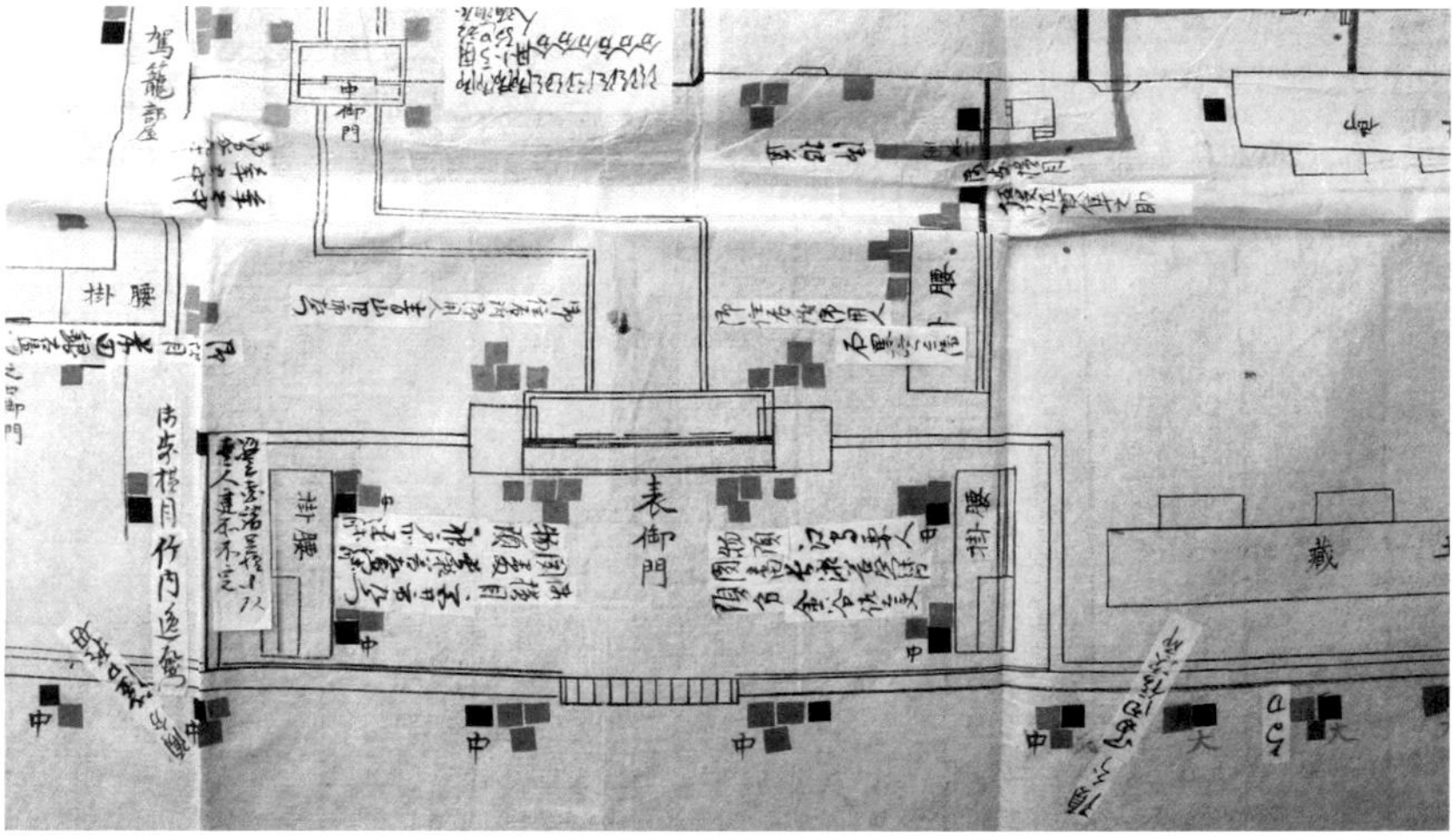

図5 引移り婚礼当日の出迎え・警固の図
「溶姫君様御婚礼之節警固建方絵図」のうち「御入輿御住居向御門内御当日外御迎出ケ所警固建所等之絵図」
(金沢市立玉川図書館所蔵、1827年11月)
表御門の前後や本郷通りに面して左右対の
□印3つは「三重御飾桶」の配置を示す。

備した当日の馳走・警固を記した絵図（図5）と比較すると、表御門（赤門）前の馳走は「松乃栄」で描かれるような盛砂の表記は見えず、三重の飾り手桶と警固足軽が配置された。また、行列を見物する町人が描かれるが、婚礼行列が通る道筋の町々に出された町触をみると、一五才以上の男は道筋に一切出てはいけないと命じられており、これも実際と異なっていた[27]。

引移り婚礼であるため、御輿の見送り役は若年寄堀田正敦がつとめた。また、省略中を理由に婚礼式に一門（親類）を招請することもやめられ、分末家である富山藩主前田利幹・同世子利保、大聖寺藩主前田利之・七日市藩主前田利和のみが出席した。婚礼式は九半時（午後一時頃）から開始され、夕七半時（午後五時頃）に色直し、その後で特別に義母となる真龍院との盃事が行われた。盃事は婿と嫁のみ（待上臈が介在することもあった）で行うのが一般的であったが、前田家では先例を理由に真龍院と溶姫との盃事を行いたいと事前に幕府へうかがっていた。幕府側からは当日まで返答を得られなかったが、当日になって格別の計らいで溶姫と真龍院との盃事が、御間上段で対座にて行われることとなった。溶姫側から、盃事は義母である真龍院からはじめるように再三求めたが、真龍院がこれを辞退したために溶姫から始めたという。婚礼式を目にした頭衆の丹羽は、真龍院の盃事をはじめ、当日の溶姫附女中の様子も他家から聞いて懸念していたような「権勢高き様子」もなく、同等の敬称をもちいる両敬の取扱いであったこと、事前に将軍家斉から引移り後は万端前田家の御家格に随うようにとの上意があったことなどを伝えている。前田家で準備した御住居についても、女中から「殊の外御丁寧」であること、御住居表御門の構えについては「江戸一番」という評価を受けた[28]。

おわりに—婚礼後の溶姫

溶姫の引移り婚礼はこうして無事に終了することができた。将軍家との縁組みが相次いだ家斉期（大御所時代）の場合、参照すべき先例が多く、将軍家側と綿密な連絡をとりながら、大量の情報を差配して、前田家の家格に応じた婚礼を調えなければならなかった。その一方で、必然的に生じる藩財政の悪化という難題もあり、担当した加賀藩家中の腐心の成果であったといえよう。婚礼式の準備に尽力した頭衆のうち石黒と青山はそのまま溶姫附御用人に就任し、礼法師範の喜内は、引き続き江戸に滞在して厚姫（斉泰の同母妹で、文政一一年二月に会津藩保科容敬に嫁ぐ）の婚礼御用をつとめることとなった。

溶姫は御住居に引移り後、両親のいる江戸城に赴くことはあっても、それ以外にはほとんど外出することはなかったという。溶姫の御住居での暮らしぶりはどのようであったのだろうか。当初、幕府役人から縁談が持ちこまれた時には、御附女中は四〇人前後、前田家の持ち出し分も三〇〇〇両程度という内談であったが、実際には御附女中は五七人（一八三五〈天保六〉年[29]）、前田家が支払った経費は一・

四万両余り(一八三三〈天保四〉年)[30]に及び、藩財政を圧迫させる要因となったが、溶姫を手厚く扱っていた様子がうかがえる。

溶姫の本郷邸での暮らしについて、本人や姫附女中らの日記類は残念ながら確認されていないが、幸いなことに自身が制作した絵画・細工物・詠草[31]がのこされ、これらが溶姫自身を知る数少ない手がかりとなる。最後に、本展示に出品した絵画・細工物の紹介を兼ねてごく簡単に紹介したい。

将軍家の子女たちは幼少期より将軍から絵画稽古を受けたことが知られるが、溶姫も幼少期から父・家斉より稽古を受けており、婚礼が近づくと御用絵師の狩野晴川院の指導を受け、描いた絵画は婚礼で世話になった幕府老中らに贈答された[32]。溶姫は婚礼後も引続き、幕府御用絵師の絵画稽古を受けた。溶姫附の女中には溶姫の画業に関わって仕えた人物もいた。例えば、水戸藩士で南画家の立原杏所に娘で画人として知られた立原春沙(一八一四～五五)は一七年にわたり溶姫に仕えたといわれ[33]、また幕府御用絵師狩野董川の娘も小姓勤めをしたことが確認される[34]。

袱部分に四季折々の花々や楼閣山水を描いた「溶姫君様御細工御袂提」(口絵5)は、金沢城下の外港・宮腰の町年寄をつとめた中山家に伝来するもので、一八四五(弘化二)年に溶姫の長男慶寧附の年寄女中津山を通して同家に内々に贈られた品である。江戸で暮らす溶姫と金沢の中山家を結ぶ接点について、この前年に中山家を訪れた斉泰は、同家から鯛の献上を受け、これが無類の品であったことから、塩漬けにして、江戸にいる溶姫と慶寧にも届けたことが関係しているとみられる[35]。斉泰の中山家の訪問は、それまで国元で二年余りにわたり煩っていた脚気の快気後の初の遠出であり、斉泰にとって、また江戸にいる家族にとっても喜ばしい出来事であった。その嬉しさから返礼として贈られたのだろう。

また、制作背景がわかる絵画の中には、姑・真龍院の古稀祝いに贈られた「景徳夫人福禄寿図」(資料23)がある。中国の福神・福禄寿にかけて、蝙蝠・鹿・寿老人をそれぞれ七〇以上、繊細に描いたこの作品は、「中納言様御あつらひ御頼み」[36]といい、斉泰の依頼で制作されたものであった。斉泰の溶姫の画業に対する理解、それに応える溶姫の力量、両者の真龍院に対する心の尽くしをここからうかがい知ることができる。

溶姫の動向については、同時代の藩主、年寄・家老、長男慶寧附の役務日記などにも断片的ながら確認される。これら文献史料を博捜することで溶姫、御殿生活の実像はより具体的に迫ることができるだろう。

【参考文献】

徳川美術館編　一九九一『徳川美術館蔵品抄七 婚礼』
西秋良宏編　二〇〇〇『加賀殿再訪』東京大学出版会
吉成香澄　二〇〇九「将軍姫君の婚礼の変遷と文化期御守殿入用」『学習院史学』四七
畑尚子　二〇〇九『徳川政権下の大奥と奥女中』岩波書店
大口勇次郎他編　二〇一四『新体系日本史九 ジェンダー史』山川出版社
公益財団法人徳川記念財団・東京都江戸東京博物館編　二〇一七『徳川将軍家の婚礼』

【註】

1 古くは三田村鳶魚が扱っているが、近年では、関口すみ子二〇〇五『御一新とジェンダー』東京大学出版会。畑尚子 二〇〇九『徳川政権下の大奥と奥女中』岩波書店など。

2 大口勇次郎一九八八「文政期の幕政」『日本歴史大系三近世』山川出版社。藤田覚一九九五「一九世紀前半の日本―国民国家形成の前提―」『岩波講座日本通史一五近世五』岩波書店。

3 徳川家の系譜については、大石学編二〇一三『徳川歴代将軍事典』吉川弘文館によった。同書は維新後も徳川家・御事跡調所などで加筆された徳川宗家所蔵「御系譜略御宗家御三家御三卿」が参照されている。前田家の系譜については、前田育徳会所蔵「本藩歴譜」（金沢市史編さん委員会編集 一九九九『金沢市史』資料編三近世一所収）を参照した。

4 前掲『徳川歴代将軍事典』では二二女とする（寛政六〈一七九四〉年に側室真性院が出生した端正院を三女とするため）。

5 国立公文書館所蔵「江戸幕府日記」文化一〇年四月一六日条。

6 日啓は江戸牛込仏性寺の役僧をつとめていた時から大奥女中の帰依を受け、その縁で娘の美代を檀家の中野清茂の養女として大奥に出した。その後、中山法華経寺にうつると将軍家斉の信頼も篤くなり、同寺は将軍の祈祷所に指定された。天保五年には江戸雑司ヶ谷に感応寺を再興することが許され、大奥女中たちが頻繁に参詣した。天保一二年に家斉が没して、天保改革が始まると寺社奉行阿部正弘により日啓らは摘発され、同寺は廃寺となった（大口一九八八）。

7 金沢市立玉川図書館所蔵「御親翰帳之内書抜」の他、『加賀藩史料』一三編を参照した。

8 前掲「本藩歴譜」、九〇頁。

9 金沢市史編さん委員会編二〇〇五「前田斉広と文化・文政期の藩政」『金沢市史』通史編二近世、一五七頁、長山直治氏執筆。長山直治二〇〇三『寺島蔵人と加賀藩政』桂書房。

10 実際には家督相続の手続き中に死去か。近藤磐雄一九〇八『加賀松雲公』（上巻六頁）には一一月一七日没とある。

11 金沢市立玉川図書館所蔵「諸事留牒」二七、家老横山政和作成、文政五年一二月一六日付。

12 前田育徳会編一九五八『加賀藩史料』藩末篇上巻七六一頁、清文堂出版。「御用方手留」。

13 金沢市立玉川図書館所蔵「溶姫君様御入輿一件書抜」。

14 金沢市立玉川図書館所蔵「御住居方御普請方一巻」。

15 芹川六兵衛が作成した日記には家老長甲斐守が森川・岸本・芹川の三者に見積もりを命じた旨の記事がある（東京大学史料編纂所所蔵「江戸札差芹川家日記」九、文政七年二月一四日条）。

16 国立国会図書館所蔵「屋敷渡預絵図証文」二四七。

17 石川県立図書館所蔵「年々心覚抜書」（小幡家文書）。

18 金沢市立玉川図書館所蔵「諸事留帳」二八。

19 渡辺家が作成した文書・蔵書は、明治以降に前田家編輯方に寄贈されて（公財）前田育徳会尊経閣文庫、金沢市立玉川図書館所蔵加越能文庫に所蔵される他、金沢大学附属図書館所蔵用和堂文庫にも確認される。渡辺家については、深町佐和子二〇一五「加賀藩礼法師範渡辺家に関する一考察」大石学監修、東京学芸大学近世史研究会編『首都江戸と加賀藩』名著出版を参照した。

20 金沢市立玉川図書館所蔵「溶姫君様御引移御用」。

21 宮内庁書陵部所蔵「溶姫君様江献上御道具」。

22 宮内庁書陵部所蔵「文姫君献上御道具」。

23 東京大学史料編纂所所蔵「溶姫様松平加賀守様江御引移御婚姻記録」（宗家文書）。

24 金沢市立玉川図書館所蔵「溶姫君様御引移御婚礼御用日記」。

25 松本裕介 二〇〇〇「絵師のみた加賀藩本郷邸」『加賀殿再訪』（西秋良宏編、東京大学総合研究博物館）。本書掲載畑尚子論文。

26 盛砂や飾り手桶などは、将軍の御成などの特別な行列が通行する際に道筋で行われる儀礼的行為＝「馳走」のなかの一つである（久留島浩「盛砂・蒔砂・飾り手桶・箒―近世における「馳走」の一つとして―」『史学雑誌』九五―八、一九八六年）。一七八七（天明七）年の一〇代将軍徳川家治養女種姫が紀州藩徳川治宝に入輿した時の婚礼行列図（「御入輿御行列図」徳川記念財団所蔵）に描かれる御守殿門の前にも盛砂は描かれていないことを指摘しておきたい。

27 鈴木棠三・小池章太郎編一九八七『藤岡屋日記』三一書房、一巻三九六～八頁。筆者の藤岡屋・須藤由蔵は外神田御成道にて書肆を営んだ。婚礼行列の道筋は、江戸城平川口御門より一橋外・板倉伊予守屋敷前、松平英之助屋敷脇、小川町、水道橋を渡り、石川宮内屋敷前、牧野鍋吉屋敷前脇、壱岐坂通り、本郷御住居表門というルートであった。由蔵の居所である外神田御成道は婚礼行列路に直接あたらなかったが、御供を勤めた者たちの帰路（御供披道）にあたること、また溶姫の御住居建設により立退きを命じられた本郷五・六丁目の代替地一部が昌平橋外＝外神田御成道に与えられたことなどから、町触を入手したものとみられる。

28 『加賀藩史料』一三編、八一六頁。

29 金沢市立玉川図書館所蔵「成瀬掃部留記」巻一〇所収「御住居等女中数しらへ」。石川県立図書館所蔵「御住居附諸御役前録」をみると、幕府が抱えた女中の他に前田家が扶持を与えた溶姫附の御半下が複数名確認される。

30 金沢市立玉川図書館所蔵「成瀬掃部留記」巻九所収「天保四年分江戸御払調理帳」。

31 三男慶栄の訃報を聞いた溶姫が、慶栄への手向けに詠んだ和歌五首が遺されている（金沢市立玉川図書館所蔵「溶姫君様御詠」）。

32 木下はるか二〇一二「将軍家「奥」における絵画稽古と御筆画の贈答」『歴史評論』七四七、同二〇一〇「将軍姫君の絵画稽古と御絵師の役割」『早稲田大学大学院文学研究科紀要第四分冊』五六。

33 小川知二一九七八「林十江、立原

杏所とその作品」茨城県立歴史館編『水戸の南画』。木下はるか二〇〇九「立原春沙筆『秋卉野鶏図』について」世田谷区立郷土資料館編『荻泉翁コレクション一藝に游ぶ』。春沙の奥女中奉公は、天保一〇年頃の父杏所の脚疾罹病（翌年病没）により自身で生計をたてる手立てだったとされる。引移り後から一八五〇（嘉永三）年までの溶姫附女中の一覧を記した「御住居附諸御役前録」（石川県立図書館所蔵）によれば、一八三九（天保一〇）年一二月に「しゅん」という人物が「くり」と改名し、武家出身の女性が女中勤めの最初につとめる「御三之間」に就任し、その後「呉服之間」に転役し、嘉永三年まで継続して勤めていることが確認される。春沙は一七年間女中勤めをしたといい、死去する一八五五（安政二）年から逆算すると天保一〇年頃が勤め開始とみられること、「名を栗（久里）」（世田谷区立郷土資料館編（二〇〇九）三九頁）とする記述もあることから、この人物が立原春沙の可能性が大きい。なお、溶姫附女中となって以降、春沙は御住居寝殿の襖絵として「百鶯鶩」を描いたという（友部新吉編一九一五『立原両先生』、三八頁）。

34 国立国会図書館所蔵「清華格襍編」甲集一〇。

35 金沢市立玉川図書館寄託中山家文書「殿様御姫様御出一件」。

36 『加賀藩史料』藩末上篇、七九五頁。

前田慶寧の誕生蟇目

林　亮太

一八三〇（天保元）年五月四日、江戸の前田家上屋敷（本郷邸）に男児が誕生した。父は前田家一三代斉泰、母は一一代将軍家斉の娘で正室の溶姫であった。その子は、後に前田家を継いだ慶寧（一四代）である。

大名家に子どもが誕生すると、その健康な成長を願い、様々な人生儀礼が行われた。そして、最終的に元服することで、成人とみなされた。慶寧の誕生後に行われた主な人生儀礼をあげると、誕生後七夜以内に行う誕生蟇目、それまで着ていた白小袖から色物に着替える色直、食べ物を食べさせるまねをする箸初、産土神へ参詣する宮参、初めて髪を伸ばし始める時に行う髪置、初めて袴をつけさせる時に行う着袴、元服―官位叙任、額の角の髪を剃る角入、振袖の脇をふさぐ袖留、前髪を落とす前髪執―があった（表1）。

ここでは、右の儀礼のなかでも、その様子が詳細にわかる誕生蟇目についてみていきたい。蟇目とは、鏑矢の一種のことであり、古くからその矢を射ることで出る音響が妖魔降伏などに効果があると信仰されていたことから、出産や病気の時に蟇目を射る儀式が行われていた。

慶寧が誕生する約半年前の一八二九（文政一二）年一一月一五日、在府中の年寄（他大名家の家老に相当）前田孝本から、溶姫が翌年四月に臨月になるという情報が金沢へもたらされた。[1] その孝本は、翌月一五日、江戸で溶姫の御産方御用向主附に仰せ付けられ[2]、同二九日には、誕生蟇目役を勤めることになった年寄奥村栄実へ、翌年三月中に江戸へ出府するようにと伝えている。

奥村家は、前田家年寄を代々勤める家柄であった。年寄のなかには、奥村宗家と支家があり、栄実は前者にあたる。奥村宗家の者が、前田家子女の誕生蟇目役を基本的に勤めたが、同人が病気などの時には支家の者がそれを勤めた。

奥村栄実は、三月一〇日に金沢を発し、同二二日、本郷邸に到着した。そして、貸小屋に入り、子女誕生の時をまった。

五月四日正午頃、慶寧が誕生した。それをうけて、栄実は誕生蟇目の儀式に取りかかった。儀式は、大御門の北東にあった表御舞台付属の楽屋内（図1）において、誕生当日の四日から一〇日まで行われた。その内容は、次の通りである。[3]

四日　宿斎
五日　辰時　焚香
　　　午上刻三　誕生引目式
　　　申時三戌時三
　　　子時三寅時三　並産所引目内式
六日　辰時　午時　申時　焚香
七日　辰時　午時　申時　焚香
八日　辰時　午時　申時　焚香
九日　辰時三　午時二　産所引目内式
　　　酉上刻三　産所引目式
　　　戌時三　子時二　産所引目内式
十日　卯上刻三　産所引目式
　　　爾後解斎

誕生蟇目の儀式は、「誕生引目」「産所引目」「焚香」で構成されていたことがわかる。漢数字は、放たれた弓矢の数をあらわしている。放たれた弓矢を取る役である、介添役は奥村宗家の上級家臣坪井建久（一五〇石）、千田公恭（一二〇石）が勤めた。

慶寧の誕生蟇目は、七日間にわたり行われた。同じく溶姫を母とする慶寧の弟釣次郎・利順も七日間にわたり行われたが[4]、側室の子で慶寧の異母弟にあたる直会は、三日間であった[5]。生母の身分（正室・側室）により、儀式の期間が異なっていたのである。

溶姫は、将軍の娘であったことから、誕生蟇目の儀式も将軍家の先例が意識されていた。先述したように、慶寧の誕生蟇目役は宗家の栄実が勤めることになっていたが、その後（江戸へ向かう前）、今回の儀式は将軍家の先例が重視されることになり、宗家が将軍家とは異なる流派の伊勢流を用いて儀式を行ってきたことが問題となった。そこで、将軍家と同じ小笠原流を代々用いてきた支家の者が、誕生蟇目役を勤めるということで話が進められた。

しかし、誕生蟇目役を勤めたのは支家の者ではなく栄実であった。この理由は判然としないが、最終的には前田家の先例が優先された可能性がある。ただ、栄実は小笠原流にしたがって将軍家の先例通りに弓弦を献上していることから、将軍家で用いられていた流派を意識して儀式が行われたことがうかがえる。[6] また、献上後には、溶姫が栄実へ控として弓弦を送ったようであり、それが現在、金沢市立玉川図書館近世史料館に所蔵されている（図2）。

栄実は、斉泰から刀、溶姫から縐紗・肴（目録）などを拝領し、五月二五日に江戸を発し、翌月八日金沢に帰着した[7]。

【註】

1 金沢市立玉川図書館近世史料館所蔵（以下、同館所蔵）加越能文庫（以下、断りがない限り同文庫）「官私随筆」一七。

2 「筑前守様御年表」一。特に註記がないものは、同史料による。

3 「御誕生蟇目御用留」。

4 「同右」。

5 奥村文庫「蟇目被仰付候始終之覚等」三。

6 一連の流派に関する説明については、「姫君様御産用留附公儀御産御祝式品々」一による。

7 「金都柱石史」一。

表1 慶寧の人生儀礼

日付	内容
天保元年5月4日	慶寧誕生。奥村栄実、誕生蟇目を行う（同10日まで）。
同年9月15日	色直・箸初を行う。
天保2年9月22日	駒込の富士社へ御宮参。帰りに中屋敷（駒込）に立ち寄る。
天保3年2月4日	髪置を行う。
天保5年2月1日	着袴を行う。
天保13年2月22日	正四位下左近衛権少将に叙任（筑前守）。実名を慶寧と称する。
天保14年12月19日	角入・袖留を行う。
弘化元年11月19日	前髪執を行う。

（註）金沢市立玉川図書館近世史料館所蔵「筑前守様御年表」1〜3、5、7、8により作成。

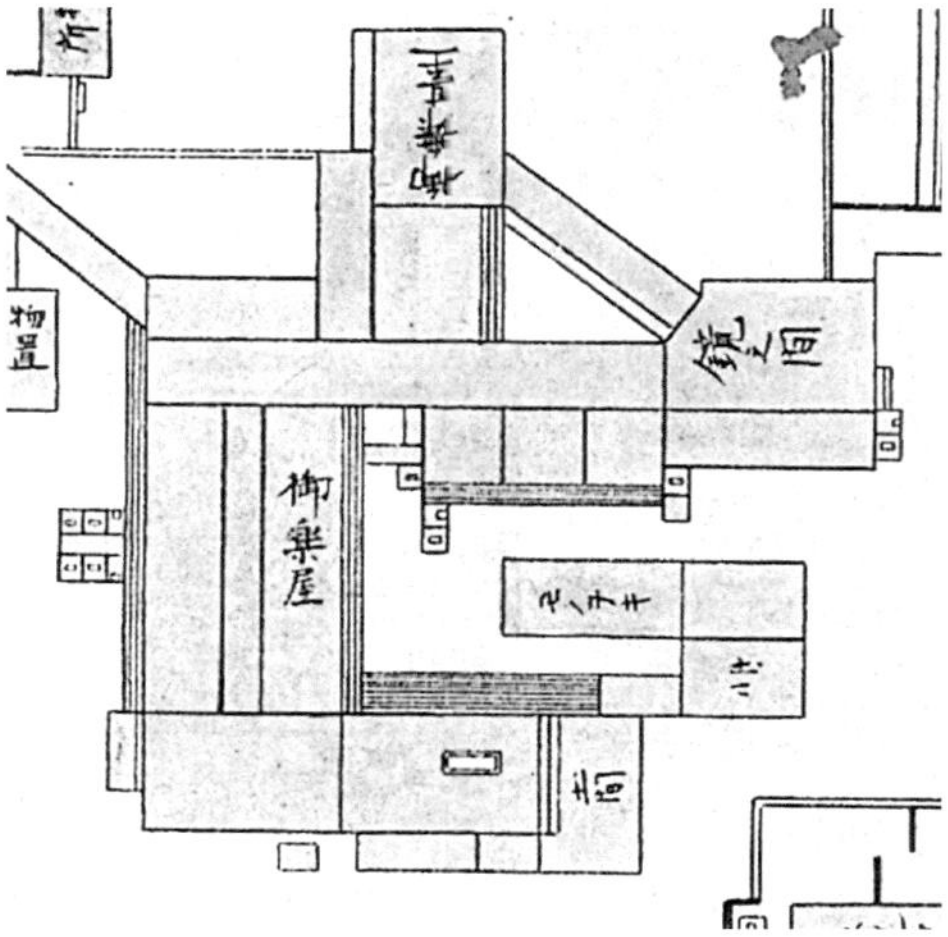

図1 表御舞台付属の楽屋
（横山隆昭氏所蔵「江戸本郷邸間取図」）

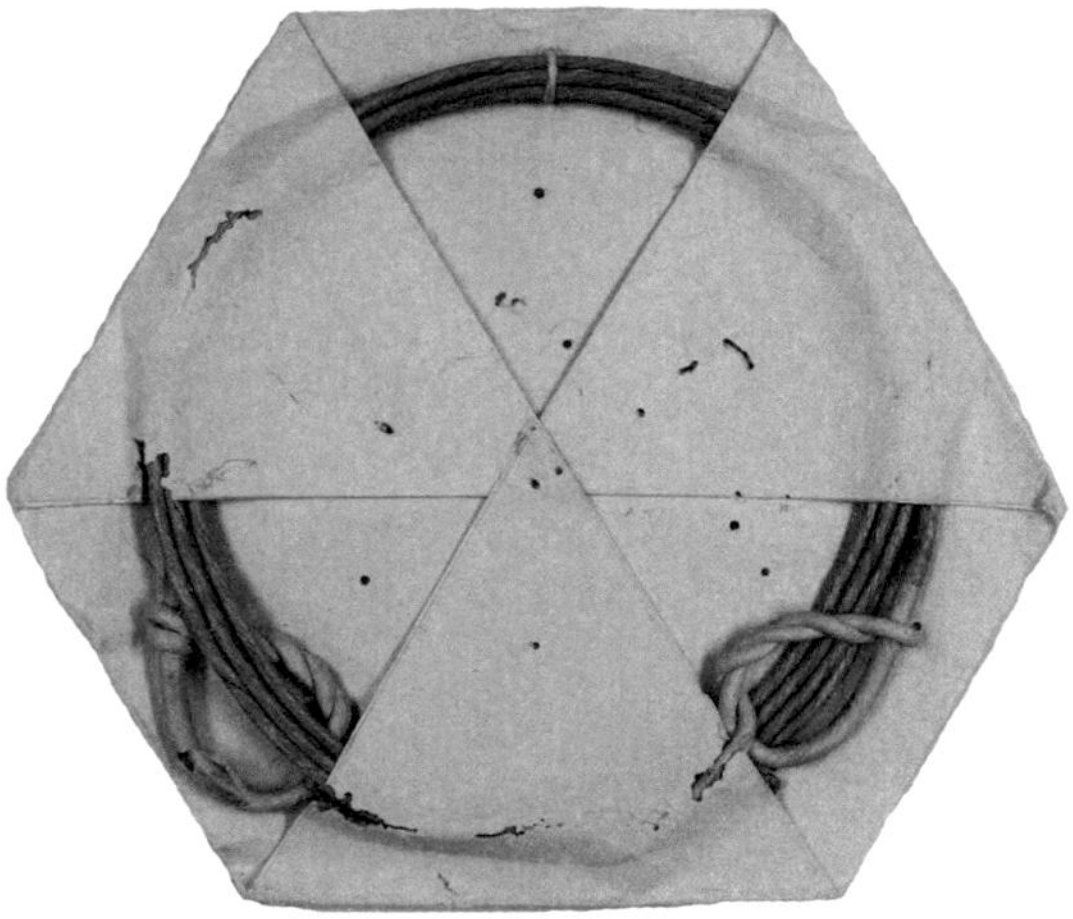

図2 溶姫が栄実へ控として送った弓弦
（金沢市立玉川図書館近世史料館所蔵
「姫君様御産用留附公儀御産御祝式品々」9）

前田育徳会所蔵の溶姫関係資料

菊池浩幸

前田育徳会は、加賀前田家に伝来した文化財を保存管理する公益財団法人である。歴代当主が収集した美術工芸品や典籍・古文書のほか、当主やその夫人・子供が執筆した書画や古文書なども多く収蔵している。後者は現在「歴世親翰」という形で分類されている(表装されている収蔵品は「歴世親翰幅」として別に分類)。一三代斉泰の正室溶姫(景徳院)の関係資料も多くは「歴世親翰(幅)景徳夫人部」として保管され、他に分類されたものを含めると、溶姫に関連する収蔵品は一九件を数える。その詳細をまとめたのが表1である。成巽閣や石川県立美術館に寄託している溶姫関係資料のいくつかは、これまで展観などで知られていたが、大部分は今回初めて紹介することになる。このうち書画を中心に、成立事情のわかる溶姫関係資料について、以下簡単に解説したい。

「梅花華表図」(表1の1、以下(1)と略)は、一八六一(文久元)年に京都へ使者として遣わされた家臣の大村欣忠が、下賀茂社の御手洗川の水を持ち帰って斉泰に献上し、同年一二月にそれを用いて溶姫が鳥居と梅の木を本紙の右に寄せて描き、斉泰が本紙の左部分にその経緯を記した賛を書したものである。「併蔕茄子図」(2)は、一八四一(天保一二)年の七月に、一つの蔕《へた》に三つの実がなる茄子を手に入れ、縁起がよいということで、溶姫が本紙の下に寄せてその茄子を描き、斉泰が上部の左に「一富士の形に 二たか三茄子」と書し、その右に以上の経緯を記したものである。

「菅公神号及梅図」(3)は、一八五二(嘉永五)年二月二五日の菅原道真九五〇年祭にあたり、斉泰が「大富天神」の四字を揮毫した後、溶姫が「神」の最後の縦の一画を大きく左上に曲げて木の幹・枝のように伸ばし梅の花を描いている。前田家は菅原道真を祖先として崇敬した。「福禄寿図」(4)一八五六(安政三)年六月四日、一二代斉広の夫人真龍院の古希の賀を行った際に、溶姫が描いたものである。右幅に山中の崖と滝を背景に飛ぶ蝙蝠(福)を、左幅に野原で草を食んだり駆け回る鹿(禄)を、そして中幅に松が連なる山裾に集まる寿老人(寿)を、それぞれ七〇ずつ描いている。蝙蝠・鹿・寿老人は吉祥の図像で、真龍院の長寿を祝ったものとされる。

「梅竹鳩雀図」(5)は、左幅に梅の枝にとまる二羽の鳩を、右幅に竹木にとまる三羽の雀を墨で描いている。右幅の竹雀図に一八五九(安政六)年一一月の斉泰の賛があり、それによると、同資料は前田家が所蔵する松花堂昭乗画「梅竹鳩雀図」を溶姫が摸写したもので、それを見た斉泰が出来栄えの見事さに感嘆して賛を書したとされる。昭乗の「梅竹鳩雀図」は一九二五(大正一四)年の前田家売り立てで売却された。「梅松双鶴図」(8)は、左幅に松の幹から顔を出した一羽の鶴を、右幅に梅の枝の下で一本足で水につかりながら首を縮めている一羽の鶴を、それぞれ描いている。全体を墨で描き、鶴の体に白の顔料、頭頂部に朱の顔料をそれぞれ用いている。収納箱蓋裏の貼紙から、一八四〇(天保一一)年一〇月の作製とされる。

「鴛鴦杜若図」(9)は、二輪の杜若《かきつばた》が生える川岸沿いに集まる二羽の鴛鴦《おしどり》と九羽の小鳥を描いている。金沢市立玉川図書館所蔵「御用部屋見聞留」の一八五六(安政三)年四月一三日条に、一二代斉広夫人真龍院の古希の賀に贈るため、幕府御用絵師の狩野宗益(景信)に注文した手本の一つに「おし鳥雌雄ひよこ十計」とあるため、安政三年に描かれた可能性が高い。「鍾馗図」(10)は、やや小さめの縦の料紙全面に、斜に立って頭を左に向き右手に剣を下向きに持つ鍾馗の図を描く。収納箱の蓋裏銘によると、五月五日の朝五時に、竹葉に付いた露で墨をすり、それで鍾馗を描いて懸けておくと、悪魔を祓い、国家が栄え、長久に続くということから、一八六〇(万延元)年の端午の日に溶姫が描いたものとされる。表具の中廻しの金襴が葵紋であることが興味深い。

「松旭日之図」(11)は、横の料紙に金の顔料で円を描き、その中に松と太陽を描いたもの。部屋の丸窓から松と太陽を眺める趣向であろうか。右下に捺された印章から、安政年間に描かれた可能性がある。「寿老人対机揮毫図」(12)は、寿老人が朱色の机の前に座って片肘をつき、机上に置かれた料紙に蝙蝠や福の字を書いている姿を描いたいわゆる有卦絵である。有卦絵は福禄寿・蝙蝠・福寿草など頭文字に「ふ」の付くものを描いた縁起絵で、収納箱の蓋裏の銘から、一八五五(安政二)年二月に、溶姫が有卦(陰陽道で吉運が続く時期)に入ったことを自ら祝って描いたとされる。

書画以外の前田育徳会が所蔵する溶姫関係資料は少ない。「葵紋蒔絵調度品Ⅰ・Ⅱ」(17・18)は、一八二七(文政一〇)年の前田家輿入れの際の婚礼道具の一部である。Ⅰは厨子棚と黒棚に付属する道具で構成される(書棚は伝わらない)。Ⅱは化粧道具が中心であるが、Ⅰと比較すると、葵紋の形や唐草の蔓の巻き方などが相違しており、作製時期や作製者がⅠとⅡとでは異なっていたと推測される。「溶姫拝領扇子」(19)は、一八三二(天保三)年七月一一日に、二男釣次郎の誕生祝いとして父徳川家斉から贈られたものである。

なお、斉泰の自筆日記である「温敬公日記」(全三三冊、歴世親翰温敬公部四五番)にも、数は少ないものの溶姫の動静に関する記事がある。

表1　前田育徳会所蔵の溶姫関係資料

	品名	数量	出納番号	所在	備考
1	温敬公賛景徳夫人画梅花華表図	1幅	歴世親翰幅温敬公部　貴由9	成巽閣寄託	紙本著色
2	温敬公賛景徳夫人画併蔕茄子図	1幅	歴世親翰幅温敬公部　貴由25	成巽閣寄託	絹本著色
3	温敬公親筆菅公神号及景徳夫人画梅図	1幅	歴世親翰幅温敬公部　貴由39		絹本著色、資料22
4	景徳夫人画福禄寿図	3幅	歴世親翰幅景徳夫人部　貴由1		絹本著色、資料23
5	温敬公賛景徳夫人画梅竹鳩雀図	2幅	歴世親翰幅景徳夫人部　貴由2	成巽閣寄託	絹本墨画
6	景徳夫人筆和歌懐紙	1幅	歴世親翰幅景徳夫人部　貴由3		紙本墨書
7	景徳夫人画桜花野馬図	1幅	歴世親翰幅景徳夫人部　貴由4		絹本著色、口絵6
8	景徳夫人画梅松双鶴図	2幅	歴世親翰幅景徳夫人部　貴由5		絹本著色、資料24
9	景徳夫人画鴛鴦杜若図	1幅	歴世親翰幅景徳夫人部　貴由7	成巽閣寄託	絹本著色
10	景徳夫人画鍾馗図	1幅	歴世親翰幅景徳夫人部　貴由8		絹本著色、資料25
11	景徳夫人画松旭日之図	1幅	歴世親翰幅景徳夫人部　貴由10		絹本著色、資料26
12	景徳夫人画寿老人対机揮毫図	1面	扁額部　貴由3		絹本著色、資料27
13	景徳夫人筆和歌懐紙	1枚	歴世親翰景徳夫人部　1		未表装、紙本墨書
14	景徳夫人筆和歌懐紙	1枚	歴世親翰景徳夫人部　2		未表装、紙本墨書
15	景徳夫人画区	3枚	歴世親翰景徳夫人部　3		未表装、3枚とも絹本
16	景徳夫人画区	11枚	歴世親翰景徳夫人部　4		未表装、7枚絹本、4枚紙本
17	葵紋蒔絵調度品Ⅰ	26点		石川県立美術館寄託	
	黒塗松唐草御紋散御厨子棚		葵紋（乙）第1号		口絵4
	黒塗松唐草御紋散御黒棚		葵紋（乙）第2号		
	黒塗松唐草御紋散御料紙箱		葵紋（乙）第3号		
	黒塗松唐草御紋散御料紙硯箱		葵紋（乙）第4号		口絵4
	黒塗松唐草御紋散御色紙箱		葵紋（乙）第5号		
	黒塗松唐草御紋散御眉作箱		葵紋（乙）第6号		
	黒塗松唐草御紋散御元結箱		葵紋（乙）第7号		
	黒塗松唐草御紋散御歯黒箱		葵紋（乙）第8号		
	黒塗松唐草御紋散御香炉		葵紋（乙）第9号		
	黒塗松唐草御紋散御香盆		葵紋（乙）第10号		
	黒塗松唐草御紋散御爪取箱		葵紋（乙）第11号		
	黒塗松唐草御紋散御櫛箱		葵紋（乙）第12号		
	黒塗松唐草御紋散御乱箱		葵紋（乙）第13号		
	黒塗松唐草御紋散御源氏箱		葵紋（乙）第14号		
	黒塗松唐草御紋散御小角赤		葵紋（乙）第15号		
	黒塗松唐草御紋散御大角赤		葵紋（乙）第16号		
	黒塗松唐草御紋散御拂箱		葵紋（乙）第17号		
	黒塗松唐草御紋散御大文箱		葵紋（乙）第18号		
	黒塗松唐草御紋散御大文箱		葵紋（乙）第19号		
	黒塗松唐草御紋散御渡金箱		葵紋（乙）第20号		
	黒塗松唐草御紋散御水引箱		葵紋（乙）第21号		
	黒塗松唐草御紋散御水引箱		葵紋（乙）第22号		
	黒塗松唐草御紋散御短冊箱		葵紋（乙）第23号		
	黒塗松唐草御紋散御小蓋		葵紋（乙）第24号		
	黒塗松唐草御紋散拾貳手箱		葵紋（乙）第25号		口絵4
	黒塗松唐草御紋散小御文箱		葵紋（乙）追加		意匠や収納箱は葵紋（甲）と同じ
18	葵紋蒔絵調度品Ⅱ	14点		石川県立美術館寄託	
	黒塗松唐草御紋散御ひん台		葵紋（甲）第1号		
	黒塗松唐草御紋散御櫛台		葵紋（甲）第2号		
	黒塗松唐草御紋散渡しかね箱		葵紋（甲）第3号		
	黒塗松唐草御紋散耳たらい		葵紋（甲）第4号		
	黒塗松唐草御紋散御楊枝台		葵紋（甲）第5号		
	黒塗松唐草御紋散御鏡建		葵紋（甲）第6号		
	黒塗松唐草御紋散手拭掛		葵紋（甲）第7号		
	黒塗松唐草御紋散湯当たらい		葵紋（甲）第8号		
	黒塗松唐草御紋散御鬢台		葵紋（甲）第9号		
	黒塗松唐草御紋散御歯黒箱		葵紋（甲）第10号		
	黒塗松唐草御紋散御毛垂箱		葵紋（甲）第11号		
	黒塗松唐草御紋散御鏡家		葵紋（甲）第12号		
	黒塗松唐草御紋散御見台		葵紋（甲）第13号		
	黒塗松唐草御紋散御鼻紙台		葵紋（甲）第14号		
19	溶姫拝領扇子	2本	目録外	成巽閣寄託	

右幅

資料22「温敬公親筆菅公神号及景徳夫人画梅図」前田育徳会所蔵

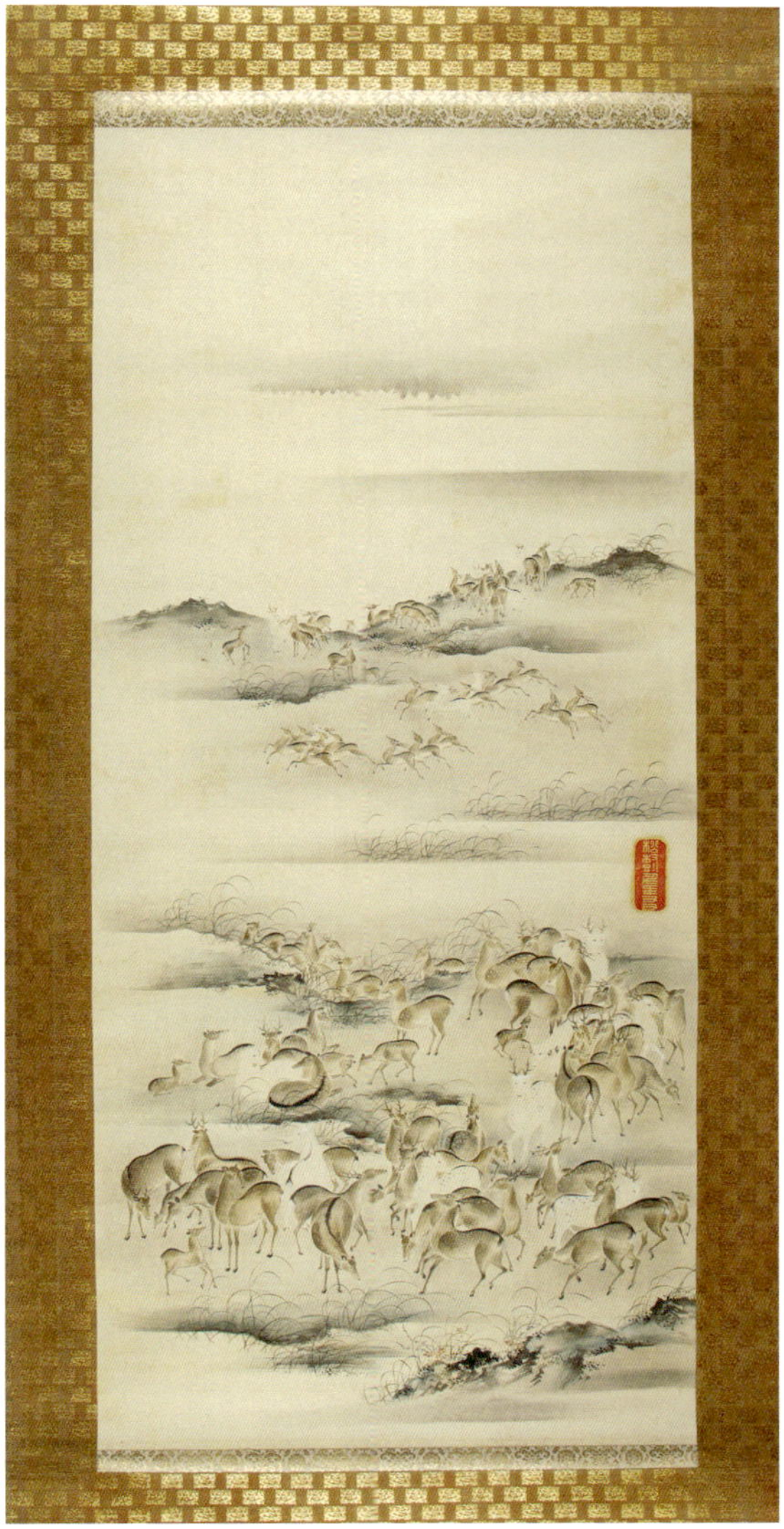

左幅

中幅

資料23「景徳夫人画福禄寿図」前田育徳会所蔵

左幅

右幅

資料24 「景徳夫人画梅松双鶴図」前田育徳会所蔵

資料25「景徳夫人画鍾馗図」前田育徳会所蔵

資料26「景徳夫人画松旭日之図」前田育徳会所蔵

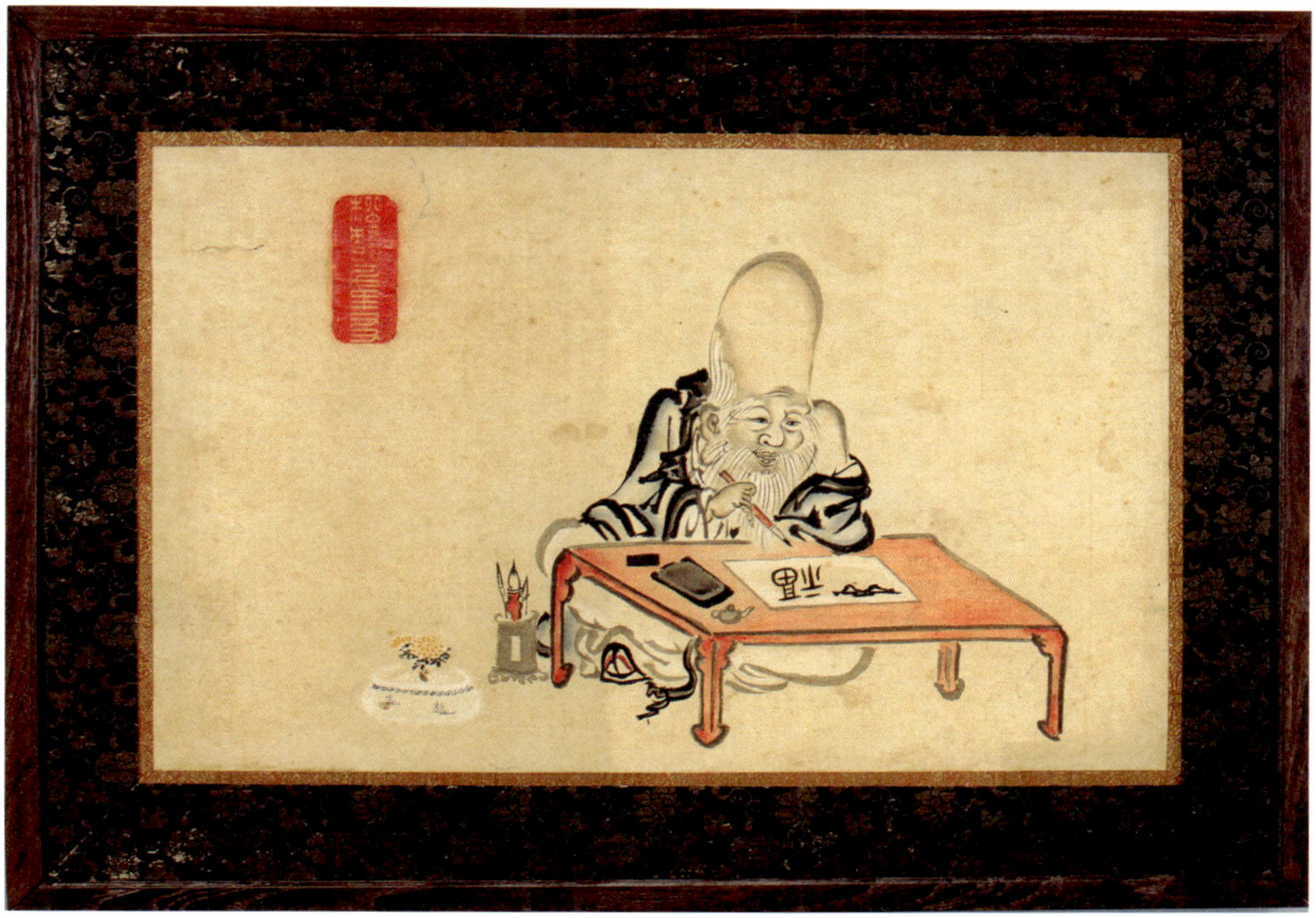

資料27「景徳夫人画寿老人対机揮毫図」前田育徳会所蔵

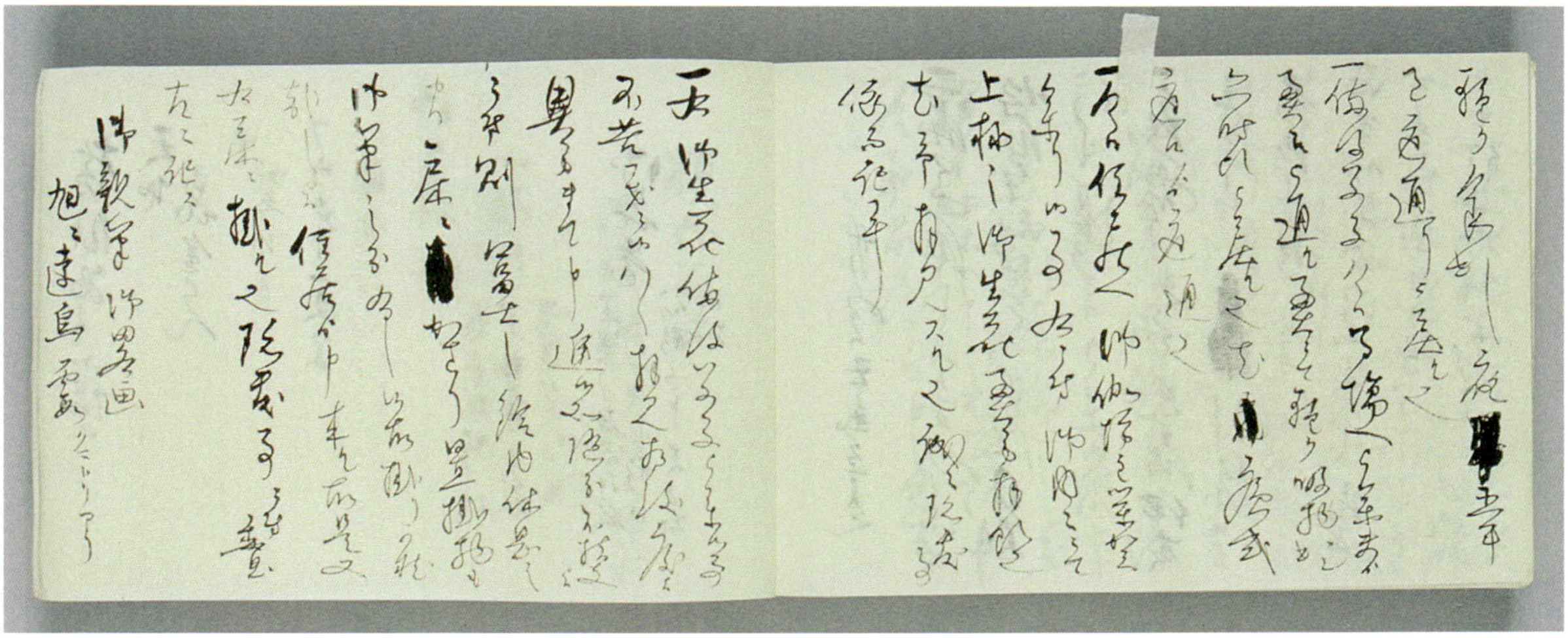

資料28「温敬公日記」前田育徳会所蔵
この第21冊は、斉泰が江戸に滞在した1833（天保4）年7・8月の日記で、ここに示した8月29日条では溶姫が父である将軍徳川家斉から生花を拝領したことがわかる。

溶姫の絵画稽古

木下はるか

溶姫は絵画を得意とした姫君としてよく知られるが、徳川家代々の将軍とその家族は、将軍やお抱えの御絵師から、必要な技芸の一つとして絵画を学んでいた。ここでは、御絵師の筆頭である木挽町狩野家・狩野晴川院の「公用日記」（東京国立博物館所蔵、出典は年月日を記す）から、溶姫がどのように絵画を学び、描いていたのかをみていこう。

溶姫は幼少の頃から将軍家斉が制作した手本をもとに作画を習い、一三歳の時より晴川院の稽古を受けた〔文政九年一〇月一八日条〕。溶姫は前田家への輿入れ後も稽古を続け、晴川院には彼の死の直前まで絵画の手本を制作させている〔弘化二年一二月二八日条〕。

大奥の女性は男性との接触が制限されていたため、御絵師による稽古は書面でなされた。そのため、家斉は晴川院へ、遠慮することなく何度も添削し、溶姫の絵の脇に修正部分を描き示せ、側に上がって指導をするのではないので、必ず手直しは詳しくせよと、徹底した指導を命じた〔文政九年一〇月二七日条〕。

江戸城の本丸御殿での稽古は主に、①御絵師が絵画の手本を描く、②子どもたちが手本をもとに習作（「御清書」）や作品（「御筆」、「御画」）を制作する、③御絵師が奥の御絵部屋で「御清書」や「御筆」を拝見し、「御清書」には御絵師が添削を加えて「御点」（「‖」のように縦線で評価を示す評点で、数が多いほど出来が良い）を付ける（図1）、「御筆」には子どもたちまたは御絵師が押印して作品を完成させる、という手順でおこなわれた。

作画の稽古は、易しい画題から始め、難しいものへと描き進めるのが通例である。溶姫は家斉の教えを受け、幼いうちに墨絵の基礎的な技能は身につけていたようである。晴川院の稽古を受け始めてすぐに人物画「日出に福禄寿と亀」も手がけ〔文政九年一二月八日条〕、初めて描いた「朝顔に蝶」では修正なしで御点の最高点六つを得ている〔文政一〇年一月二二日条〕。

一方、修正が入る場合は徹底して指導された。例えば、「竹に雀」は溶姫が晴川院から初めて添削を受けた画題の一つである。竹の形が違ったため二度も修正が入り〔文政九年一〇月二七日条、一一月四日条〕、三度目でようやく御点五つを得た〔同年一一月八日条〕。また、「柳に野馬」でも馬の形〔文政一〇年三月八日条〕を直されている。溶姫は事物の形を上手く描くことに苦心しながら、熱心に練習していたのである。

さらに、溶姫は御絵師の丁寧な指導のもとで着彩画にも早くから取り組んだ〔文政九年一一月一八日条〕。晴川院による手本は、完成までの彩色の手順が分かるように、段階ごとに数枚に分けて制作されている〔天保四年二月二九日条、三月一二日条〕。この時も溶姫は早速習作を描き、「富士に松」では御点五つ〔同年三月二九日条〕、「紅梅に月」では御点三つを得ている〔同年七月三日条〕。

では、溶姫はなぜこれほど徹底した稽古を受けていたのか。それは、近世の武家社会において、将軍やその家族の御筆画が、自筆であることによってその威光を示す道具の一つとなっていたからである。溶姫も、前田家との婚儀の直前である一八二七（文政一〇）年五月～一一月の間に集中して御筆画を制作、下賜している。溶姫は晴川院の手本の通りに絵を描き、「仕立」や押印は晴川院に任せた〔同年一〇月一日、二日、二八日、一一月一二日条〕。御筆画は間違いがないよう、御絵師の補佐を受けて制作されたのである。「忠成公御日記書抜 三」（早稲田大学所蔵）によれば、この時溶姫は老中の水野忠成、若年寄の林忠英、御用取次の水野忠篤、土岐朝旨、白須政徳など、家斉のもとで政治を主導していた老中や側近たちに御筆画を下賜している。姫君の婚姻という重要な将軍家の慶事において、姫君が御筆画を下賜することにより、老中らは将軍だけでなくその家族とも強い絆で結ばれていることを改めて確認することになる。溶姫は将軍の威光をその身で示す存在の一人として、将軍家にふさわしい絵画の技能を身につける必要があったのである。

【参考文献】
木下はるか　二〇一二「将軍家「奥」における絵画稽古と御筆画の贈答」『歴史評論』七四七号

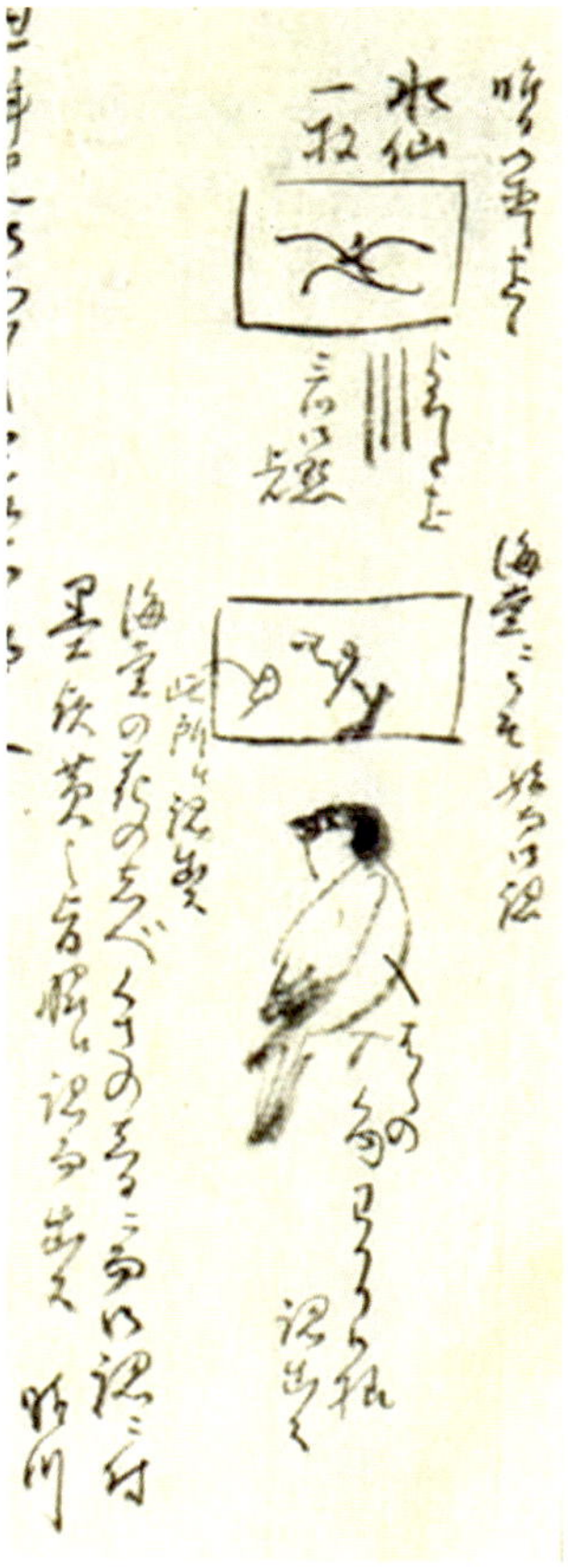

図1 溶姫の習作に対する御点と添削。上図（水仙）の下に書かれた3本の縦線が御点。
下図（海堂に鷽《うそ》）では修正部分が指摘されている。〔狩野晴川院「公用日記」文政9年11月18日条（部分）、東京国立博物館所蔵 Image:TNM Image Archives〕

第五章　溶姫入輿後の加賀藩

宮下和幸

はじめに

加賀前田家は前田利家を祖とし、加賀・能登・越中を領有した大名家である。そして、三代前田利常と二代将軍徳川秀忠娘の珠姫が婚姻して以降、徳川家とは婚姻を通じて緊密な関係を構築していった。[1]

そして、大名家としての家格については、従三位参議が藩主の極官とされ、江戸城殿席は大廊下下之間で、さらに家臣四名の叙爵が認められているなど、御三家に準ずる待遇を得ており、[2]他の国持規模の大名家と比較しても、一線を画した存在であったといえる。

本稿では、一一代将軍徳川家斉の娘である溶姫が入輿した後の加賀藩政について、前田斉泰・慶寧の両藩主を中心に整理を試みたい。

近世後期の加賀藩政と藩主前田斉泰

一八二二（文政五）年に藩主となった前田斉泰は、翌年に一一代将軍徳川家斉の娘である溶姫と婚約し、同一〇年に溶姫は入輿している。そして、一八三〇（天保元）年には嫡男慶寧が誕生するなど、前田家にとって順調であった一方、厳しい藩財政や度重なる飢饉など、若き藩主にとって藩政は課題が山積みであった。当時、藩政を牽引すべき年寄衆も若年が多かったことから、斉泰は当時藩政から離れていた重鎮の奥村栄実を復帰させることで難局を乗り切ろうとしている。栄実は年寄として藩政に本格復帰する前に多くの言上書を斉泰に提出し、[3]復帰後には勝手方御用を勤めるなど、斉泰の信任を得ていたことがうかがえる。[4]

そして、加賀・能登・越中で長大な海岸を有していた加賀藩にとって、海防強化は喫緊の課題であった。先代藩主前田斉広の時代には、外国船の渡来に備え、船数・出張人員の確認、海岸地形の調査、大砲配備の命令などが出されていたが、斉泰期には嘉永以降に本格化する。大砲の製造とともに台場を築造し、鋳造場や調練場、軍艦所、研究施設といった西洋技術関連施設も矢継ぎ早に設置している。平穏に浸った藩士の士風を引き立てるように親翰がたびたび出されており、一八五三（嘉永六）年には斉泰自身が、藩主としては異例の約二〇日間にわたる能登巡見に向かっていることからも、海防の意識は高かったといえよう。[5]

また、当時の海防政策における注目事例として、

図1　前田斉泰
（金沢市立玉川図書館所蔵「前田斉泰写真」）

百姓や町人を動員した銃卒制度が挙げられる。海岸の防衛については、城下集住体制をとる加賀藩にとっては喫緊の課題であった。夫役同様に彼らを動員することは、「全農兵を指解候と申もの」であるため、当初は扶持を支給して奉公人格で採用しようとしたが、結局は百姓・町人として稽古を受けさせ、その地（郷土）を防衛する目的で動員された。彼らはあくまでも郷土を防衛する存在であり、藩が彼らを藩領外へ軍事動員する場合には身分変更が必要であったことから、[6]この制度では彼らは従来の身分のまま、本来的に担うべき責務として、いわば夫役に準ずるような形で動員されていたといえる。[7]藩直属の軍事力とまではいえないものの、文久末期にまず地域で銃隊が編成されたことは、藩が慶応末期に西洋軍制を導入し、藩直属の軍事力を再編制する際に影響を与えることになる。

溶姫の金沢下向と禁門の変

　当該期の加賀藩は、国事はあくまでも幕府の専権事項と捉えていたとおもわれ、幕府から諮問を受ける以外は国事に関して意見を述べてこなかったが、一八六二（文久二）年六月、国事に関して意見がある場合は忌憚なく申し述べるようにとの上意を幕府から示されたことで、本格的に国事を意識するようになる。政局の舞台が京都に移行するなかで情報収集体制を強化するため、探索・交渉を担当する聞番を京都にも派遣し、さらに家老を「御守衛之総裁」と位置付けて常駐し在京藩兵を管理・指揮させるなど、京都詰体制を整備していった。

　これらの背景には、幕府による文久二年の改革の影響がある。薩摩の島津久光が勅使大原重徳を連れて江戸に赴き、幕府に改革を要求したこの一件は、国内に大きな影響を与え、将軍後見職や政事総裁職の設置など大きな人事改革にともない、諸藩の政治関与が許容されるようになっていった。そして、参勤交代の緩和や大名妻子の帰国といった制度改革については、諸藩の財政難を緩和する側面が期待され、海防費用の捻出に苦しむ諸藩から歓迎された一方で、[8]徳川家と大名家との関係にも影響を与えることになり、政局の中心が江戸から京都へと移るのに拍車がかかったとおもわれる。加賀藩では、藩主前田斉泰の正室で世嗣前田慶寧の実母であった溶姫が、同三年四月に金沢城二ノ丸御殿に入っている。[9]

　同年六月には、江戸から奉書が届き、世嗣慶寧に「御用召」が命じられると、その対応を巡って藩内は紛糾した。侍読として藩主父子の側にいた儒者千秋順之助は、「太子ハ国本与申候而、御世継之殿様者御国之根本」と述べ、藩の根本である世嗣を関東に奪われてはならないと主張している。[10]結局、ここで慶寧が出府することはなかったが、国事に対して周旋するにせよ傍観するにせよ、「根元之思召」を提示してほしいと家臣団が藩主前田斉泰に願い出るような状況となった。

　そのような事情もあり、翌七月には「根元之思召」となる藩是が決定している。藩主斉泰は、傍観することなく朝廷や幕府に対して周旋する意思を示したが、年寄・家老ら御用加判の者たちが、一旦の思召で決断してはならないとして再考を願い出たため、斉泰と世嗣慶寧、加判一同が勢揃いした「御前評議」が開催されることとなり、最終的に藩主の意を加判が承認して藩是が確定したのであった。藩是の内容は、天皇の叡慮のもと、叡慮を遵奉する徳川家への政権委任を基本とした公武一和体制の構築を目指すというものであり、加賀藩が政令一途の実現を志向したことがわかるが、ここでは国事における加賀藩の意思決定のあり方もうかがえる。藩主の御意に対して加判の者たちが保留、再考を願い出たことで「御前評議」が開催され、その評議によって決着している。つまり、藩主個人の政治意思である御意では集約せず、藩主と世嗣、加判一同が参画する「御前評議」によって藩の政治意思が集約され、藩是が確定したのである。その後、斉泰は自身の書状である親翰を出し、「各異見も可有之候得共、畢竟ハ皇国之御為を存候一事ニ決し可申」と述べて、異なる意見もあるだろうが、決定した内容に従うようにと同調の圧力をかけている(11)。「根元之思召」である藩是を藩における最高政治意思とすれば、次に必要となるのは、藩是の実現を達成するための具体的な政策や理論である。一八六四（元治元）年二月、長州征討の風聞をうけ、加賀藩では朝廷・幕府に対して建白書を提出することが決定する。その内容は、幕府が主張する横浜鎖港の実施、内乱回避のための長州赦免であった。これは、藩是（天皇の叡慮のもとでの公武一和体制構築）を実現するための政策・理論（「藩論」とする）として評価できるものであるが、ここでも「御前評議」が開催されており、建白書自体も提出前に加判に披見されるなど、藩主個人の専断ではなく、藩内一致が志向されたものであった(12)。

そして同年四月下旬、世嗣慶寧が上洛している。当初は朝覲目的とされたが、上洛後に将軍徳川家茂帰東後の京都警衛を正式に命じられ、それを受諾したことで加賀藩も中央政局に関与することとなる。六月に池田屋事件が発生し、その後長州勢が京都付近に軍事展開すると、京都の情勢が一挙に不穏となった。加賀藩は、内乱回避運動を展開する諸藩と同様に禁裏守衛総督のほか、京都守護職や在京老中、摂家、さらには長州藩邸や長州勢が駐屯する伏見へ使者を派遣して軍事衝突の回避を求めたが、状況は改善されなかった。一時は国元の藩主斉泰が判断しかねる程の状況であったが、七月上旬には概ね三つの選択肢になっていたとおもわれる。

まずは、京都に留まって警衛任務を遵守するというものであるが、これは幕命重視の路線となるため、赦免を周旋する対象の長州と戦闘に及ぶ可能性が高い。次に、長州周旋を重視して戦闘を避け、京都から離れるとするものであるが、この場合は長州との戦闘を回避できるが、退京の時機を誤れば警衛任務を放棄したと見做される可能性がある。そしてもう一つは、先の建白書の内容を重視し、長州周旋と警衛任務を継続するというものである。軍事衝突が不可避の状況にあっては、かなり難しい選択肢であったが、在京の世嗣慶寧はこれを主張していたとされる。

　以上から、この重大な局面において政治意思がいまだ集約できていないことがわかる。京都に国事専門の役職を設置しなかったことや、藩内のさまざまな階層に「言路」を保障していたこと、さらには「御前評議」に比重を置いた決定のあり方が、集約できなかった要因として考えられるが、藩主斉泰が親翰を出して自身の政治意思を明らかにしてもまとめることができず、在京の世嗣慶寧の決断に委ねざるを得ない状況となっていった。

　そして、禁門の変が発生すると、世嗣慶寧は警衛任務を在京年寄の奥村栄通に委任し、「跡届」での退京を決行した。奥村は、許可を得ないままで退京することは問題であるとして、退京の猶予を慶寧に願い出たが、聞き入れることなく慶寧は京都を出発している。変前の段階で周旋の継続を主張していた慶寧は、変後には長州との戦闘回避を選択したことになるが、この決断は奥村が危惧したとおり、大きな問題となった。禁裏守衛総督の一橋慶喜は、「跡届」という形で届け出をしてはいるが、実態は形勢を見て逃げ出したようなもので、天皇を捨てて逃げ出して筋が立つわけがないと強く非難しており、縁家であった摂家の二条家も、容易でない行動で今となっては致し方ないと嘆息している。また、慶寧にとって義子にあたる京都守護職松平容保も非常に心配するような状況であった[13]。

　この事態を収束させるため、帰国した世嗣慶寧を謹慎させるとともに、関与が疑われた藩士数十名を一斉に処分しており、加賀藩にとっては大きな一件となった。この一斉処分に関して、従来は挙藩体制創出の目的で組み込んでいた尊攘派の者たちを一掃したとの理解、つまり藩内のイデオロギー淘汰として理解されることが多かったが、年寄奥村栄通など尊攘派とはいえない藩士も処分されていることや、尊攘派とされる藩士らも皆が同じ主張や行動をとっていたとは考えにくいことから、藩存続の危機に際して冷徹且つ極めて現実的な政治判断のもとで引きおこされたものと評価した方がよいだろう。

　このとき溶姫は金沢に滞在しており、自身の息子である慶寧の謹慎という事態に直面しているが、処分を受けた慶寧の病状が重篤であったことから、謹慎とはいいつつも、金沢城の金谷御殿では多くの漢方医・蘭方医による医療チームが作られ、万全の医療体制をもって治療を受けたとされる[14]。そして、慶寧の病状が回復しはじめた同年一〇月、参勤交代の再改正によって溶姫は金沢を出発し、東海道まわりで江戸に入っている。

慶応末期の政局と加賀藩

　一八六四(元治元)年の禁門の変後、加賀藩は長州征討や水戸浪士西上問題に関わり、汚名の返上に努めた。そして、藩主前田斉泰が一八六五(慶応元)年三月上旬に出府すると、下旬には幕府から世嗣前田慶寧の処分解除が認められている。もっとも、謹慎の原因が京都警衛の不手際であったことから、幕府から朝廷に確認がとられ、翌四月上旬に許可の運びとなっている[15]。その後、斉泰は一旦金沢に戻ると、ほどなくして禁裏三ヶ月警衛のため京都に向かい、天皇に拝謁している。また帰国後には、慶寧に家督を譲るために家臣への根回しを図っている。

世嗣慶寧は謹慎解除後に出府を命じられたが、これは病を理由に辞退している（翌二年春に出府）。家督相続については、政治状況を考慮しつつ拒む姿勢も示したが、藩主斉泰の意向を尊重する形で内諾している。その後、幕府に届け出を済ませると、同二年四月に幕府から斉泰の隠居と慶寧の相続が正式に認められ、斉泰は金沢中納言と称すること、慶寧が加賀守を称することとなった[16]。

江戸滞在中に藩主となった慶寧は七月に帰国するが、その後一四代将軍徳川家茂が死去すると、同年秋には朝廷から上洛命令が届いている。諸侯衆議による新たな国是の決定が目的とされるも、実際は徳川慶喜を将軍に推戴する側面がみられたため、多くの藩は上洛を見合わせたが、慶寧は上洛している。上落後、慶寧は徳川慶喜の固辞如何に関わらず速やかな将軍宣下を望み、二条城で慶喜と面会した際には、公武合体によって朝幕の威光が立つような英断を慶喜に求めている。また、慶喜に同席して幕府の軍事演習を見学し、その内容に感銘を受けたことで、西洋軍制の本格導入による藩軍事力の強化を志向するようになる。

帰国後、西洋軍制の導入に関して馬廻組以上の藩士から意見を募るなど整備に着手し、同三年秋には銃隊による大隊編制が実現している。そのほか、藩主としては異例となる貧民収容施設を見学後、町奉行に対して養生所（病院）の建設を命じ、養生所が置かれた卯辰山では町人資本を利用した大規模開拓を実施している。職制においても、低禄の者を足高の制によって採用するなど、相続後の慶寧は藩政改革にまずは力を入れていたといえる。

しかし、同年一〇月に大政奉還が上奏されると、加賀藩も国事への対応が避けられない状況となる。当初は情勢の把握に努め、目立った動きは見せていなかったが、上洛命令が出たことで年寄の本多政均を名代として上洛させている。その本多に対して藩主慶寧が出した親翰には、政権返上に疑問を持ち、本心としてはどこまでも徳川家を助けて天下のために尽力したい旨が記されており、文久期以来の徳川家を重視する志向を継続していたことがわかるが、

図2　前田慶寧
（金沢市立玉川図書館所蔵「前田慶寧公写真」）

後に在京藩士らが「如元政権幕府江御返ニ不相成而ハ不叶義、（中略）他藩之論ニ不拘、御踏込御忠節可被遊思召」[17]と考えて上洛を要請していることからも、慶寧の意思を在京藩士も把握していたことがうかがえる。

そして、同年一一月末に上洛を開始した藩主慶寧は、王政復古の大号令当日の一二月九日に着京し、宿所である建仁寺に入っている。市中が騒然とするなかで慶寧以下は協議し、使者を二条城に派遣して徳川慶喜に大坂まで下がるように願い出る一方、慶寧自身は一度も参内することなく数日の滞在で金沢に戻っている。

この王政復古の影響は大きく、天皇の叡慮のもと、徳川将軍家の下に諸大名が結集する公武一和体制の構築を藩是としていた加賀藩としては、徳川慶喜の将軍職辞任が正式に許可され、幕府および摂政・関白が廃止されるといった事態は、藩是そのものを根底から覆し得るものであった。よって、新たな藩是が模索されることとなったが、この段階では概ね三つの選択肢があったと推定される。

まずは、幕府が廃止となり将軍職を辞したとしても徳川家を支持し、従来通り公武一和体制の構築を目指すものである。ただし、徳川家を支持することが天皇への忠節に繋がるかは懐疑的であった。次に、天皇への忠節を最優先とし、徳川家のことはひとまず次に考えるというものである。この場合、天皇への忠節については明確になるが、徳川家との関係が難しくなること、薩長を中心とした新たな国家体制に従うことの是非が問われることになる。そしてもう一つは、藩領の境に兵を配置し、自藩の軍事力によって加賀・能登・越中三カ国の領有維持を優先するものであるが、政局が不明瞭な状況である以上、ある程度は許容されるとしても、過度な軍事展開は大きなリスクを伴うことになる。これは当時「割拠」と表現され、議論にもなっているが、前田家の存続を何よりも優先するものであり、「誠以不容易御義、左候而ハ皇国之者不残敵方与相成可申」[18]との年寄奥村栄通の発言をみても、やはりリスクの高い選択肢であった。

このような状況にあって、帰国した藩主慶寧は自身の考えを家老に表明しているが、内容は主に次のようなものであった。

・今回の上洛は、徳川家を中心とした国家体制の再構築を目的としたもの
・王政復古の混乱が薩摩主導で引き起こされ、尾張・越前は巻き込まれた
・尾張や越前のように巻き込まれないこと、および兵の暴発を避けるために、やむを得ず退京した
・「割拠」については市中巡邏の命令もあり、求めて「割拠」する筋合いにない
・天下太平となるよう「皇国之御為」に尽力するが、徳川家が「正義」であることから、徳川家を助け尽力することは申す迄もない
・一方で、薩摩が横暴を止め、「正義」に基づいて勅命を奉じるならば、従うこともできる

以上の内容から、慶寧が「割拠」を否定しつつ、「正

義」である徳川家と連携する姿勢を示していることがわかるが、この判断基準となる「正義」については、天皇を頂点とする「皇国」において、政権を担当するに相応しいとする正しい道理のことであろうとおもわれる。天皇のもとで現実的に政権を担うという、政治権力として正当であるか否かを重んじた慶寧は、この段階では徳川家に見出していたということになるが、[19]同時に加賀藩が加賀・能登・越中を領有する正当性を徳川家に負託したことにもなるだろう。[20]

そして、同四年正月三日に鳥羽・伏見戦争が発生すると、徳川方からの要請による徳川家支援の出兵を計画していた加賀藩には、六日早朝に第一報が入っている。年寄らが「御前評議」を求めたことで、金沢城二ノ丸御殿に藩主以下が揃い、「御前評議」が開催され、同日夕刻には評議を踏まえた藩主慶寧の御意書が出されたが、そこでは今回の元凶が薩摩であり、徳川慶喜の呼びかけに応じて速やかに出兵する旨が表明されている。ここから、政治的な正当性を薩摩ではなく徳川家に見出していたことがわかるが、加賀藩にとっては混迷する政局に対応するための新たな藩是として位置付けられる。また、出兵する藩士に対して、「皇国」のために徳川慶喜に協力し、戦闘では粉骨を尽くし忠勤に励むようにとの藩主御意が出されていることから、薩摩との戦闘も想定していたとおもわれる。その後、先発隊が随時出発し、慶寧自身も出発する姿勢を強めていたが、一二日に到着した京都からの使者がもたらした情報によって状況は一変する。金沢で徳川家支援を表明した六日、実は京都では在京藩士が御所に呼び出され、昨年末に慶寧が参内せずに帰国してしまったことが批判されるとともに、「勤王」か否かと詰問されていた。[21]その上、七日には追討令が出されて徳川家が朝敵になったとの情報も伝えられた。藩を取りまく状況が容易でないことが判明したことから、再度の「御前評議」が開催されたようで、出兵していた藩士の退却が決定している。その翌日には、江戸にいる溶姫の金沢引き取りを議論しているため、ここに至り徳川家と袂を分かつことが決定したと考えられるが、一九日に慶寧は親翰を出して「兼而心得可有之義ハ勿論ニ候へ共、皇国之御大事此秋ニ候間、何も勤王之志を旨として国事之為可励忠誠候」[22]と、これまでの考えや思いはともかくも、国事に尽力する旨を藩内に宣言している。

溶姫については、同年三月初めに藩主慶寧が溶姫を金沢に引き取りたいと朝廷に願い出ている。追討の沙汰が出ている以上、父斉泰は徳川家の娘である溶姫とは離縁すべきであるが、私にとっては母であり忍び難く、国元に引き取りたいとの内容であった。その後、溶姫は江戸を出発し、下街道を通行して同月下旬に金沢城の金谷御殿に入っているが、御附の女中らは越中泊の地で引き返させられており、徳川家との関係を断ち切ろうとする様子がうかがえる。その溶姫だが、二ヶ月足らず後の五月初めに金沢において死去している。当時、嫡男の慶寧は金沢にいたが、夫の前藩主斉泰は在京中で最期を看取ることは叶わず、葬儀は同月下旬に金沢の天徳院で執行された。在京していた斉泰が帰国の許可を得て金沢に戻ったのは、六月下旬であった。

おわりに

一八六八（慶応四）年四月、北越戦線への派兵を命じられた加賀藩は、西洋軍制で編制された部隊を戦地に送り込みながら、二〇〇人以上の死傷者を出している。藩政では、一八六九（明治二）年の版籍奉還によって知藩事となった前田慶寧が七月に参内した際、勅諚を賜り、勅書を拝領している。そこで「列藩之標的」となるように求められたことで、他藩の模範となるような理想的藩モデルを構築していくことが、藩にとっての重要な政治指標になっていく。政府からたびたび出される命令に対しても、府藩県三治制に適合して「列藩之標的」となるべく、できる限りの対応をみせている。同四年七月、岩倉具視に宛てた三条実美の書簡において、「加賀」にも諮詢の席を与えるべきとして、大藩会議構想の一席に名が挙がったことは、それまでの藩の姿勢が評価されたことの証左といえるが[23]、直後に廃藩置県が断行されると、慶寧以下、旧藩主家は金沢を離れ、東京に居住することになる。

以上、本稿で述べてきたように、前田家と徳川家は近世を通じて緊密な関係を構築していたが、一三代前田斉泰と溶姫との婚姻は、それを象徴するものであったといえる。幕末期の政治過程において、加賀藩は徳川家を重視した藩是および「藩論」を掲げて政治運動を展開しようとしており、とりわけ慶寧の言動からはその傾向が読みとれる。ただし、「正義」すなわち現実的に政権を担当するに相応しい道理を有していることを重んじたため、鳥羽・伏見戦争以降の政局においては、経緯はどうであれ、朝敵となった徳川家に従うことはできず、「勤王」として天皇に忠誠を誓いながら新政府に従う道を選択したといえよう。廃藩直前に三条実美が、「因・阿・加・肥之人々も、人物ニ於テハ決して三藩之下ニ不出候」[24]と述べていることからも、当該期の加賀藩については一定の評価がなされるべきとおもわれるが、政治選択も含めた藩の動きに徳川家の娘であった溶姫が翻弄されたことは間違いないだろう。また、幕末期に世嗣・藩主・知藩事として重要な役割を担った前田慶寧も、廃藩後の同七年に四〇代半ばで死去している。慶寧も最後の加賀藩主として時代に大きく揺り動かされた人物であったといえよう。

【参考文献】

奥田晴樹　二〇一六『日本近代の歴史―維新と開化』吉川弘文館

勝田政治　二〇〇〇『廃藩置県―「明治国家」が生まれた日―』講談社メチエ

加賀藩研究ネットワーク編　二〇一五『加賀藩武家社会と学問・情報』岩田書院

地方史研究協議会編　二〇一四『〝伝統〟の礎―加賀・能登・金沢の地域史―』雄山閣

長山直治　二〇一三『加賀藩を考える―藩主・海運・金沢町―』桂書房

長山直治氏追悼集刊行委員会編　二〇一六『加賀藩研究を切り拓く―長山直治氏追悼論集―』桂書房

原口清著作集編集委員会編　二〇〇七『原口清著作集一　幕末中央政局の動向』岩田書院

原口清著作集編集委員会編　二〇〇七『原口清著作集二　王政復古への道』岩田書院

原口清著作集編集委員会編　二〇〇八『原口清著作集三　戊辰戦争論の展開』岩田書院

明治維新史学会編　二〇一一『講座明治維新二　幕末政治と社会変動』有志舎

明治維新史学会編　二〇一六『明治維新史論集一　幕末維新の政治と人物』有志舎

【註】

1　藩主の（先妻・後妻を含めた）正室について、三代利常以降では一一代治脩、一四代慶寧を除いた歴代藩主が、御連枝を含めた徳川家一門から来嫁している（婚約含む）。将軍息女との婚姻は、三代利常および一三代斉泰である。

2　幕末期の禁裏御門警衛において、御三家同等の家格を理由に一八六三（文久三）年には警備免除を主張し、許可を得ている。ただし、一八六七（慶応三）年は免除が許されていない。

3　奥村栄実が藩主前田斉泰に提出した言上書の分析については、長山直治「加賀藩天保改革の再検討―奥村栄実言上書の分析―」（加賀藩研究ネットワーク編『加賀藩武家社会と学問・情報』岩田書院、二〇一五年）が詳しい。

4　栄実が与えた影響の一例であるが、藩主斉泰は後年において年寄に役儀御免を命じる際、「偏信」であり「人和」を失っていることを理由として挙げている。この際、「故丹後守（奥村栄実）抔も常々申聞事ニ而、実に大切之儀」（金沢市立玉川図書館近世史料館所蔵「御親翰留」。以下、特に断りのない場合は同館所蔵）と述べている。また、栄実は言上書において、仁政実現のために「大学」を研究すること、下の者からの上申を受け入れるよう「言路」を開くことなどを斉泰に説いているが、この点も幕末期の藩政を考える上で重要となる。

5　能登巡見における第一の目的は、外国船に対処するための海岸視察であったとおもわれるが、数百人規模の動員や銀一〇〇貫目に及ぶ経費、巡見を受け入れる村々の対応などを鑑みると、加賀・越中とは異なり参勤交代で通行しない能登に対して、前田家の「武威」を示す目的もあったのではないか。当該期に藩主が藩領内を巡見する事例は他でもみられるが、藩主の威光を示す目的もあったといえる。

6　郷士防衛以外の目的で彼らを動員する場合、身分変更の手続きを逐次必要としたことは、彼らが単純に動員できる軍事力ではなかったことを示している。よって、士身分で構成された藩直属の軍事力とは切り分けて考えなければならないだろう。

7　幕府は兵賦・農兵の両制度を同時期に実施しているが、農兵はあくまでも郷土を防衛する存在であり、兵賦は幕府の軍制改革を直接的に支える傭兵的存在であったといえる。幕府の兵賦徴発のように、期限付きで身分変更を行い、且つ給銀を支払って雇い入れるような対応を加賀藩の銃卒制度では行っておらず、郷士防衛を喚起して動員していることからも、幕府の農兵制度と類似したものと評価できよう。

8　岸本覚「安政・文久期の政治改革と諸藩」（明治維新史学会編『講座明治維新二　幕末政治と社会変動』有志舎、二〇一一年）。

9　石野友康「溶姫の金沢下向と金沢城」（『金沢城研究』一二号、二〇一四年）。

10　前田土佐守家資料館所蔵「公武合体に付於御前言上仕候趣意写」。

11　石川県立歴史博物館所蔵「公武合体等時勢に付御親翰写」。

12　当時、斉泰には「言路」を重視する傾向がみられ、身分の低い者たちが国事や藩政に対して批判を繰り返しても、それ自体では処分せず、むしろ彼らを登用するなどの対応も示している。これは「言路洞開」と評価できる一方、彼らを放置せず、利用・監視する意味もあったとおもわれるが、その結果、藩内の政治意思の拡大を促すこととなり、その集約にリスクを抱えることにもなったといえる。

13　一八六二（文久二）年、世嗣慶寧娘の礼姫と、会津藩主松平容保との婚姻の話が持ち上がり、同年一〇月には幕府から縁組が許可されたが、前後して容保が京都守護職に就任したため、正式に結納が交わされたのは一八六七（慶応三）年六月であった。その後、戊辰戦争に突入するなど混迷を極めると、一八七一（明治四）年には婚約が解消され、同六年に華族榊原家へ嫁いでいる。

14　池田仁子「元治元年前田慶寧の退京・謹慎と金谷御殿における治療」（『金沢城研究』一三号、二〇一五年）。滞京中から病状が悪化していた慶寧は、退京の段階では重篤となり、帰国途中に藩領の近江海津で保養するほどであった。同氏によれば、慶寧の病状が回復期に入ったのは、謹慎から数ヶ月後の同年秋頃とされている。

15　斉泰自身も出府後に慶寧の謹慎解除に動いたとおもわれるが、利家以来の繋がりがある安芸浅野家も協力を願い出ており、母である溶姫も謹慎解除に心を砕いていたといわれる。

16　藩主であった斉泰は松平加賀守で加賀中納言を称していたが、幕府の指示により金沢中納言（および肥前守）に変更、新たに藩主となった慶寧が松平加賀守となり、後に加賀宰相中将を称するようになる。実際に受領している国名の「加賀」を称するのは藩主であったといえるだろう。

17　「京都詰中手留」巻三。

18　「御用方手留附録」巻七。

19　裏を返せば、徳川家に「正義」が見出せない場合は、徳川家と袂を分かつことになる。そして、別の政治勢力に見出せた場合は、その勢力を支持することになろう。何が何でも徳川家を支持するという考えではなかったことに留意したい。

20　徳川家から発給された領知判物は、近世大名家にとって制度的な領知権保証であるとともに、それに基づいて家臣団に領知宛行状を発給するなど、藩領支配・家臣団統制の根幹でもあった。幕府が廃止されたことは、藩領を支配する正当性にも影響を与えていたと考える。

21　幕末段階での「勤王」認識は、徳川体制の否定を内包しておらず、「勤王」を掲げつつ徳川家を支持することは、むしろ一般的であったといえる。しかし、鳥羽・伏見戦争後では、「勤王」と「佐幕」は相容れない（むしろ対峙する）との論理ができ上がっていたため、「勤王」か否かとの詰問は、実質的には新政府側か徳川側かとの問いかけであり、新政府が諸藩に突きつけた大きな二択であった。

22　前田土佐守家資料館所蔵「王政復古に付忠誠尽力徹底達状」。

23　日本史籍協会編『岩倉具視関係文書』巻五（東京大学出版会、一九八三年）。

24　『同右』。

溶姫の加賀下向

石野友康

二度の下向

　江戸生まれ、江戸育ち、そして江戸本郷の加賀藩邸に嫁した溶姫は生涯二度加賀国金沢を訪れている。最初に訪れたのは、一八六三(文久三)年四月のことであった。前年に参勤交代の制度が緩和され、諸大名の正室が国許に居を移すことが可能となったことを背景に金沢の地を踏んだ。再度の訪問は一八六八(慶応四)年のことである。朝敵となった徳川家の一族として江戸を逃れざるを得ない状態で江戸を離れた。ただし、精神的に疲労が溜まっていたからか金沢到着後わずか二ヶ月後の五月一日に五〇歳で急逝している。事情は異なるが、二回とも必ずしも本人の意に添ったものではなかった。

　小稿では、この二回の加賀下向のうち文久三年下向時の溶姫の姿に迫ってみることにしたい。

姿を見せない溶姫

①金沢への発足

　冒頭でもふれたように文久三年の下向は、参勤交代制度の緩和が背景にあった。

　世情不安ということもあって加賀藩主前田斉泰は正室溶姫、嫡男慶寧とその正室通姫(久我建通娘、鷹司政通養女)、初姫(斉泰娘)を国許に移すことにし、なかでも最初に溶姫を下向させるつもりであった。しかし、当の溶姫は将軍や兄弟方、大奥にも挨拶ができていないとして容易に国許へと赴こうとはしなかった。動きをみせなかった彼女が金沢へ向かうことに決したのは薩摩藩がおこした生麦事件への報復が懸念されたことによる。イギリス軍艦が三ヶ条の要求を携え神奈川表に渡来したのである。幕府がこれを拒否する兆しがみえ、兵端を開く恐れもあったから、藩の重臣横山政和《まさとも》(俗に加賀八家とよばれる世襲の執政役横山家の分家で知行一万石)の進言に従って金沢へと退避したのである。

　国許ではいつ溶姫が金沢に動座してもよいように、居所の準備が進められた。彼女が金沢への途に就いたのは、文久三年四月三日のことであった。江戸を発した溶姫はその月の二五日に金沢に到着した。通常、加賀藩主が金沢・江戸間を二週間前後で行き来していたことを考えると、旅慣れぬ女性ということもあってか時間をかけての道中であった。

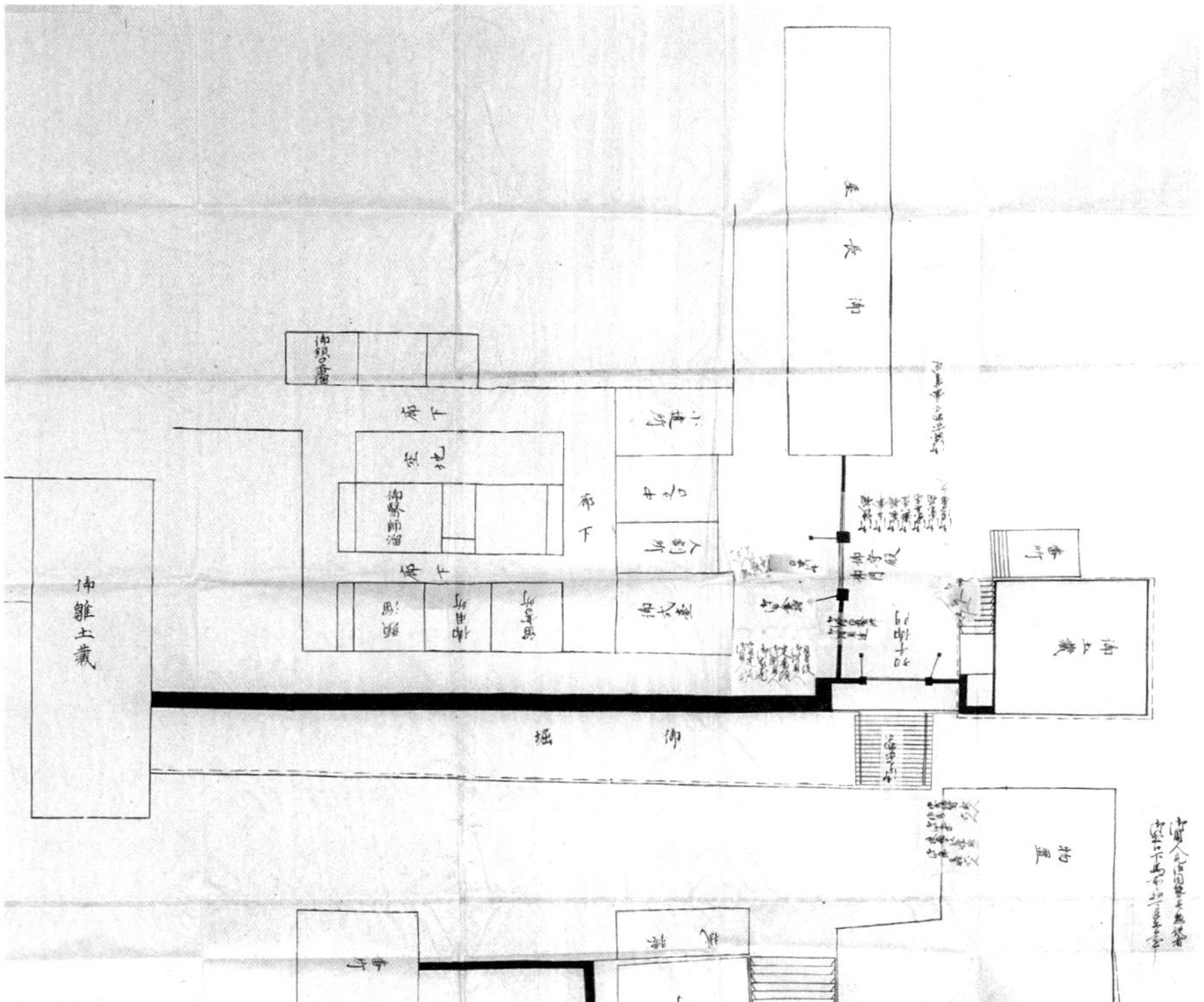

図１「金沢城二之丸御守殿御供建方絵図」（２枚のうち、金沢市立玉川図書館蔵）
溶姫が外出する際の従者の位置を想定し示したもので、「御守殿御門」の名称が見える。

金沢市立玉川図書館加越能文庫「姫君様御入国四品帳并御道中触等」によれば、道中は上﨟年寄岩倉はじめ、御年寄、中﨟などといった女性たち五五名、横山政和等の加賀藩士、幕臣などを従えての道中であった。政和が記す行列のスタイルをみても参勤交代を彷彿とさせるものであった。

城下にはいった溶姫は、参勤交代のルートと同様尾坂門から城の新丸を経由し入城した。新丸からそのまま河北門へと進み、二ノ門をくぐったあと堀端を歩み、切手門より女性の生活空間である二ノ丸御殿の広式にはいった。

金沢城の二ノ丸御殿でも江戸本郷の上屋敷同様溶姫の住まいを「御守殿」と称した。

しかし、金沢城の広式＝「御守殿」は、本郷の邸宅とは比較にならないほど狭く、斉泰は本郷邸の「御守殿」が広すぎるとする思いは持ちながらも自分の居間を溶姫に差し出している。また、溶姫だけではなく、多くの御附の女性達の部屋も確保しておかなければならず、本来重臣たちが詰める松ノ間をはじめ、藩士たちの執務室や儀礼が行われた表向の部分を奥向の空間として取り込んでいる。

溶姫の加賀下向により金沢城二ノ丸御殿はその機能を大きく変更せざるをえない状況にあった。

②金沢「御守殿」の溶姫

二ノ丸御殿「御守殿」の主となった溶姫であったが金沢滞在中の様子を詳細に語る史料は少なく、具体的なことは不明である。短期間ではあったが、滞在の多くを二ノ丸の「御守殿」で過ごし、そこから時代の趨勢を見守っていたとみて良いであろう。この点すでに在国しており、卯辰山や宮腰など金沢やその近郊等をたびたび行歩している一二代藩主前田斉広の正室真龍院（鷹司氏）とは対照的であった。

唯一外出らしい外出といえば、白山社（現白山比咩神社）への参詣であり、一八六四（元治元）年三月一九日から二〇日にかけて訪れている。この白山社参詣に関しては、「加賀藩史料」藩末篇下巻に引用する「川崎氏留記」によれば御供二〇〇〇人の行列であったという。

四十万《しじま》村（現 金沢市四十万町）の善性寺に小休して神社へと赴いた。白山社では紫石硯・大太刀・翁面、涅槃像などの宝物を閲覧したという。

普段の溶姫は一般の藩士には見えない存在であった。御附の女性あるいは御守殿御用の幕臣を通して藩士たちの挨拶を受け、品物の下賜・献上を行った。溶姫に召し出された重臣たちが会ったのは年寄女中であった。徳川将軍家を出自とする藩主正室としての威厳を貫いたことにはなろう。しかし、手元の史料からは溶姫自身の姿や感情を直接読み解くことは残念ながらできない。

参勤交代の制度を元通りにし、大名妻子の在府を義務づけるとした幕命を受け、溶姫は元治元年一〇月二四日、甚右衛門坂から神護寺を参拝し、一年半を過ごした金沢をあとにした。東海道廻りで一一月二二日に帰府した。加賀藩では、この年の七月嫡男慶寧が体調不調として京師守衛の任を年寄奥村栄通に任せ退京するという一件が起こっていた。八月九日近江海津で斉泰より謹慎を命ぜられた慶寧は八月一八日金沢に到着し蟄居した。溶姫が金沢を離れたのはその二ヶ月後のことであった。

溶姫がどのような心境で金沢を後にしたかは定かではないが、母として嫡男の様子を気にしつつの旅であったに相違ない。

【参考文献】
石野友康　二〇一四「溶姫の加賀下向と金沢城」『金沢城研究』12号

図2　白山比咩神社（石川県白山市）
溶姫は元治元年三月に参拝し、宝物を閲覧した。

溶姫が残した石鳥居

滝川重徳

石川県野々市市徳用《とくもと》町の光松《こうしょう》八幡神社は、金沢城・金谷御殿で祀っていた、江戸・六八幡宮から勧請した御神体を、一八七一（明治四）年に譲与されたとの由緒をもつ社である。神社には御神体や縁起書等が伝来するほかに、本殿となった堂舎や石鳥居等が残されていて、やはり金沢城から移したものと伝えている（小倉一九八八、木越二〇〇五）。

石鳥居（市指定文化財）は、現在柱のみが残り、それも折損して四つの残欠となっているが、「守殿御寄附」「文久三年癸亥九月吉日」の銘が認められる（図1・2）。「守殿御寄附」刻銘の上部は失われており、もとは「御」の字を戴いていたとみられるので、御守殿、つまり加賀藩一三代藩主前田斉泰の正室溶姫が、最初に国入りした一八六三（文久三）年に寄進したものとなろう。溶姫が加賀の地に残した、数少ない物証である。

石鳥居は赤戸室石製で、紀年銘のある側の柱は、最上部を欠くが、貫穴以下が遺存している。一方反対側の柱は上部・中部・下部の三点となっており、このうち中部の残欠に「守殿御寄附」の刻銘がある。柱の基部には八角柱の藁座が表現され、径三七センチ、高さ六〇センチを測る。本体円柱部分の直径は三二センチ、柱総高は三・二メートル以上となる。

戸室石は、金沢南東の戸室山一帯に産出する角閃石安山岩の一種で、城石垣や石造物等に利用されたが、近世の鳥居については、部分遺存を含めても、本例のほか、金沢市清水町春日社（一八三一（天保二）年）、同市東御影町卯辰神社（一八六七（慶応三）年）、かほく市高松額神社・津幡町加賀爪白鳥神社（一八五九（安政六）年）、宝達志水町宿神明社（一八六四（元治元）年）等少ない。また本鳥居のような藁座を有するタイプは、明治以降、戸室石製鳥居の多くを占めるようになる。このように本鳥居は、地域の石造物資料としてまず貴重である。[1]

ところで、溶姫はこの石鳥居をもともと何処に寄進したのか、詳細は明確でない。明治二〇年代に書かれた史料には、金谷御殿（金谷御住居）から移したとするほかに、金谷の北に続く「丹後屋敷」の御庭にあった御鎮守を拝領し、本殿としたとするものもあり（小倉一九八八）、あるいはこの頃、丹波屋敷は金谷御殿に付属する形となっていたとも考えられる。

金谷御殿本体を描く絵図には、社殿らしき建物は見当たらず、八幡神がどのように祀られていたのか不明である。一方丹後屋敷は、藩士前田丹後の屋敷があった場所で、近世後期には花畑等となっていたようであるが、前田育徳会所蔵の「御城分間御絵図」（一八五〇（嘉永三）年）には、北東隅に「御鎮守」が描かれている。また年寄役奥村栄実は、「官私随筆」一八四二（天保一三）年五月二二日の条（『加賀藩史料』第一五編所収）に、藩主前田斉泰と前藩主正室真龍院に随従し、丹後屋敷の「御鎮守稲荷堂」に参拝したことを記すが、御戸帳を開いて拝見したのは「左右七面観音等之由」とする。

このような鎮守は、江戸の藩邸にも認められる。例えば駒込に所在した中屋敷の絵図（「中屋敷惣絵図」金沢市立玉川図書館蔵）には、「稲荷大明神」と日蓮宗の守護神である「七面大明神」とが並んで鎮座する「御鎮守神社」が描かれている。丹後屋敷の鎮守に祀られていた「左右七面観音等」の意味ははっきりしないが、江戸中屋敷鎮守の祭神と何らかの関わりがあるのか、気に掛かるところである。

なお光松八幡神社には、一八六六（慶応二）年銘の「三社」と題する題額も伝えられており、これが意味するところも考えなければならない。小倉学は前掲論文において、同じ「三社」の題額をもつ石鳥居が兼六園鶺鴒島にあることから、件の石鳥居も金谷御殿の庭にあった可能性を思量している。

このように、溶姫が残した石鳥居には、地域や金沢城の歴史にとって重要な、さまざまな方面へ広がる情報が込められており、尽きせぬ魅力が感じられる。

図1　光松八幡神社　旧石鳥居　柱残欠
右手前刻銘「（御）守殿御寄附」
左奥刻銘「文久三年癸亥九月吉日」

図2 紀年銘部分

【註】

1　石鳥居の類例については、冨田和気夫・西田郁乃（石川県金沢城調査研究所）より御教示を賜った。

【参考文献】

小倉　学　一九八八「金谷御殿の八幡宮」『石川郷土史学会々誌』第二一号

木越隆三　二〇〇五「藩主から拝領した「ご神体」」『図説野々市町の歴史』石川県野々市町

三

溶姫をとりまく社会

考古資料が語る御殿生活

第六章

溶姫御殿の発掘調査

堀内秀樹

埋蔵文化財調査室が一九八四年から学内発掘調査を開始して以来、現在まで継続的に調査が行われている（「はじめに」参照）。このうち、一八二七（文政一〇）年に入輿した溶姫御殿に関連した本調査は、調査年順に次に示す七地点である（図1）。

①法学部四号館・文学部三号館地点（面積二五〇〇平方メートル、調査一九八四年四月～八五年三月）

②総合研究棟（文・経・教・社研）地点（現在、経済学研究棟）（面積一〇二六平方メートル、調査一九九九年五月～一一月）

③情報学環・福武ホール地点（面積一七六六平方メートル、調査二〇〇六年六月～一二月、二〇〇七年二月）

④経済学研究科学術交流棟地点（面積四三三平方メートル、調査二〇〇八年三月～七月、同年九月、二〇〇九年二月）

⑤伊藤国際学術研究センター地点（面積一七一〇平方メートル、調査二〇〇九年七月～一〇年二月、二〇一〇年五月、二〇一一年七月）

⑥図書館前クスノキ移植に伴う事前調査（面積六〇平方メートル、調査二〇一二年五月～六月）

⑦アカデミックコモンズ地点（面積一六八三平方メートル、調査二〇一三年九月～一四年三月、二〇一四年八月～一〇月）

遺存する溶姫関連史料、絵図面から知られるこれらの調査区の位置は、⑥図書館前クスノキ移植に伴う事前調査が御殿中央部、②総合研究棟（文・経・教・社研）地点が御殿東側に位置する御膳所部分、⑤伊藤国際学術研究センター地点と④経済学研究科学術交流棟地点が御殿境と赤門脇の土蔵部分、③情報学環・福武ホール地点が御殿境と縁辺の空閑地、①法学部四号館・文学部三号館地点、⑦アカデミックコモンズ地点が奥女中が居住する長局部分にそれぞれ該当する。

特に③情報学環・福武ホール地点以下の調査は、最近一〇年以内で行われたものである。これらから出土した資料とその成果から、新たに溶姫御殿の建築物とその構造、または使用された道具や廃棄物から、溶姫御殿と御殿内における居住者の生活の復元ができるようになった。

本章では、これら新しい調査成果の一端を紹介したい。

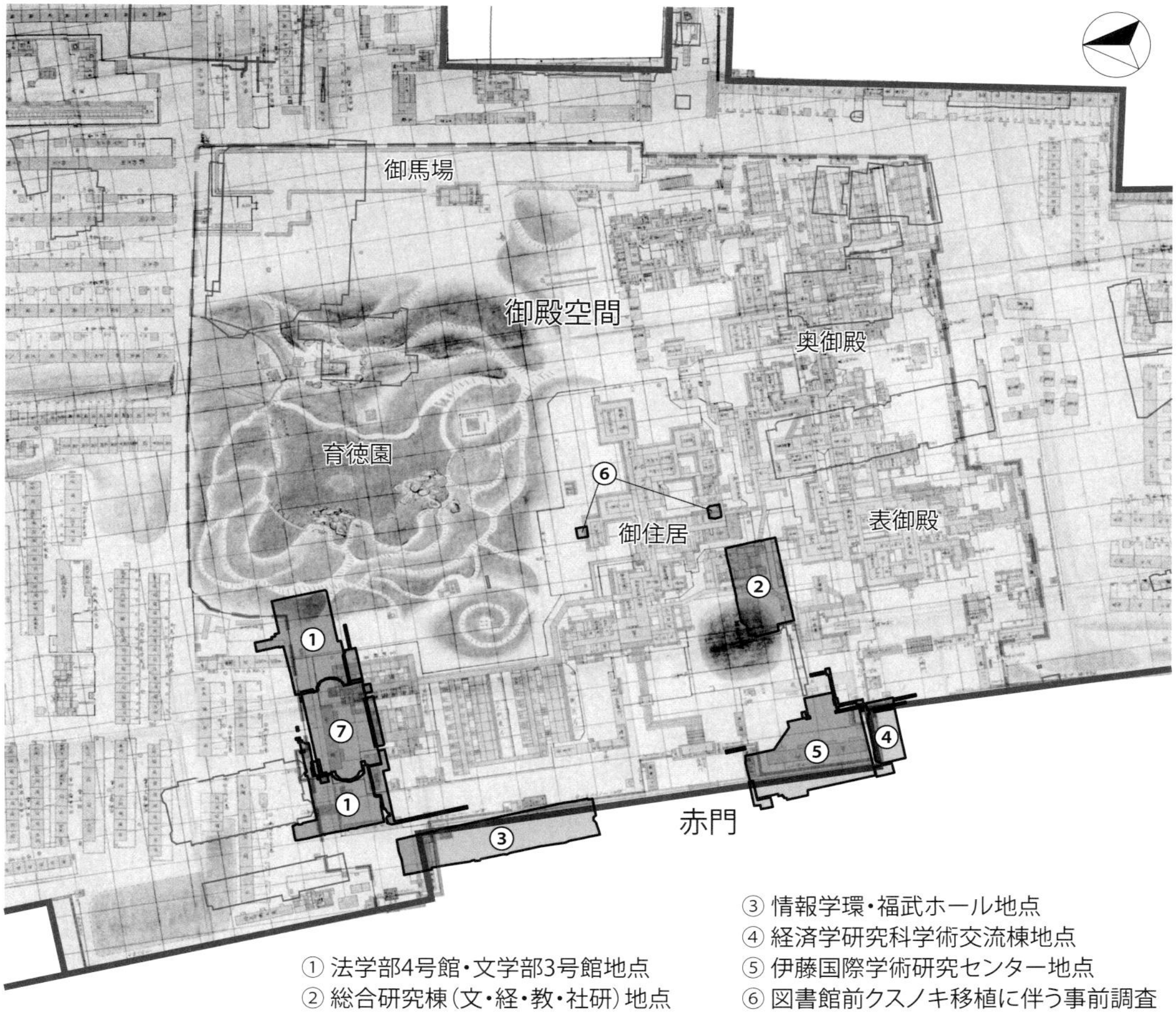

図1 溶姫御殿関連調査の位置
「江戸御上屋敷惣御絵図」（金沢市立玉川図書館所蔵）に一部加筆

総合研究棟（文・経・教・社研）地点

堀内秀樹

◎調査の概要

発掘調査は、経済学部南側に隣接した建築予定範囲一〇二六平方メートルを対象に、一九九九年五月〜一一月にかけて行った。

遺跡は、近代以降の攪乱を受け、遺存状態は良好とは言えない状況であったが、上下二枚の整地・生活面が検出され、上面をA面、下面をB面と命名した。A面からは一九世紀の礎石遺構、石組遺構などが検出され、史料や絵図面から一九世紀以降に当該地域に礎石を伴う建物が構築されるのが一八二七（文政一〇）年に入輿した溶姫の御守殿のみであったことから、A面が溶姫御守殿に伴う生活面であると推定された。

◎溶姫御殿関連遺構・遺物

A面からは、礎石遺構、地下室、便所、ゴミ穴などが確認され、前述のようにこれらは溶姫御殿関連遺構と推定できた。また、溶姫御殿関連を示す出土遺物として、御殿に葺かれていた屋根瓦、墨書・刻書された陶磁器などが出土した。

●礎石遺構（SB三七）（図1）

調査区東側に一間間隔で広がっていたが、近代以降の攪乱によって明瞭に遺存していたのは地下室の東側二列のみであった。確認された石は、円形または長円形の大きな自然礫が用いられ、直径五〇センチメートルを超えるものもあった。単独のもの、周囲や下部に小礫を配するものもあり、また、堀方を伴うことから建物基礎の根石であると考えられた。ただし、近接する医学部教育研究棟地点（「はじめに」参照）などから検出された加賀藩御殿の基礎遺構は、全て切石と砂利で堅牢に突き固めて構築されており、これと対比すると根固めが非常に簡略であった。

●御膳所の地下室（SK一〇七）（図2）

調査区中央付近より、南北五メートル、東西二・二メートル、深さが二・三メートルの長方形の地下室が出土した。遺構の下半は間知石で壁が作られ、北側には階段状に設置された角柱石が確認された。上半は間知石の後ろ込めに使われる割石が壁面に刺さった状態で確認されたことから、遺構の埋没前に壁であった上半の間知石が抜去されたと判断された。この石の抜き取り痕は、壁を全周していたことから間知石は遺構上部まで積まれていたと推定され、これに屋根などの上部施設が存在したと思われる。また、北壁西側に確認された階段も、堀方が室部外側に向かって同じ角度で傾斜していることから、上部の石が抜き取られたと推定された。遺構の床面は、南側中央部に一辺〇・八メートル、深さ一・二メートルの方形に組まれた石によって小さな地下施設が造られていた。

遺構の覆土は、多量の焼瓦を含む焼土が上部まで充填され、火災の後処理で埋められたと判断された。瓦の他に陶磁器、土器、金属、石製品などが出土しており、出土遺物の年代観から加賀藩邸が全焼した一八六八（明治元）年の火災と判断された。

ＳＫ一〇七から出土した瓦のうちで最も多かったのは桟瓦で、溶姫御殿の多くの建物は桟瓦葺きであったと考えられる。また、軒桟瓦の軒平部脇、桟瓦端部に刻印が押されたものが多く確認されている（図３）。確認できた刻印は、約五〇種類に及ぶが、最も多かったものは、生産地が判る「イマト／瓦源／アサクサ」であったことから、浅草今戸で生産した瓦が多く使われていたことが判る。これは、軒桟瓦の文様が、すべて江戸式であったことからも傍証できる。この他、「△」の下に「庄」と番号がつくものも多く出土している。この番号は「四」、「五」、「六」、「十」、「十一」、「十二」、「十三」、「十四」、「十五」、「十七」、「二十」の違いはあるもののおそらく同じ瓦屋の製品と推定できる。

陶磁器では、「御膳所」と墨書された瀬戸・美濃の陶器灰釉緑釉流し鉢が出土した（図４）。この鉢は、形、釉調から一九世紀に生産されたものと推定され、捏鉢といわれる調理に用いられる器種である。また、表面は強く被熱を受けていることから、御膳所で使われていた鉢が、火災で焼けて廃棄されたものと思われる。

また、「御末」と刻書された肥前染付磁器皿が出土した（図５）。形や文様の特徴から一八二〇年代以降に生産された製品であり、御末と称された階級の女中が使用していたものと判断された。「御末」と刻書された製品は、情報学環・福武ホール地点からも出土しているが、この御末は使番、御半下など低い身分の女中である。この他、「右」、「三の間」などの墨書された陶磁器も確認されていることから、溶姫御殿では個人名ではない役職で陶磁器が管理されていたと思われる。これに関しては七章を参照されたい。

図1　礎石（SB37）

図2　御膳所の地下室（SK107）

「江戸屋敷総図」（金沢市立玉川図書館所蔵）は、溶姫入輿直後ころに作成された絵図面である。調査区付近は「御膳所」と書かれた表御殿からつながる建物と廊下が描かれている（図６）。この中で御膳所東側廊下の斜め北側に折れる部分両側には、「御膳所物置」と書かれた付属施設が描かれ、さらに東側物置の北端には灰色に彩色が施された南へ降りる半間程度の階段状施設が存在している（図中矢印）。この絵図で灰色は石製施設に用いられており、描かれた階段はＳＫ一〇七で確認された南へと降りる石段であると推定された。加えて遺構の主軸、位置、構造、規模などがこの地下室とほぼ整合することから、溶姫御殿御膳所で使われた地下貯蔵施設であったことが窺える。さらに南側床面に造られた小施設は、内側に蓋が乗せられる切り込みが設けられていたことから、床下収蔵庫であった。あるいは加賀藩が夏用に保存していた氷（雪）を入れて冷蔵するような施設であった可能性もあろう。

●ゴミ廃棄遺構（SK一一〇）

調査区中央SK一〇七の南側から確認された南北一・四メートル、東西一・六メートル、深さ一・二メートルの方形の土坑である。埋土からは、磁器碗・皿、陶器徳利・土瓶、かわらけ、土製品、瓦、漆漉し紙などの人工遺物の他に多量の食物残滓が出土し、こうした日常ゴミの廃棄土坑として利用されたものと考えられる。

埋土からは三つ葉葵の軒丸瓦が出土している（図7）。これまでに出土した一九世紀の三葉葵瓦は少なく、軒丸瓦に限られている。一方、御殿は桟瓦葺とみられることから、軒丸瓦は御殿の下がり棟あるいは築地塀などで使用されたものと判断される。明確には使用された場所の特定はできないものの溶姫御殿に伴う遺物と評価できる。

この他には、動物遺体が多く出土している。これに関しては八章を参照されたい。

【引用・参考文献】
追川吉生　二〇〇二「総合研究棟（文・経・教・社研）地点発掘調査概報」『東京大学構内遺跡調査研究年報』三　東京大学埋蔵文化財調査室

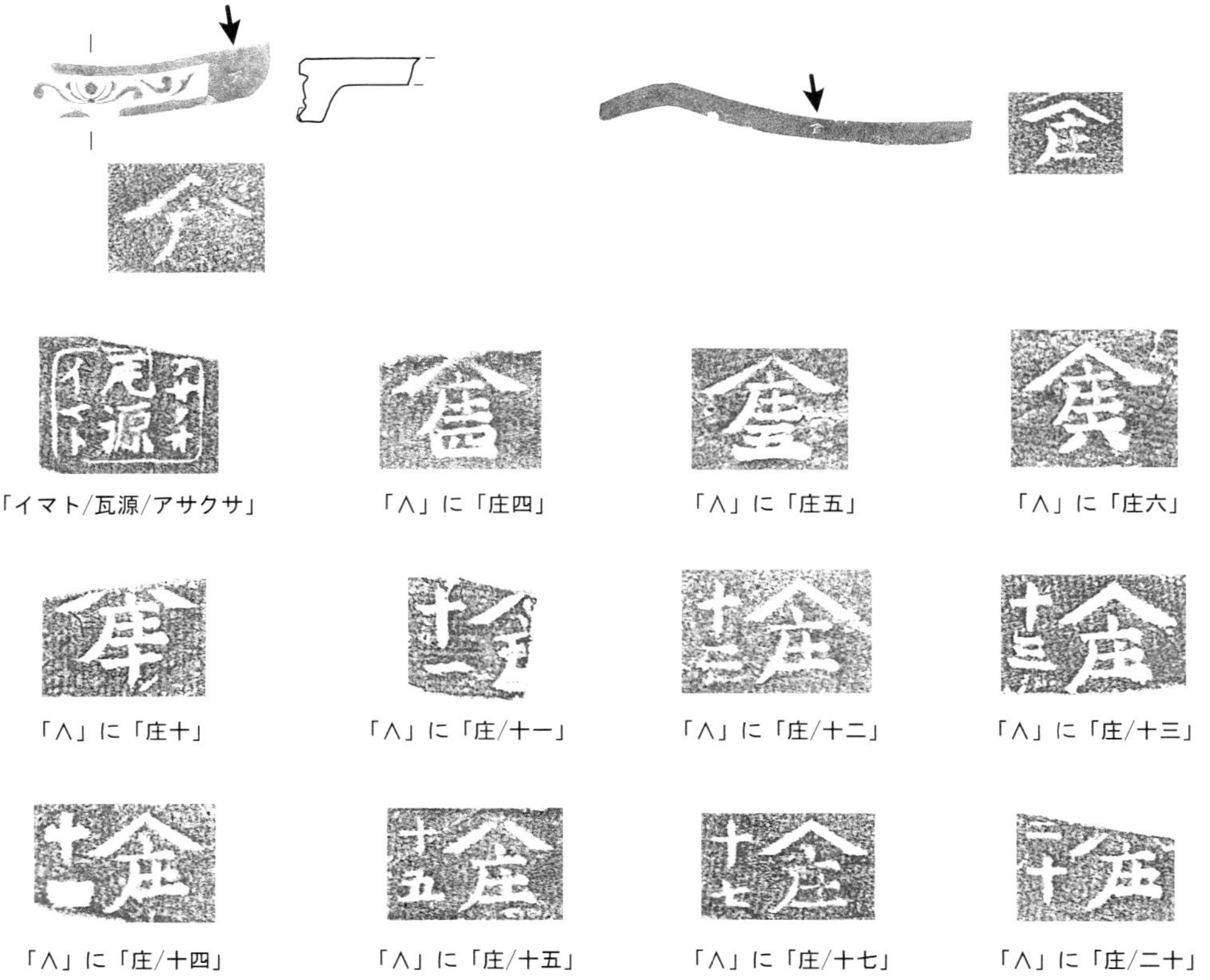

図3　SK107から出土した瓦に押されていた刻印

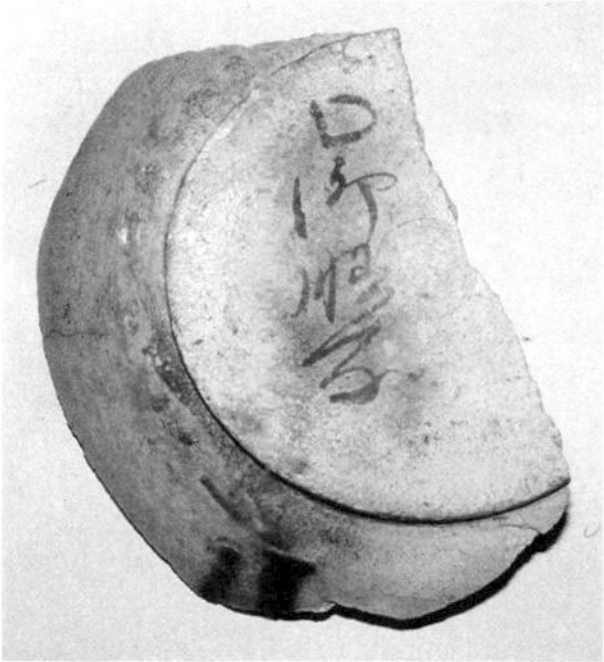

図4 「御膳所」の墨書

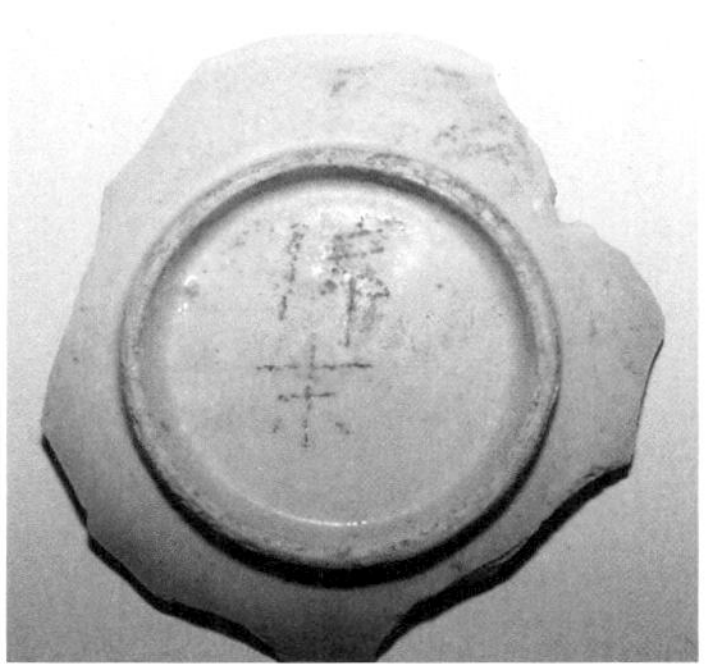

図5 「御末」の刻書

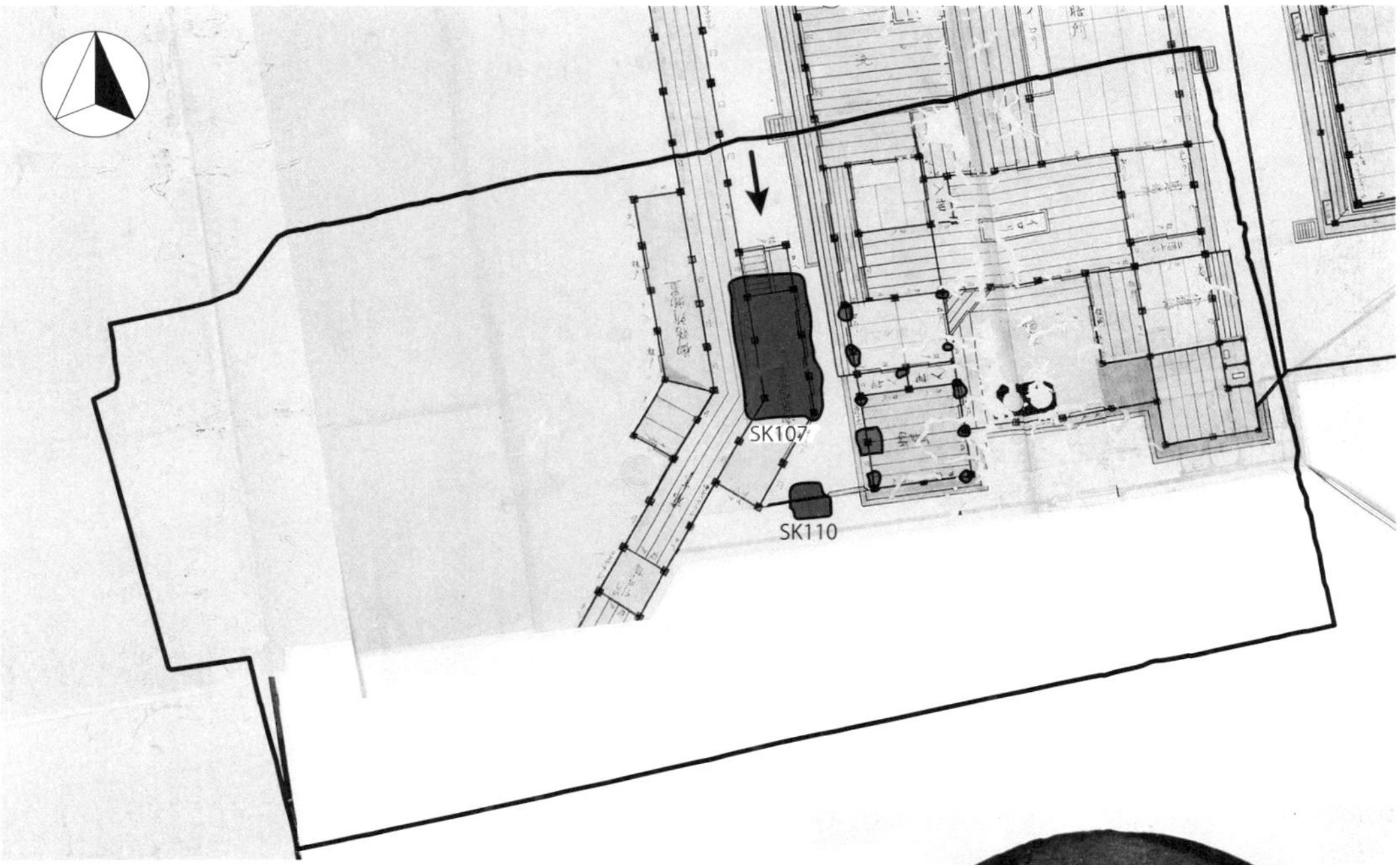

図6 総合研究棟（文・経・教・社研）地点 SK 107・SK110 の位置）
「江戸屋敷総図」（金沢市立玉川図書館所蔵）に一部加筆

図7 SK110から出土した三葉葵紋

情報学環・福武ホール地点

成瀬晃司

情報学環・福武ホール地点は、赤門の北側に位置する。調査は平成十八年六月五日〜十二月八日にかけて、一七六六平方メートルを対象に実施され、総数一一九八基の遺構が検出された。ただし検出遺構にこれまでの加賀藩本郷邸の調査では認められなかった地下式麹室が調査区ほぼ全域にわたって分布していること、ゴミ捨て場として転用された遺構の廃棄遺物に、マグロ、カキ、アカガイなど特定の魚介類が多量に廃棄されていたことなどの調査状況に加え、絵図との対比から、本地点のほとんどのエリアが溶姫が輿入れした一八二七（文政一〇）年の前年まで本郷六丁目に帰属する町屋であったことが確認された。この町屋は御住居建設に伴う藩邸区画変更と御住居表門周辺の火除地確保のために、一八二六（文政九）年に内幸町などへの移転が申し渡された区域に該当する。図1にグレーで示したラインが文政一〇年以降の本郷邸地境に相当する。地境施設のうち、二三ライン付近をほぼ東西に伸びるＳＤ八は両側に間知石を積む石組排水溝であるが、絵図との比較から文政九年以前から町屋と藩邸の地境として機能していた遺構と位置づけられる。地境ラインがL字状に折れ南北方向に伸びる線上にＳＤ五〇が存在する。ＳＤ八同様に間知石で構築された石組排水溝であるが、本遺構は位置関係から、文政一〇年の屋敷割り変更時に新設された排水溝であることが確認された。この石組排水溝の延長は、赤門南側で調査を行った伊藤国際学術研究センター地点（東京大学埋蔵文化財調査室二〇一二）および経済学研究科学術交流棟地点（同二〇一二）においても検出された。これらの位置関係から文政一〇年以降に描かれた絵図と比較的正確に対比することが可能となり、その成果を踏まえ調査地点と絵図を対比させたのが図2、3である。

図2は、一八四〇年代に作成された「江戸御上屋敷物惣御絵図」（金沢市立玉川図書館所蔵）の一部である。藩邸地境がL字状に折れた外側に番所が描かれており、その南側に円形の井戸表記が認められる。位置関係からＳＥ二三九がそれに該当すると考えられる。ただし番所に関連する遺構は撹乱の影響もあり検出されなかった。一方東西方向の地境の北側にはそれに隣接して「御物見」が描かれている。この物見は御住居に帰属する建物で「御物見」とあるように溶姫が外界の中山道で行われる祭礼行事などを観覧するための施設といわれ、一八二七〜三五（文政一〇〜天保六）年に刊行された「加賀鳶行列図（加賀鳶繰出の図）」（早稲田大学演劇博物館所蔵）（松本二〇〇〇）に総二階建ての建物として描かれている。図3は、一八六三（文久三）年以降の制作とされる「御上屋敷御殿惣絵図」（前田育徳会所蔵）の一部であるが、図2で物見が位置した区域が更地になっていることが窺われる。調査地点との対比から物見のおよそ東半分が調査区域内に位置していることが確認されるが、それに関連する基礎遺構は検出されず、該当位置からはＳＫ一〇とした大形土坑が検出された（図1、4）。

ＳＫ一〇は不整長方形を呈し、東西最大長九九〇

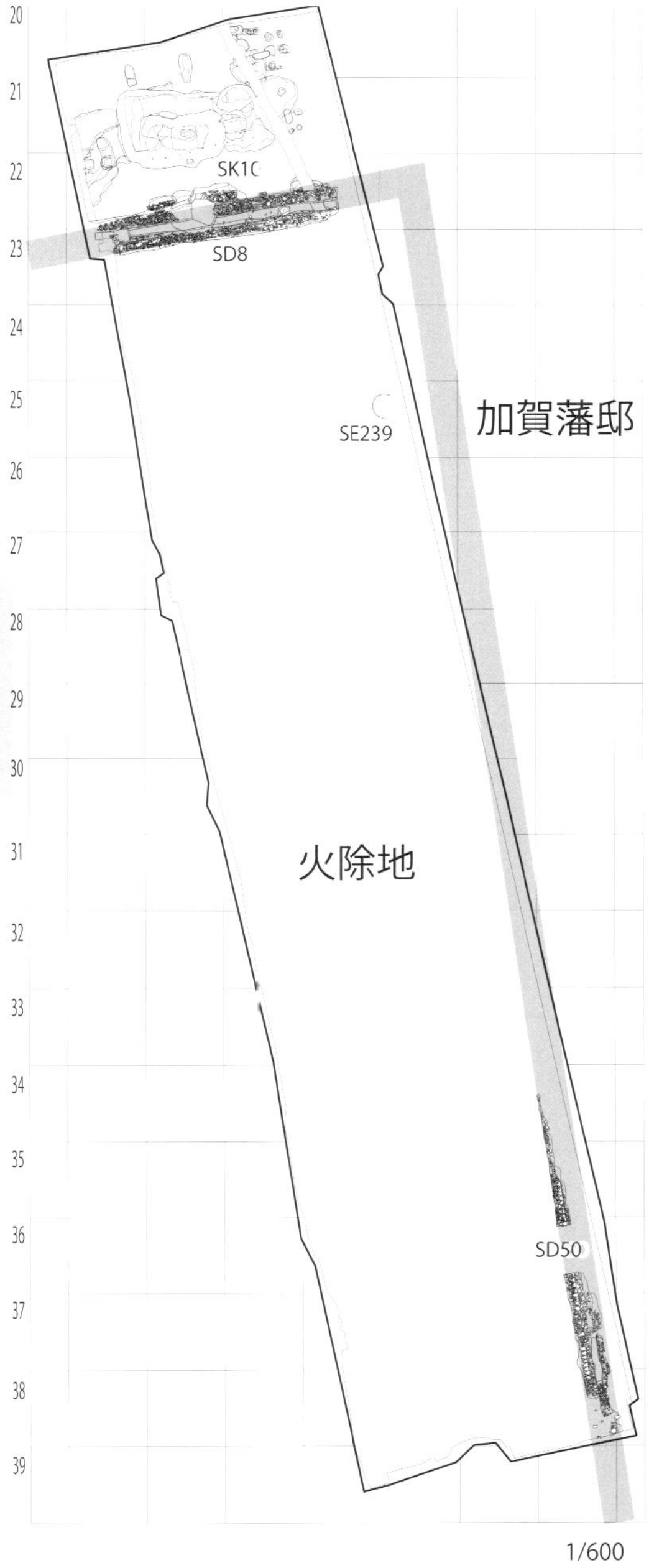

図 1　文政 10 年以降の遺構配置と屋敷割

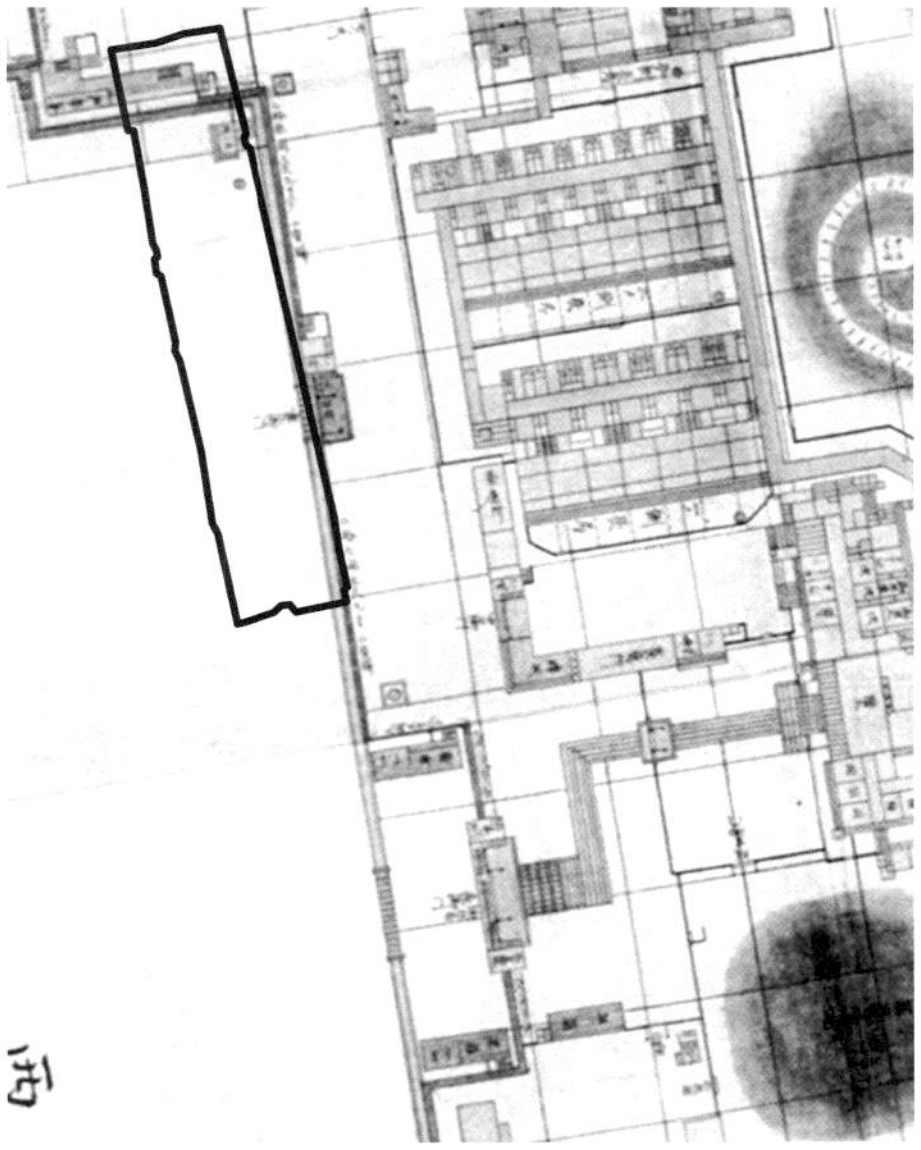

図 2　天保年間頃の御住居図と調査区の対比
金沢市立玉川図書館所蔵「江戸御上屋敷惣御絵図」

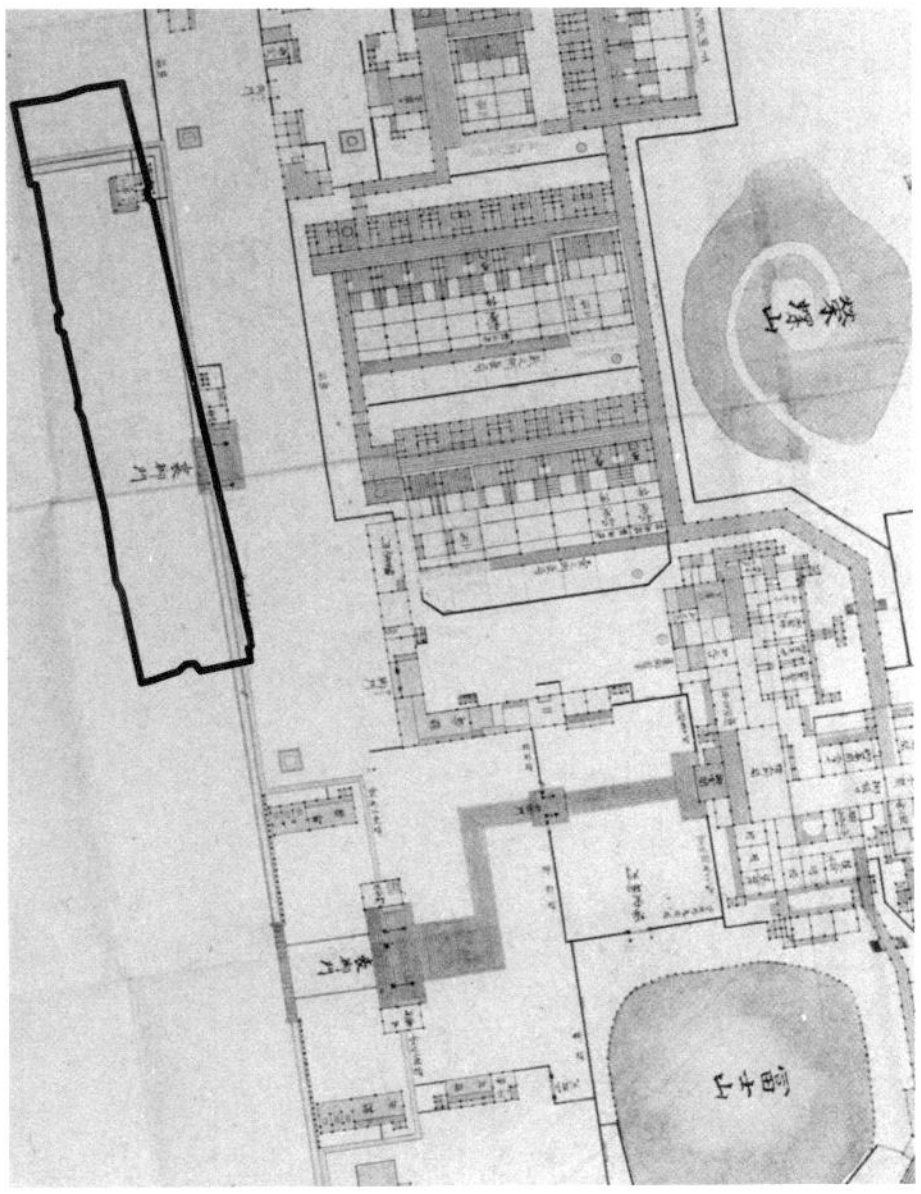

図 3　文久 3 年以降の御守殿図と調査区の対比
（（公財）前田育徳会所蔵「御上屋敷御殿惣絵図」より作成）

図5　8層中に廃棄された陶磁器類

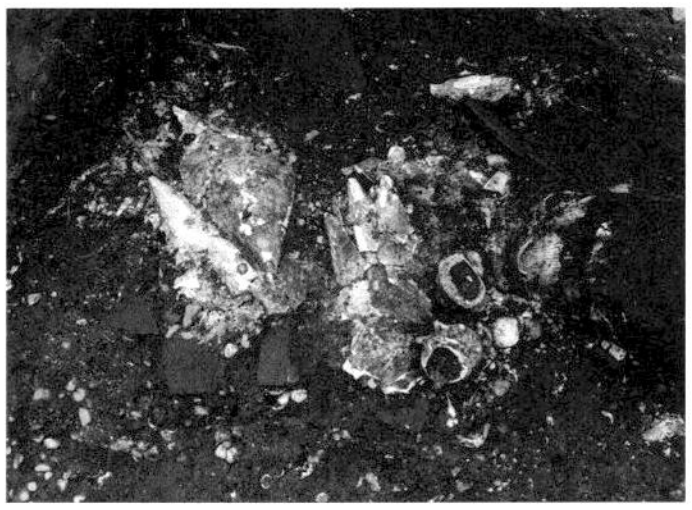

図6　8層中に廃棄された食物残滓

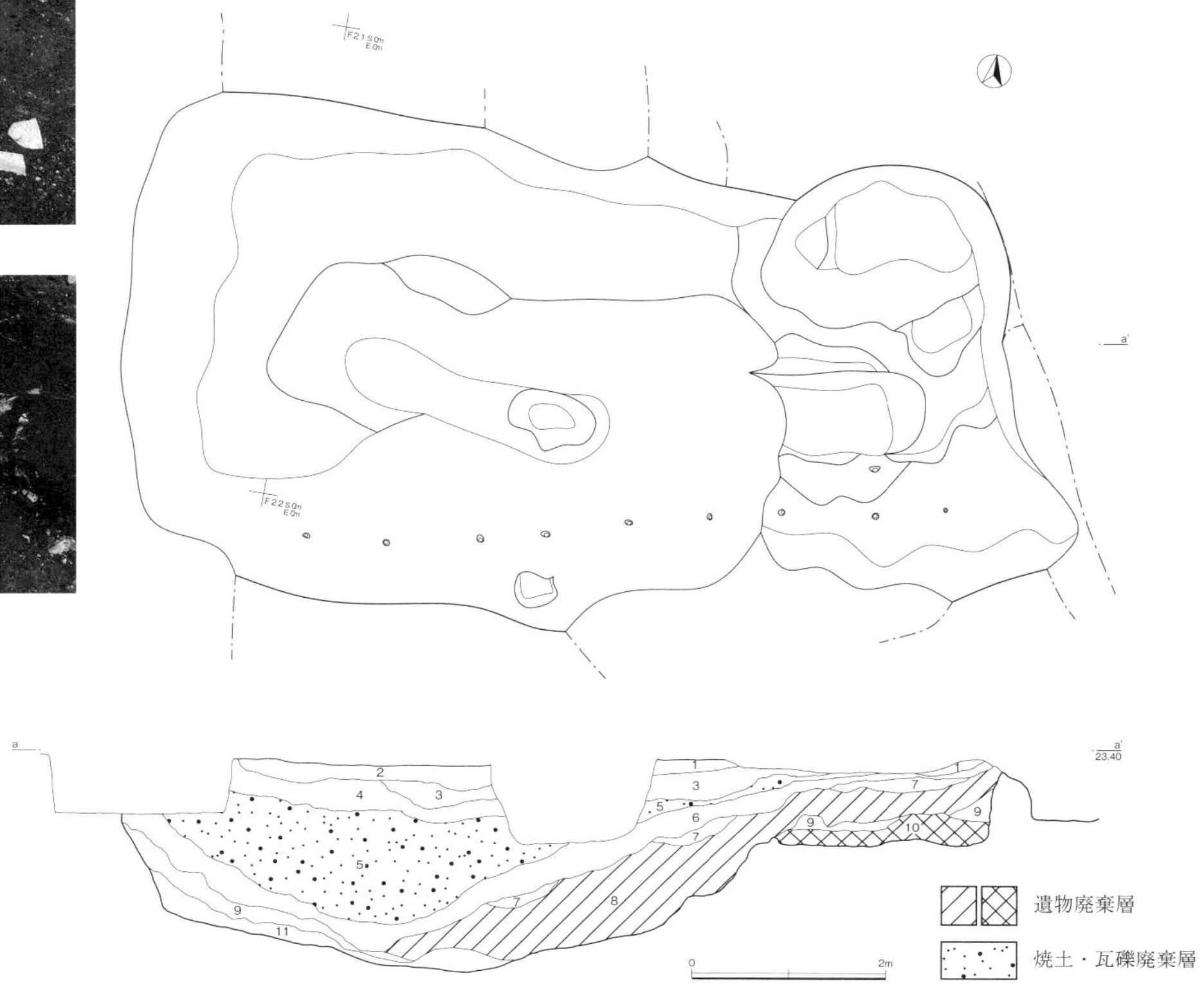

図４　SK10

センチメートル、南北最大長五二〇センチメートル、確認面からの深さ最大二三〇センチメートルを測る大形土坑である。東側では一段テラス状の平坦面を有し、北壁から西壁に沿ってL字状のスロープが伸び、南西角付近で坑底に達する。このスロープをはじめ壁面、坑底ともに工具痕が認められることから、土採りを目的として掘削された遺構と推定される。本遺構はその構築目的に加え、埋積土に大きな特質を有している。出土遺物の検討は後節に委ねるが、以下、層順に従い各層の様相を述べる。

東西方向の土層堆積状況を図4に示した。おおむねレンズ状堆積を呈している。

東側テラス部を中心に埋積した一〇層からは多量の瓦片が出土した。瓦片には、軒丸瓦、軒平瓦、丸瓦、平瓦が多く含まれ、本瓦葺きの建物との関連が指摘できる。その他には熨斗瓦、青海波瓦、鬼瓦など棟を形成する瓦片も一定量含まれていた。これらの多くには漆喰が付着しており、使用済み瓦であることが確認されるが、被熱した痕跡はなく建物解体や屋根修繕による葺き替え時に廃棄されたことを示している

一〇層のほぼ直上には東から西方向への流入傾向を示す八層が埋積している。本層はやや灰色を帯びた暗褐色土層で層中からは陶磁器、土器、金属製品、石製品など多量の日用生活品類が出土した(図5)。それら人工遺物に加え多量の魚介類(食物残滓)も含まれていた(図6)。陶磁器、土器類の最少推定個体数は一〇六五個体を数え、完形率も比較的高い傾

向が看守される。出土した銭貨に、一八六三〜六七（文久三〜慶応三）年に鋳造された文久永宝が含まれていること、底部に一八六一（文久元）年の墨書が認められる石皿が存在することなどから、文久年間初頭前後を上限とする一括資料として位置づけられる。

八層から薄い間層を挟み遺構内ほぼ全域にわたり五層が埋積している。本層はほぼ純粋な焼土層で多量の瓦が含まれていることから、火災時の瓦礫整理層と位置づけられる。出土した瓦片は著しく被熱し火熱の凄まじさを物語っているが、一〇層との相違点として桟瓦主体の組成を示している点があげられる。文久年間を含む八層上に堆積していることから、藩邸最後の被災にあたる一八六八（明治元）年閏四月の火災に比定される。また本層の特徴として瓦の出土量に対し、陶磁器類がほとんど含まれていないことがあげられる。

以上の埋積土及び出土遺物の特徴を溶姫御殿内の動向と比較すると、以下の背景が推定される。

溶姫は、一八二七（文政一〇）年の輿入れ以降、本郷邸内の御殿で生活していた。輿入れ当初は居住区を御住居と称していたが、一八五五（安政二）年に発生した安政江戸地震の翌年に御守殿と改称された。地震による御殿被害の詳細は不明点が多いが、赤門保存部材に「一八五七（安政四）年」銘の資料が認められることから、門を含めた建物が被災し修繕が行われていたことは確かであろう。その後、溶姫は参勤交代制度緩和の翌一八六三（文久三）年に初めて金沢入りをしている。しかし金沢での滞在はわずか一年で終わりその翌年には再び本郷邸に戻っている。しかし、いよいよ維新軍の江戸攻めの気運が高まった一八六八（慶応四）年三月に自身の身の安全を図るため再び金沢入りし、五月に金沢の地で生涯を終えている。即ち、御守殿を含む藩邸大半が灰燼に帰した明治元年の火災時には、御守殿は空御殿になっていたことが判る。

五層出土遺物が文久年間を中心とした様相を示していることを軸に、溶姫御殿の動向を踏まえると、一〇層出土遺物は、安政地震被害による屋根修繕などに伴い廃棄された瓦の可能性が高く、五層出土遺物はそれ以降に御殿内で用いられた日常品の廃棄資料であるが、その完形率の高さと一括性から出土資料の多くは一八六八年金沢入りを契機とした一括廃棄資料と推定される。

このような遺構埋積土から得た情報から、ＳＫ一〇は「物見」解体後に構築された遺構と位置づけることができ、「物見」の解体は安政地震に関連する可能性を指摘することができる。

【参考文献】

東京大学埋蔵文化財調査室　二〇〇八「情報学環・福武ホール地点」『東京大学構内遺跡調査研究年報』六
東京大学埋蔵文化財調査室　二〇一一「経済学研究科学術交流棟地点」『東京大学構内遺跡調査研究年報』七
東京大学埋蔵文化財調査室　二〇一二「伊藤国際学術研究センター地点」『東京大学構内遺跡調査研究年報』八
松本裕介　二〇〇〇「加賀藩本郷邸を描いた絵画史料の紹介」『加賀殿再訪』東京大学総合研究博物館

伊藤国際学術研究センター地点

成瀬晃司

伊藤国際学術研究センター地点は、赤門の南側に位置する。調査は二〇〇九年七月三〇日～二〇一〇年二月一二日にかけて、約一七一〇平方メートルを対象に実施された。調査の主体となった近世から近代にかけては、一八二七(文政一〇)年の溶姫輿入れに伴う屋敷割り変更以降の遺構面二面、それ以前の遺構面一面が確認され、総数一二五三基の遺構を検出、コンテナ八四〇箱の遺物が出土した。

しかし全体的な様相として調査区ほぼ中央に位置した学士会館分館解体範囲は、ローム層まで達する大きな撹乱を受けていたため、小遺構はほぼ消失し、地下室、井戸などの大形遺構がかろうじて遺存する状況であった。また本地点も情報学環・福武ホール地点同様に地下室麹室や特定動物遺体廃棄遺構のあり方から、調査区の大半が溶姫輿入れの前年まで本郷六丁目町家に帰属することが確認された。それ以前の藩邸地境は、T～Uライン以東の調査区張出区画付近に該当し、それに関する塀跡、門跡などの藩邸関連遺構が検出されている。よって遺構、遺物の大半は、町屋に帰属する資料である。

図1にグレーで示したラインが一八二七年以降の本郷邸地境に該当する。既存建物や撹乱の影響でかなり遺存状況は悪く断片的ではあるが、情報学環・福武ホール地点から続く藩邸外周石組排水溝が検出された(ＳＤ六〇、ＳＤ九五、ＳＤ八四〇)。溝幅は約一メートルを測り、溝底には漆喰が貼られていた(図6)。情報学環・福武ホール地点ＳＤ八(東京大学埋蔵文化財調査室二〇〇八)、懐徳門地点ＳＡ〇一(東京大学埋蔵文化財調査室二〇一一)など溶姫御殿建設による地境変更部以外で検出された地境石組溝はいずれも幅数十センチメートルで漆喰貼りの痕跡も認められていないことから、溶姫御殿周囲に新設された排水溝の特徴であると推定される。石組排水溝の西側では、撹乱を免れ断片的にではあるが、町屋遺構面をパックした砂利敷硬化面の拡がりが確認された(網掛け部分)。溝の東側では認められないことから、町屋移転後に設置された火除地の舗装面と考えられる。石組溝東区域からは、東西方向に伸びるＳＢ三、長方形建物を復元できるＳＢ一六、ＳＢ三三、ＳＢ一四八が検出された。

本地点の南側に隣接する経済学研究科学術交流棟地点調査区北部で検出された東西方向に伸びる石組溝は、規模、構造から本遺構の延長であることが確認され、絵図に認められるクランク部に対比することができる。それを基準として調査区と絵図の対比を試みた。図2は一八四〇年代に制作された御住居図で、表門からの袖塀が調査区北端にかかり、藩邸地境の東側には南北方向の土蔵が描かれている。図3は一八六三(文久三)年以降に描かれた御守殿図で、調査区北端は袖塀北側の「腰掛け」にかかっている。土蔵は南側約三分二が解体され縮小されていることが判る。また調査区南端付近の藩邸地境クランク部の北側には塀に接して「御物見」が描かれている。

さて検出遺構と絵図記載施設についてさらに検討を加える。図4は一八二七年以降に比定される主要遺構配置図である。先述したようにＳＤ六〇とＳＤ

九五は同一遺構として南北方向に伸びている。一方それにほぼ直交するSB三は礎石を有する注穴列で、比較的大形の方形切石などが使用されている。礎石は一間間隔で配置されていることが復元でき、SD

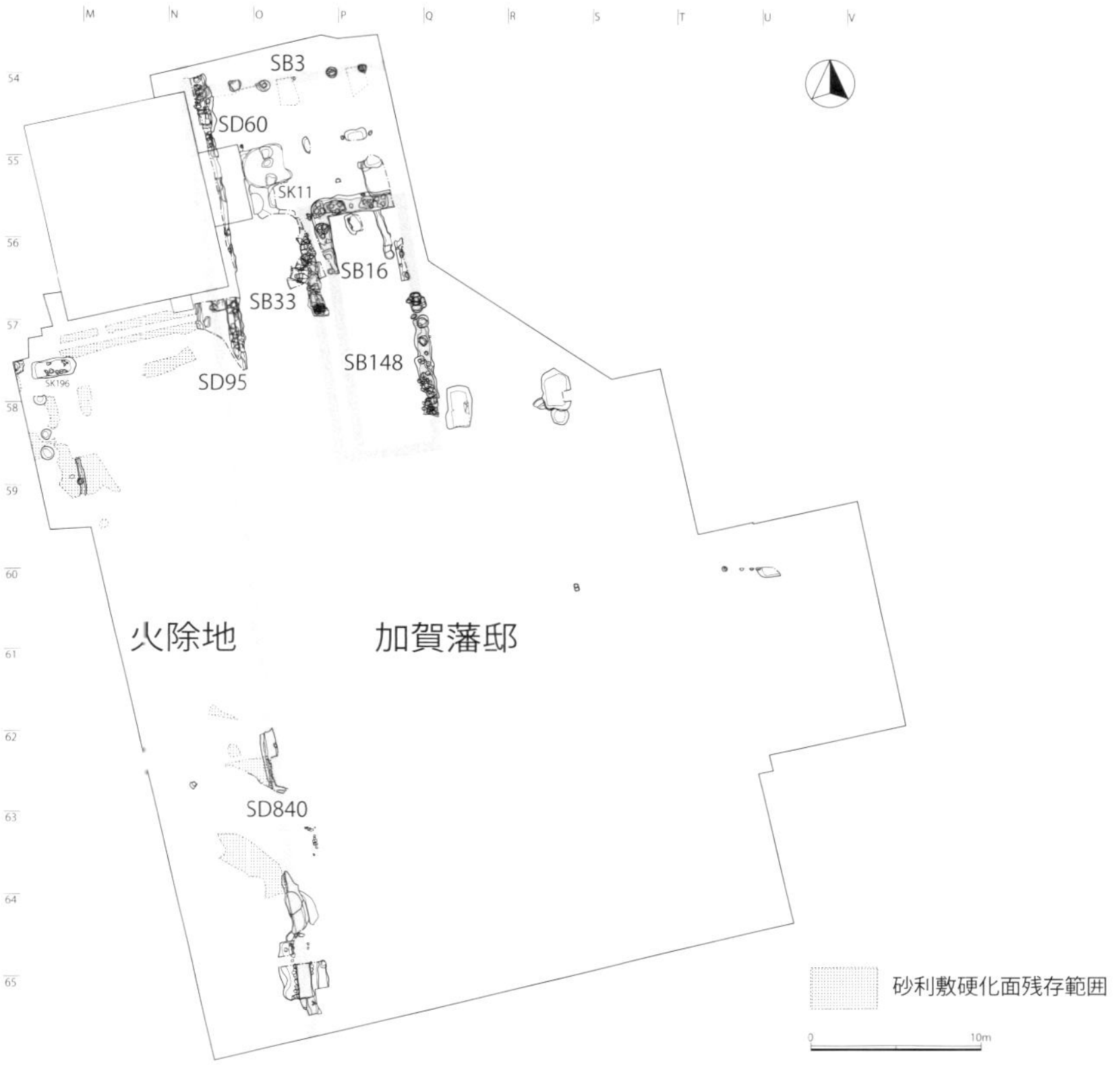

図1　文政10年以降の遺構配置と屋敷割

図２ 天保年間頃の御住居図と調査区の対比
（金沢市立玉川図書館所蔵「江戸御上屋敷惣御絵図」より作成）

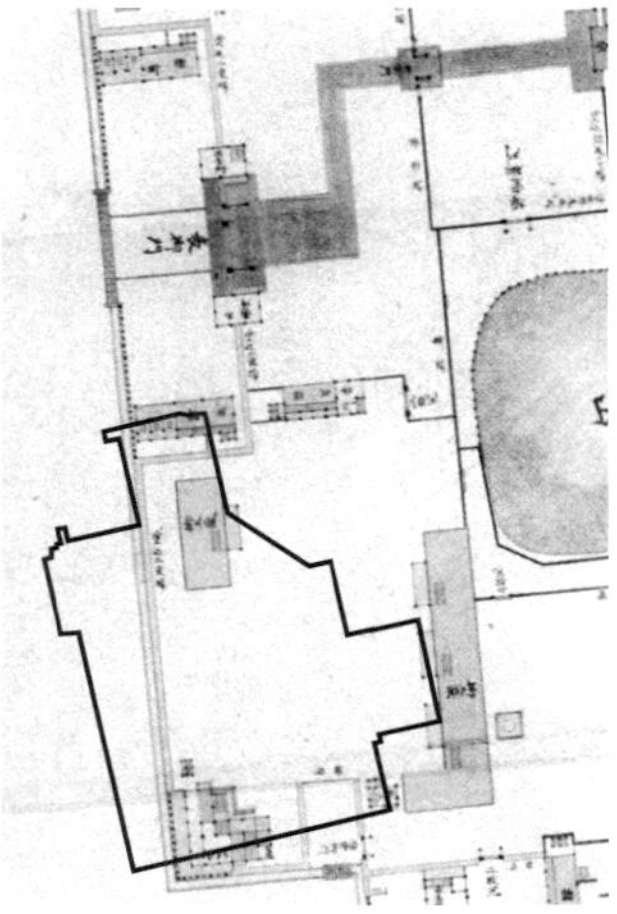

図３ 文久3年以降の御守殿図と調査区の対比
（前田育徳会所蔵「御上屋敷御殿惣絵図」より作成）

六〇の東側側縁石がその延長に位置していることが確認される。先ほど述べた絵図との対比から、本遺構は袖塀もしくは腰掛けに対応することが考えられる。そこで江戸時代の状況をとどめつつ正確に測量・

図示された一八八三（明治一六）年作成の「東京府武蔵国本郷区本郷元富士町近傍」（『五千分一東京図測量原図』所収）との対比を試みた（図5）。その結果、SB三は袖塀に対比され、門前を横断して北上するSD六〇に接続することが確認された。すなわち現在伊藤国際学術研究センターの一部となりレストランとして活用されている通称赤門煉瓦倉庫（旧史料編纂所書庫）北東角から約一メートル東に一九〇三年移築以前の袖塀クランク部が位置していたことが実証され、本来の赤門の位置を復元する上で貴重な成果と評価される。

　SB一六、SB三三、SB一四八は、幅約一メートルを測る布掘り内に根石を配した建築遺構である。SB一六は、坑底上に二、三個を一組とした人頭大扁平川原石を配し、その直上に瓦片を敷き詰めている（図7）。瓦片上にはほぼ半間間隔で凹部が認められ、そこに礎石が置かれていたことを窺わせる。SB一四八も同様の構築方法が採られているが、根石には数個の扁平川原石が配された箇所意外に数十センチメートル大の大形川原石が配された箇所が認められる。SB三三はさらに様相が異なり、布掘り全域に割栗石を敷き詰め残存部南端には巨石を二基配している。

　布掘り構造による基礎遺構はこれまでの近世遺跡の調査知見から土蔵基礎と判断でき、図2、3の絵図に描かれた土蔵に該当すると考えられる。SB三三の巨石には矢穴と「卍」の刻印が認められる。「卍」刻印は山上会館南側に移築保存した同地点一五〇号遺構でも認められる。同遺構は心字池東斜面上に築かれた石垣で、下屋敷時代に池を望む四阿の土台遺構として評価されている。また報告書では石垣刻印についての考察が行われ、卍刻印は加賀藩士長九郎左衛門連龍の家紋と比定している（東京大学埋蔵文化財調査室一九九〇）。刻印を有する築石は、本郷邸において一七世紀代に構築された石垣にのみ認められることに加え、本遺構の刻印巨石が不整形で、もう一基の巨石には十字状に矢穴が残っていることから、邸内に保管されていた未製石材を利用したと考えられる。

　この土蔵は図5に描かれているように、明治以降も大学倉庫として利用された。一九〇〇年の赤門写真（資料65）にも富士山の木立の奥手に写っており、入母屋造りであったことが確認される。

【参考文献】

東京大学埋蔵文化財調査室　一九九〇『東京大学本郷構内の遺跡　山上会館・御殿下記念館地点　第一分冊　山上会館地点の調査』

東京大学埋蔵文化財調査室　二〇〇八「情報学環・福武ホール地点」『東京大学構内遺跡調査研究年報』六

東京大学埋蔵文化財調査室　二〇一一「懐徳門地点」『東京大学構内遺跡調査研究年報』七

東京大学埋蔵文化財調査室　二〇一二「伊藤国際学術研究センター」『東京大学構内遺跡調査研究年報』八

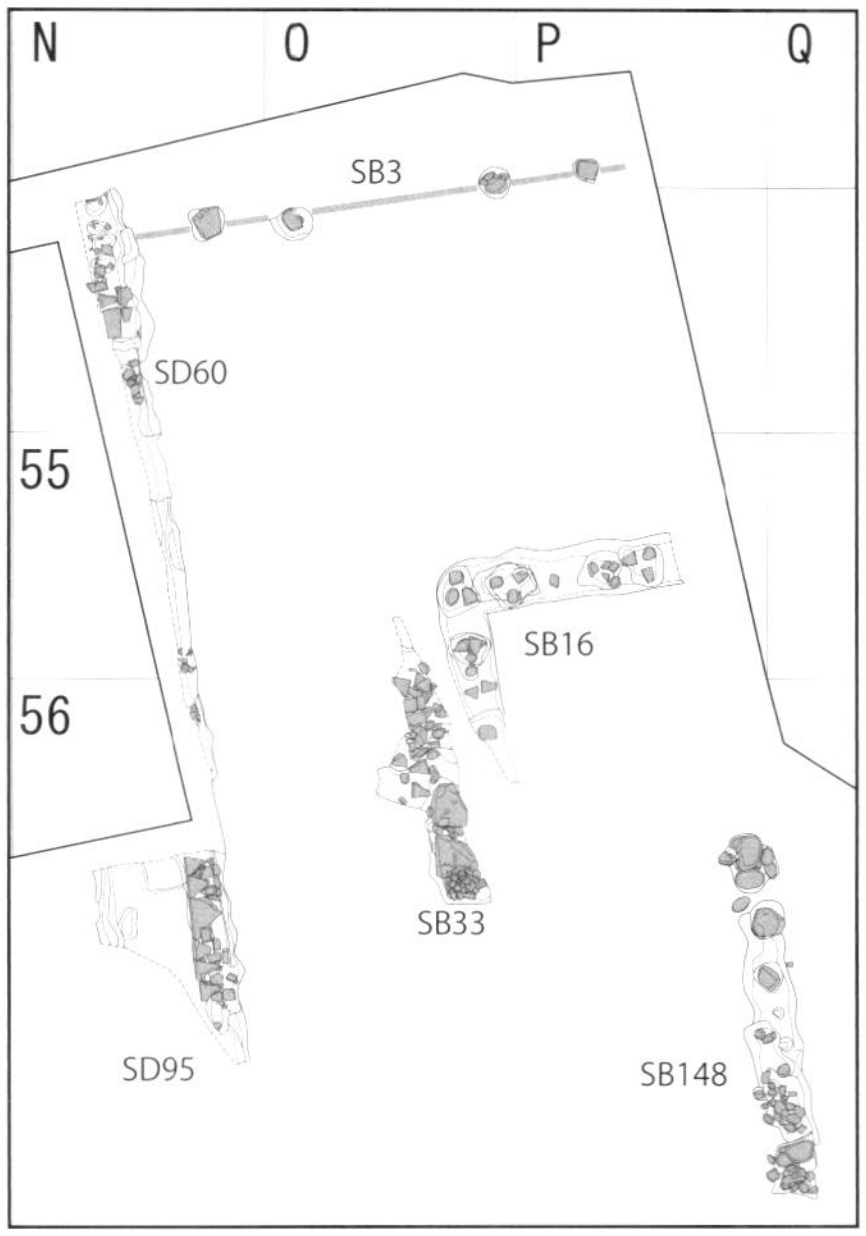

図4　溶姫御殿関連遺構

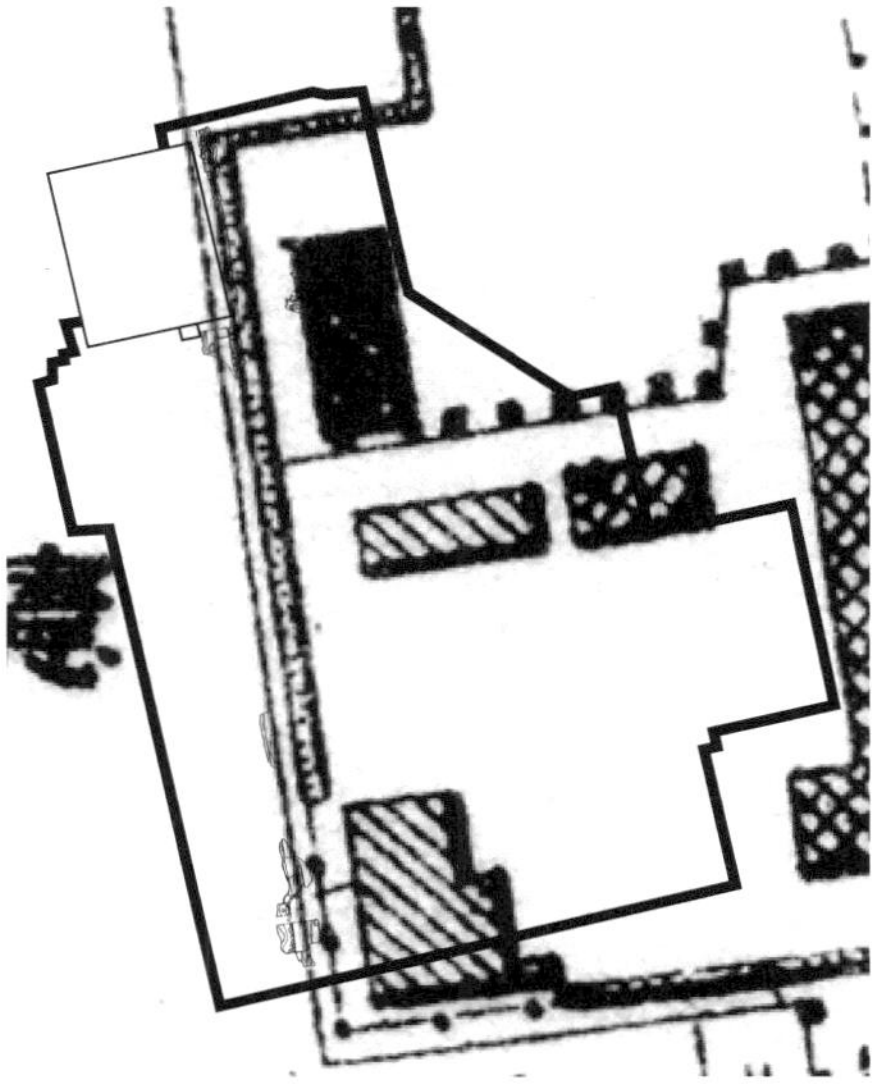

図5　明治16年の地形図と調査区の対比
「東京府武蔵国本郷区本郷元富士町近傍」
『五千分一東京図測量原図』より作成

図6　SD95石組検出状況
（文政10年に構築された藩邸外周石組排水溝）

図7　SB16土蔵基礎
文政10年に構築された御住居土蔵基礎。布掘り内に根石を置き（左）、その上に瓦片を充填している（右）。
礎石は抜き取られていたが、瓦層直上に凹みが確認された。

アカデミックコモンズ地点

堀内秀樹

◎調査の概要

発掘調査は、総合図書館北側の建築予定範囲一六七五平方メートルについて、一次調査は二〇一三年九月〜二〇一四年三月、二次調査は同年八月〜一〇月の二回に分けて行われた。調査区は、一九八四年に東京大学臨時遺跡調査室（当時）によって行われた法学部四号館地点と文学部三号館地点に挟まれたエリアとその南側が含まれている。

調査では、旧石器時代、縄文時代、江戸時代、明治時代の遺構・遺物が確認された。江戸時代は上下二面の遺構面が検出され、このうち上面が溶姫御殿関連の遺構面であった。上面は調査区北側を中心に拡がる硬化面（A面）とそれに伴う遺構とで構成される。主な遺構は、石組溝（SD一、SD六七）、便所遺構（SK一〇九、SK一二三、SK二〇四、SK六四六、SK六七二）、井戸（SE一八八、SE八五二）、土坑（SK一二一）などである。これらの遺構を、現存している溶姫御殿を描いた「江戸屋敷総図」（金沢市玉川図書館所蔵）に照射したものが図1下である。検出された遺構との位置関係が一致していることで、場所および遺構の機能が特定された。また、これらの遺構の埋土上層には焼瓦を多く含む焼土層が伴っていたことより、一八六八（明治元）年に御殿の多くの殿舎が焼失したと書かれた火災記録とも合致する。

◎溶姫御殿関連遺構・遺物

江戸時代上面から建物基礎遺構が全く確認されなかったことから、本来の生活面が近代以降に削平されたことが想定された。他地点の状況から、遺構の確認面は五〇センチメートル程度下がっている可能性が高い。また、遺物は御殿内であることから、日常生活による廃棄遺物は少なく、この面からの出土遺物の多くは明治元年の火災に伴うものであった。

●硬化面（A面）

硬化面は、調査区北側から確認され、状態の良好な場所では二〜三枚の薄い層を版築状にし、一〇〜一五センチメートルの厚さで構築されていた。先述した絵図面との照射から、硬化面エリアは、「三ノ側長局」と「長局土蔵」との間にある建物がない空間地で、人などが往来する場として利用されたと考えられる。

●石組遺構（SD一、SD六七）

図1上で示したように二棟の長局外周を巡るように構築された石組み溝は、「江戸御上屋敷惣御絵図」（金沢市立玉川図書館所蔵）をみると南側が「三ノ側長局」、東側が「三ノ側続長局」と書かれている長局外周に造られていた。溝内埋土上部には焼瓦を多量に含む焼土が堆積しており、明治元年の御守殿全焼によって廃絶したと判明した。組まれていた石は、間知石の他に規格、石材など多様な切石が用いられていたことから、他から転用・再利用されたことが推定された（図2、3）。間知石が使用されていた部分では、最大四段の石が積まれていた。この石組は

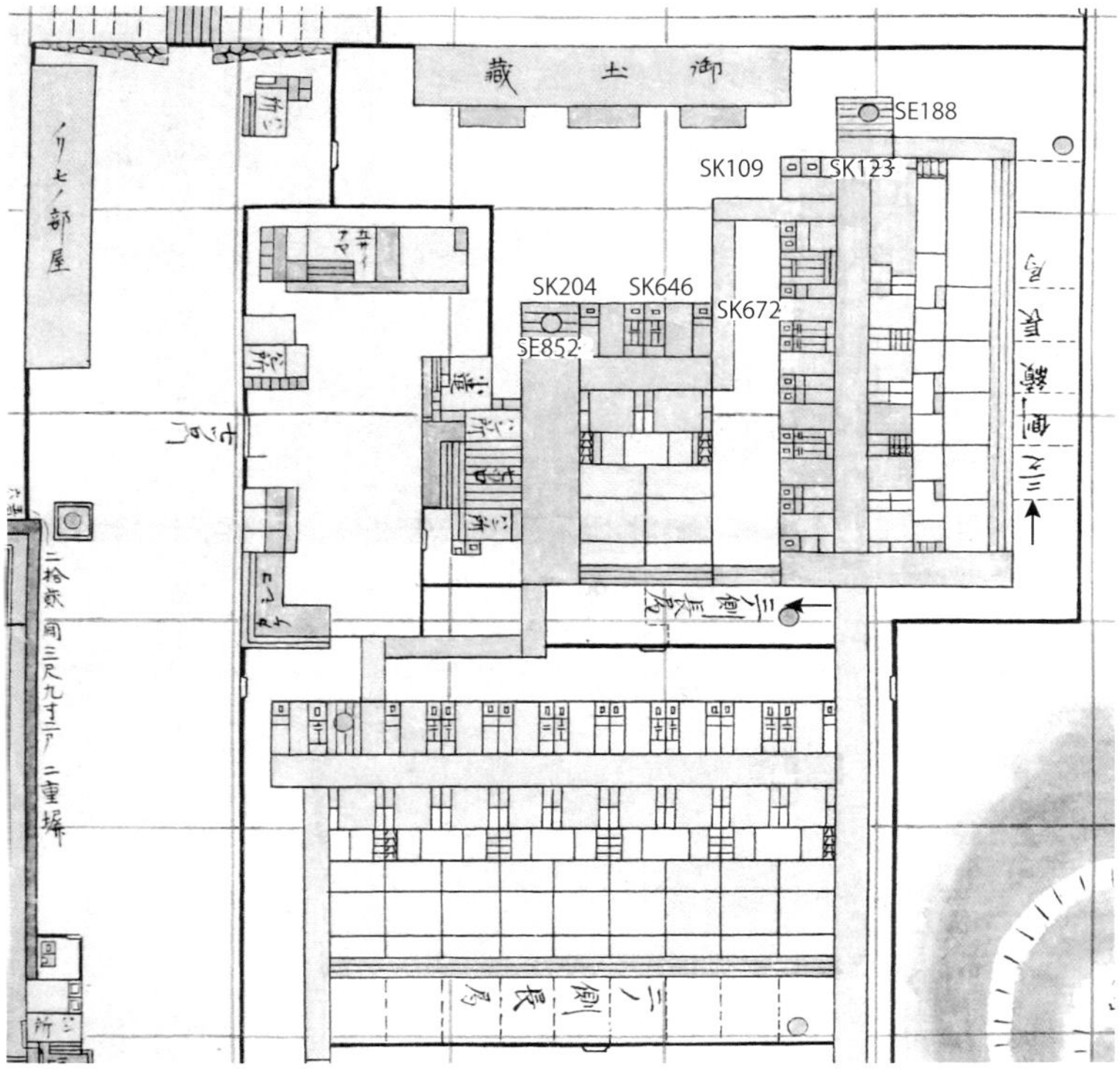

「江戸御上屋敷惣御絵図」(金沢市立玉川図書館所蔵)に一部加筆

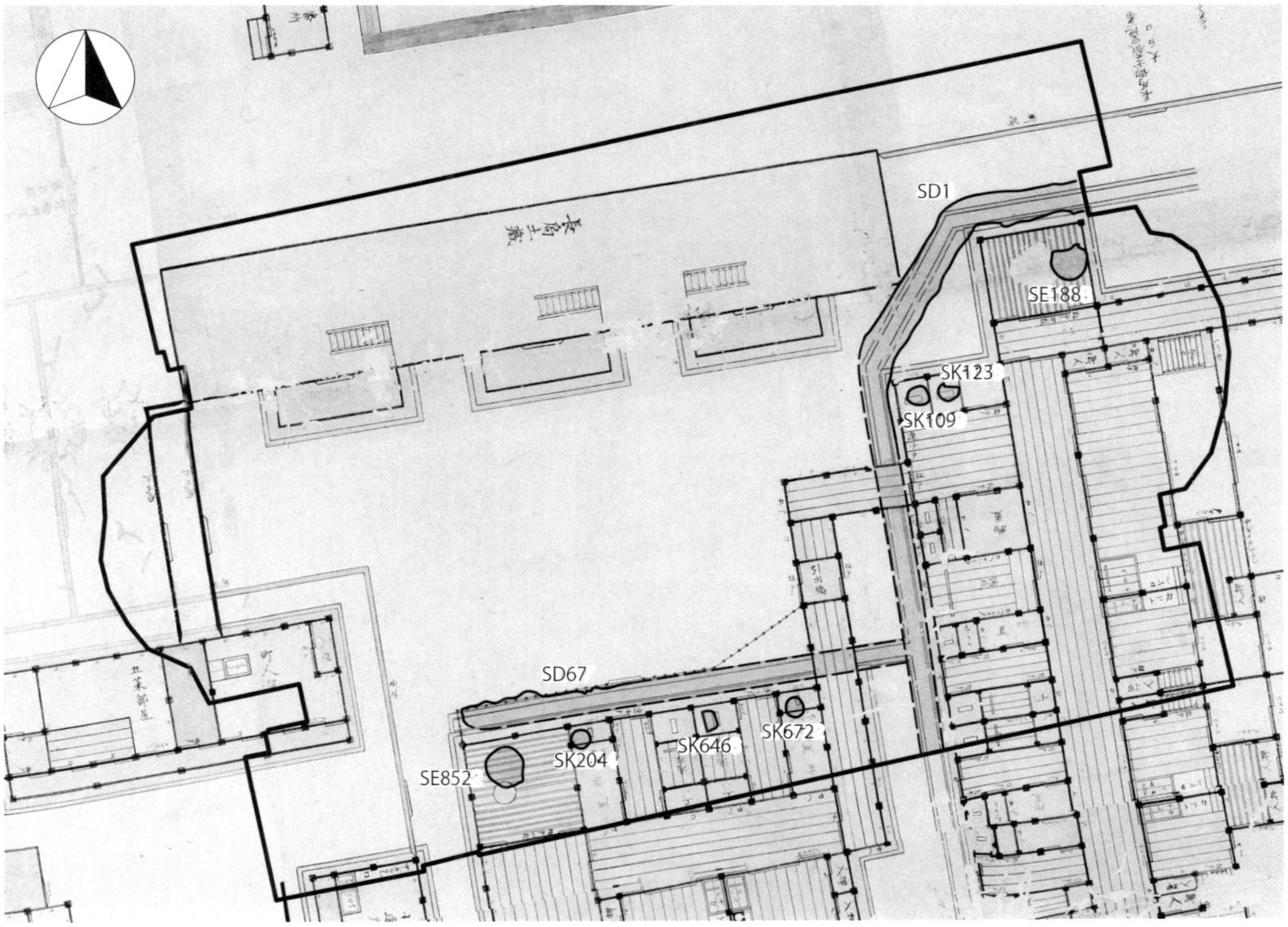

「江戸屋敷総図」(金沢市立玉川図書館所蔵)に一部加筆

図1　アカデミックコモンズ地点 SD1・67、SK109・123・204・646・672、SE188・852 の位置

一九八四年の文学部三号館地点の調査でも確認されており、文学部三号館地点内で東から北方へ折れることが判っている。遺構の構造、傾斜などから御殿回りの排水溝であると考えられる。

●便所遺構と出土遺物（ＳＫ一〇九、ＳＫ一一三、ＳＫ二〇四、ＳＫ六四六、ＳＫ六七二）

五基の便所遺構と推定できる遺構が確認されている。いずれも径一メートル程度の掘り込みに炭化した状態の桶状木製品が埋設されており、その底部には便が白化したと思われる堆積土が確認されている。遺存状態の良好なＳＫ二〇四、ＳＫ六四六、ＳＫ六七二には白化した堆積土の上部に明治元年の火災と思われる焼土層が認められた（図４）。

図2　SD1石組廃水遺構1

図3　SD1石組廃水遺構2

図4　SK204土層堆積状況

図5　SK204遺物出土状況

図6　SK672遺物出土状況

このうちSK二〇四からは複数本の銅製の笄、銅鏡、銭、肥前磁器皿（図5）、SK六四六からは瀬戸・美濃磁器碗、SK六七二からは銅製の笄、銭、肥前磁器皿、瀬戸・美濃徳利（図6）などが出土した。特に笄、鏡など女性装飾具が多いことから、調査地が女の居住区域であったことが傍証できる。大名の江戸上屋敷は、基本的には江戸詰の家臣の空間と御殿とで構成され、女性が居住する場所は奥御殿および江戸定府の家臣の建物に限定される。こうしたことから藩邸から櫛、かんざし、笄、紅皿など女性装飾具や化粧道具、子供の玩具類などの出土は総じて少ない。SK二〇四などから出土したこうした遺物は、奥御殿の性格を表す資料とも言える。さらに便所の堆積物に関して女性と関連づけられる成果が確認されたが、詳細は後節を参照されたい。

これらの遺構は、位置関係から「江戸御上屋敷惣御絵図」に記載されている便所との対応ができた。SK一〇九、SK一二三は「三之側続長局」、SK二〇四、SK六四六、SK六七二は「三之側長局」にある便所であると推定された（図1）。また、溶姫入輿直後の一八二八（文政一一）年に書かれた「御住居御絵図」（前田育徳会所蔵）には長局の部屋割りが記されている。これによると当該地点の三ノ側長局には御右筆、御次、御三之間、呉服之間が居住していたのに対して、三ノ側続長局には御末頭、御仲居、御使番、御半下など比較的低い職の女中が居住していたことが確認できる。

図7

●井戸（SE一八八、SE八五二）

江戸の井戸は、円形に土を掘った後、その内側に底を抜いた桶を逆さに積み重ねるようにして（井戸側）、土が井戸水に入らない工夫がされている。調査により確認された井戸SE一八八は、井戸側に使われた埋桶が炭化した状態で検出された。井戸側の埋土は焼瓦を多く含む焼土で充填されており、一八六八（明治元）年の火災によって埋められたと判断された（図7）。

これらの遺構も位置関係から「江戸御上屋敷惣御絵図」に記載されている井戸との対応ができた。SE一八八は「三之側続長局」の北端、SE八五二は「三之側長局」北西端にある井戸と推定された。また、文学部三号館地点からも「三之側続長局」東北隅に描かれている井戸が確認されている（S八-五二号井戸）。

【引用・参考文献】

東京大学埋蔵文化財調査室　二〇一五『アカデミックコモンズ地点発掘調査報告書』（東京大学埋蔵文化財調査室HPより）

第七章

成瀬晃司

奥女中の暮らし

―情報学環・福武ホール地点ＳＫ10出土遺物の検討―

ＳＫ一〇と遺物廃棄状況

　情報学環・福武ホール地点は、北側の一部を除き、溶姫輿入れに伴い一八二六（文政九）年に屋敷引き払いを命じられた本郷六丁目町屋域に該当する。調査区北部において町屋と加賀藩邸の境界施設である石組排水溝（ＳＤ八）が検出されたが、本遺構による地境は江戸図などとの検討から、本郷邸が上屋敷となった一六八三（天和三）年に成立し、一八二七（文政一〇）年以降も加賀藩邸外周施設として幕末まで機能していたことが検証され、本遺構北側は天和三年以降加賀藩邸に帰属していた区域と位置づけられる。調査の結果、三枚の生活面が確認された（東京大学埋蔵文化財調査室二〇〇八）。

　ＳＫ一〇は、ＳＤ八の北側、加賀藩邸区域の再上面から検出された遺構で、平面形は不整長方形を呈し、東西最大長九九〇センチメートル、南北最大長五二〇センチメートル、確認面からの深さ最大二三〇センチメートルを測る大形土坑である（図1）。東側では一段テラス状の平坦面を有し、北壁から西壁に沿ってL字状のスロープが伸び、南西角付近で坑底に達する。このスロープをはじめ壁面、坑底ともに工具痕が認められることから、土採りを目的として掘削された遺構と推定される。

　本遺構では埋積土層断面の観察から、大別して三段階の埋没課程が認められた。図2は遺構東部の南北断面埋土堆積状況で、写真奥にはその東西断面も写っている。下層は遺構東側を中心に北側から埋め戻された状況が看取され、埋土中には多量の瓦片が廃棄されていた。出土した瓦には漆喰の付着が認められる事例があること、被熱した瓦が皆無であることから、建物解体や瓦の葺き替えに伴って廃棄された一群と考えられる。中層は、西側土層断面にも観察され、遺構ほぼ全域に堆積した状況が看守される。白い斑点状に写っているものは磁器や貝で、それ以外にも陶器、土器、金属製品、石製品、ガラス製品などの人工遺物と魚骨などの自然遺物が大量に廃棄されていた。上層は、多量の被熱瓦片を含む焼土層で、その状況から火災時の瓦礫廃棄層と位置づけられる。各層によって含まれる遺物の内容は異なっているが、いずれも遺物を多量に含む点で共通し、土採り後にはゴミ廃棄場所として利用されていたことが判る。また本遺構は閉塞された溶姫御殿の北西部に位置することから、溶姫御殿に特化したゴミ廃棄場所と位置づけられる。

実年代資料からみた廃棄年代

　本遺構出土陶磁器には、墨書、釘書きによる文字情報が認められる事例があり、いずれも中層より出土している。図3の1は口径三六・八センチメートルを測る瀬戸・美濃産の石皿で、底部高台外側脇に「文久元年八月　新出来」高台内に「□せ《カ》」と書かれた墨書が認められる。一八六一（文久元）年は、本郷邸も被災した安政江戸地震（一八五五）から参勤

図1　情報学環・福武ホール地点 SK10（東より）

図2　情報学環・福武ホール地点 SK10 東部覆土堆積状況（東より）

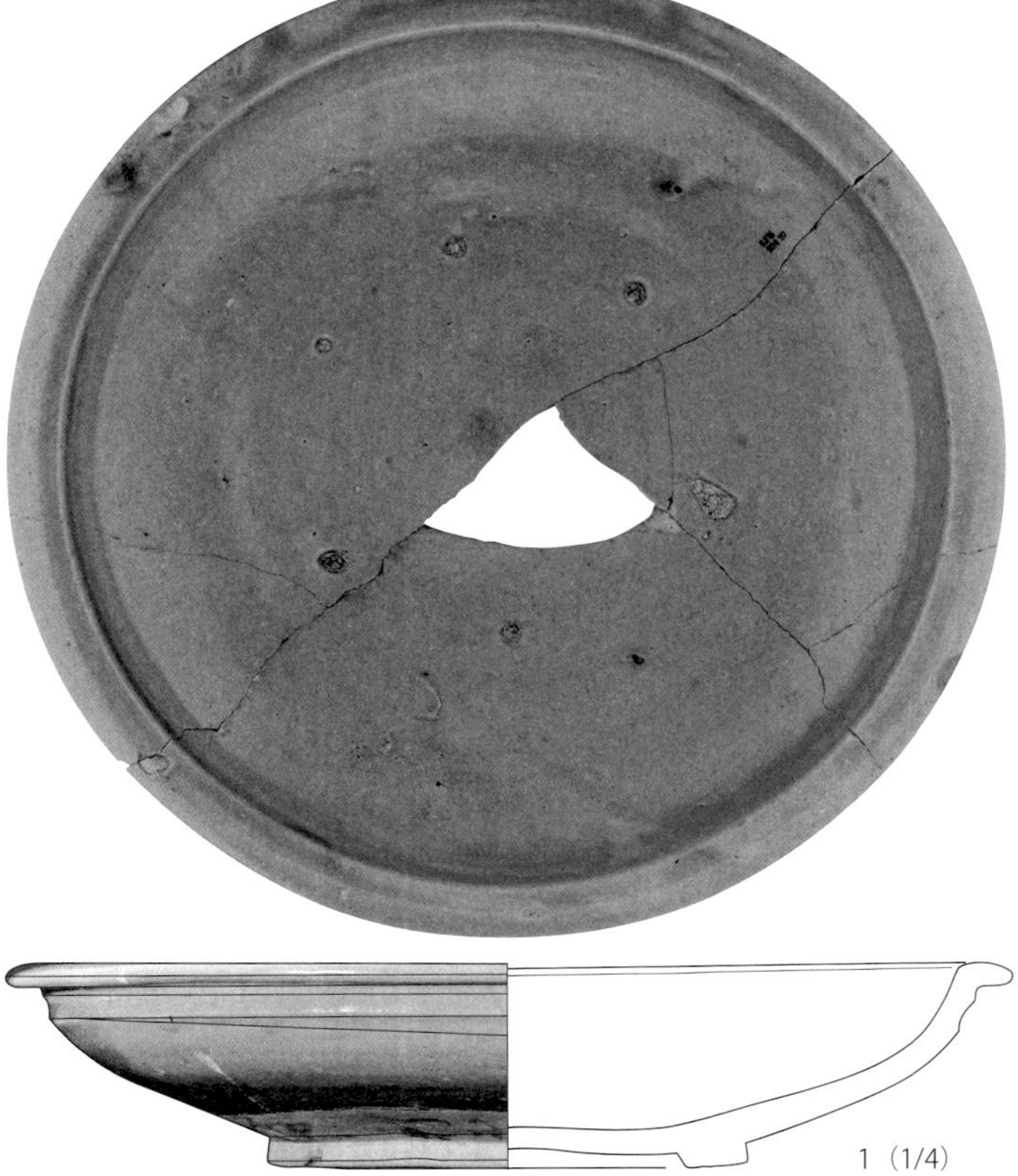

1（1/4）

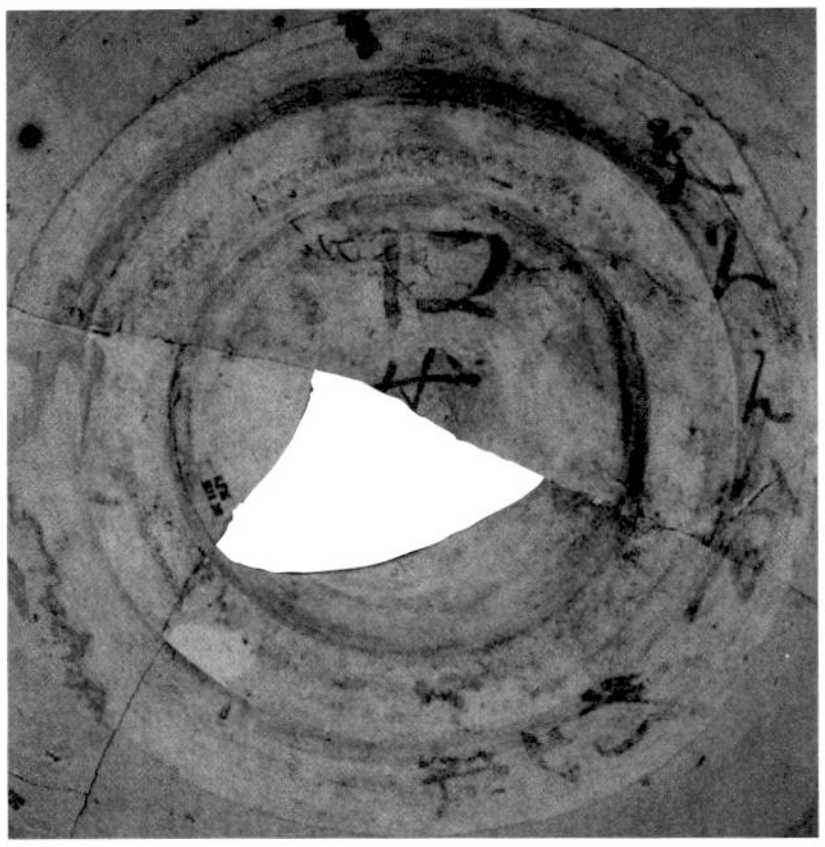

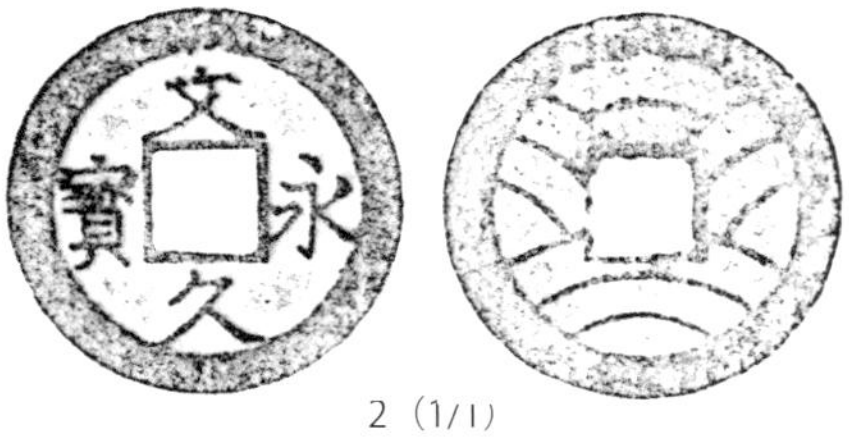

2（1/1）

図3　実年代を知る資料

交代が緩和され溶姫が金沢入りした一八六三（文久三）年の間にあたる。陶磁器以外の実年代資料では図3、2の文久永宝が数点出土している。文久永宝は一八六三（文久三）年〜一八六七（慶応三）年にかけて鋳造された銭貨で、これを含む中層形成年代は文久三年以降と評価できる。よって上層の焼土層は、一八六八（明治元）年閏四月藩邸南側の一部を除き邸内大半が焼失した火災に比定され、その際の瓦礫整理による廃棄資料と考えられる。

一方、遺構構築年代の上限について、絵図面との対比から本遺構構築時期を以下のように考える。溶姫御殿が描かれた絵図のうち、藩邸全体建物配置から一八四五（弘化二）年〜一八五一（嘉永四）年に作成されたと推定される「前田家本郷屋敷之図」（金沢市立玉川図書館所蔵）には、藩邸地境北側の本遺構位置に「御物見」が描かれており、出土遺物に付された実年代資料から、本遺構は物見解体後の更地を利用した遺構と位置づけられる。物見は一八五七（安政四）年に表門南側に移った記録があることから[1]、それを上限と位置づけることができる。

下層に廃棄された瓦種と廃棄要因

下層から出土した瓦には、鬼瓦、雁振瓦、熨斗瓦、青海波瓦、菊丸瓦、丸瓦、平瓦、軒丸瓦、軒平瓦、軒桟瓦、桟瓦が認められる（図4）。先述した様に被熱した瓦はなく建物解体または葺き替えによって廃棄された一群と考えられる。出土資料には桟瓦、本瓦双方が含まれるが、火災廃棄資料と位置づけられる上層出土瓦と比較すると、本瓦の量比が多い傾向が看守される。軒丸瓦の瓦当文様には汎用品の三つ巴文、前田家家紋の剣先梅鉢紋に加え、徳川家家紋の三葉葵紋が一定量含まれていた。本郷構内での三葉葵紋軒丸瓦出土事例は、アカデミックコモンズ地点、法学系総合研究棟地点、総合研究棟（文・経・教・社研）地点など、ほぼ溶姫御殿区域内に限られており、本廃棄資料が溶姫御殿に葺かれた瓦であることを窺わせている。また上層出土被災資料との本瓦、桟瓦組成比の差は廃棄資料と建物との相関性を示していると考えられ、下層出土資料が溶姫御殿殿舎群の中で特定の建物に葺かれていたことが指摘できる。

絵図からSK一〇位置に物見が存在した段階を御殿一期、更地になった段階を御殿二期とし殿舎構成を比較すると、埋門が立体交差から地上門に変化、北西部の物見が南西部に移動、それに伴い南西部の土蔵が規模を縮小、御膳所東側の御納戸土蔵の改修などの変化が読み取れるが、殿舎自体には大きな変化は認められない。また出土した瓦片量からも修繕に伴って葺き替えられた廃棄資料と推定される。物見移築時の一八五七年前後に一定量の瓦が廃棄された要因を藩邸記録から読み取ると、一八五五（安政二）年の安政江戸地震および翌年の風水害（台風）の可能性が高い。

以上を整理すると、本瓦葺きでしかも青海波瓦を葺くことができる規模の大棟を有していることから、溶姫御殿の中枢建物であることが考えられ、三葉葵

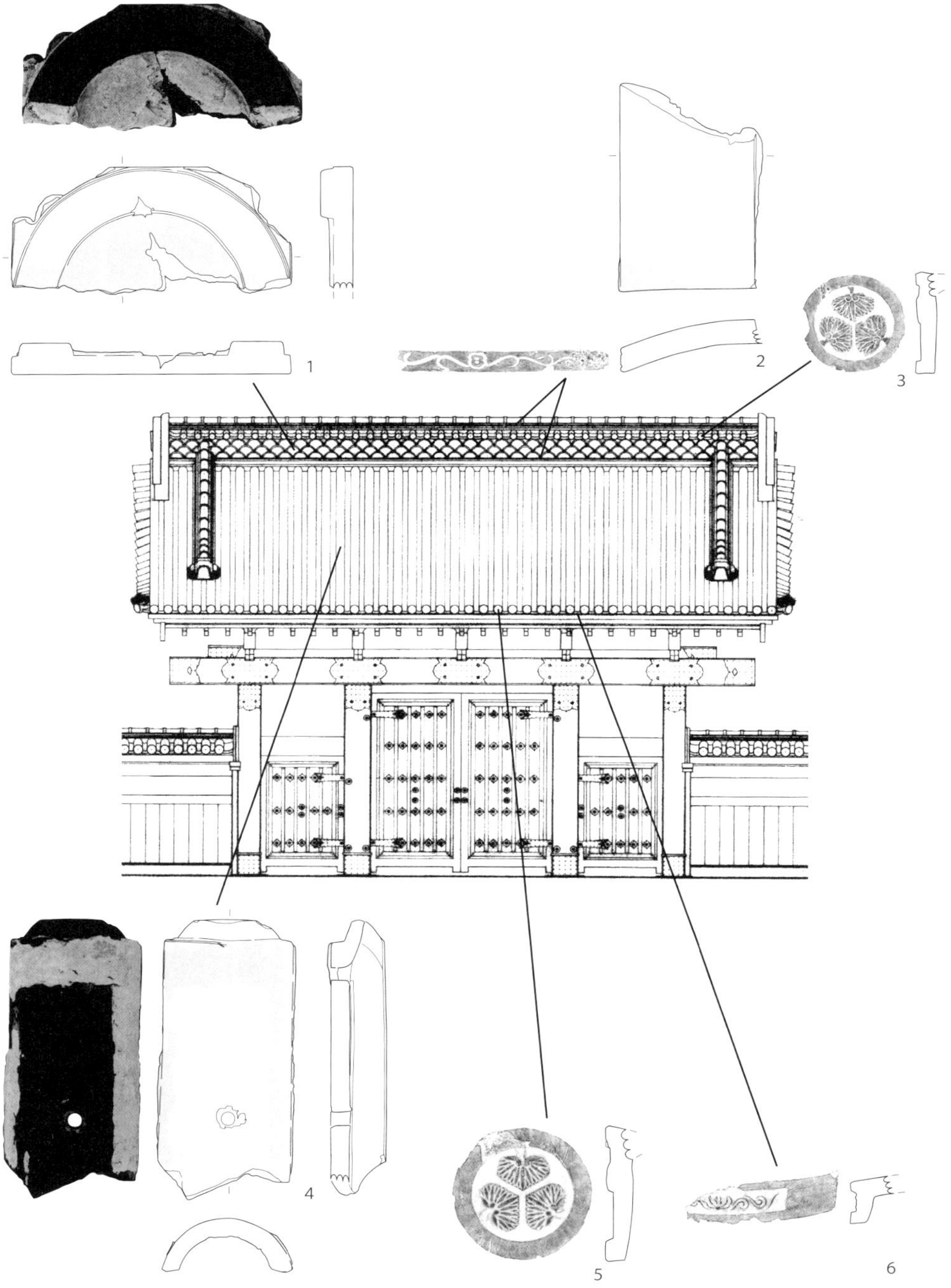

図 4　瓦廃棄層（10 層）出土瓦と屋根構造における推定位置（瓦実測図 S=1/6）

（赤門図面「重要文化財　旧加賀屋敷御守殿門図面」（東京大学施設部所蔵）より作成）

紋、剣先梅鉢紋など徳川将軍家と前田家の関係を強く意識していることから、玄関を構える御殿正面殿舎または表門(赤門)に葺かれた瓦であった可能性が高い。

赤門に葺かれていた可能性を踏まえて、出土資料と赤門瓦を比較する(図4)。青海波瓦は、図示した長方形台座の半円形パーツ(1)と正方形台座の四分一扇形パーツの二種が出土している。図に表記した網掛け部分には漆喰が塗られ、白地に青海波が浮かび上がるように葺かれていたことが判る。赤門では青海波瓦の上部には下から三葉葵紋の菊丸瓦(3)、熨斗瓦(2)、雁振瓦の順に葺かれている。熨斗瓦は青海波瓦の下にも葺かれている。出土した丸瓦は四辺に漆喰が付着した事例があり(4)、明治以降の赤門修繕時のように漆喰によって屋根全体が白い格子目状に浮かび上がっていた姿が復元できる。軒先には軒丸瓦(5)と軒平瓦(6)が連なるが、赤門の軒丸瓦は一九〇三(明治三六)年の位置替え修繕で大学を象徴する「學」紋が、一九二五(大正一四)年の震災後修繕から現在まで剣先梅鉢紋が使用されている。将軍家姫君の専用門として造られ、溶姫と将軍のみが使用できた門としての性格を鑑みるとその軒先には三つ葉葵紋軒丸瓦が葺かれていた可能性は充分に考えられる。

遺物廃棄層の陶磁器組成

人工遺物、自然遺物が多量廃棄されたSK一〇中層からは、最少個体数一〇六五点、三三器種の陶磁器、土器が出土した。多様な器種数から溶姫御殿内で使用された生活品が本遺構に集積廃棄されたことを物語っている。その器種単位の推定個体数をを図5に示した。このグラフから貯蔵・運搬容器としての瓶、飲食具としての碗、皿の推定個体数が突出した値を示していることが窺え、その数は全推定個体数の五割強を数える。本資料の器種組成の特徴を見いだすために、他の廃棄土坑事例と比較・検討を加える。

◎器種組成

図6は工学部一号館地点SK一出土陶磁器、土器の器種組成グラフである(東京大学埋蔵文化財調二〇〇五)。本遺構は加賀藩邸の北西端部の詰人空間区域に位置し、役所名などが記載された墨書資料によって藩邸全域から集積された廃棄遺構と評価される。陶磁器、土器最少個体数は五二〇二個体を数え、出土資料の年代観より一八世紀末から一九世紀前葉にかけて廃棄行為が行われていたことが確認された。グラフは出土資料から蓋、人形・玩具類を除いた四六七一個体を対象とした。出土器種は四六器種を数え、多種多様な生活品が廃棄されたことを物語っている。器種単位では碗が最も多く、瓶、皿・平鉢がそれに続き、その三器種で組成比の七割弱を占めている。

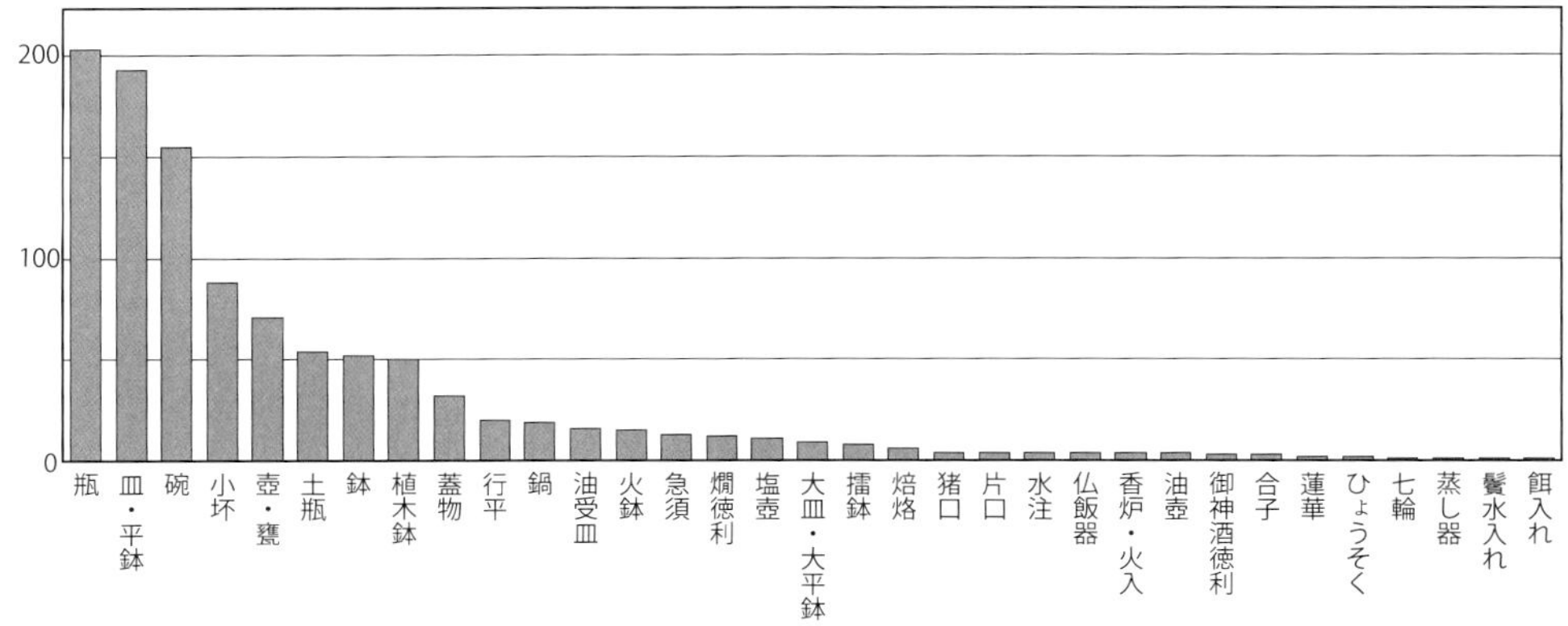

図 5　情報学環・福武ホール地点 SK10 陶磁器・土器器種組成（最少推定個体数）

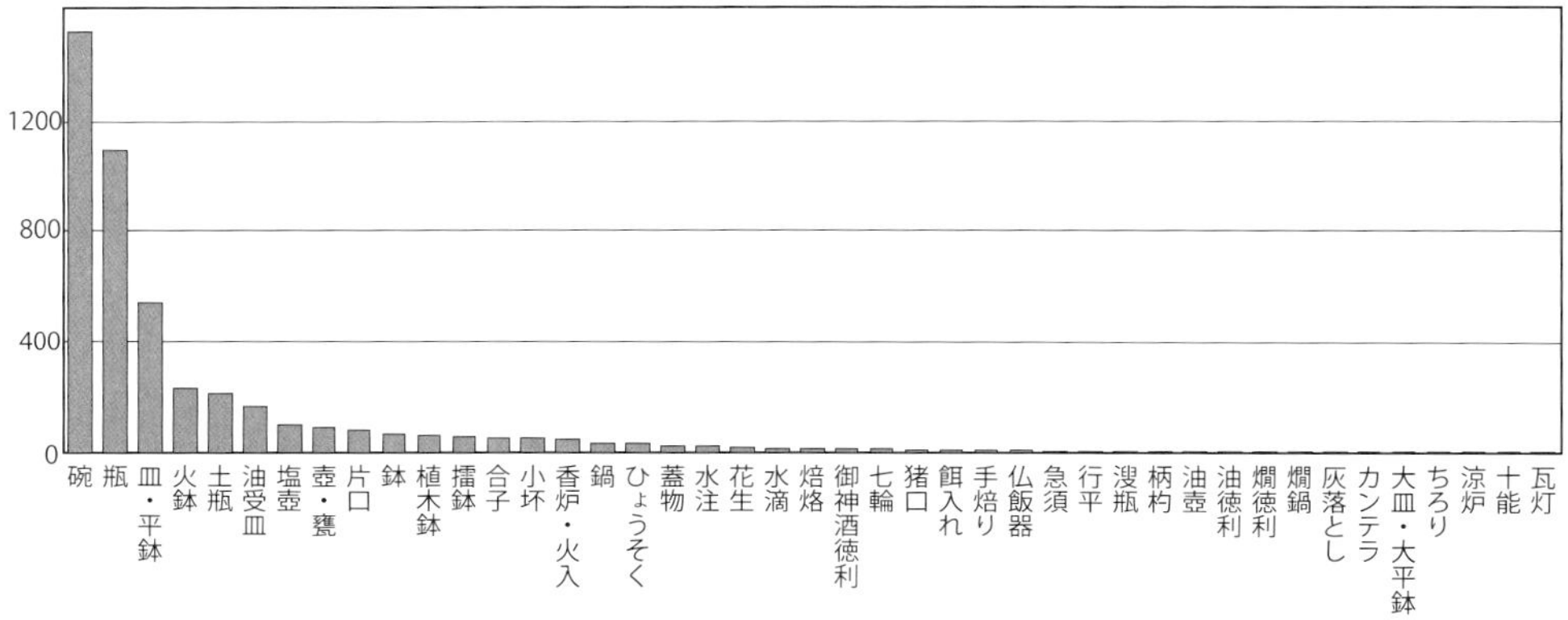

図 6　工学部 1 号館地点 SK1 陶磁器・土器器種組成（最少推定個体数）

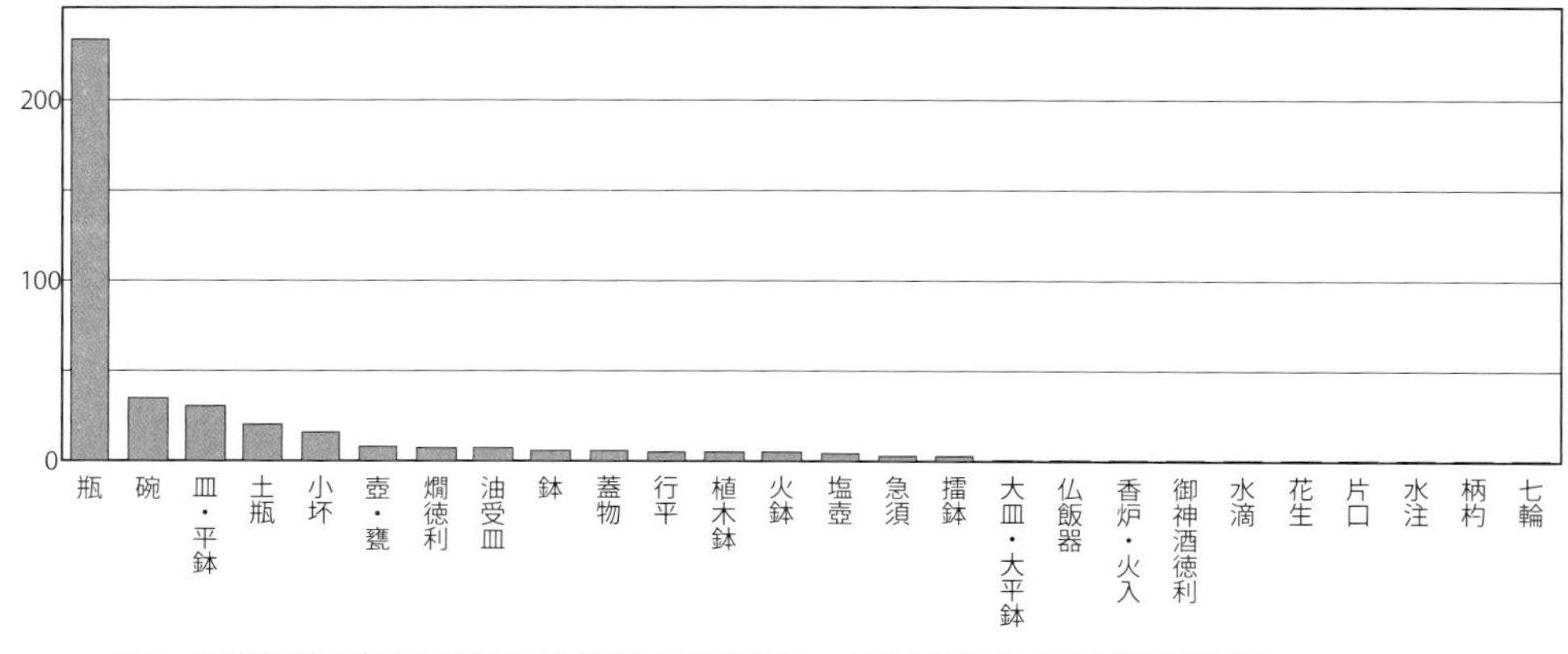

図 7　医学部附属病院入院棟 A 地点 SK1160 陶磁器・土器器種組成（最少推定個体数）

図7は医学部附属病院入院棟A地点SK一一六〇出土陶磁器、土器の器種組成グラフである（東京大学埋蔵文化財調査室二〇一六）。本遺構は大聖寺藩邸北東部の詰人空間区域に位置し、出土資料の年代観から一九世紀第三四半期を中心とした幕末の廃棄資料と位置づけられる。陶磁器、土器の器種数は二六器種、最少個体数は四〇三個体を数える。他二遺構と比べ器種数、最少個体数ともに少ない事例であるが、これまでの大聖寺藩、富山藩を含む本郷邸の調査で本時期に該当する出土事例は少なく、安政年間以降の被災や参勤交代制緩和などの政治情勢の影響を受けた邸内居住者数減少が関連していると考えられる。本資料は該期において定量分析の対象となる最少個体数一〇〇点以上を数える数少ない遺構の一つである。器種単位では瓶が全体の六割弱と突出した値を示しているが、それを除くと碗、皿・平鉢、土瓶、小坏までが約一割以上の組成比を示す器種である。

この三例を比較すると、いずれも瓶、碗、皿・平鉢の組成比が高い点で共通する。そのうち皿・平鉢の数量は、かわらけを除くとSK一〇、SK一ともに約半数に減少し、SK一〇では碗が組成比第二位に位置づけられる。SK一では小坏の組成比が低い値を示しているが、これはSK一廃棄年代が一九世紀中葉に普及するいわゆる極薄手磁器小坏出現以前であることが影響している。瓶は瀬戸・美濃産灰釉徳利などの流通容器を中心とした点で共通する。さらに碗、皿・平鉢、小坏に加え、三遺構ともに土瓶が器種組成の上位にあり、喫茶、飲酒などに関する容器が主要組成を形成している様相が看取される。またSK一〇では蓋物と一括した資料に化粧道具としての利用が推定される製品や、小町紅と書かれた色絵磁器など紅皿として使用された小坏（図17、2）や、お歯黒壺と推定される内面に黒褐色付着物が認められる壺・甕（図17、4）が含まれ、女性生活空間の特徴を示した様相が認められる。

続いて個別器種を通して、本資料にみられる特徴を抽出し、溶姫御殿に居住する奥女中の暮らしについて考えたい。

◎磁器碗形の組成

図8に出土磁器碗の主要形態を示した。1〜3は半球形の薄手碗である（以下半球形碗と称す）。底部から口縁部にかけて非常に薄く整形され、精緻な文様が描かれている。特に3は口径に対して器高が低く、かなり扁平な様相を呈している。4〜8は体部が八の字状に開く碗形である（以下八の字形碗と称す）。図示したように共蓋を有する事例が一定量認められる。セット関係の蓋が認められない事例もあるが、逆に身が出土していない蓋もかなり出土しており、基本的には蓋付碗として使用されていたと考えられる。半球形碗同様に精緻な文様が描かれている。9は肥前産の蓋付端反形碗である。八の字形碗より大振りな碗形を呈している。量的には少ない。10、11は瀬戸・美濃産の端反形碗である。10は外面に青磁釉が施され、見込みには木型打ち込みによる陰刻文

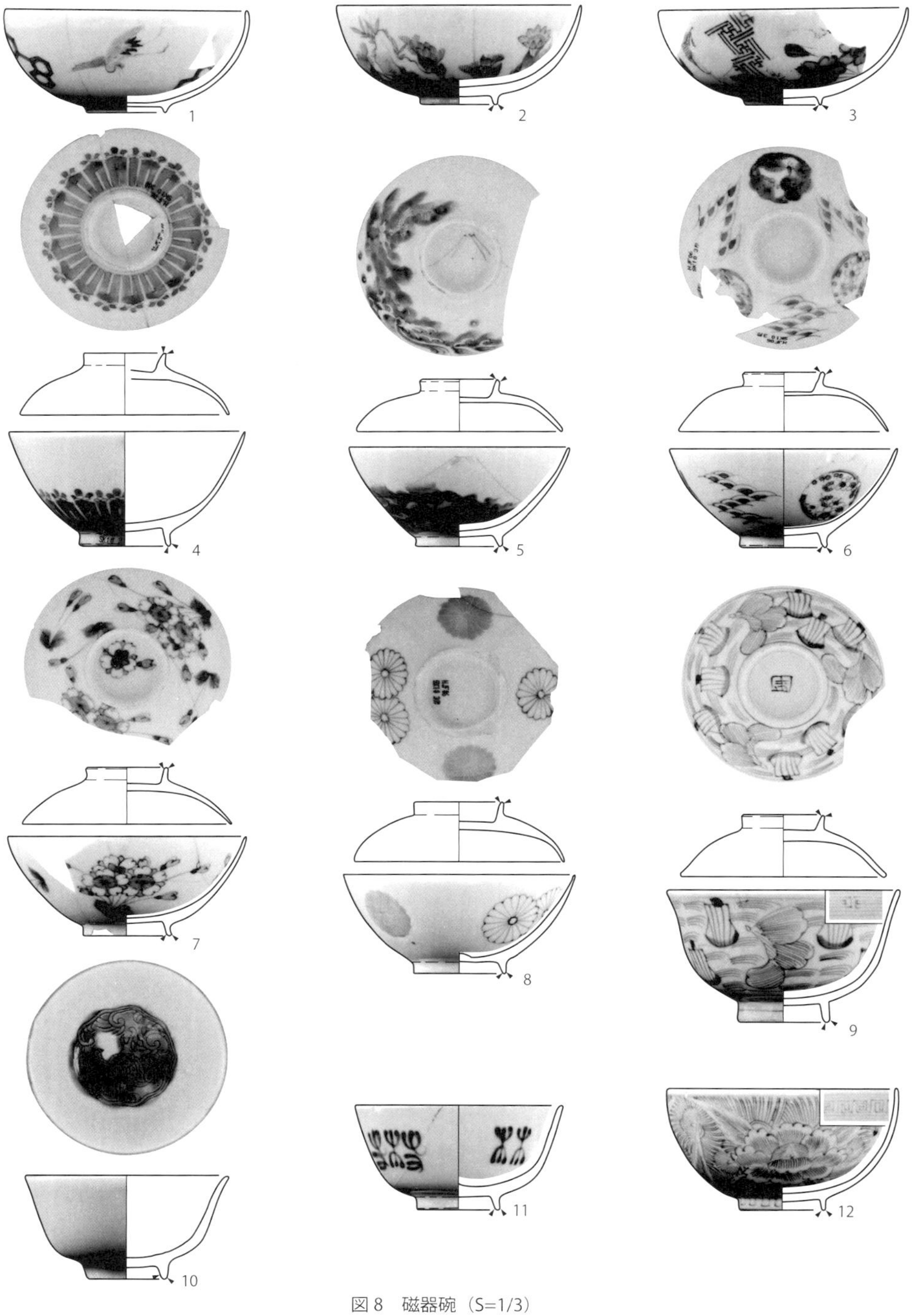

図８　磁器碗（S=1/3）

を施し、その上に呉須を掛けている。11は内外面に異形字文が染付されている。両製品とも一八五〇～六〇年代に比定される製品である。12は丸碗で外面に線画による花文様が描かれている。このほかに寸胴形を呈す湯呑み碗などが出土している。先ほど器種組成を比較した他地点二遺構で出土した碗形別組成比を図14に示した。端反形碗が三三%、丸碗が三〇%、八の字形碗が二三%、半球形碗が六%を示す。他の一九世紀代江戸遺跡出土資料同様に端反形碗が一定量含まれていることが判る。工学部一号館地点SK一では、端反形碗が一二%、半球形碗が一%、広東碗が六%、筒形碗が一二%、小丸碗が五四%と廃棄年代がやや古いことを反映して筒形碗が一定量含まれるが、半数以上を小丸碗が占めている点が特徴的である。小丸碗は幕末まで出土する碗形であるが、逆に本遺構では認められない。医学部附属病院入院棟A地点SK一一六〇では、端反形碗が四八%、広東碗が四%、小丸碗が九%と約半数を端反形碗が占め、半球形碗、八の字形碗は認められない。端反形碗の生産地を比較すると、本資料では肥前製品が瀬戸・美濃製品に対し一九%、SK一一六〇では三六%を示し、小法量端反形碗を中心とする瀬戸・美濃製品が主体的であることが判る。SK一一六〇では小丸碗、筒形碗、湯呑み碗を合わせ碗形の七四%が飲料を目的とする小法量碗である。このことは小丸碗が半数を占め筒形碗、小広東碗、湯呑み碗で八七%を占めるSK一においても同様の傾向を指摘することができる。それに対し本資料は中法量の丸碗が二九%、法量的にはやや小振りであるが、蓋を伴う八の字形碗が二三%を占めている。八の字形碗は、飯碗として評価され、近代以降普及する碗形であることから、本資料出土碗の約半数が食に関する用途と推定され、溶姫御殿内の膳所もしくは長局で使用されていたと推定される。

◎磁器の文様

本遺構出土資料には、同一形態、同一文様の揃いの製品は無く、多種多様な文様で構成されている。その中にあり同種文様が施されている事例を図9に掲げた。1～9には双葉葵文が染付されている。1、2は八の字形碗、3は蓋付き丸碗、4、5は端反形碗、6、7は丸碗、8は極薄手小坏、9は四寸皿である。碗のうち4～7は比較的ラフに描かれているが、八の字形碗は、同碗形他事例同様丁寧に描かれている。8の小坏はいわゆる江戸絵付けによる上絵製品である。9の四寸皿は、木瓜形を呈し、高台は縁取りを有する櫛歯文、外面は無文、見込みに扇子と双葉葵が繊細な筆致で描かれている。高台内には二重角枠内に「一山」の銘が書かれている。器形、高台櫛歯文から鍋島を意識していることは明白だが、高台内銘を有する点でそれでは無いことは明らかである。(2) 双葉葵は徳川家家紋三葉葵紋のモデルになった植物であるが、江戸遺跡出土事例にも散見されることから、一般的に描かれていた文様と考えられる。(3) 本資料事例も碗形、描写方法に質差が認められることから、溶姫御殿使用什器として揃えられたとは考えがたい。

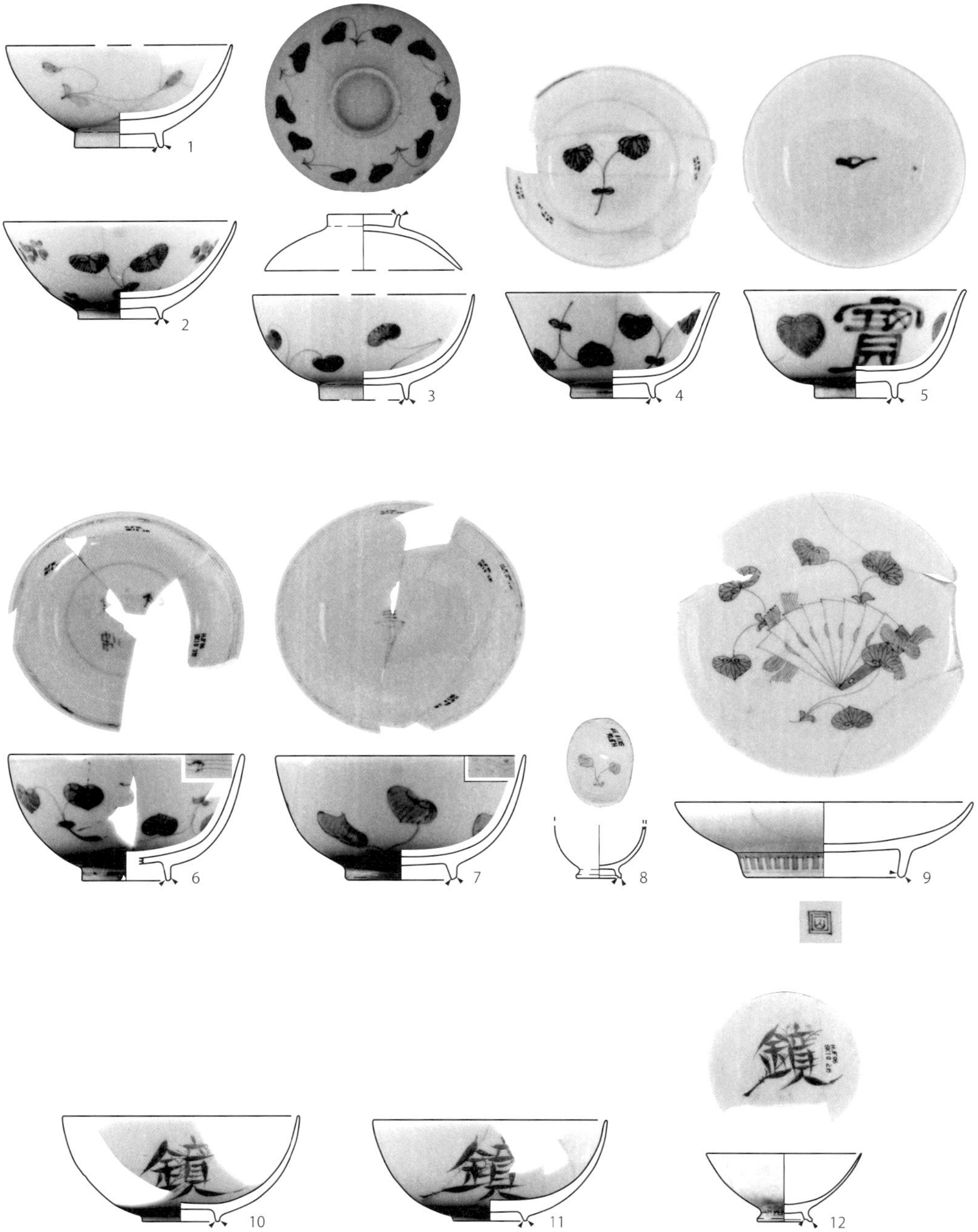

図9　文様にみられる嗜好性（S=1/3）

但し一定量出土した背景には、溶姫御殿に仕える奥女中たちに、徳川将軍家姫君付きの女中であるとの意識が働いていた顕れではないだろうか。

10、11は半球形碗の外面に、12は極薄手小坏の見込みに笹の葉と枝を組み合わせた「鏡」字が江戸絵付けによって描かれている。一九世紀中葉以降の江戸遺跡出土事例には、極薄手小坏に江戸名所や店の屋号などが江戸絵付けによって描かれた製品が多数認められる。これは生産地で上絵素地となる白磁製品を生産し、消費都市江戸においてクライアントのオーダーで絵付けされた製品である。笹と鏡の意匠が示す意味は定かでないが、器種をまたいで誂えられていることから、奥女中個人または組織としての嗜好性が窺われる文様と考えられる。

◎陶磁器に記された文字情報

図10に文字情報を有する陶磁器をまとめた。1、2、4、5は釘書きによって、それ以外は無釉部分に墨書された資料である。加賀藩邸出土資料をはじめ大名屋敷出土資料には、墨書、釘書きによって藩邸内での所有場所を示す事例が多く認められる。1は底部に「守　二百」、2は「守　□」と線刻されている。溶姫御殿には二箇所の膳所が設けられていた。そのうち一箇所は富士権現旧地（富士山）の東側にあり広敷向とは廊下で結ばれている（図11の西側膳所）。この廊下は藩主御殿に続いており、御殿との共用施設であったとされる。そのため水屋に収納された食器類の帰属を表すために御守殿を表す「守」を刻み、「二百」はその数量もしくは個体番号を示した数字と考えられる。3の捏鉢底部には「スセン」と墨書されている。スは守（しゅ）、センは膳を意味していると推定され、本資料も御守殿膳所の帰属を示していると考えられる。口絵10の染付大皿の底部にも輪違い文と「守セン」「三」が釘書きされているが、これも同様の視点から御守殿膳所を示し、「三」は本大皿の個体番号を示していると考えられる。

4の「右」は碗、皿複数個体に認められる文字で、尾張藩市ケ谷邸などにも出土事例が報告されている。溶姫御殿内での職制との対比から日記や手紙など公文書管理を担当した右筆を示している情報と考えられる。5は底部に「御末」と釘書きされている。御末は御殿内の雑用一切を受け持つ女中をさし、この他にも「御すへ」とひらがな表記を含めて最も多い事例である。6は燗徳利の底部に「御三の間」と書かれており、三之間で使用されていたことを示す。三之間は三之間以上の居間の掃除、湯水の運搬などの雑用係を指す。

これらの文字情報と絵図とを比較し、溶姫御殿内での該当箇所を確認する。図12に溶姫御殿詳細図における東側膳所周辺部を示した。aは御住居の最終設計図といえる一八二五（文政八）年正月に描かれた「御住居向惣御絵図」（金沢市立玉川図書館所蔵）で、廊下西側の御膳所南に御末、御中居詰所、御祐筆之間、茶所と続き、突き当たりに呉服之間がある。東側は御茶所、御三之間詰所、御次詰所、御中﨟詰所、若年寄詰所、御老女詰所と続く。

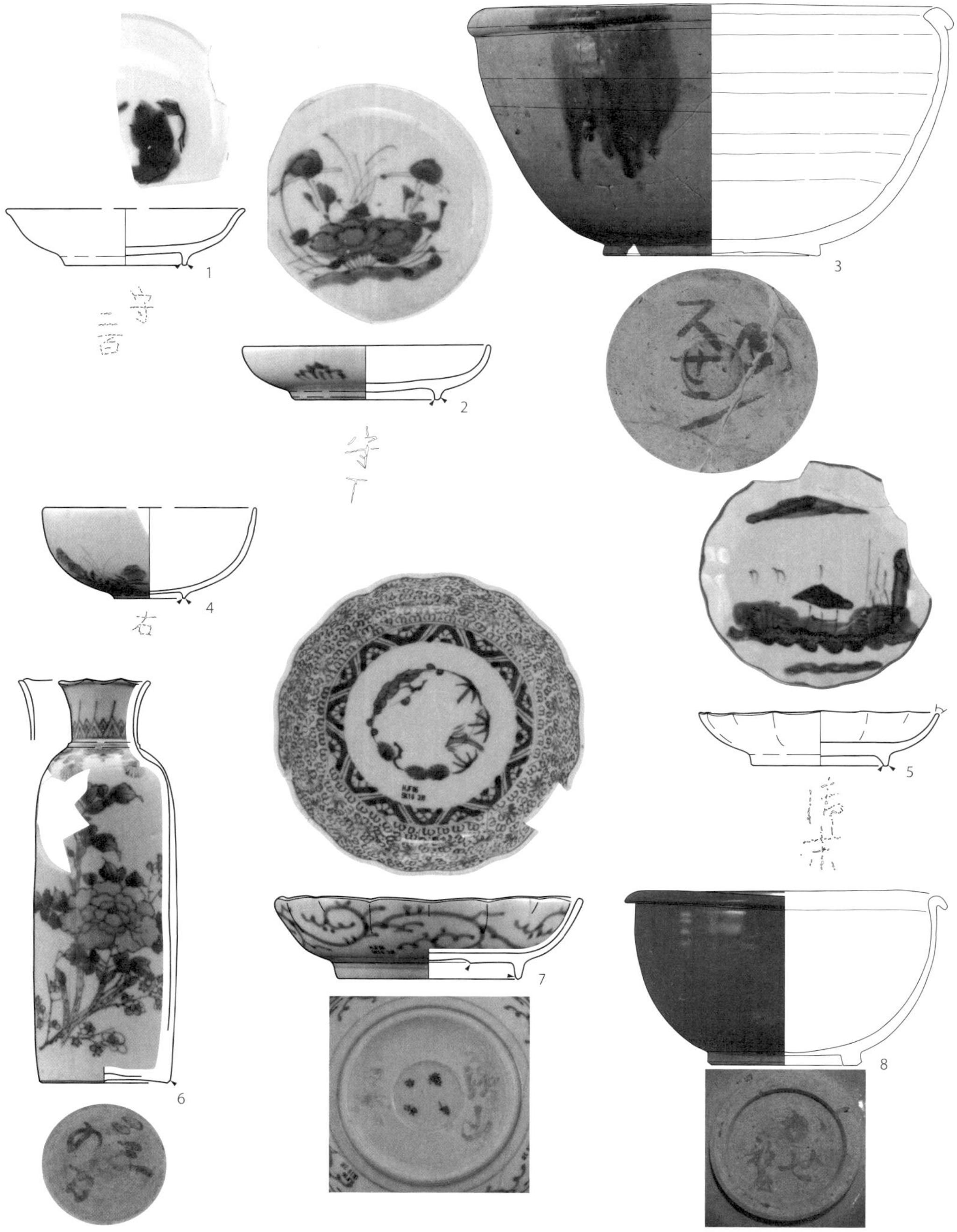

図10　帰属を示す文字資料（S=1/3、3・8は 1/5）

bは一八二八（文政一一）年に描かれた「江戸本郷邸間取図」（横山隆昭氏所蔵）で、廊下西側の膳所南に御末が認められ、御中居が続く。東側は廊下から二部屋挟んで老女、御次、御三之間、板の間、台子と続く。御膳所、台子、イロリの位置に変化は無く、イロリ周辺に御末が認められる。aとは御末の位置に変化は無いが、三之間詰所が一部屋南に移動している。cは一八六三（文久三）年以降の溶姫御守殿の詳細を描いた「江戸屋敷総図」（金沢市立玉川図書館所蔵）で、御膳所の南にはイロリ土間を挟み御中居詰所と続く。東側は茶所、御老女詰所、御三之間詰所と続き、板の間二間を挟み御台子がある。中居詰所、呉服之間、台子の位置に変化は無いが、三之間の位置がaでの位置に戻り、御末表記が認められない。このように時期によって詰所の配置に変化はあるものの基本的にこの一角に溶姫御殿付女中の詰所が設けられていたことが判る。

陶磁器類に付された文字情報は、各詰所の帰属を示した情報と考えられる。即ち皿、燗徳利、土瓶などの共用器に多用されていることから、帰属組織単位の所有権が明確に識別されていたことを示し、その背景には、御膳所などの一角でまとめて収納されていたことを物語っていると考えられる。また燗徳利の墨書にはこの他にも右筆を示す「右」も認められ、極薄手小坏や瀬戸・美濃産灰釉徳利が多量に出土していることも合わせ、各詰所にて女中達の酒宴が日常的に行われていたことを示している。

7は染付皿の高台内蛇ノ目無釉部に「濱山のへヤ」と書かれている。濱山は溶姫輿入れ以前から中﨟を勤めていた女中で当時は「とい」と名乗った。一八四七（弘化四）年に中年寄介になり、同年一〇月濱山に改名した。さらに同年一一月から中年寄になり、一八六三（文久三）年時には年寄に昇格していた上級奥女中である。8の底部には「かせ部屋」と書かれている。かせは本名を「ちさ」といい、一八四六（弘化三）年に三之間をつとめるにあたり「かせ」と改名した。翌年御次に、さらに同年「とい」の中年寄移動に伴って中﨟になり「とい」に改名した奥女中である。一八二八（文政一一）年の長局各部屋割記録から、[4]中﨟とい（後の濱山）は、一ノ側の東から三番目の部屋に御年寄関岡と同居していたことが確認される。一ノ側は三棟の長局の中で最も間口が広い部屋で構成されており、上級女中の居住区と考えられる。三之間付女中は二ノ側、三ノ側、右筆、御末頭は三ノ側と住み分けられている。

陶磁器に付された個人名墨書は、長局が二〜三人の同居形態をとっていたため、個々の帰属を示すために書かれたと考えられる。

また「守」は紹介した資料以外にも認められ、本出土資料の多くが、溶姫御殿が御住居から御守殿に改称された一八五六（安政三）年以降に購入されたことを示していると言えよう。

◎徳利の釘書き

本遺構出土資料の一九％を占める瓶の大半が瀬戸・美濃産の徳利である（図13）。そのうち灰釉二合

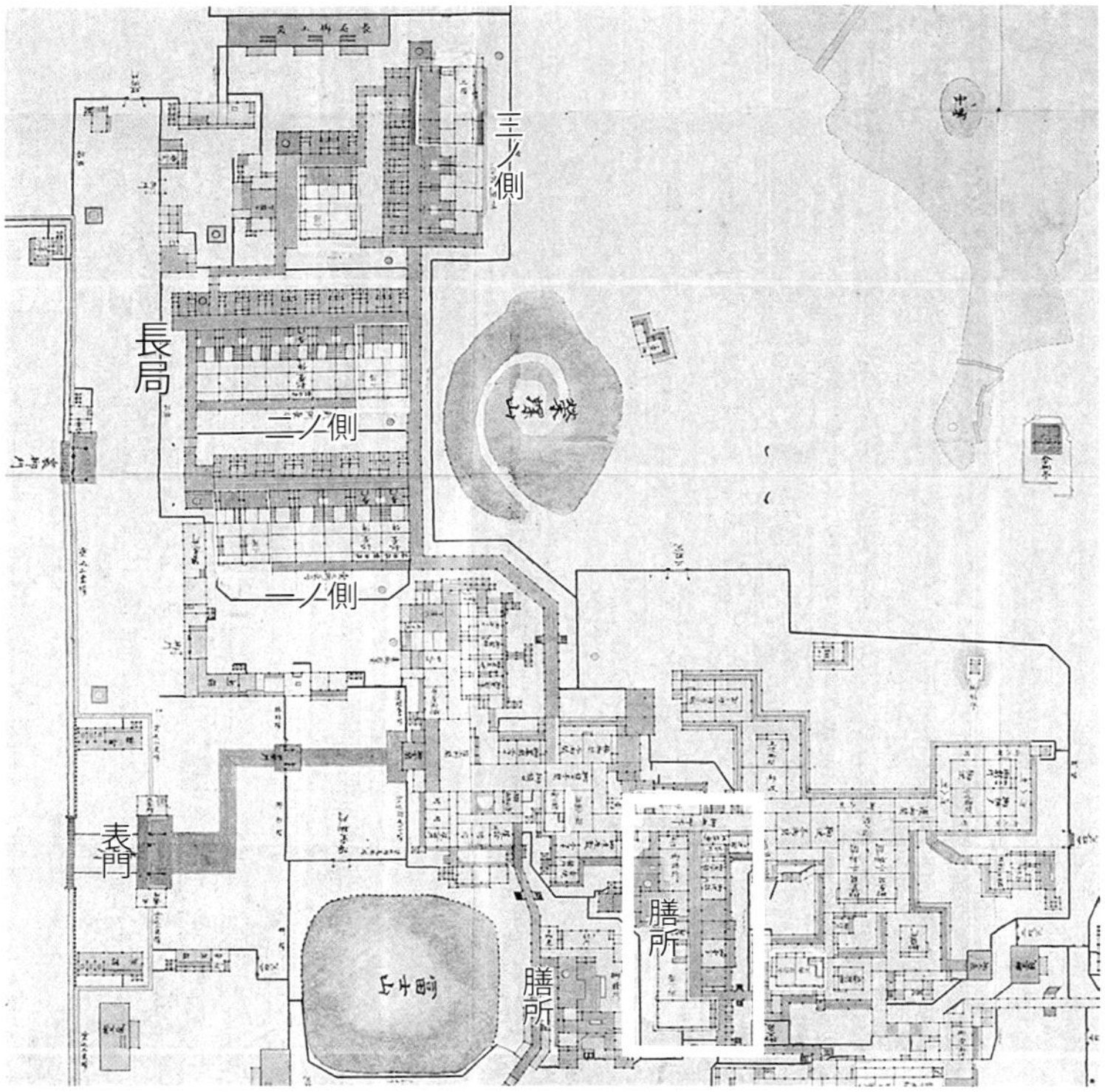

図 11　文久 3 年以降の溶姫御守殿図「御上屋敷御殿惣絵図」(前田育徳会所蔵)より

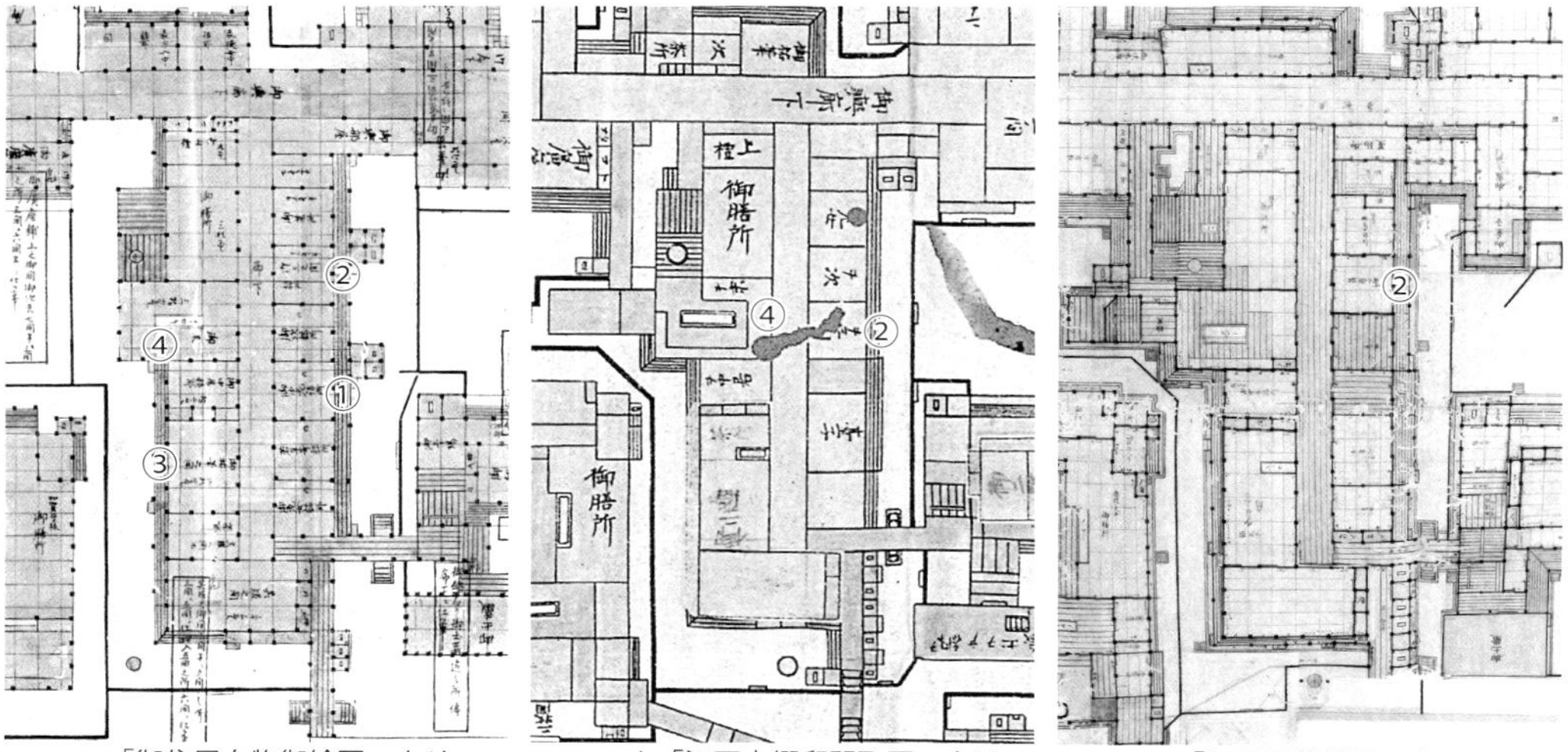

a「御住居向惣御絵図」より
(金沢市立玉川図書館所蔵)

b「江戸本郷邸間取図」より
(横山隆昭氏所蔵)

c「江戸屋敷総図」より
(金沢市立玉川図書館所蔵)

図 12　溶姫御殿の女中詰所
①中臈詰所、②御三之間詰所、③右筆詰所、④御末詰所

半徳利が二六%、灰釉五合徳利が二七%、灰釉一升徳利が二二%、柿釉徳利が二四%の比率を示す。SK一の灰釉二合半徳利三八%、灰釉五合徳利二二%、灰釉一升徳利三九%、柿釉徳利二%、SK一一六〇の灰釉二合半徳利六三%、灰釉五合徳利一九%、灰釉一升徳利一六%、柿釉徳利三%と比較すると、柿釉徳利が一定量占めている特徴が認められる（図15）。また灰釉徳利の容量別組成比ではSK一で二合半と一升が、SK一一六〇で二合半が多く出土し、容量による差異が認められるのに対し、本遺構では各容量がほぼ均等に出土している傾向が窺われる。視点を変えれば五合、一升の中・大容量徳利が二合半徳利の二倍を占めていると捉えられる。これは藩邸全域から集積されたSK一と同様の傾向で、勤番武士長屋周辺のSK一一六〇とは対照的なあり方を示し、組織としての購入形態が存在したと推定される。

灰釉徳利の釘書きでは、「山加」「一△」が最も多く（図13）、そのほかには「山上」「山川」「久〇」「高嵜」「〇さ」「鉤二」が認められた。徳利の釘書きを集成したSK一では八二種の釘書きが認められるが、「皿」「久〇」「高サキ」事例の比率が高い。特に「皿」「久〇」は、理学部七号館地点（東京大学遺跡調査室一九八九）、御殿下記念館地点（東京大学埋蔵文化財調査室一九九〇）などの加賀藩邸内調査事例、大聖寺藩邸を調査した医学部附属病院中央診療棟地点（東京大学遺跡調査室一九九〇）でも認められ、この二者が加賀藩と強い結びつきを持っていたといえる。それに対し本遺構で主体的な「山加」「一△」は散見される程度であり、「山加」「一△」主体の溶姫御殿と「皿」「久〇」主体の加賀藩邸資料では出入り業者の明確な差異が認められ、徳川将軍家出身の奥女中を中心に構成された溶姫御殿では、徳川家との結びつきによる業者選択が行われていたことが推定され、加賀藩邸内にありながら加賀藩との関係が希薄な独自空間を形成していたことを示唆しているといえよう。

◎溶姫御殿出土の九谷焼

大聖寺藩領を中心に生産された古九谷および再興九谷諸窯製品は、これまで国元の大聖寺藩領内でも数例の出土事例が認められる程度で、加賀藩邸からは御殿下記念館地点から出土した「民山」銘の色絵碗一例のみであった。本遺構からは再興九谷製品が三例出土した。

図16は九谷産色絵小坏である。1は筒形小坏で、外面を赤絵の具によって四単位の方形区画に区切り、その中に赤絵の具で人物、植物などの文様を細密に描き、金彩で輪郭、稜線などが描写されている。口縁部内側の帯文、見込みの蔓草文も同様に赤絵の具で描いた上に随所に金彩を施している。口唇部にも金彩が施されている。高台内には楕円枠に九谷銘が認められる。2は端反形小坏で、外面を赤絵の具によって四単位の方形区画に区切り、赤絵の具で植物文などを描き、輪郭などに金彩を施している。口縁部内側に赤絵の具で帯文を描き、口唇部に金彩を施している。高台内には楕円枠に九谷銘が書かれている。

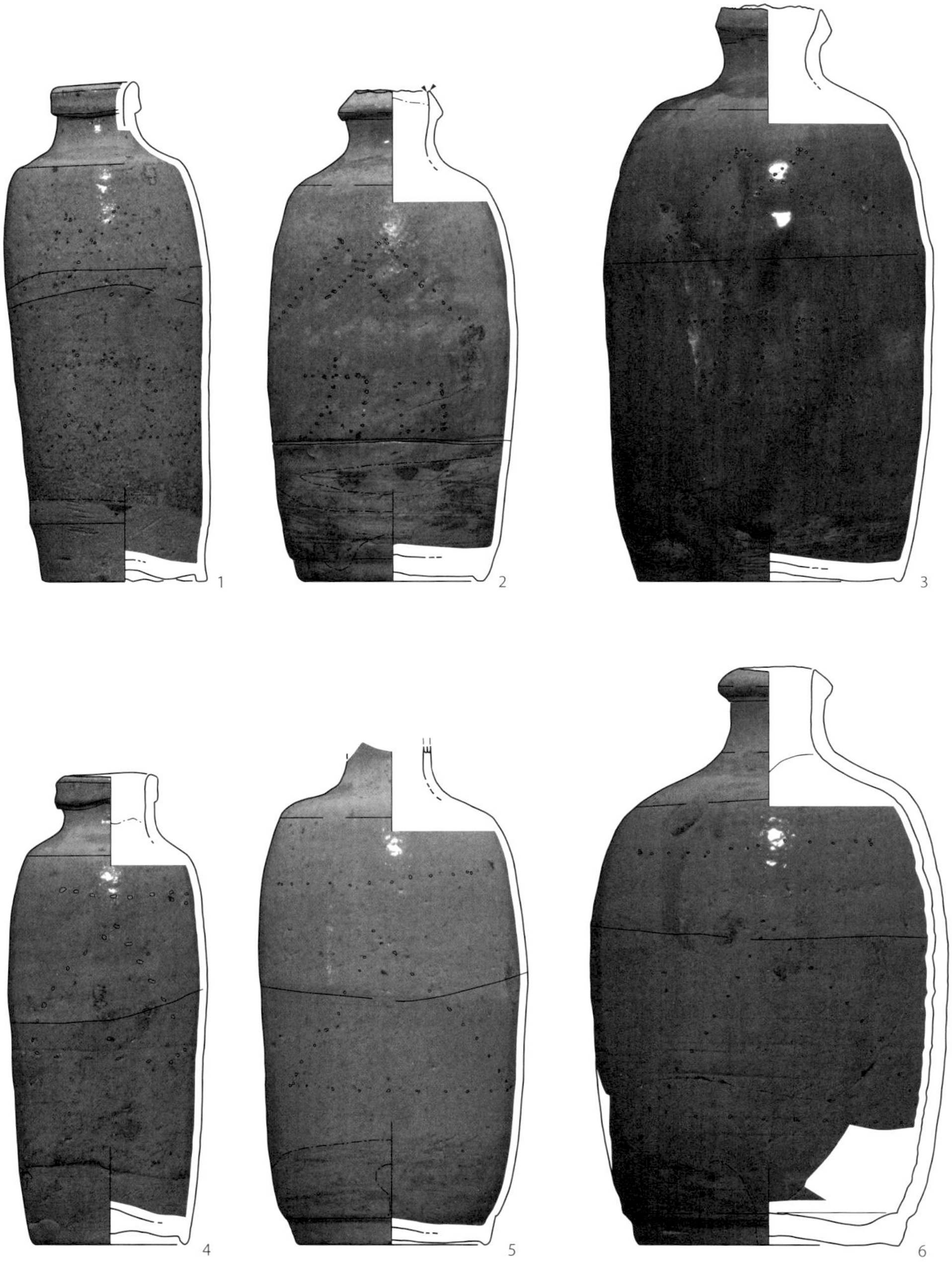

図13　瀬戸･美濃産徳利の釘書き（S=1/3）

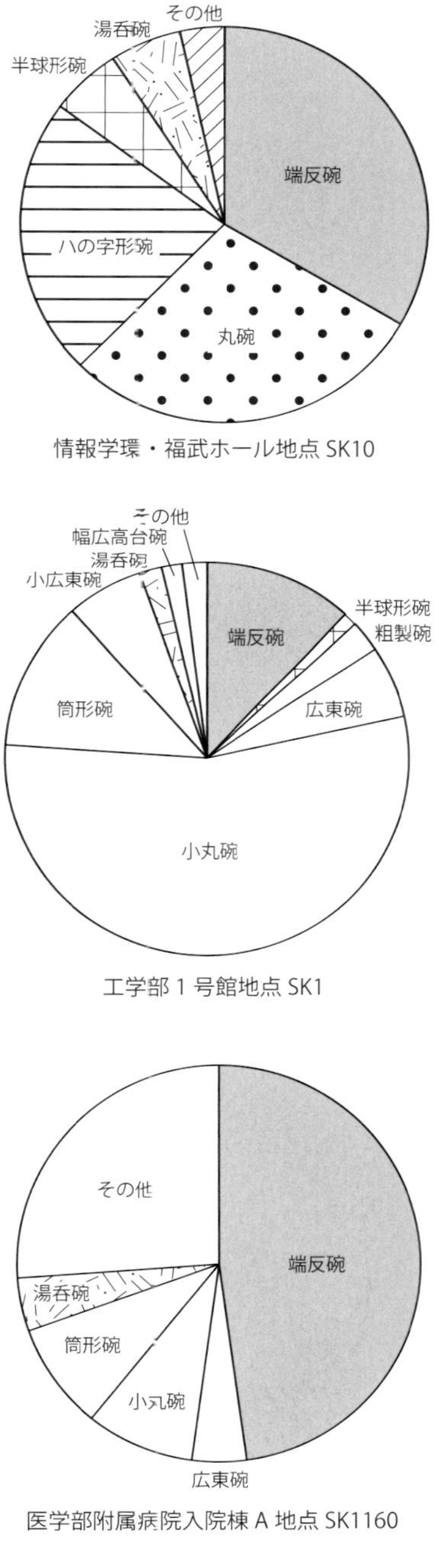

図 14　磁器碗組成

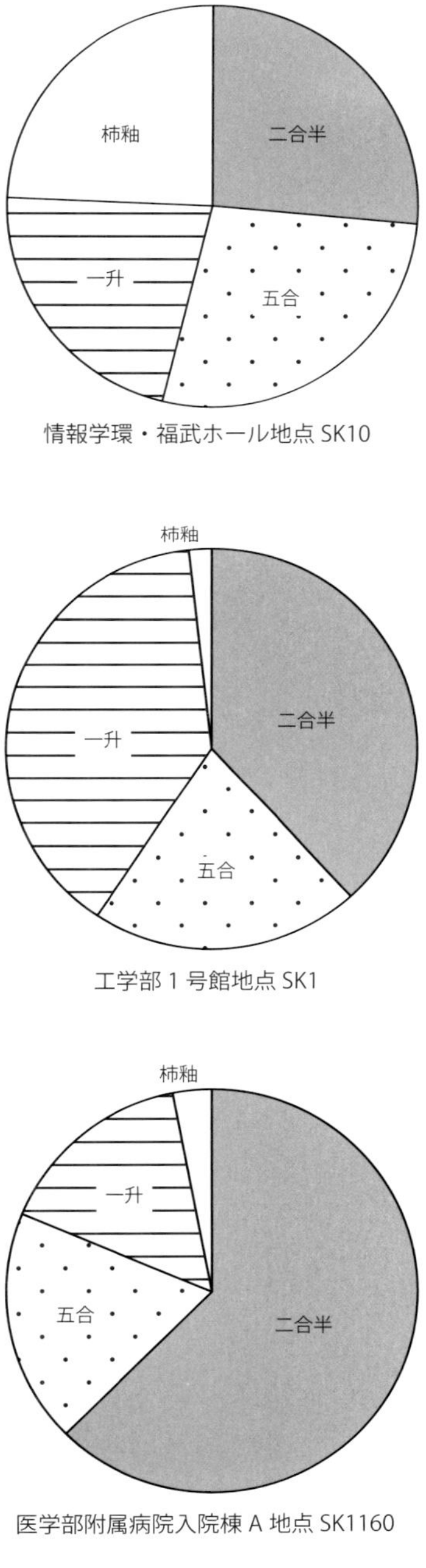

図 15　瀬戸・美濃産 徳利組成

３は端反形小坏で、外面全体を使い黒、赤、黄、白絵の具で風景を描き、高台脇の幾何学帯文、見込み紅葉文を赤絵の具で描き、金彩を施している。口唇部にも金彩が施されている。高台内には九谷銘が認められる。これらの製品は赤絵の具によって細密に描き、金彩で線描を施す描画手法、高台内の九谷銘で共通する。再興九谷諸窯の中で赤絵細密画技法を最初に取り入れたのは、一八二二（文政五）年〜一八四四（弘化元）年頃の操業とされる民山窯とされる。その後、その技法は、一八三二（天保三）年〜一八五九（安政六）年の操業とされる宮本窯、一八三五（天保六）年〜一八九七（明治三〇）年頃の操業とされる佐野窯に受け継がれていった。また「九谷」銘は宮本窯の末期、一八四八（嘉永元）年〜一八七二（明治五）年頃の操業とされる松山窯とされる伝世品に認められる（小学館一九八三）。これに従えば、九谷銘を有す本資料は一八五〇年代以降の製品と位置づけられ、描画技法の特徴から宮本窯で生産された可能性が高い。ところで先に述べたように九谷諸窯製品の出土例は非常に少なく、現段階で国元以外の出土事例は江戸藩邸以外に認められない。江戸藩邸でも数例にとどまることから藩邸内生活品として送られてきたとは考えられず、藩主家族の生活品または完成見本品として江戸にもたらされたと考えられる。従って九谷諸窯製品が溶姫御殿内から出土した理由には、大聖寺藩から溶姫または奥女中への献上品として扱われた可能性が高い。

おわりに
ＳＫ一〇出土資料にみる奥女中の暮らし

ＳＫ一〇出土陶磁器、土器の様相を加賀藩邸、大聖寺藩邸出土資料と比較し、本資料の特徴を検討した。文字資料からは、女中詰所および長局など御殿内女中生活空間で使用された生活品類が集積され廃棄された様相が表出された。その他にも女性空間を示す金属製、ガラス製の簪、笄などの装身具も出土している（図18）。５の簪には上端部に双葉葵の加飾が認められ、陶磁器以外でも葵への意識が感じられる製品である。

本資料は一〇〇〇個体を越す出土数量もさることながら、個体資料の完形率の高さも際立っている。それは本資料が一次廃棄資料であることを傍証する要素と評価できる。埋土中には多量の自然遺物も含まれていることから、日常的な廃棄場所であったことは疑う余地がないが、これだけの陶磁器類が廃棄された背景を考えた時、一八六三（文久三）年もしくは一八六八（慶応四）年の溶姫帰国に伴って御殿から人が移動し、明御殿となるタイミングが考えられないだろうか。文久三年旧暦二月に鋳造が開始された文久永宝が出土していることから、その年の四月の帰国の可能性は低く、一八六八年の帰国時に一括廃棄された資料を含んでいると考えられる。

また文字資料に「守」が認められることから、一八五六（安政三）年以降に誂えられた資料が含まれることを指摘したが、本資料に含まれる瀬戸・美

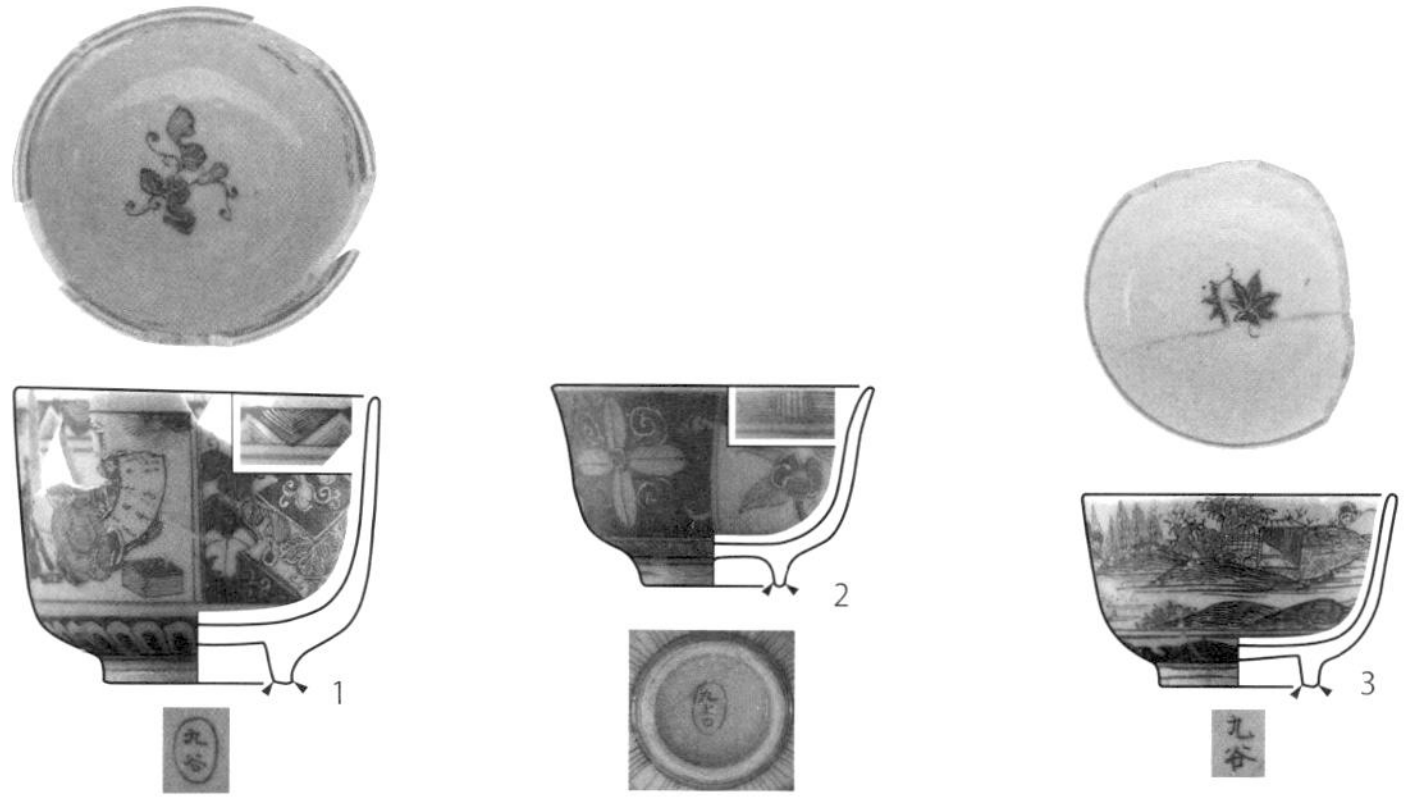

図 16　九谷銘小坏（S=1/3）

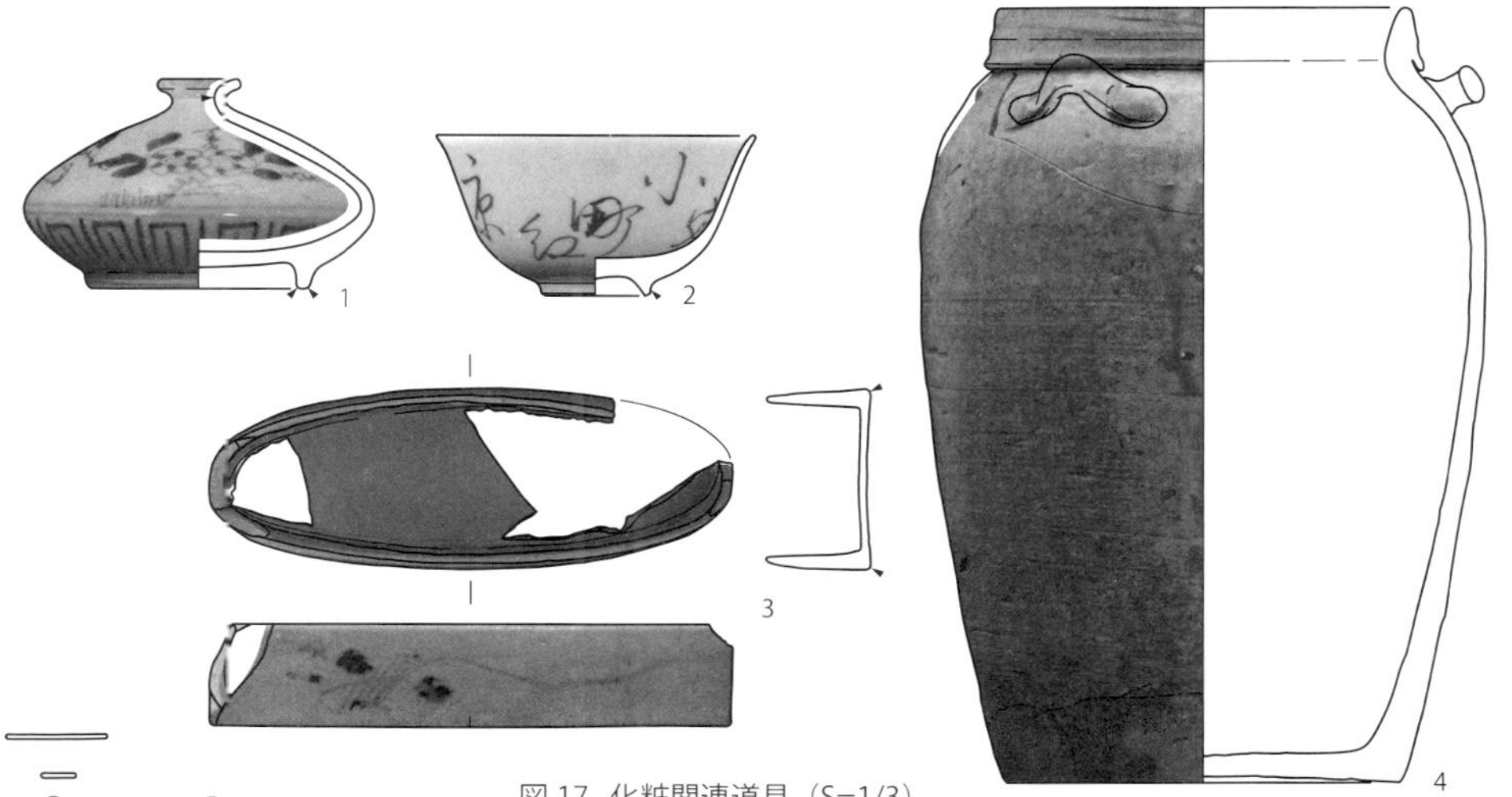

図 17　化粧関連道具（S=1/3）

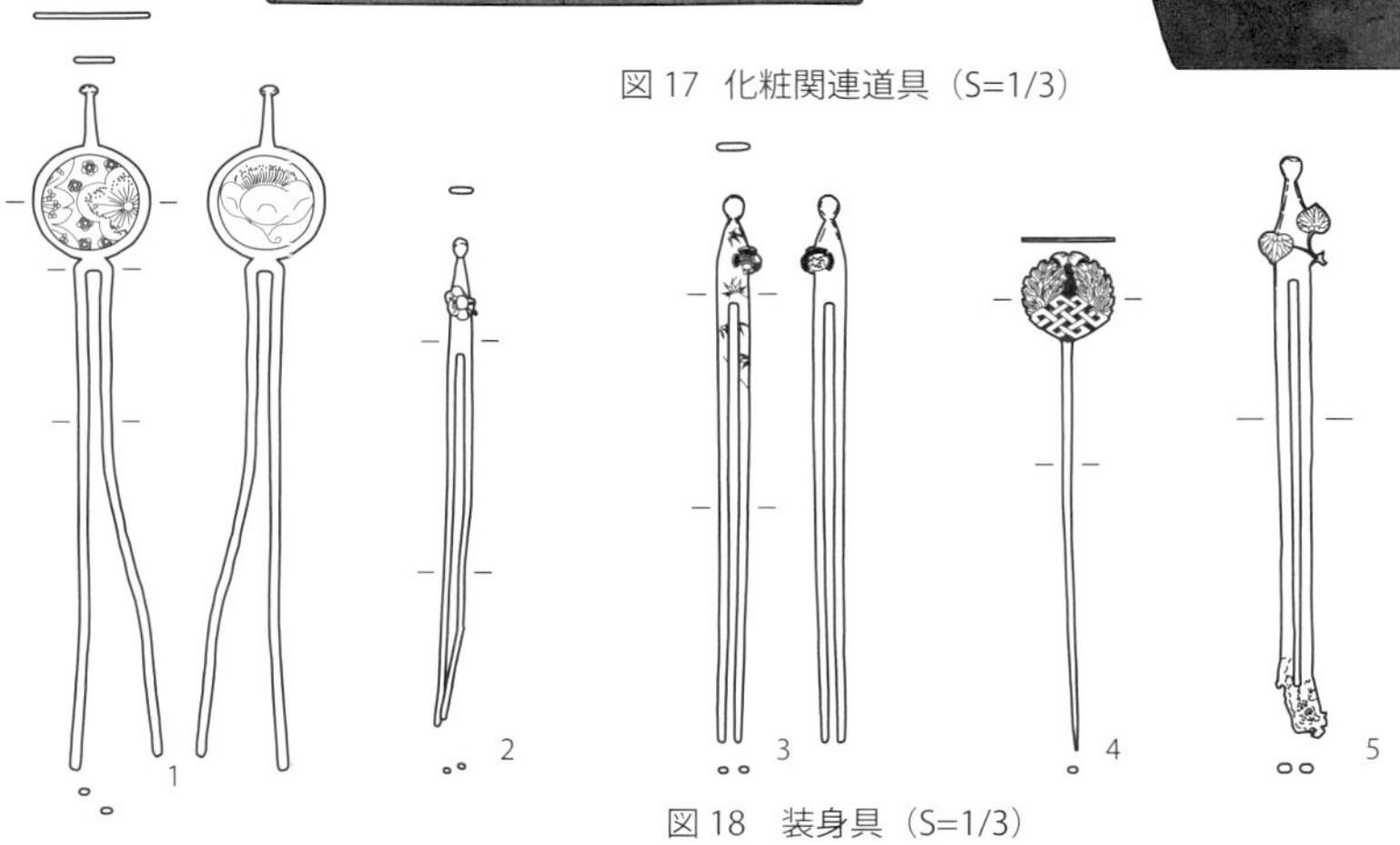

図 18　装身具（S=1/3）

濃産染付端反形碗の器高が低いこと、青土瓶の比率が低いことなど、溶姫輿入れ後の文政~天保年間の年代観を示す資料が少ない傾向が窺われ、一八五五(安政二)年の地震により多くの什器類が破損し、新たに揃えられた奥女中生活品群が中心の資料と位置づけられる。

【註】

1 小松愛子氏から「大野木日記抜萃」(金沢市立玉川図書館所蔵)の一八五七(安政四)年三月二一日の記事に「一、表御門前角御物見御出来ニ付、筑前守様ニも御出也」の記録についてご教示を得た。

2 佐賀県立九州陶磁文化館の大橋康二氏より、三川内焼とご教示を受けている。

3 新宿区筑土八幡町遺跡第三八一号遺構では蓋付き八の字形碗で出土事例が報告されている(新宿区筑土八幡町遺跡調査団一九九六)。第三八一号遺構は旗本屋敷地に比定され、陶磁器年代観と完形率の高さから屋敷引き払い時の廃棄と推定される。

4 「御住居御絵図」(前田育徳会所蔵)に一八二八(文政一一)年の部屋割りが示されている。女中履歴および絵図の解読は、小松愛子氏のご教示を得た。

【参考文献】

小学館 一九八三『世界陶磁全集九 江戸(四)』

新宿区筑土八幡町遺跡調査団 一九九六『筑土八幡町遺跡』

東京大学遺跡調査室 一九八九『東京大学本郷構内の遺跡 理学部七号館地点』

東京大学遺跡調査室 一九九〇『東京大学本郷構内の遺跡 医学部附属病院地点』

東京大学埋蔵文化財調査室 一九九〇『東京大学本郷構内の遺跡 山上会館・御殿下記念館地点』

東京大学埋蔵文化財調査室 二〇〇五『東京大学本郷構内の遺跡 工学部一号館地点』

東京大学埋蔵文化財調査室 二〇〇八「情報学環・福武ホール地点」『東京大学構内遺跡調査研究年報』六

東京大学埋蔵文化財調査室 二〇一六『東京大学本郷構内の遺跡 医学部附属病院入院棟A地点』

西秋良宏編 二〇〇〇『加賀殿再訪』東京大学出版会

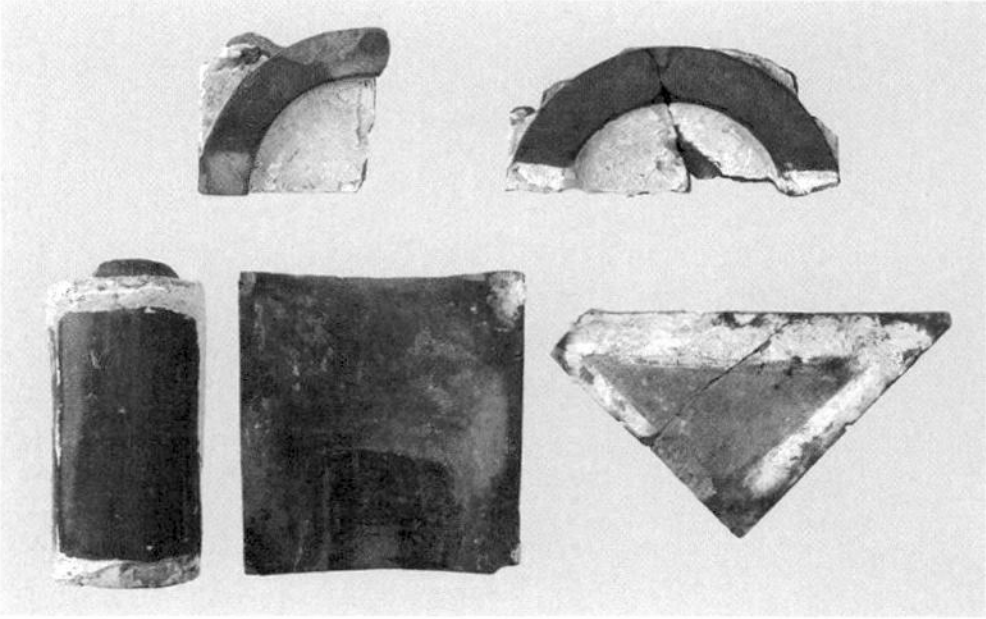

資料29　溶姫御殿に葺かれた瓦
情報学環・福武ホール地点 SK10・総合研究棟（文・経・教・社研）SK107 出土、19 世紀
大棟に葺かれた青海波瓦（上段）、丸瓦（下段左）、平瓦（下段中）、袖塀に使われた海鼠瓦（下段右）

資料30　年代を知る資料
情報学環・福武ホール地点 SK10 出土、19 世紀中葉
瀬戸・美濃産石皿の底部に「文久元年八月、新出来」と書かれている（上）。文久永宝（左下）、鋳造年代：文久３年〜慶応３年。この資料から SK10 への廃棄行為がその年代を含むことが判る。

資料31　使用者を知る文字資料
情報学環・福武ホール地点 SK10 出土、19 世紀中葉
上段左から皿底部「守　二百」、「御末」、「右」、下段左から皿底部「濱山のへや」、鉢底部「かせ部屋」、土瓶蓋裏「御三の間」

資料32　双葉葵を描いた磁器製品
情報学環・福武ホール地点 SK10 出土、19 世紀中葉
碗の外面、皿の見込みに双葉葵文様が描かれている。下段中の小坏は見込みに江戸絵付による上絵付で描かれている。

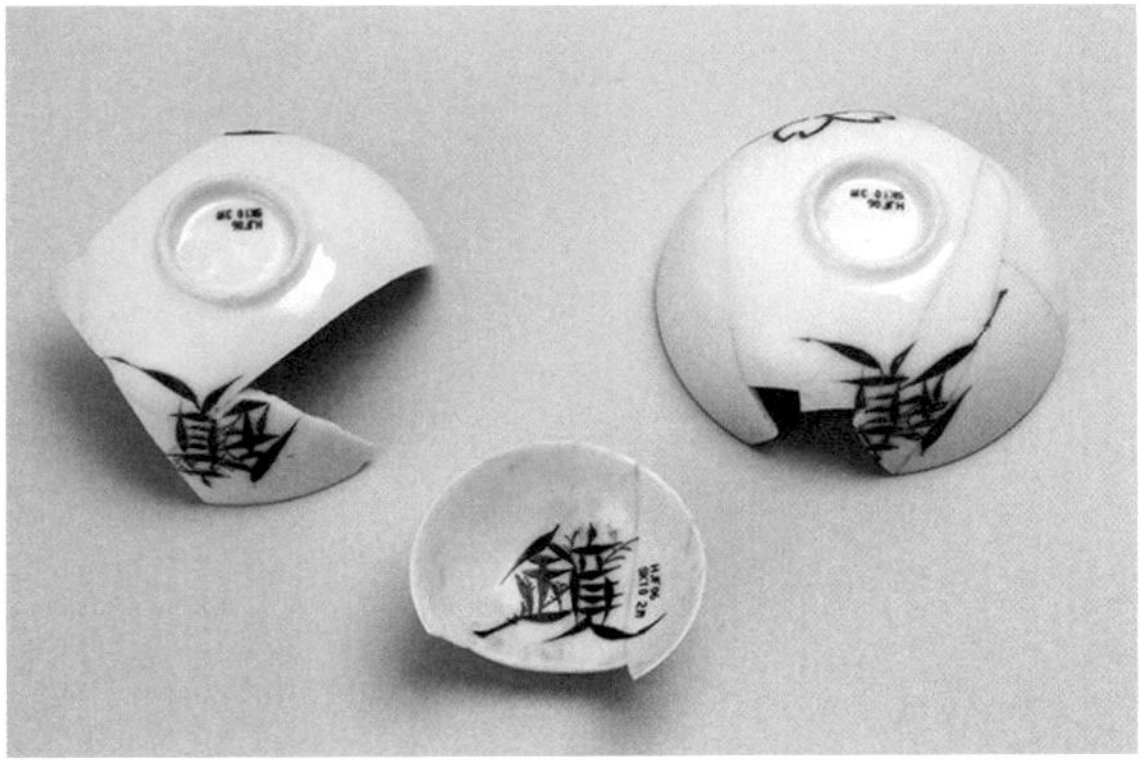

資料33　「鏡」字を描いた磁器製品
情報学環・福武ホール地点 SK10 出土、19 世紀中葉
碗の外面、小坏の見込みに江戸絵付による上絵付で笹の葉と枝で「鏡」が描かれている。

資料34　釘書きが施された徳利
情報学環・福武ホール地点 SK10 出土、19 世紀
瀬戸・美濃産灰釉徳利、左：二合半徳利に「高嵜」、中：五合徳利に「山加」、右：一升徳利に「一△」が釘書きされている。加賀藩邸で多量に出土している「久○」はほとんどなく、溶姫御殿の独自性が看守される。

資料35　染付碗
情報学環・福武ホール地点 SK10 出土、19 世紀中葉
木型打ち込み（後列中）、異形字（前列中）の瀬戸・美濃産端反形碗に加え、丁寧に染付された肥前産薄手半球碗（後列左右）、蓋付きハの字形碗（前列左右）が含まれる。

資料36　染付皿
情報学環・福武ホール地点 SK10 出土、19 世紀中葉
丁寧に染付されている製品が多く、右は「一富士、二鷹、三茄子」

資料37　酒器
情報学環・福武ホール地点 SK10 出土、19 世紀中葉
江戸絵付による薄手小坏と燗徳利、いずれも丁寧に絵付けされている。

資料38　染付鉢
情報学環・福武ホール地点
SK10 出土、19 世紀中葉

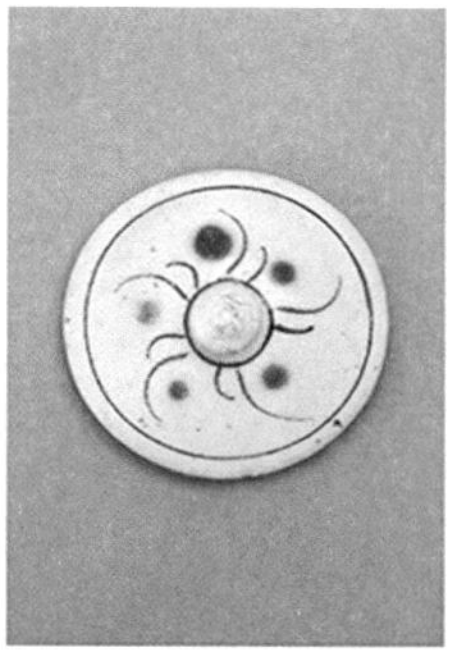

資料39　急須（右上）、土瓶（下）
情報学環・福武ホール地点 SK10 出土、
19 世紀中葉
急須、土瓶の蓋裏には所属部署が墨書されている例が多い。左上土瓶蓋の裏には「御茶」の墨書が認められる。御殿内茶所で使用されていた製品と考えられる。

資料40　鍋（左）、行平鍋（右）
情報学環・福武ホール地点 SK10 出土、
19 世紀中葉

資料41　塩壺（左）、火打ち石（中）、砥石（右）
情報学環・福武ホール地点 SK10 出土、19 世紀

資料42　捏鉢（左）、擂鉢（右）
情報学環・福武ホール地点 SK10 出土、
19 世紀中葉
左の捏鉢底部に「スセン」の墨書が認められ、ス＝守（殿）、セン＝膳（所）を示していると考えられる。右の擂鉢は口径45cmを測る大形製品で、膳所で使用されたと推定される。

資料43　瀬戸・美濃産柿釉甕
情報学環・福武ホール地点 SK10 出土、19 世紀中葉
おおむね大中小の３サイズに分けられ、膳所で調味料などの貯蔵具として使用されたと推定される。

資料44　瀬戸・美濃産柿釉徳利、備前徳利（左端）
情報学環・福武ホール地点SK10出土、19世紀中葉
5サイズに大別される。釘書き、墨書などは認められず、膳所で液体貯蔵具として使用されたと推定される。

資料45　灯火具
情報学環・福武ホール地点 SK10 出土、19 世紀
京都・信楽産油皿と油受皿（後列左）、脚付油受皿（後列右）、江戸在地系土器油受皿（前列左）、江戸在地系土器ひょうそく（前列右）

資料46　仏神具
情報学環・福武ホール地点 SK10 出土、19 世紀中葉
肥前産仏飯器（左）、肥前産御神酒徳利（右）

資料 47　文房具
情報学環・福武ホール地点 SK10 出土、19 世紀中葉
硯（左）、瀬戸・美濃産筆立て（右）

資料 48　蚊遣り豚
情報学環・福武ホール地点
SK10 出土、19 世紀中葉
江戸在地系土器

資料 49　七輪
情報学環・福武ホール地点 SK10 出土、19 世紀中葉
江戸在地系土器、右の風口を左の窓に差し込んで
使用する。風口上面の円形孔にサナが乗る。

資料 50　キセル
情報学環・福武ホール地点 SK10 出土、19 世紀？
吸口には文様が印刻されている。

資料51　銭貨(寛永通宝四文銭)
アカデミックコモンズ地点、SK672出土
簪とともに便槽から出土した女中の落とし物。

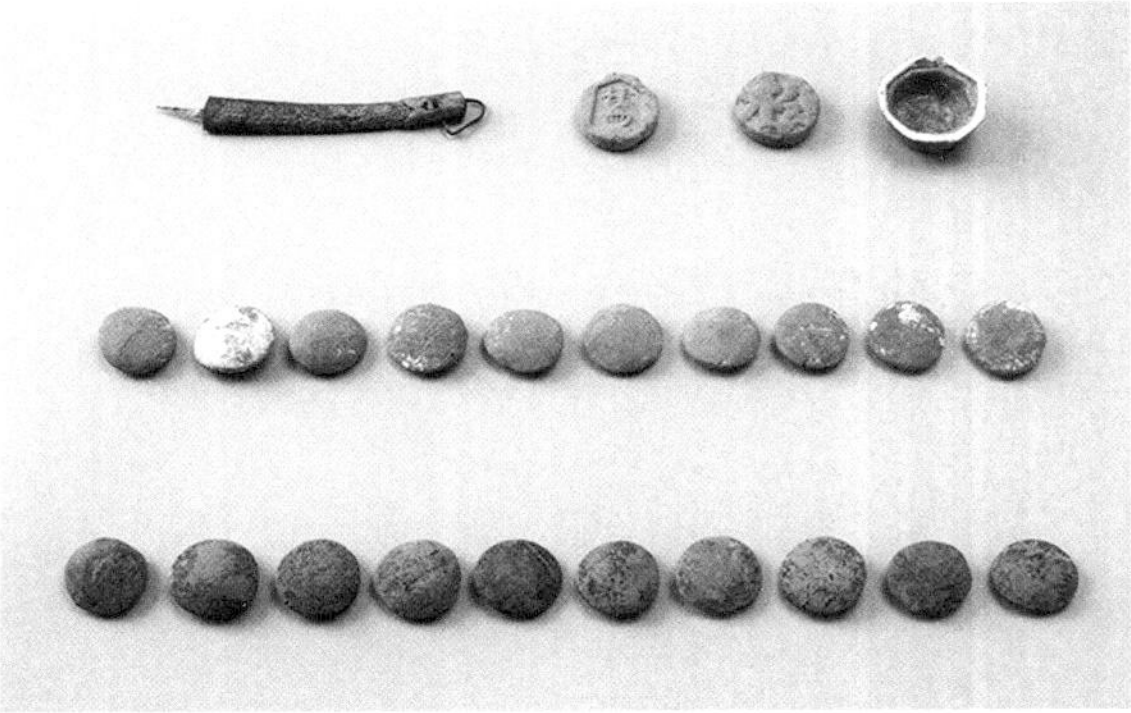

資料52　玩具・遊具・ミニチュア
情報学環・福武ホール地点SK10出土、19世紀中葉
ミニチュア刀(後列左)、泥面子(後列中)、ミニチュア鉢(後列右)、碁石状土製品(中・前列) 中列は白色、前列は黒色に彩色されている。

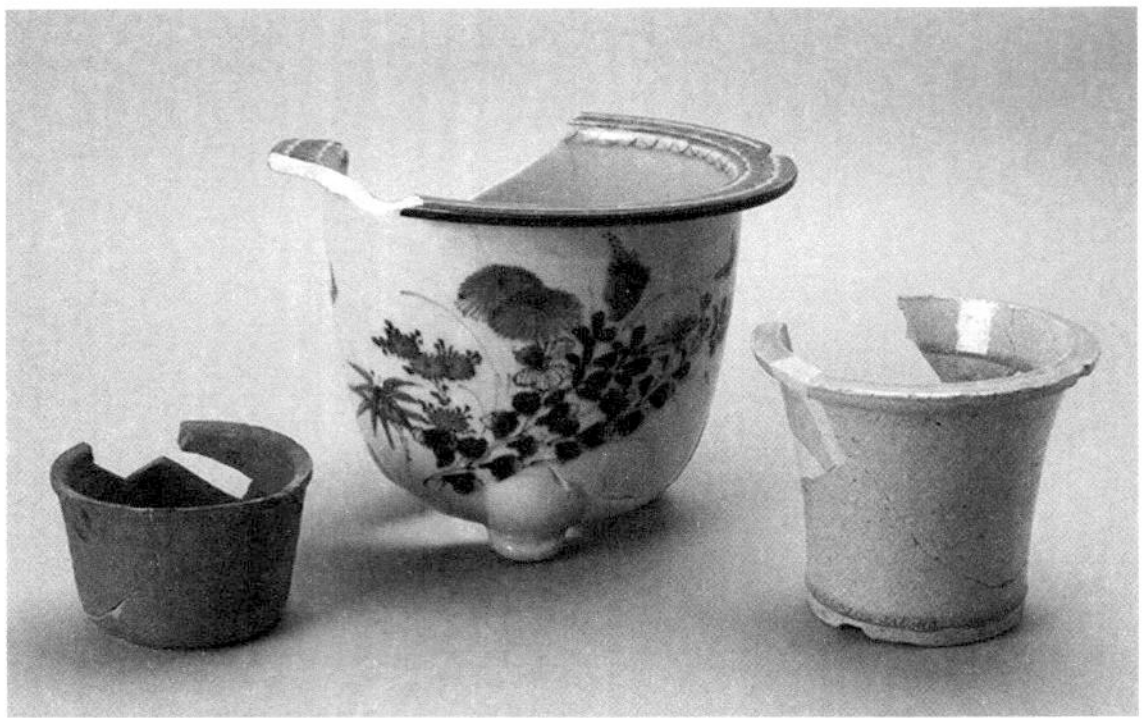

資料53　植木鉢
情報学環・福武ホール地点SK10出土、19世紀中葉
江戸在地系(左)、肥前産染付植木鉢(中)、瀬戸・美濃産灰釉植木鉢(右) 左右の植木鉢は販売容器として流通した製品で、この他半胴甕転用品も出土している。

資料54　蓋物
情報学環・福武ホール地点SK10出土、19世紀中葉
肥前産染付蓋物で大小様々なサイズがある。貯蔵具や化粧道具として使用された。

資料55　化粧道具
情報学環・福武ホール地点SK10出土、19世紀中葉
瀬戸・美濃産褐釉甕(後列左)、瀬戸・美濃産灰釉一升徳利転用品(後列右)、瀬戸・美濃産紅坏(前列左)、京都・信楽産鬢水入れ(前列中)、肥前産油壺(前列右)、後列右の徳利は頸部を打ち欠いた転用品で、左の甕とともに、内面全面に鉄錆が付着していることから、お歯黒の材料である鉄漿水(酢酸第一鉄)の製造容器と推定される。

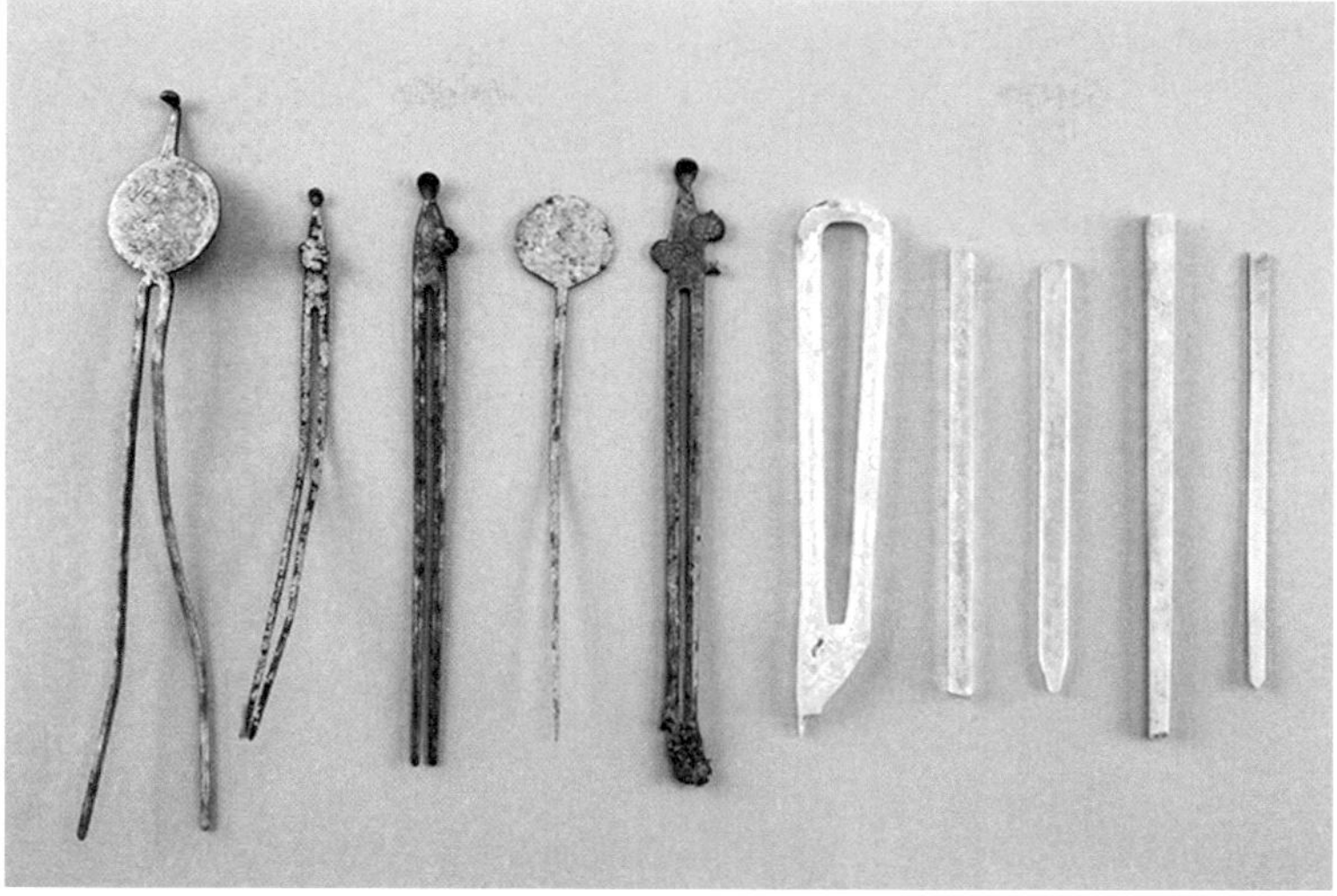

資料56　簪・笄
情報学環・福武ホール地点SK10出土、19世紀
左5点は金属製、右2点は骨角製、中3点はガラス製。

資料57　瓦
情報学環・福武ホール地点SK10焼土層出土、19世紀中葉
鬼瓦(後列)、梅鉢紋軒丸瓦(前列左)、軒桟瓦(前列右)、被熱して橙褐色に変色している。明治元年の火災に比定される。

描かれた便所と堆積土分析

堀内秀樹

絵図面に描かれた便所

アカデミックコモンズ地点は、溶姫奥女中が居住するエリアであったことが、絵図面との対比で判っている。当該地点からは、五基の便所と推定される遺構（SK一〇九、SK一二三、SK二〇四、SK六四六、SK六七二）が確認されている。前節で示したようにこれらは、溶姫御殿三ノ側長局と三ノ側続長局に付属する比較的身分の低い女中が居住していた部屋の便所である。

絵図面に描かれる便所は、いくつかの特徴がある。一点目は、複数で存在している点である。当該地点付近である長局では、上位の女中が居住すると思われる畳が敷かれている方向と廊下を隔てて反対側奥に二基の便所が対で設けられている。長局に限らず、総合研究棟（文・経・教・社研）地点の御膳所部分、また、溶姫御殿の表に相当するエリアにおいても二基あるいは四基が単位になっている。

二点目は、基本的に建物の外側に位置している点である。これは下掃除（くみ取り）との関連とみられる。大名藩邸における糞尿を下肥として利用する近郊村落との関係については多くの研究が存在する。藩邸内の建物は下掃除人が外側からアクセスできるように造られており、御殿内などは廊下の下をくぐる通路なども作られている。

三点目は、場所によって便所の描かれ方が異なっている点である。表御殿では、中央に小区画をもつものと壁面一辺の中央に長方形の小区画をもつもの二基一組が男用大小用が組になっているように描かれているのに対して、奥御殿では中央に小区画を持つ女用のもののみである。

堆積土の土壌分析

発掘調査で確認されている便所遺構は、下部施設として石組み、木組み、桶が便槽として使われており、絵図面に描かれているように二基が対になっていることが多い。多くの場合、堆積土の下部にはカルシウム分の白石化にともなう変化が窺える。アカデミックコモンズ地点では、便所遺構のうち白色化した便と推定される土が顕著に確認できたSK一〇九、SK二〇四、SK六七二について土壌サンプルを行い、寄生虫卵分析、鉛全量分析を行った。

寄生虫分析では、全遺構より回虫卵、鞭虫卵が少量（一ccあたり二〇〇個未満程度）確認されたことで、便所遺構として利用されたことが傍証される。ただ、これらは古代の鴻臚館、中世の石動大宮坊などの分析において、数万個の寄生虫卵が確認されているのと比較すると通常の都市としての範囲内の数量と判断されている（パリノ・サーヴェイ二〇一四）。

また、鉛全量分析では、SK一〇九で41mg/kg、SK二〇四で129mg/kg、SK六七二で120mg/kgであった。これらの数量は現在の非汚染土壌の基準35mg/kg以上であり、特に後二者は鉛が多く含有しているといえる。同様に埋蔵文化財調査室では、御殿下記念館地点の発掘調査時においても鉛含有量分析を行っており、男性の行動圏である役人溜、人足溜付近の便所より女性行動圏である部屋方などの便所からのサンプルに鉛が多く含有されていたことが指摘されている（井上他一九九〇）。

これらのことから、便所からサンプリングした土壌に、多く含まれている鉛分は、女中たちの化粧に用いた白粉に含まれていた鉛の影響と推定できた。

図1 SK204 灰色土層の堆積

【引用・参考文献】

井上純子・上野佳也・渡辺ますみ 一九九〇「梅之御殿」厠跡から検出されたPbについて」『山上会館・御殿下記念館地点』埋蔵文化財調査室

パリノ・サーヴェイ 二〇一四『アカデミックコモンズ地点出土便所遺構の自然科学的分析報告』

第八章

阿部常樹
畑山智史

食生活

はじめに

本章では、溶姫御殿における食生活の一端を動物性食物残滓の傾向から明らかにしていく。

この分析には、情報学環・福武ホール地点（以下、「福武地点」）SK一〇より出土した貝殻と骨（以下、「動物遺体」）を対象とした。SK一〇は、東西約九メートル、南北約五メートル、深さ約二メートル半の大形土坑である。その土坑の覆土は、溶姫御殿より排出された可能性の高いごみによって構成している（東京大学埋蔵文化財調査室二〇〇八）。それは三つの層からなっており、特に三層を中心に多くの動物遺体が包含していた。それらは、発掘調査時に覆土ごと取り上げ、その後、水洗選別法によって、資料の抽出をおこなっている。その資料の抽出には、五ミリメートル目の篭を用いている。

これらの動物遺体のほとんどは食物残滓であり、溶姫御殿で供された料理の残滓であることが想定される。大名屋敷内で供される料理は、その大名の国元の食文化が大きく反映していることが考えられ、実際に加賀前田家の藩邸跡である本遺跡内より出土する動物遺体もその点が指摘されてきた（秋元一九九二、阿部二〇一五など）。一方で、溶姫は将軍家より輿入れしており、徳川将軍家の食文化が反映している可能性が想定される。そこで、溶姫御殿における食文化的側面を抽出することを目的に分析をおこなった。

また、同様の溶姫御殿のゴミ穴遺構である総合研究棟（文・経・教・社研）地点SK一一〇（以下、「総研SK一一〇」）出土の動物遺体の分析をこれまでにおこなっている[1]（阿部二〇〇六、野々村二〇〇六、江田二〇〇六）。そこで、総研SK一一〇の分析結果に関してもあわせて比較・検討をする。（阿部・畑山）

分析資料の概要

資料は整理用コンテナ二五箱と膨大であり、現段階で整理の途中である（二〇一七年一月現在）。なお、鳥類と哺乳類のみ種同定が終了している。今回は、三層のみを取り上げて議論をおこなう。

これらの資料のほとんどは、貝類と魚類が占めている。それに対して鳥類[2]及び哺乳類は少ない。特に出土している哺乳類はイヌとネコのみで、両方とも食物残滓とは考えにくい[3]。以下、種組成は傾向のみを提示し、特に、人為的な加工痕やサイズなどの観察を中心に検討する。（阿部）

貝類

現時点で同定できた資料は約六千点で、一七種が確認できた（出土種は表1を参照）。シジミ類が約五割を占め、最も多い。次いでハマグリが約三割と多く、この二種で出土した貝類の全体の八割を占める。

出土した貝類は、ほかにアサリやアカガイ、サルボウ、シオフキ、タイラギ、ミルクイ、サザエ、アワビ

表1 情報学環・福武ホール地点SK10出土の主要な動物遺体一覧

- 軟体動物門 Phylum MOLLUSCA
  - 腹足綱 Class Gastropoda
    - ミミガイ科 Family Haliotidae
      - メガイアワビ *Halitosis (Nordotis) gigantea*
      - マダカアワビ *Haliotis (Nordotis) madaka*
      - クロアワビ *Haliotis (Nordotis) discus discus*
    - ニシキウズガイ科 Family Trochidae
      - ダンベイキサゴ *Umbonium giganteum*
    - サザエ科 Family Turbinidae
      - サザエ *Turbo (Batillus) cornutus*
    - カワニナ科 Family Pleuroceridae
      - カワニナ *Semisulcospira libertina*
    - タマガイ科 Family Naticidae
      - ツメタガイ *Glossaulax didyma*
    - アクキガイ科 Family Muricidae
      - アカニシ *Rapana venosa*
      - バイ *Babyronia japonica*
  - 二枚貝綱 Class Bivalvia
    - フネガイ目 Order Arcoida
      - フネガイ科 Family Arcidae
        - アカガイ *Anadara (Scapharca) broughtonii*
        - サルボウガイ *Scapharca kagoshimensis*
    - ウグイスガイ目 Order Pterioida
      - ハボウキガイ科 Family Pinnidae
        - タイラギ *Atrina (Servatrina) pectinata*
    - マルスダレガイ目 Order Veneroida
      - バカガイ科 Family Mactridae
        - シオフキガイ *Mactra veneriformis*
        - ミルクイ *Tresus keenae*
      - シジミ科 Family Cobicalidae
        - シジミガイ属 *Corbicula* sp.
      - マルスダレガイ科 Family Veneridae
        - アサリ *Ruditapes philippinarum*
        - ハマグリ *Meretrix lusoria*
- 脊椎動物門 Phylum VERTEBRATA
  - 軟骨魚綱 Class Chonodrichthyes
    - 板鰓亜綱 Subclass Elasmobranchii
      - ネズミザメ目 Order Lamniformes
        - ネズミザメ科 Family Lamnidae
      - エイ目 Order Rajiforms
        - アカエイ科 Family Dasyatidae
  - 硬骨魚綱 Class Osteihthyes
    - ニシン目 Order Clupeiformes
      - ニシン科(イワシ類) Family Clupeidae
    - コイ目 Order Cypriniformes
      - コイ科 Family Cyprinidae
        - コイ *Cyprinus carpio Linnaeus*
      - ドジョウ科 Family Cobitidae
    - サケ目 Order Salmoniformes
      - アユ科 Family Plecoglossidae
        - アユ *Plecoglossus altivelis altivelis*
      - サケ科 Family Salmonidae
        - サケ属 *Oncorhychus* sp.
    - タラ目 Order Gadiformes
      - タラ科 Family Gadidae
    - ダツ目 Order Beloniformes
      - サンマ科 Family Scomberesocidae
        - サンマ *Cololabis saira*
    - メダカ目 Order Cyprindontiformes
      - サヨリ科 Family Hemiramphidae
    - カサゴ目 Order Scorpaeniformes
      - フサカサゴ科 Family Scorpaenidae
      - ホウボウ科 Family Triglidae
      - コチ科 Family Platycephalidae
      - アイナメ科 Family Hexagramidae
        - アイナメ属 *Hexagrammos* sp.
    - スズキ目 Order Perciformes
      - スズキ科 Family Serranidae
        - スズキ *Lateolabrax japonicus.*
      - キス科 Family Sillaginidae
        - キス属 *Sillago* sp.
      - アジ科 Family Carangidae
        - ブリモドキ亜科 Subfamily Naucratinae
          - ブリ属 *Seriola* sp.
        - アジ亜科 Subfamily Carangidae
      - タイ科 Family Sparidae
        - マダイ *Pagrus major*
      - ボラ科 Family Mugilida
      - カマス科 Family Sphyraenoidae
        - カマス属 *Sphyraena*.sp
      - サバ科 Family Scombridae
        - ソウダガツオ属 *Auxis* sp.
        - カツオ *Katsuwonus pelamis*
        - サバ属 *Scomber* sp.
        - マグロ属 *Thunnus* sp.
    - カレイ目 Order Pleuronectiformes
      - ヒラメ科 Family Paralichthyidae
        - ヒラメ *Paralichtys olivaceus*
      - カレイ科 Family Pleuronectidae
        - イシガレイ *Platichthys bicoloratus*
    - フグ目 Order Tetraodontiformes
      - フグ科 Family Tetraodonidae
    - アンコウ目 Lophiiformes
      - アンコウ科 Lophiidae
  - 鳥綱 Class Aves
    - カモ目 Order Anseriformes
      - カモ科 Family Anatidae
        - ガン族 Tribe Anserini
        - カモ亜科 Subfamily Anatinae
    - キジ目 Order Galliformes
      - キジ科 Family Phasianidae
        - ニワトリ *Gallus gallus var.domesticus*
    - ツル目 Order Gruiformes
      - クイナ科 Family Rallidae
    - スズメ目 Order Passeriformes
      - カラス科 family Corviae
    - チドリ目 Order Charadriiformes

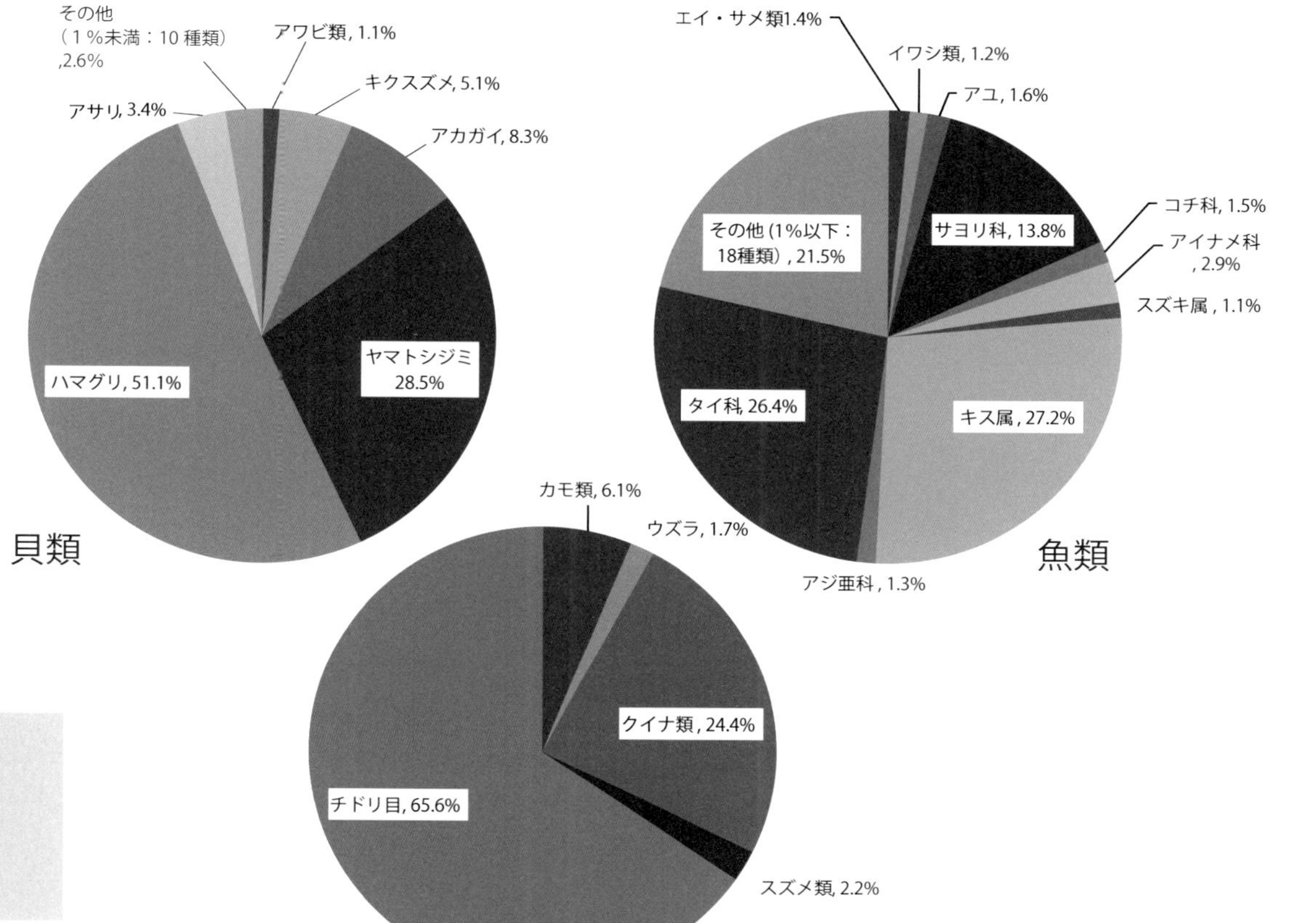

図1　総合研究棟（文・経・教・社研）地点
SK110出土の動物遺体

類（マダカアワビ、メガイアワビ、クロアワビ）、バイ、アカニシ、ツメタガイ、ダンベイキサゴが含まれる。なおサザエは、ほとんどが有棘型であり、無棘型は一点のみである。また約一〇ミリメートルの微小陸産貝類が出土しているが、食物残滓ではなく、遺構の形成過程で混入したものである。

ハマグリとシジミ類で全体の大半を占める種構成は、同じ溶姫に関連する総研ＳＫ一一〇（阿部二〇〇六）と良く似た傾向である（図1）。ただし、サザエに関しては、総研ＳＫ一一〇の報告（阿部二〇〇六）では蓋の破片のみであったが福武ＳＫ一〇では多く見られるといった差異がある。

大型ハマグリやアカガイ、ミルクイ、アワビ類と小型ハマグリやアサリ、シジミ類が混在している状況は、御殿下記念館地点三〇九号遺構の事例と似た傾向であり、身分格式に応じた食材を提供されていた可能性（追川二〇〇〇）が考えられる[4]。大型ハマグリやアカガイ、ミルクイ、アワビ類については、その出土事例が江戸大名屋敷跡に顕著にみられ（阿部二〇一五）、身分階層が上位な人々の食物残滓の一部の可能性がある。一方で、混在する小型ハマグリやアサリ、シジミ類については、下位の人々（例えば、下級藩士など）の食物残滓の可能性がある。

国元である金沢の事例（畑山二〇一五）をみるとチョウセンハマグリやコタマガイ、イワガキが多くみられ、ＳＫ一〇の組成とは様相が大きく異なる。だが、これらは、ＳＫ一〇では現時点で未確認であり、貝類においては、国元である金沢からの持ち込みで

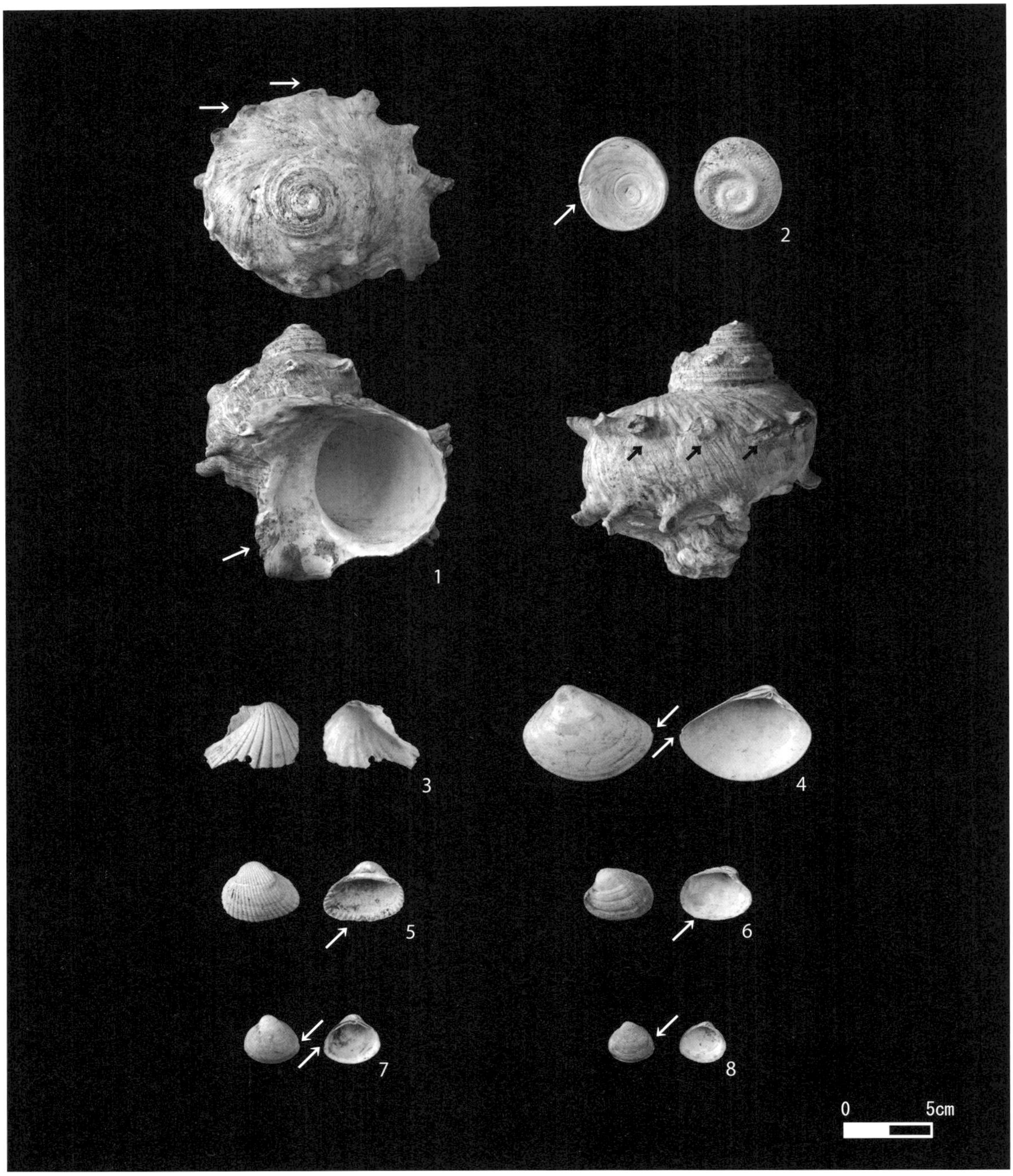

1. サザエ殻体　2. サザエ蓋　3. イタヤガイ（貝杓子）　4. ハマグリ　5. サルボウ　6. アサリ　7. シオフキ
8.　シジミ類　　　　　　※→：欠損部分

図2　人為的な欠損がみられる貝類遺体

はなく、江戸で入手可能な素材で構成しているようである[5]。

次に貝殻にみられる人為的な欠損を述べる。小型二枚貝の縁辺（腹縁）には小剥離がみられる（図2-4～8）。この小剥離は、貝を剥き身にするために生じたと考えられる（以下、剥き身痕）（阿部二〇一四）。特にシジミ類は剥き身痕が顕著にみられる。『素人包丁』初編（一八〇三（享和三）年）や二編（一八〇五（文化二）年）の記述でもみられるようにシジミ類は基本的には剥き身にして調理に使ったようである。

二枚貝のみならず、アワビ類やサザエなどの巻貝にも採取から調理に至るまでの人為的な欠損がみられる。アワビ類の殻表面には銛などの刺突具によって生じた穿孔や縁辺にはアワビオコシを用いて岩肌から剥がしとった際に生じたと推定される欠損がみられた。

サザエではいくつかの人為的な欠損があり、殻体殻軸と蓋縁辺に小剥離痕、棘の切断がみられた（図2-1・2）。殻体と蓋の小剥離痕はおそらく剥き身痕であり、巻貝であるサザエでも一度剥き身にした後に、殻内に戻し、調理もしくはそのまま供したようである。またサザエの開口部（殻口）を正面とした場合、その背面の棘も欠損している点が注目される。棘は、すべて除去しておらず、背面の棘にのみ集中的に欠損がみられた。棘を除去することで、サザエを卓上に置いた際に開口部が水平となり、焼栄螺の時に溢れる旨味を逃すことなく、かつ器として用いることで視覚からも賞翫できる。

これらの欠損をみると、貝殻においてもいくつかの料理工程が読み解け、上位階層の人々に配慮した料理がふるわれた様相が看取される。（畑山）

魚類

現段階で三〇種類の魚類が確認されている（詳細は表1を参照）。マダイ（タイ科・マダイ亜科を含む）、コイ（コイ科を含む）、キス属の出土が特に目立つ。『魚かゞみ（魚鑑）』によると、前者二種はそれぞれ〝海魚〟と〝河魚〟の長とされている。また、コイは古くから祝事の宴会に必ず用いる風習があり、「将軍家にご覧に入れる御前料理は、コイに限られていた」（吉川一九九六）とされている。つまり、上位階層の食生活を反映しているものと考えられる。さらに、溶姫の父にあたる十一代将軍徳川家斉の食事には、「鯛が圧倒的に多く使われている」事が指摘されており（原田二〇〇三）、想像の域を出ないが食的嗜好についても彷彿される。

キス属の出土傾向は、総研SK一一〇の検討からも同様のものがみられる（野々村二〇〇六）。総研SK一一〇では、キス属が最も多く、一三四九点で全体の約三割を占めている（図1）。その特徴は他の大名屋敷跡ではみられない。

一方で、加賀藩の食文化を代表するタラ科の出土もみられる。しかし、「たら」は、当時、干物として日本橋で売られていたことから、江戸においても手に

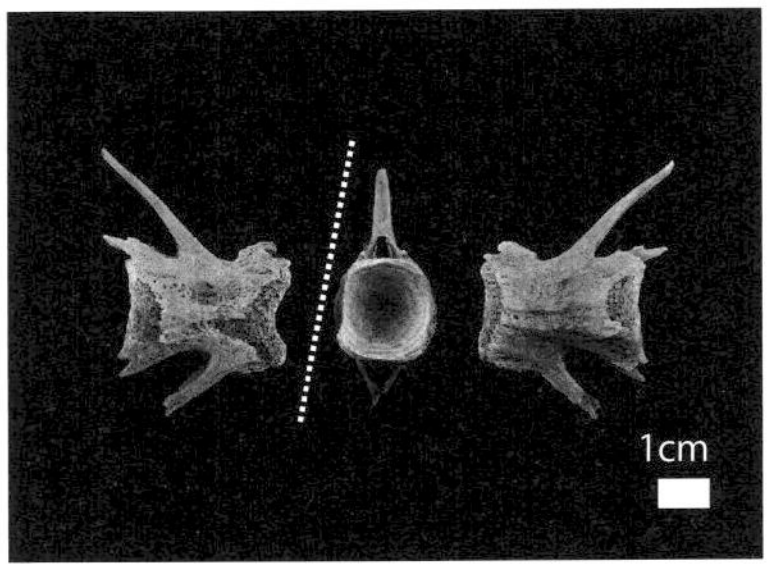

ブリ属　尾椎

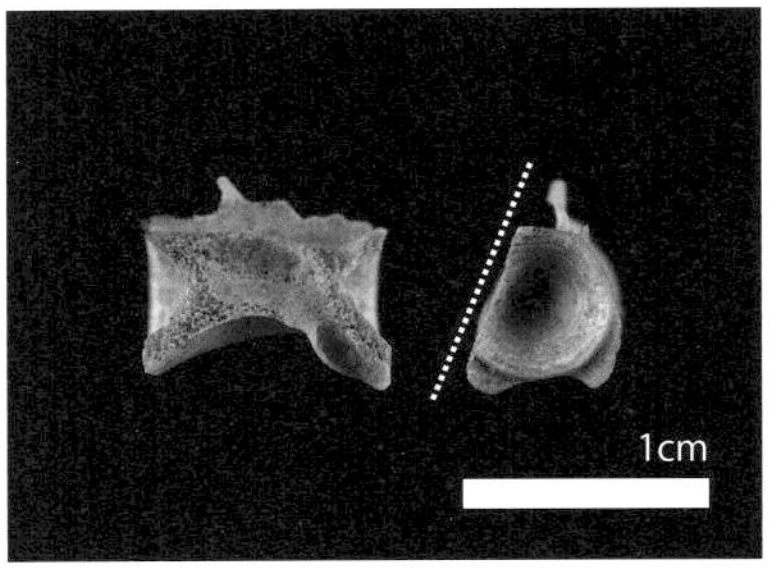

サバ属　腹椎

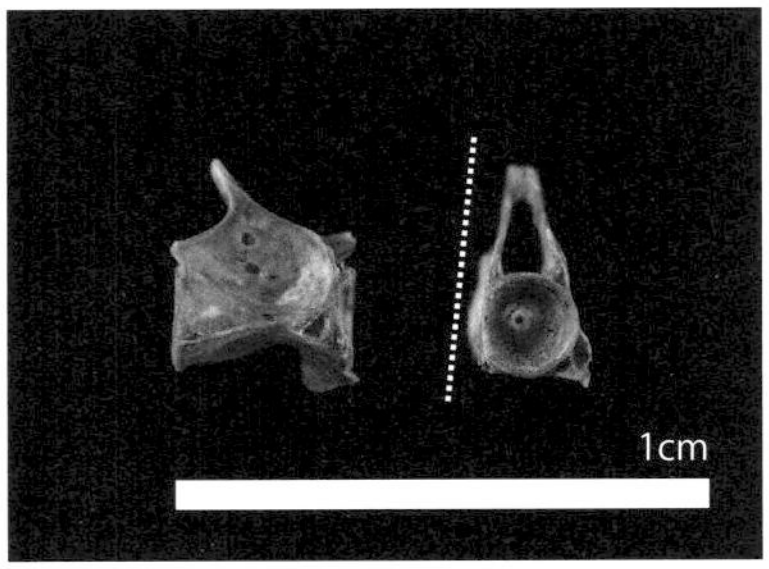

キス属　腹椎

図３　椎骨側面に切断痕を有する資料

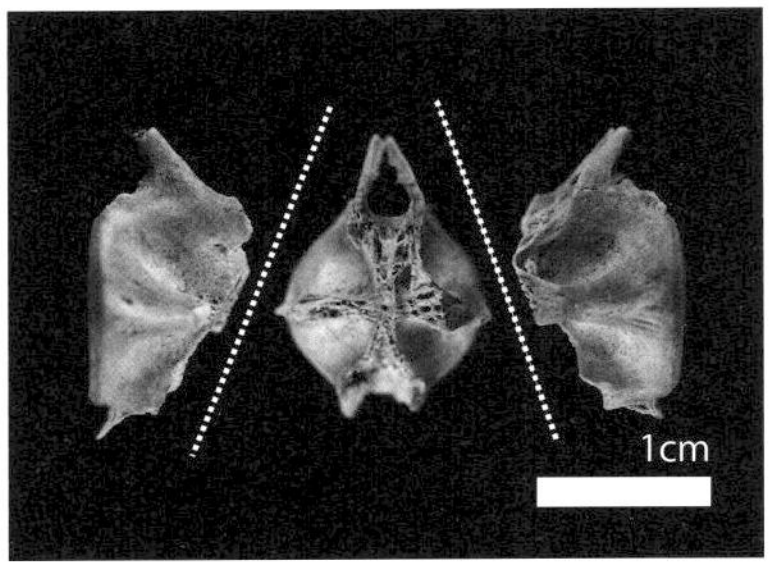

カツオ　尾椎

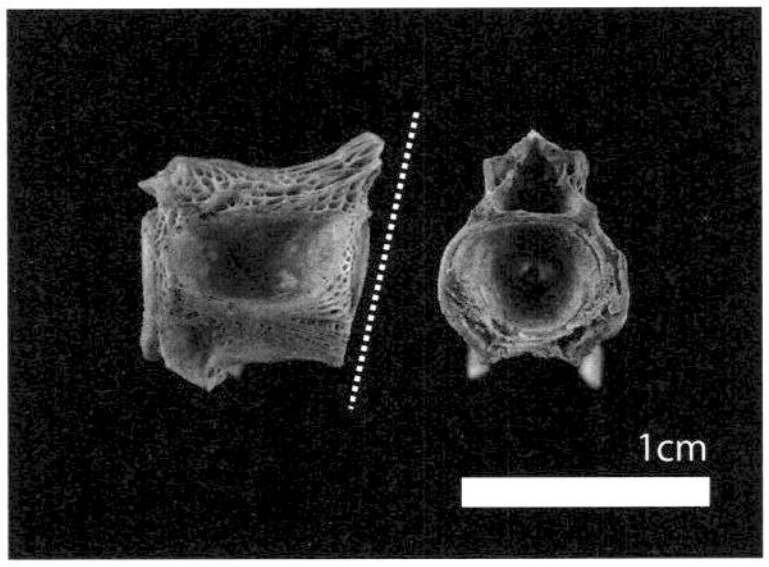

コチ科　腹椎

図4　椎体が縦位に切断されている資料

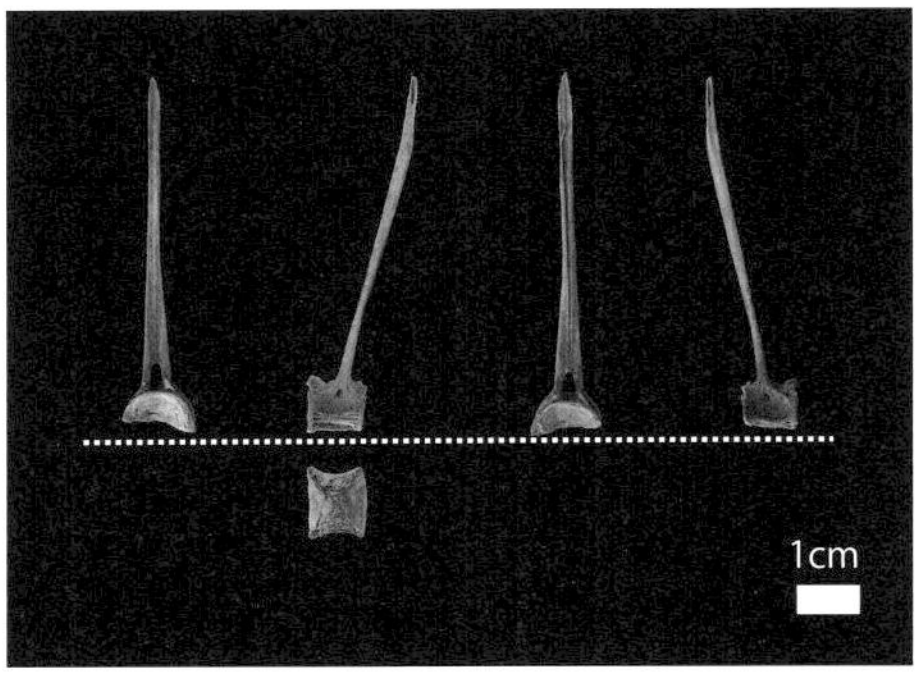

図5　椎体が切断されているヒラメの椎骨

本資料は、椎体の背腹両側に切断面がみられる。棘部分を切断した際のものと推定される。

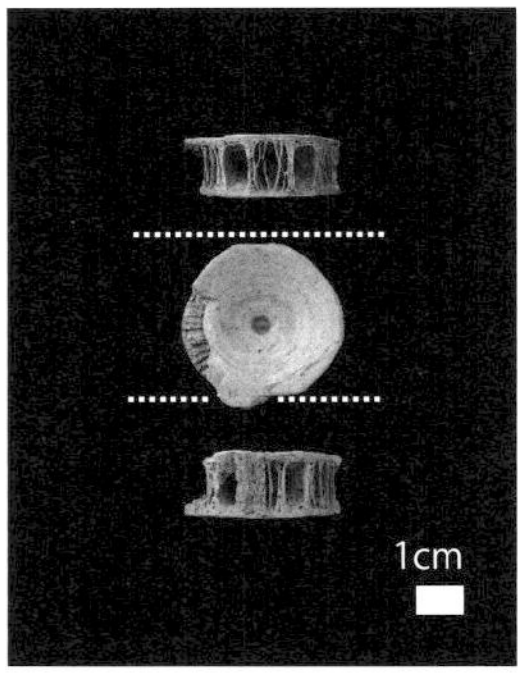

図6　椎体が切断されているネズミザメ科の椎骨

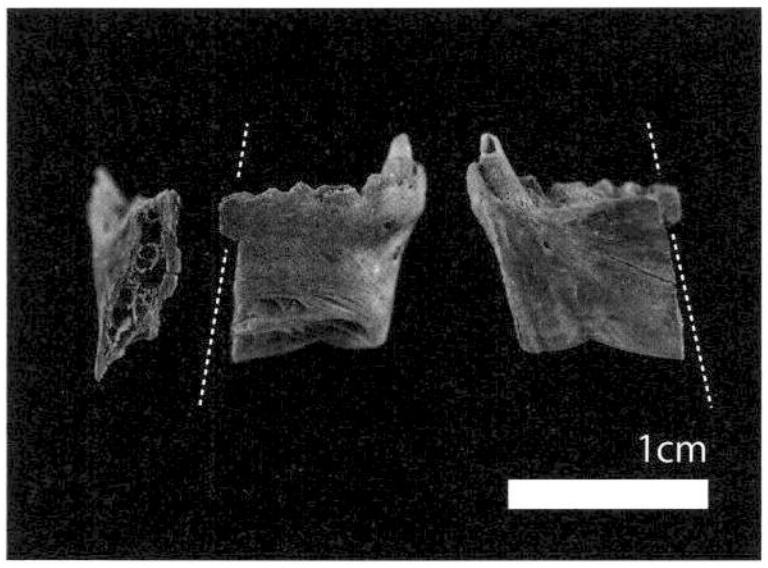

ヒラメ　左歯骨

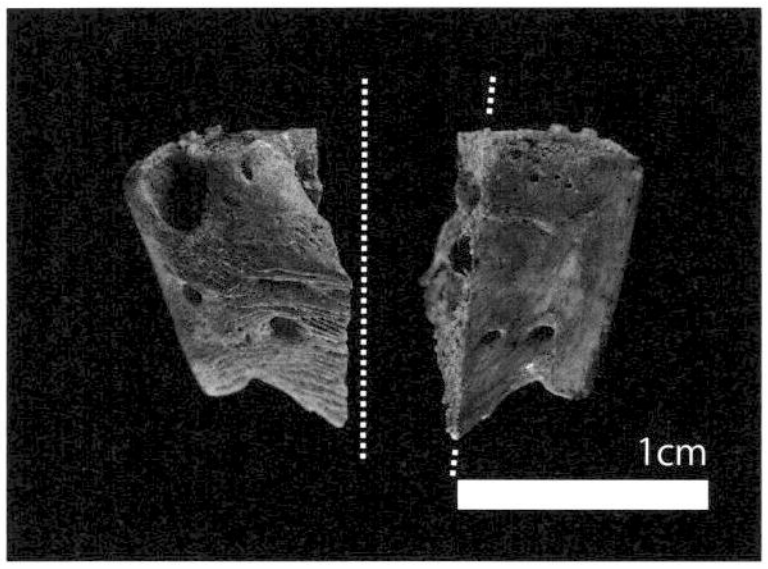

マダイ亜科　左歯骨

図７　切断された下顎骨

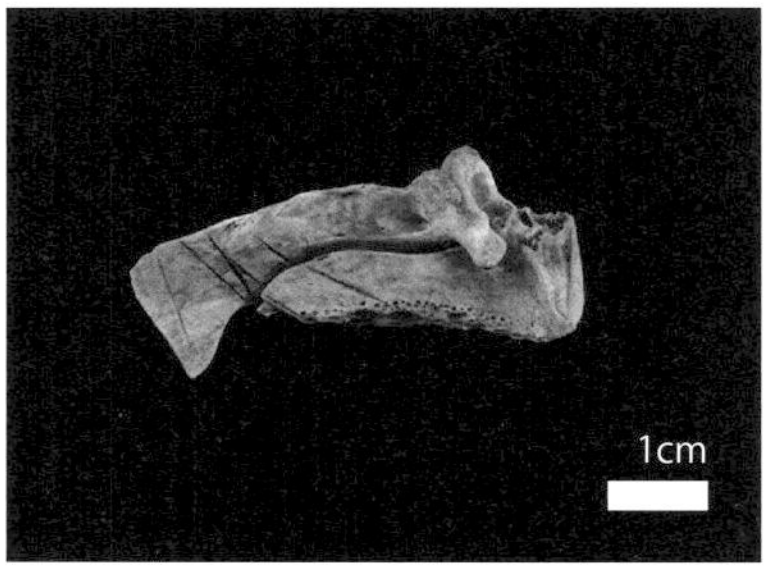

マダイ亜科　右前上顎骨・主上顎骨

図8　内面(舌側)に切痕を有する上顎骨

入るものであり、他の江戸遺跡からも出土している(金子一九九〇a)。秋元(一九九二)もタラ科が出土したことよりも、出土率が高い点を指摘しており、今後、定量データで検証する必要がある。(6)

さらに、マグロ属やイワシ類など当時、下物とされていたものも含まれている(松下一九九六)。

出土魚類には、刃物によるものと考えられる切痕や切断痕を持つものがある。特に椎骨の側面には、切断面を有するものが多く、身をおろした際のものと推定される(図3)。それは、キス属のような小型のものにもみられる(なお、イワシ類の椎骨にもキス属の切断面と同様のところに欠損がみられるが人為的なものか明確ではない)。その切断痕には、規則性があり、椎体の右側面で顕著にみられる。また、背側のほうが深く切断されている。三枚におろしたという前提で推察すると、料理人に対して魚の頭を左側、背を料理人に向けて置き、魚の右側面の背から腹側に向かっておろしはじめたという法則性を見出すことができる。

また、椎体を縦位で切断している資料に関しても法則性を見出すことができる(図4)。切断面を観察すると、右側の縁の角が取れ、さらに、切断面の内部組織が右から左に押されるように傾いている。また、左側の縁が右から左に押し出されたように外側に破損しているものもみられる。つまり、その切断の際に、右側面を上にして、切断をおこなっていたことが推測される。

ヒラメの椎骨に関しては、他の魚種と異なる切断痕がみられる(図5)。一つには、椎体部分が背側と腹側に分割されるように切断されている。なお、残存部は背側である。これは、吸い物などに入れる際に、骨の内部にある旨味をより効率的にとるために切断した可能性(岡嶋二〇〇四)が推測される。後述するが、ヒラメは顎の骨に関しても切断が認められる点からも、「あら」も料理に利用したものと考えられる。この椎骨の切断方法はヒラメにしか認められない。ヒラメなど扁平な魚種に関して五枚おろしにすることがある。五枚おろしは、背骨に沿って切れ目を入れるが、それと関係があることも推測される。しかし、同様の形状であるカレイ科の椎骨にはこのような切断痕を有するものは認められない。カレイ科との違いは、ヒラメのほうが、サイズが大きい点である。さらに、他の同サイズの魚種に比べて、棘部分が長い点もあげられる。三枚乃至五枚におろして身をとった後、「あら」を煮物や吸い物にしたものと想定した場合、椎体部分で二分割したほうが食す上で適度なサイズであったのかもしれない。もう一つには、棘部分の先端の左右それぞれが斜めに削れられている点である。その角度は、浅いことから、「えんがわ」をさばいた痕とも推測される。以上、ヒラメに関しては、まず、身及び「えんがわ」を切り分ける九枚おろしをおこない、身と「えんがわ」を料理(刺身や焼き物など)に用い、さらに残った「あら」を切り分け、煮物、もしくは吸い物などの料理に用いたことが推測される。

その一方で、マダイの前頭骨の切断には法則が認められない。「梨割(兜割)」とされる正中線上に切断したものがみられるが、その残滓部分は左右バラバラである。その切断方法も切断面が正中線から左右どちらかにかたよっているもの、後端の一部が切断されているのみのもの、まったく切断されていないものと様々である。

また、顎の骨(前上顎骨及び歯骨)の先端が切断されているものも多くみられる(図7)。魚種は、マダイ、ヒラメ、フサカサゴ科など様々である。その切断面を観察すると、魚種に関係なく、頬側の切断面の縁が内側から外側に力が加わったように欠損していることから、切断は舌側、即ち口の中のほうから頬側にむかって行われたことが推測される。マダイに関しては、所謂、「梨割」などをおこなったのち、その切断面側、すなわち舌側(内面)から切断したものと推測される(図8)。

サイズに目を向けると、マダイ(もしくはマダイ亜科)は大小様々なものが含まれている。

以上のことから、少なくとも魚骨において、溶姫に出されたものやハレの儀礼的な場で供されたものだけでなく、女中などが日常的に食したものも含まれていることが考えられる。また、これらの魚骨とともに多くの鱗も出土しており、食された後の残滓だけでなく、調理段階のものも含まれていることが考えられる。

(阿部)

鳥類

鳥類は六種類七九点出土している。そのうち、綱より下位まで同定されたのは、約七割にあたる六五点である(以下、同定された資料のみで比率を算出)。内訳は、カモ亜科が一九点(約三割)で最も多く出土しており、次いでチドリ目(一三点・約二割)とガン族(一二点・約二割)が多い。なお、カモ亜科とガン族で全体の五割近くを占める。そのほかにカラス科(九点・約一割)、キジ科(ニワトリ一点含む:八点・約一割)、クイナ科(三点・一割未満)、ハト科(一点・一割未満)である。ただし、すべてを料理に使われたものであるかは難しい。特に、カラス科に関しては、食されたものであるかは慎重に解釈する必要がある。『翻刻江戸時代料理本集成』(吉井始子編一九七八〜一九八〇:全一〇巻)に所収されている近世の料理書を調べても、カラスを食材とした記載は、『古今料理集』で一回出てくるのみで、一般的ではないようである。なお、SK一〇にはイヌやネコも出土しており、これらは食物残滓ではないと推測される。つまり、カラス科も同様に食物残滓ではなく、屋敷内で死亡していたなどの理由から、SK一〇に廃棄された可能性も考えられる。カラス科以外のものは、比較的、様々な料理書において食材としてみられる。また、ハト科に関しては、食物残滓とカラス科と同様に屋敷内で死亡していたものである可能性の両面から考える必要がある。

部位は、四肢骨が主体である。しかし、カモ亜科は、下顎骨が二点、鎖骨が一点出土しており、丸ごと持ち込まれ、調理された可能性が残される。

調理された明確な痕跡を有するのは、ガン族四点とキジ科一点である。ガン族は大腿骨二点、上腕骨一点、脛足根骨一点、キジ科は大腿骨であり、ともに解体をおこなった際の切断痕であると推測される。

総研ＳＫ一一〇では、チドリ目が最も多く、七割近く(一一八点)を占め、次いでクイナ科が約三割(四四点)で多い(図1)。この二種は、共に福武ＳＫ一〇でも出土しており、特にチドリ目に関しては一三点も出土している。チドリ目の出土が比較的多い点に関して、溶姫御殿の特徴としてとらえられるかもしれない[7]。なお、チドリ目の一種である鴫(シギ科)は、饗膳に供されるものともされている(渡辺一九九六)。

(阿部)

廃棄時のごみ穴の状況

次に、ＳＫ一〇の覆土の形成当時の状況について考察する。

今回の資料の抽出には、一辺五ミリメートルの比較的大きな目の籠を用いている。さらに、浮遊選別法もおこなっていない。それにもかかわらず、微小な陸産貝類は、ある程度の量が検出している。陸産貝類は、本来、林の落葉の間などに棲息している(鈴木一九八九)。陸産貝類が検出することは、落葉などが若干積り、陸産貝類が繁殖できる期間、ごみ穴が開放されていたことを示しているものと推測される(鈴木一九八九)。また、マグロ属の鰭棘やカラス科の上腕骨にはそれぞれ咬痕もみられ、これはイヌによるものと推測される。廃棄された残滓をイヌが食すことのできる状況、つまり、残滓の上に何も覆っていない状況であったことが考えられる。

(阿部)

動物性食料からみえる溶姫御殿の特徴

廃棄されていたものから様々な身分階層もしくは契機に食されたものが含まれていることが推察された。

その内容物は、一つには溶姫もしくは、特別な場(例えば、饗膳、ハレの場)で供された可能性のあるものが含まれていることを指摘した。魚貝類におけるアワビ類やミルクイ、マダイやコイなど上物とされるものもその可能性が高い。鳥類でもガン族やカモ亜科をはじめ、チドリ目もその可能性を指摘した。その他にも、食膳に供した際に用いたであろう加工されたサザエの殻も含まれよう。

その一方で魚貝類では、マグロ属をはじめ所謂、下物が含まれている点や、例えばマダイのサイズや切断方法に統一性がないことから、特別な場で供されたものとは考えにくいものも含まれている。

なお、魚類に関しては、一つの個体でも、複数の異なる場で食されていた可能性も推察される。つまり、身を用いた料理と「あら」を用いた料理が同じ場で供された可能性も推測されるが、例えば身の部分は、溶姫のための料理に用い、「あら」を用いた料理は溶姫の周りで働いている人々の食事として供された可能性も推測される。

さて、総研ＳＫ一一〇の事例と合わせて考えると、溶姫御殿特有の傾向がみえてくる。具体的には、キス属とチドリ目の出土が顕著な点があげられる。キス属は、江戸前で釣りの対象として有名であり、また、チドリ目のうちのチドリ科やシギ科は干潟に多く、ガン・カモ類と共に江戸周辺の河口や海浜部でも多く生息していたことが考えられる（桑原・田久保一九九七）。つまり、溶姫及びその女中は江戸に縁が深く、そのような意味では国元・〝江戸〟の食文化を反映しているといえる。

（阿部・畑山）

【註】

1　総研SK一一〇において、資料の抽出には最小で一ミリメートル目の篩を用いた水洗選別法と浮遊選別法でおこなっている。

2　鳥類の同定・分析は、北海道大学の江田真毅氏による。

3　イヌに関して近世江戸において人によって食されていたことは知られており、実際に本遺跡内の工学部一号館地点からは食された可能性のある刀傷を有する資料が出土している（新美二〇〇五）。しかし、本遺構より出土したイヌには、工学部一号館地点でみられたような刀傷を有するものはない。

4　ハマグリの殻長約五〇ミリメートルを境に分布がみられることから、五〇ミリメートル以上を「大型」と五〇ミリメートル未満を「小型」に区分している（桜井一九九二、阿部二〇〇二）

5　医学部付属病院地点より、エッチュウバイやヒレエゾボラなどの江戸湾では生息が確認できない北方系貝類の出土も報告されている（新美一九九〇）。

6　タラ科は、総研SK一一〇でも五一点出土しているが、出土率では一％と低い。その点に関して、野々村は、「そこに暮らしていた溶姫や女中などは、加賀藩出身ではないため、タラを特別多く食さなかったと考えることも出来る」（野々村二〇〇六）としている。

7　チドリ目は、他の地点でも出土している（金子一九九〇bなど）。しかし、一〇点未満である。また、目より下位まで同定されているものは全てシギ科である。

【参考文献】

秋元智也子　一九九二「加賀藩上屋敷「御貸小屋」における食生活の一端」江戸遺跡研究会編『江戸の食文化』吉川弘文館、二四三―二五七

阿部常樹　二〇〇二「江戸遺跡出土ハマグリのサイズの解釈に関する試論」『國學院大學考古学資料館紀要』第一八輯、二五一―二六一

阿部常樹　二〇〇六「ごみの廃棄単位および過程復元への貝類遺体分析の試み」『東京大学構内遺跡調査研究年報五　二〇〇三・二〇〇四・二〇〇五年度』東京大学埋蔵文化財調査室、二五七―二七五

阿部常樹　二〇一四「愛宕下遺跡出土の貝類」『愛宕下遺跡』三、一二三―一六九

阿部常樹　二〇一五「江戸の藩邸で何をたべていたのか？」『近世金沢の食文化―遺跡に眠る動物たち―』加賀藩食文化史研究会、一二―一八

江田真毅　二〇〇六「遺構一括出土遺体からみた江戸時代の鳥類の利用形態」『東京大学構内遺跡調査研究年報五　二〇〇三・二〇〇四・二〇〇五年度』東京大学埋蔵文化財調査室、二九六―三一四

追川吉生　二〇〇〇「本郷邸の御殿空間―考古学からのアプローチ―」『加賀殿再訪』一一八―一三六

岡嶋隆司　二〇〇四「真鯛頭部の解体法について―解体手順と料理法の推定―」『動物考古学』第二一号、動物考古学研究会、九一―一〇一

金子浩昌　一九九〇a「第九章　加賀藩江戸藩邸内出土の動物質食料残滓研究の一例」『東京大学遺跡調査室報告書二　東京大学本郷構内の遺跡　法学部四号館・文学部三号館建設地遺跡』東京大学遺跡調査室　九一七―九五八

金子浩昌　一九九〇b「第八章　山上会館・御殿下記念館出土の動物遺存体」『東京大学埋蔵文化財調査室報告書四　東京大学本郷構内の遺跡　山上会館・御殿下記念館地点　第三分冊　考察編』東京大学埋蔵文化財調査室、二四四―三六一

桑原和之・田久保晴孝　一九九七「鳥類相」沼田眞・風呂田利夫編『東京湾の生物誌』築地書館、二九九―三三二

桜井準也　一九九二「遺跡出土の動物遺体からみた大名屋敷の食生活―動物遺体分析の成果と問題点」『江戸の食文化』二五八―二八三

鈴木公雄　一九八九『貝塚の考古学』東京大学出版会

東京大学埋蔵文化財調査室　二〇〇八『東京大学構内遺跡調査研究年報六　二〇〇六年度』

新美倫子　一九九〇「医学部附属病院地点出土の動物遺存体」『東京大学遺跡調査室発掘調査報告書三　東京大学本郷構内の遺跡　医学部附属病院地点』東京大学遺跡調査室、九一一―九二三

新美倫子　二〇〇五「工学部一号館地点出土の動物遺体」『東京大学埋蔵文化財調査室報告書六　東京大学本郷構内の遺跡　工学部一号館地点』東京大学埋蔵文化財調査室、一八一―一九一

野々村海　二〇〇六「加賀藩江戸上屋敷御殿空間の食生活―東京大学本郷構内の遺跡・総合研究棟（文・経・教・社研）地点（仮称）一一〇号遺構出土の魚類遺体―」『東京大学構内遺跡調査研究年報五　二〇〇三・二〇〇四・二〇〇五年度』東京大学埋蔵文化財調査室、二七四―二九五

畑山智史　二〇一五「近世金沢の食文化―現状と課題」『近世金沢の食文化―遺跡に眠る動物たち』、二七―三一

原田信男　二〇〇三『江戸の食生活』（初版）岩波書店

吉川誠次　一九九六「コイ　鯉」日本風俗史学会編『図説江戸時代食生活事典』雄山閣

渡辺信一郎　一九九六『江戸川柳飲食事典』東京堂出版

資料58　情報学環・福武ホール地点SK10出土の貝類遺体

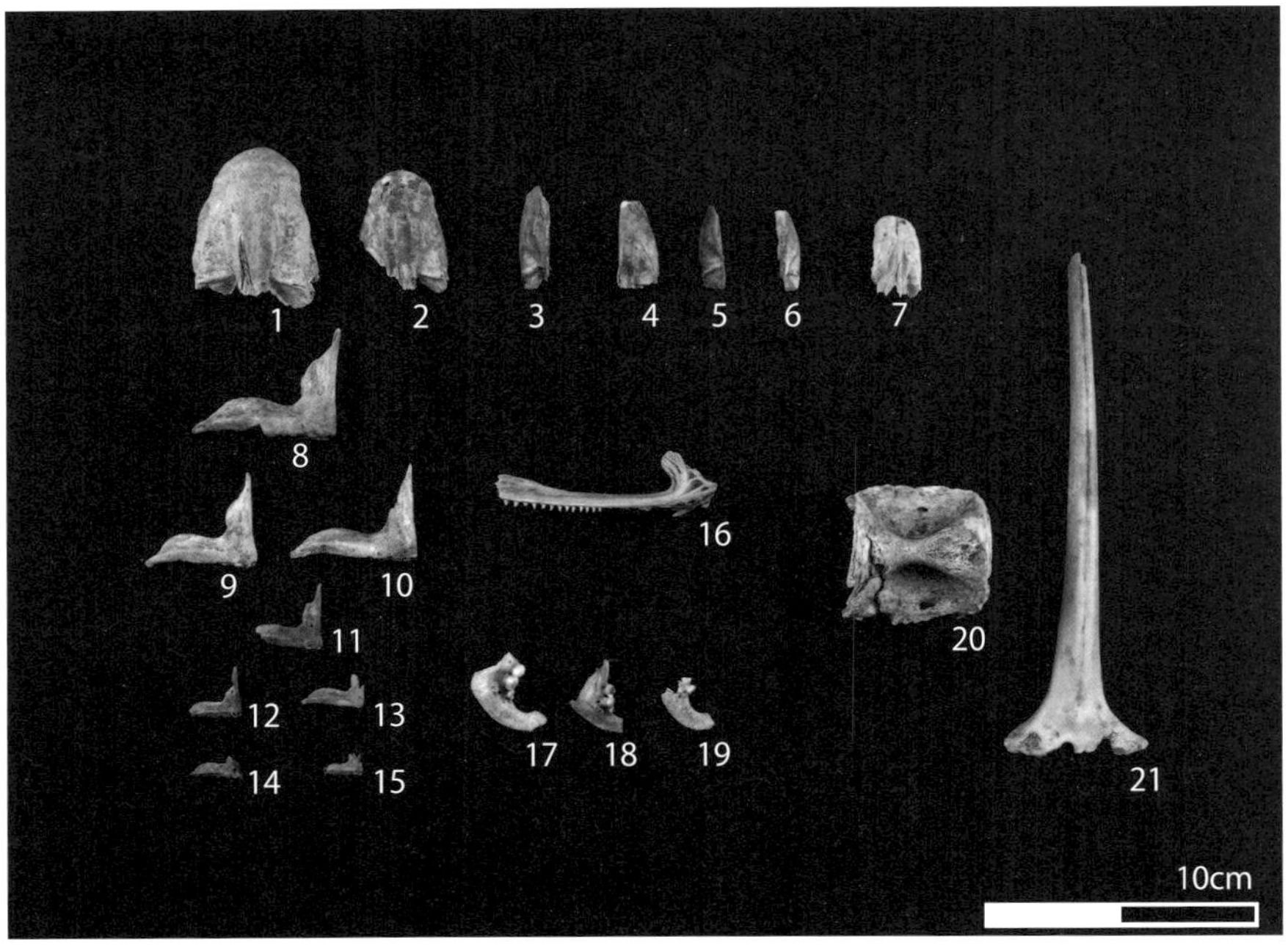

資料59　情報学環・福武ホール地点SK10出土の魚類遺体
1～7　マダイ　前頭骨
8～15　マダイ亜科　右前上顎骨
16　アンコウ科　右前上顎骨
17～19　コイ　右咽頭骨
20　マグロ属　尾椎
21　マグロ属　鰭棘 ※関節部分に咬痕がみられる。

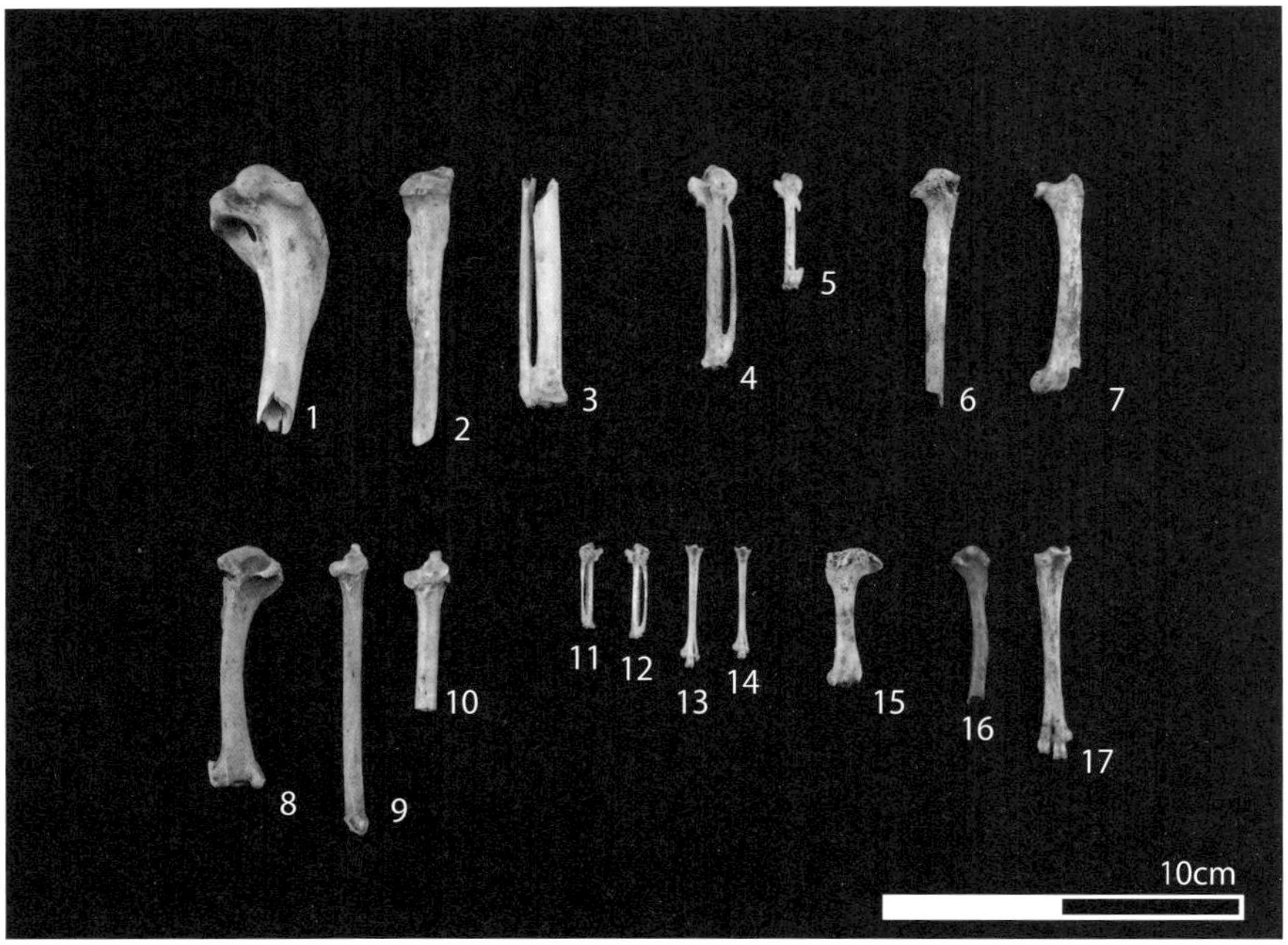

資料60　情報学環・福武ホール地点SK10出土の鳥類遺体
1　ガン類・上腕骨
2　ガン類・脛足根骨
3　ガン類・手根中手骨
4・5　カモ類・手根中手骨
6　ニワトリ　脛足根骨
7　キジ　大腿骨
8　カラス類・幼鳥上腕骨
9　カラス類・幼鳥尺骨
10　カラス類・尺骨
11・12　チドリ類・手根中手骨
13・14　チドリ類・足根中足骨
15　ハト類・上腕骨
16　クイナ類・上腕骨
17　クイナ類・大腿骨

三葉葵紋瓦

平石冬馬

はじめに

東京大学本郷キャンパス構内の遺跡では、三葉葵紋瓦が数点出土している。三葉葵は徳川将軍家の家紋で、御三家や将軍家の縁者に使用することが許された家紋である。今回展示した三葉葵紋の瓦は、一四代将軍家斉の娘である溶姫が一三代前田斉泰に嫁いだ際に御守殿に葺かれたものと考えられる。その他には、六代前田吉徳に嫁いだ松姫の御守殿に葺かれたと考えられる瓦も散見される。

本稿は各地で発見された三葉葵紋瓦がどのような場所で用いられてきたのかを紹介し、その対比として、加賀藩本郷邸で出土した三葉葵紋瓦の背景について述べたい。

各地の三葉葵紋瓦

三葉葵紋瓦が出土するケースは多くはない。ここでは小田原城跡、大坂、そして江戸から出土した三葉葵紋瓦について紹介したい。

小田原城跡から三葉葵紋の瓦が出土することは古くから知られていたようである。故前場幸治氏が明治大学に寄贈した瓦コレクションの中にも、小田原城から出土したとされる三葉葵紋瓦がある。また二〇一四年には、「御用米曲輪」と考えられる地点から三葉葵紋の瓦が出土した。御用米は幕府のお米を意味し、これを収納する蔵がこの曲輪にあったものと考えられる。しかし、前場コレクションの瓦の中には比較的大形のものがあり、天守閣跡付近で採集されたものもある。このため、天守閣にも三葉葵が飾られたことが想定され、将軍家と小田原城主である大久保家との親密さが伺える（金子二〇一四）。

大坂での出土地は、大坂城を含めその周囲に集中している。中之島蔵屋敷跡遺跡、四天王寺境内遺跡、伶人町遺跡である。伶人町遺跡は四天王寺の付近にあたる。大坂城は幕領である大坂の中心地であり、その象徴性が他の遺跡と異なる。中之島蔵屋敷跡は、廻送船によって各地から大坂に集められたお米を収納する蔵が作られた。このため、各藩の所有する蔵にはその家紋が飾られたものと考えられる。四天王寺と伶人町遺跡は、東照宮の勧請からも伺えるように、徳川将軍家との親密さが背景にあると考えられる（市川二〇一四）。

江戸での出土地点は、その性格から大きく三つに分かれる（水本二〇一四）。一つめは江戸城内や将軍家に関わる施設、二つめは幕府の用地、三つめは将軍家の近縁者の施設である。

江戸城内で出土する瓦のほとんどは巴紋という一般的な紋様瓦であるが、汐見多聞櫓石垣地点では、三葉葵紋瓦が出土している。この櫓は、明暦の大火によって焼失しているため、それ以前に使用されていた瓦と考えられる。また北の丸公園地区では一八世紀中葉から一九世紀中葉と考えられる遺構から出土している。このため、江戸城内では長きにわたって三葉葵紋の瓦が使用されていたものと考えられる。また、将軍家が鷹場などの際に使用した府中御殿でも三葉葵紋瓦が見つかっている。そして幕府の用地である御蔵跡地からも出土している。

また、徳川御三家の屋敷跡などからも葵紋瓦が出土している。しかし、ここで出土しているもののほとんどは五葉葵や六葉葵といった紋様瓦である。これらはいわゆる裏家紋として用いられ、徳川家の近親縁者が増加するにあたって葵紋の種類を増やす必要が生じ、後に創出された家紋であると考えられる（能坂一九九〇）。

以上の各地で確認されている三葉葵紋瓦は、徳川将軍家並びに御三家を代表とする徳川家の近親縁者と関連する建物に用いられてきたことが理解できる。

東京大学本郷キャンパス内の遺跡から出土した三葉葵紋瓦

それでは、加賀藩本郷邸が所在していた、東京大学本郷キャンパス内の遺跡ではどのような場所から出土しているのであろうか。

結論を先に述べると、藩邸内で三葉葵紋瓦が出土した遺構は、御殿空間の外側にあたる詰人空間や支藩邸内などから出土している（図1）。これは御殿空間内にはゴミを廃棄する場所がなかったために、隣接地へと廃棄を行った可能性が示唆される。時期については、共伴遺物や遺構の主軸方向から、そのほとんどの遺構は一九世紀前半以降に構築されたものと考えられる。ただし、大聖寺藩邸内の地下室から出土した三葉葵紋の陽印を持つ滴水瓦は、一八世紀前半の陶磁器と共伴している。このため、加賀藩前田家に徳川将軍家から嫁いだ溶姫と松姫の御守殿との関連性が強く伺える三葉葵紋瓦と言える。以下でその詳細を

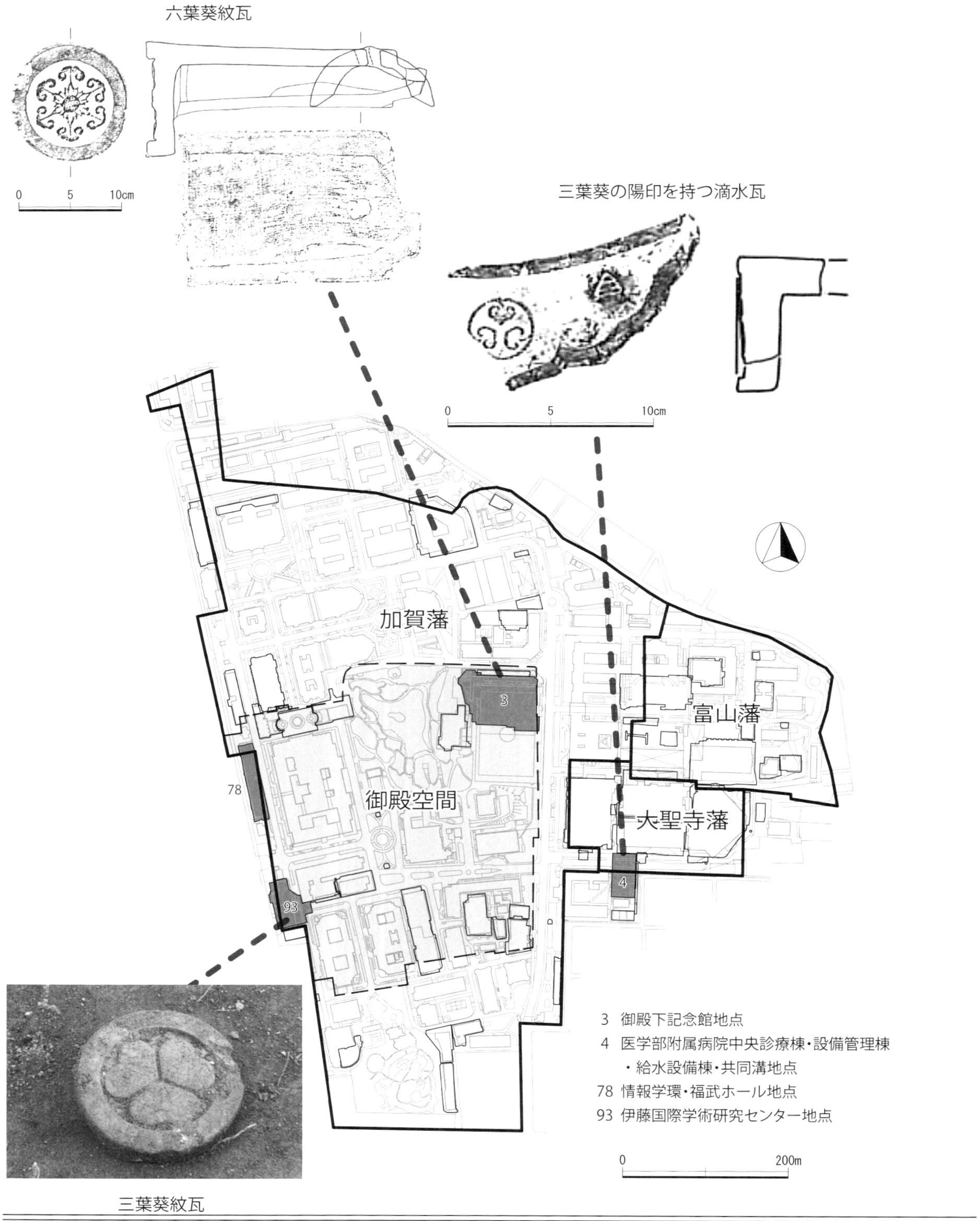

図1 前田家本郷邸内での葵紋瓦出土地点

述べたい。

一九世紀前半のものと考えられる紋様瓦は、伊藤国際学術研究センター地点と、情報学環・福武ホール地点で出土している。両地点は赤門を挟んで南北にわたった地点である。この地点の特徴は、地下式麹室と石組溝などが検出していることである。一八二六（文政九）年以前のこの地点は本郷邸の敷地内に含まれておらず、本郷六丁目町屋として機能していた。この町屋の範囲内に麹室が作られたと考えられる。しかし、一八二七（文政一〇）年に溶姫が加賀前田家に輿入れすることが決まった際に屋敷割りを変更し、その敷地の範囲に当地点を含めたことが絵図や文献から分かっている。伊藤国際学術研究センター地点のSK一一は文政一〇年以降に作られた土坑と考えられ、ここから三葉葵紋瓦が出土している。また情報学環・福武ホール地点でも、東西約九〇〇センチメートル、南北約五〇〇センチメートル、深さ約二四〇センチメートルもの大形土坑であるSK一〇から多量の三葉葵紋瓦が前田家の剣梅鉢紋瓦とともに出土している。こうした状況から、両遺構は溶姫の御守殿との関連性が強く伺えるのである。

そして、医学部附属病院 設備管理棟地点の遺構から三葉葵紋の陽印をもつ滴水瓦が出土している。この遺構はW三八-一と呼ばれる地下室で、一一〇センチメートルほどの幅をもつ入口を東南部にもち南北二一〇センチメートルほどの規模をもつ。覆土である六～八層は焼土と炭化物を含み、六層上は崩落した天井部にあたるロームブロックを含む五層で覆われている。この堆積状況から、火災を契機とした地下室の廃絶が示唆される。さらに、三葉葵紋の陽印をもつ滴水瓦はこの覆土中から出土し、共伴遺物は一八世紀前半のものと考えられる。このため、W三八-一が廃絶した時期は一七三〇（享保一五）年の下谷七軒町から出火し、本郷邸内が全焼した火災以後と推定できる。溶姫以前に前田家に嫁ぎ、本郷邸内で暮らした徳川家の縁者は六代前田吉徳に輿入れした松姫にほかならないため、この瓦が葺かれたのは松姫の御守殿であった可能性が高い。松姫は一七〇八（宝永五）年に吉徳に嫁ぎ、一七二一（享保六）年に亡くなっている。この時に御守殿は撤去されているため、九年後の火災を契機とした廃棄に一部の瓦が混じっている可能性は少なからずある。また当地点は大聖寺藩邸の敷地に含まれるが、松姫の御守殿は道を挟んで西側に位置する。成瀬晃司氏によれば、御殿空間はゴミを廃棄する場所がないため、火災などで多量に出たゴミを周囲の支藩邸の敷地に移動させて廃棄した可能性が指摘されている（成瀬二〇〇三）。これは御殿空間が本郷台地の高所に位置し、台地端部の支藩邸の敷地にゴミを移動させることが容易な立地であることからも、この想定は可能である。このため、溶姫の御守殿だけでなく、松姫の御守殿にも三葉葵紋瓦が葺かれていた可能性も残されているのである。なお、御殿下記念館地点では六葉葵紋瓦が二七〇・六三四号遺構から出土している。これらの遺構は一六八二（天和二）年の火災以前に構築されたものと考えられる。このため、可能性としては御成御殿との関連も考えられる。しかし、裏家紋が用いられた事例は将軍家の関連施設ではなく、むしろ御三家の藩邸などで用いられている。ともすれば、必ずしも御成御殿との関連性を示す資料ではない可能性を考慮する必要があるだろう。今後の類例を期待したい。

まとめ

三葉葵紋瓦は少数ながらも各地で出土している。その性格は主に徳川将軍家の関連施設や徳川家近親縁者の屋敷などを外部に示すために用いられてきたと考えられる。こうした中で、東京大学本郷キャンパス内の遺跡で出土した三葉葵紋瓦は、徳川家から輿入れした溶姫と松姫と関わりが深いことが理解できる。そして御守殿に葺かれたと考えられる三葉葵紋瓦の出土事例は、他の地域では確認されていないことから、前田家と徳川家との密接な関係が伺える貴重な資料と言える。

【参考文献】

市川創 二〇一四「大阪の葵紋瓦」『江戸遺跡研究の視点と展開』江戸遺跡研究会第二七回大会 江戸遺跡研究会

金子智 二〇一四「補記 小田原城出土の三葉葵紋瓦について」『江戸遺跡研究の視点と展開』江戸遺跡研究会第二七回大会 江戸遺跡研究会

成瀬晃司 二〇〇三「大名藩邸における廃棄の一例-災害と造成からみた-」『遺跡からみた江戸のゴミ』江戸遺跡研究会第一六回大会 江戸遺跡研究会

水本和美 二〇一四「江戸遺跡出土の「三葉葵」紋の瓦」『江戸遺跡研究の視点と展開』江戸遺跡研究会第二七回大会 江戸遺跡研究会

能坂利雄編 一九九〇『日本家紋総覧』新人物往来社

溶姫御殿の終焉

小松愛子

御住居・御守殿は、その主である将軍姫君が死去したら解体するというのが慣例であった。これをまず加賀藩六代吉徳正室・松姫（将軍徳川綱吉養女・光現院）の事例からみていきたい。[1]松姫は一七二〇（享保五）年九月二〇日に二四才の若さで没した。将軍姫君である松姫の廟所は、前田家の江戸での菩提寺である広徳寺ではなく、将軍家ゆかりで四代光高正室清泰院（将軍徳川家光養女）の葬地でもある伝通院が選ばれた。松姫の生家である尾張徳川家ゆかりの寺院も候補にされたが、国元名古屋に立地したことから、清泰院の先例が参照された。松姫が伝通院に葬送されたあと、御守殿に詰めた松姫附の男性役人・女中は三五日法要以降、徐々に引取り、一二月二日に御守殿から完全に退去した。

加賀藩では松姫附の男女が退去した翌日から、御守殿の解体に動き出す。年末の一二月、火災が頻発する冬の季節に、無人となった御守殿を残しておくのは、類焼して大火となる危険もあって避けたかった。そのため半分でも御守殿を解体できれば「火事の用心」になると考え、すぐにでも解体に取り組みたい考えであったが、実際には翌二月以降に行われた。

解体後の材木・建具・畳などは、松姫の廟所である伝通院と、国元金沢に設けられた位牌所の如来寺に送られ、伝通院の方丈・庫裏、如来寺の御霊屋・本堂の用材に使用された。また、松姫附女中の住まいである長局は、五代綱紀養女窕（享保八年に鶴岡藩酒井忠寄に嫁ぐ）、六代吉徳生母預玄院の住まいに転用された。松姫の事例から、葬送後しばらくして御守殿は解体され、その建築用材は廟所・位牌所に送られて、最後まで将軍姫君のために使用されたことがわかる。

では、溶姫の場合はどうであったか。溶姫は一八六八（慶応四）年三月、戦禍を避けて通算四〇年余りを過ごした本郷邸から金沢に引越した。この時、夫である一三代斉泰は京都に、実子で現藩主の一四代慶寧は金沢におり、家中も彼らに従ったために本郷邸に居残った人びとはごく少数であった。そんな折、本郷邸は閏四月一七日に発生した本郷春木町からの火事により、わずか半日で灰燼に帰してしまった。御守殿から少し離れた位置に設けられた表御門（赤門）や御物見などだけが幸運にも類焼を免れた。[2]溶姫はこの火災の報を国元金沢で聞いたであろうか。それからまもない五月一日に五六歳の生涯を閉じた。

溶姫の亡き後、主を失った表御門はどうなったか。一〇月二〇日、「氷川神社行幸御道調」の五辻安仲が本郷邸を訪れ、当月下旬に明治天皇が大宮氷川神社へ行幸するさい、休憩に本郷邸の御物見を利用すること、そのために御物見に近い御門（赤門）を開けて通すことを求めた。[3]この時、五辻は御守殿表御門を開けさせて、同門と御物見を見分している。対応した加賀藩役人は、類焼被害後に全く手当ができずに大破している現状を説明し、御物見については新政府営繕司によって畳替えなどの修繕が加えられることになった。そして一〇月二七日に明治天皇が表御門を通って本郷邸に入り、御物見で休憩した。明治天皇はその後、明治三年閏一〇月二九日にも氷川神社への行幸途中に御物見に立ち寄っている。

明治に入り、新たに武家地を管轄することになった東京府は、明治四年三月に各藩に対して、大名屋敷の外囲・門・塀・長屋向、玄関、表座敷、本建（御殿建築を指すヵ）を解体するさいには事前に伺い出た上で行うように命じた。[4]東京府がこのように命じた理由は二つあり、一つは屋敷が解体されることで荒地となり、都市としての体裁が悪くなることを問題視したこと、二つめは大名屋敷地を新政府が収公した後、これら建造物をそのまま新政府の諸施設に転用し、新たにかかる建設諸経費を少しでもおさえようとしたためであった。この法令によって、御守殿表御門がもつ、将軍姫君専用の門という意味合いはなくなった。同年七月には一一万坪余りの広大な面積をほこった本郷邸も南西の一画を残して収公され、新政府用地となる。その後、文部省用地となり帝国大学が移転、誰もが通ることができる大学の門として今に生き残ることになった。

【註】

1　金沢市立玉川図書館所蔵「中川長定覚書」五三〜六四。中川長定は当時家老をつとめた。同所蔵「御守殿一巻」。同書内題には「御守殿毀御材木伝通院江被遣候義、戸田山城守殿江被仰達候義并御役人衆江聞番等より承合候紙面之写」とあり、松姫御守殿の解体材を伝通院のどこに用いるかなど、老中戸田忠眞らと加賀藩聞番の間での具体的なやりとりが記録される。解体最中の享保六年三月四日に牛込木津屋町からの火事で伝通院は類焼しており、それを受けての内容である。

2　前田育徳会編、一九八〇『加賀藩史料』清文堂出版、藩末下巻、八二六頁。

3　同右、九三八頁。五辻安仲の役職については「五辻家譜」（東京大学史料編纂所所蔵）を参照した。

4　国立公文書館所蔵「公文録」明治四年四三巻東京府伺七。東京府による「府下諸邸宅取毀ノ儀ニ付伺書」を受けて、明治四年三月七日に太政官から公布された。

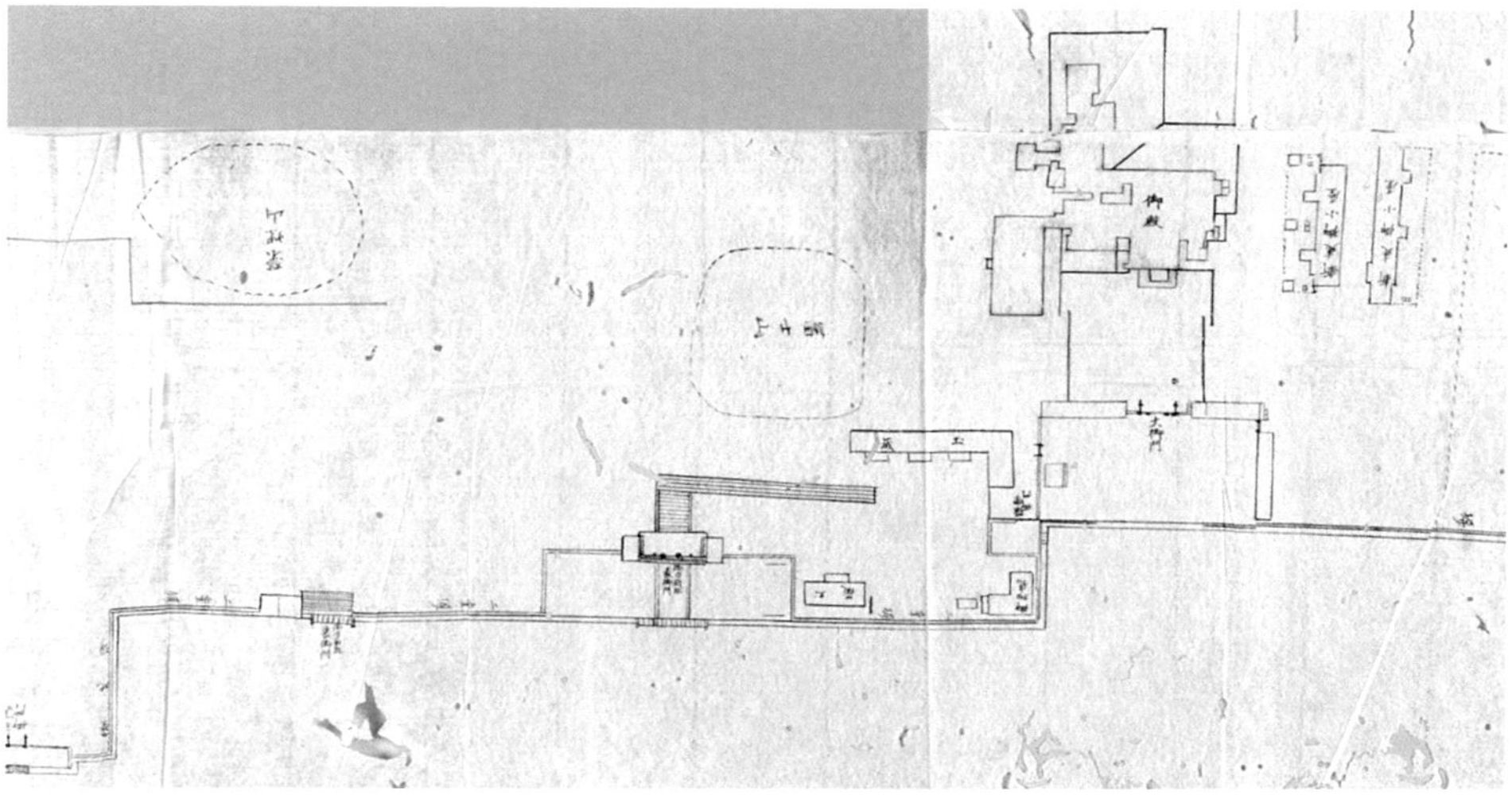

図1 1872（明治5）年前後の本郷邸
前田育徳会所蔵「本郷邸平面図（明治期第1期建物）」部分
御守殿表御門を入った先の石畳は、本来は御守殿玄関へ延びていたが、明治天皇の御物見使用により、御物見の方へ向きを曲げている。大御門の先の御殿は火災後に再建されたもの。

図2 1868（明治元）年10月の明治天皇の行幸行列
東京大学史料編纂所所蔵「東京名勝本郷之風景」歌川広重（三代）、明治元年10月出版
図の左が表御門（赤門）、右の2階建ての幕を張った建物が御物見。

四

東京大学の赤門へ

第九章

赤門と東京大学

細谷恵子

はじめに

東京大学には赤門がある。正式名称は「旧加賀屋敷御守殿門」だが、出身者を称して、赤門出や赤門閥、赤門派などの呼び名も生まれ、「赤門」は東京大学の代名詞となった。また、早くから観光名所でもあって、本郷キャンパス内の見学者にもその人気は高い。ちなみに歴史好きな人は赤門と三四郎池が見たいといい、東大見学なら赤門と安田講堂（大講堂）は見ておきたいと訪れる。明治末期から昭和初期にかけて活躍した建築家、伊東忠太（築地本願寺などを設計）が設計した崇高な正門（一九一二（明治四五）年竣工）があるのを横目に素通りしてしまう。あながち正門は観光バスで訪れる高校生の集合場所として使われることも多いが、あんがい赤門を正門と勘違いしている人もまだいて、行き違いもあるようだから注意したい。それでも、一八八六（明治一九）年以降に撮影されたとみられる「帝国大学」の門標を掲げた赤門の写真（資料64）[1]や、または一九〇〇（明治三三）年「東京帝国大学正門（赤門）前鉄柵位置変修繕仕様書」と表記された記録も残ることから、正門とされていた時期もあるようだが、今日までそのほとんどが主要な通用門として使用されている。そして、一九三一（昭和六）年に国宝、一九五〇（昭和二五）年に重要文化財として指定されてもなお、学生や教職員の日常生活に密着して東京大学と共に歩んできた。

赤門はただそこに在っただけではない。明治期の大移動工事や大正期の関東大震災、昭和期の戦争や東大紛争などいくつもの試練を乗り越えてきた。しかし、決して苦難ばかりではなく幸運に恵まれ強運でもあって、二一世紀の今なお学内外を問わず多くの人々に愛され見守られている。ここでは溶姫の御守殿門としての時間よりも遥かに長い、東京大学赤門としての変遷をたどってみたい。

（筆者は東京大学広報センターにおいて在職中、ご来館者より寄せられたさまざまな疑問に答えるため関係資料を調べてきた。本稿は赤門を含め、知り得た情報をまとめたものであり拙文をお許しいただきたい。）

赤門をとりまく環境

◎東京大学のはじまり

東京大学は一八七七（明治一〇）年、東京医学校（医学部の前身）と東京開成学校（法理文三学部の前身）が合併して創設された。当時二つの学校は分散されており、東京医学校は本郷元富士町（現在の本郷キャンパス）にあり、東京開成学校は神田錦町にあった。東京医学校の校舎と病舎は、東京大学創設の前年すでに移転（新築）していたのだが、実はこれにはいわくがあって、『東京大学医学部・医学部附属病院一五〇年史』[2]によれば、東京医学校が神田和泉町から上野山内への移転が決まっていた時、御雇い外国人教師（オランダ人医師）のボードウィンから、東京のような大都会には必ず立派な公園が必要であり、上野は公園にするべきと反対され中止になってしまった。その代替地として一八七四(明治七)年一一月、文部省用地となっていた本郷元冨士町の旧加賀藩邸内に決定されたのだった(建物は翌年七月に起工、一八七六(明治九)年一一月に竣工した)。続けて、「この東京医学校の本郷移転は、明治一〇年四月の総合大学としての東京大学の先駆けをなすものであり、ただ校舎や病舎の移転だけではなく歴史的に重要な意味を持っている。」と言明している。そして赤門の運命も、まさにここから始まったのである。

ところで、一八七五(明治八)年頃にもうひとつのキャンパス計画があったという。欧米に倣い大都市から離れた場所、当時は千葉県国府台に大学校を創ることだった。[3] 結果的にはこの計画は頓挫したが、もし大学校が国府台につくられていたら、赤門をとりまく環境もまったく異なっていたことは明らかである。

さて、明治期はじめの本郷キャンパス内はどのようであっただろうか。

一八六八(明治元)年、本郷春木町より発生した火災により本郷通り沿いを残して加賀藩邸内の大部分が類焼するなどしていて、「荒獏タル原野」と表現されるほどに荒廃していたという。[4] 東京医学校が移転されるまでの間は、構内東側(現　池之端門近く)に御雇い外国人の教師館が設けられるにとどまり、邸内は放置同然であったようだ。

このとき、加賀藩主前田家は藩邸の一部(赤門脇南西の一角、約一五〇〇〇坪)に屋敷を構えていた。[5]

また、一八七二(明治五)年、加賀藩邸の空長屋を利用したという記録が『養育院百二十年史』[6]の中に記載されている。その理由は、明治維新後東京府内には生活困窮者が多く、救済施設の設置が必要となり建設を進めようとしていた矢先、同年一〇月、ロシア国皇子が訪日した。その際、首都の対面上、市内を徘徊する者等約二四〇人を保護し、加賀藩邸空長屋に収容したとある(収容期間は短く一〇月一五日から一九日で、あくまで応急措置だった)。

このことは、『東京大学百年史　通史一』に、「東京都養育院は、一八七二(明治五)年一〇月一五日に営繕会議所附養育院として本郷加賀藩邸跡に創立され」と記載がある。[7]

さらに同年、司法省と東京府により、加賀藩邸内東側に位置する東御長屋(現　龍岡門近く)を使用して獄舎を造築する計画もあった。[8]

ところで、英文学者の馬場弧蝶は少年時代を本郷菊坂(現在の本郷四丁目)で過ごしているが、その回想の中で「明治十二、三年ごろは大学の構内には、医科即ち当時は医学部といっていたのがあったばかりで、この旧加賀邸の赤門寄りの方は、茫々たる薄原で、その草の間に、昔の井戸の跡なのであろうが、黒く塗った木を框にして、危険避けの目印にしてあるのが幾つとなく見えるのが、ひどく寂しく感ぜられた」と綴り、続けて「その草原には狐が大分いた。夕方など、尾を引いた褐色の子犬ぐらいの獣が、後を見返り見返り草のなかへのろのろと逃げ込んで行くのをよく見かけたものだ。」と記している(9)。
以上のような当時を表す情景には、取り残された赤門の姿も連想される。

神田錦町にあった法理文三学部については、一八八四（明治一七）年に法・文学部と大学本部が、翌年には理学部が本郷へ移った(10)。この移転は当時の文部省顧問（学監）だった御雇い外国人のダビット・モルレー（アメリカ人）の進言によるが、モルレーは学校新築にあたり、自らが本郷構内を調査したといわれる。一八七五（明治八）年、夏草の茂る中、誤って古井戸の中に落ち、危うく一命を失うところだったというエピソードが残っている(11)。

ところで、医学部（旧東京医学校本館）の建物は、現在の東大病院外来棟の玄関辺りに南向きに位置し、医学部の正門（のちに鉄門と呼ばれた）はその前あった（図1）。本郷通りに面した赤門は西向きにあって通用門として使われたが（当時、赤門を入った突き当りには南向きに病舎が建てられていた）、三学部が移転してくるまでの約八年間、赤門は医学部とともにあった。その密接なつながりは、のちに毎年発行される「医学部卒業アルバム」に赤門の写真が掲載されることでうかがえるが、今となっては撮影年代のわかる貴重な資料となっている。

東京大学の歴史は、はじめ東京大学と称し、帝国大学令が公布され帝国大学となり、京都に二つ目の帝国大学が設置されると東京帝国大学とさらに改称

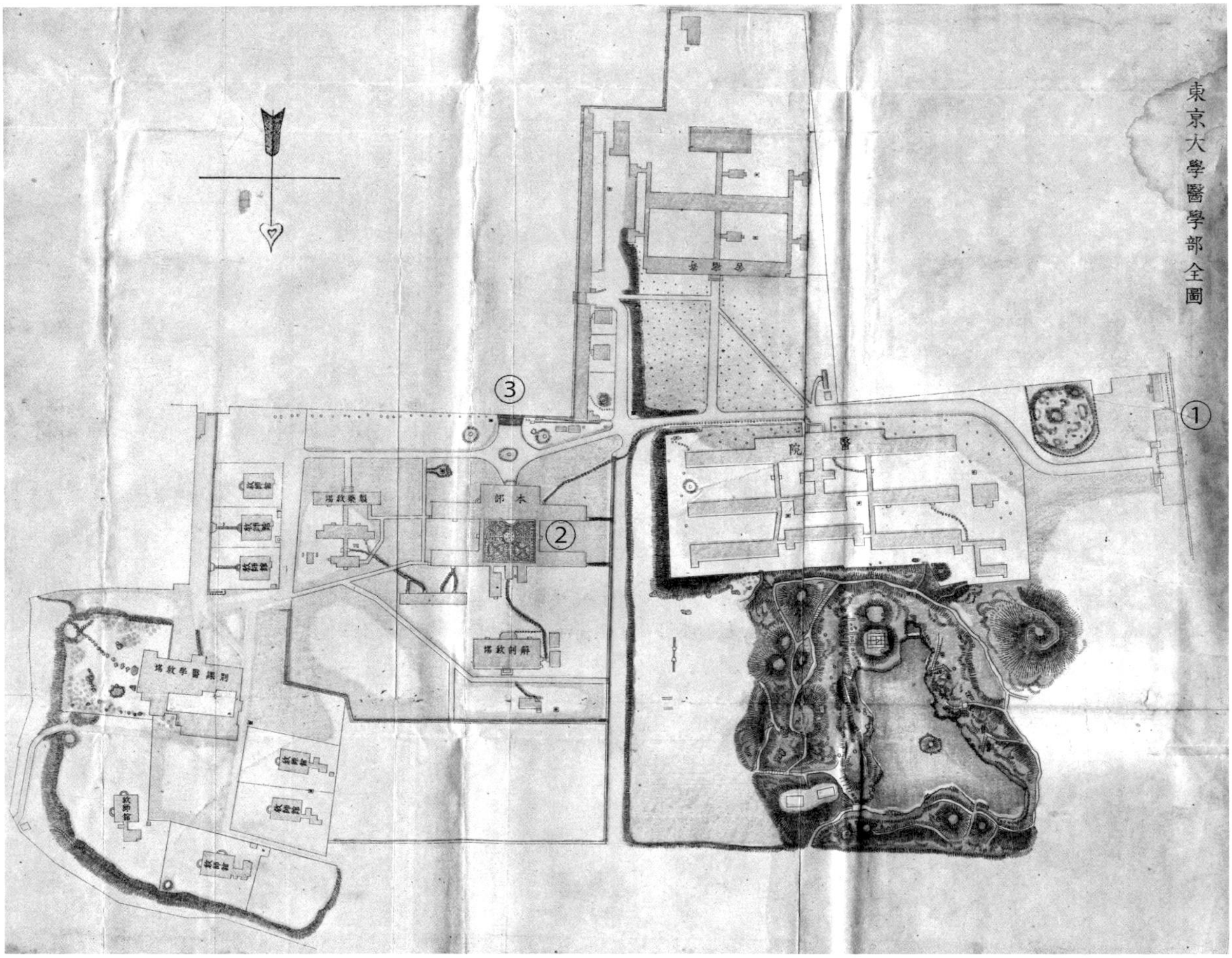

図1　東京大学医学図書館所蔵「東京大学医学部一覧」（明治13-14年）所収「医学部全図」
①赤門、②東京医学校本館、③正門（鉄門）

し、再び東京大学と名称を変えながら、国立の総合大学へと大きく進展していく。そして、赤門の歴史も一緒に刻まれていくのである。

◎赤門はなぜ残ったのか

江戸時代、大名屋敷の御守殿門は他にもあったが、夫人が亡くなると御守殿（住居）とともに取り壊されてしまっていた。しかし、東京大学の赤門は、溶姫が明治元年まで存命であったことや明治期以降も奇跡的に災いを免れたことなどが挙げられ、御守殿門としては唯一の遺構となった。

東京大学名誉教授で建築史家の鈴木博之は、『東京の「地霊[12]」』の中で、「加賀藩は百万石の大名家であったから、この上屋敷も江戸時代を通じて場所を変えることなく、この地を占めつづけた。また、東京大学の本郷キャンパスになり現在にまで続いているという歴史は、都内ではめずらしく安定した土地の歴史だ」とし、「これもまたいかにもわが国最初の官立大学の土地の歴史らしいものに見えてくる」と論述されている。

また、江戸の風俗・文学研究者である三田村鳶魚『帝国大学赤門由来記[13]』の書き出しには、「赤門といえば、すぐに帝国大学のことだと諒解される。・・・もし赤門が最高学府の前に立っていなかったら、あるいは早く破壊されてしまったかもしれぬ。」と記している。

赤門にとっても、幸運な条件が続いていたようである。

また、東京大学（帝国大学、東京帝国大学）を題材とした文学作品としては、夏目漱石の『三四郎』が有名であるが、『東京大学物語―まだ君が若かった頃―[14]』を書いた、大学史家の中野実は、本文「大学以外の情報発信の担い手たち」の中で、「明治四一年「朝日新聞」の連載小説として掲載された夏目漱石の『三四郎』は、身近に感じられる帝大という作用を全国規模でもたらした」としている。漱石は帝国大学文学部英文学科の卒業（一八九三（明治二六）年）だが、文中、赤門を這入って池のまわりを散歩する様子や校舎などが具体的に挿入された。森鴎外の『雁』などの小説も人々の赤門への関心を深めたかもしれない。

しかしそれより以前に、一八二七（文政一〇）年の溶姫のお輿入れは、錦絵「松乃栄[15]」（口絵2）にも描かれているように、江戸市民の評判であって、赤門は本郷を代表する風物であったことを考えると、明治以降、東京の名所として有名になったのも自然のなりゆきのように感じられる。ほかに名所案内として、『新撰東京名所図会[16]』には「赤門」、『東京府史蹟[17]』には「東京帝国大学赤門」として、どちらも当時の威風堂々とした赤門の写真と由来が載せてある。そのほか、名所絵葉書にも多く取り上げられた（資料68〜70）。

ところで、一九四五（昭和二〇）年三月の東京大空襲においては、本郷キャンパスは大きな被害がなかったこともあり、日本軍や戦後は占領軍からの接収問題が生じている。交渉にあたった少将が、陣地といっても結局は自分たちの「死所」になると思われ、「墳墓の地」として本郷キャンパスを提供してほしいと言ったのに対して、当時総長だった内田祥三は、一日も欠かすことのできない教育研究を行っているのであり、自分たちの「死所」である、と主張して譲らなったそうである。内田総長の勇猛果敢な対応に感嘆するが、実は関東大震災後の本郷キャンパス内の建物（安田講堂や法文一・二号館など）は、内田ゴシックと称されるほどの建物群が連なっており、その内田祥三の実像に迫った速水清孝によれば、理由を「大学人の心意気ばかりでなく、設計者の心情も強くあったことは疑うべくもない」としている。[18] どちらにせよ、赤門にとっても窮地を脱した。

赤門の呼称

江戸時代、公には「御守殿門」や「御守殿表門」と称された。本郷通りから見た加賀藩邸を描く「加賀鳶行列図」を検証してみると（絵の分析は『加賀殿再訪』[19] に詳しい）、門は御守殿門を中央にして、本邸の表門（大御門）や御守殿裏門の三つが並んでいる。門の色はどれも赤い色であって、当時の人たちが御守殿門だけを赤門と呼んだとはどうも考えにくい。よって、本郷通りに面した赤い色の門が御守殿門だけになり、実際には、明治以降に「赤門」と呼ばれるようになったのではないかと推測される。

では、明治以降、赤門が東京大学の所有になってからを調べてみると、ここに文部省と東京大学との間でやり取りされた文書をまとめた公文書、「文部省往復」（一八八五（明治一八）年）[20] がある。「本学事務所（中略）法文学部内に移転に付~~当分西~~赤門（本郷六丁目に面せるもの）を東京大学の正門とあい定め」との記述があり、西門のの文字には取消し線をひき、赤門と朱書きで訂正されていて興味深い。この時点（一八八五（明治一八）年七月）から公に「赤門」と表記されたのかもしれない（口絵12）。こののち、一八九一（明治二四）年には仮正門が、一九一二（明治四五）年には現在の正門が建立されている。

赤門屋根瓦の変遷

格式高い赤門は、切妻《きりづま》造り、本瓦葺《ほんかわらぶき》の重厚な屋根を冠している。切妻《きりづま》とは、書物を半ば開いて伏せたような形、本瓦葺《ほんかわらぶき》とは半円筒形の丸瓦と孤形に曲がった平たい長方形状の平瓦とを交互に並べて屋根面を被う方法をいう。

切妻屋根は「地《じ》」「軒《のき》」「破風《はふ》」「降棟《くだりむね》」「大棟《おおむね》」に分類される[21]（図2）。現在、その屋根瓦の一番上にある大棟には「三つ葉葵」が並び、軒に連なる軒丸瓦および番所の唐破風《からはふ》や繋塀、袖塀の丸瓦には「梅鉢」、その他「巴」が連なっている。そして大棟の鬼瓦には「學」の紋様が見られる。見上げた屋根のてっぺんにある鬼瓦の「學」はいつ付けられたのかという疑問をもつ人は意外と多いので、ここでは鬼瓦に焦点をあてて検証していく。[22]

◎創建当時は「三葉葵」

一九〇〇（明治三三）年、パリの万国博覧会に東京帝国大学の現況として出品した『写真帖 東京帝国大学』[23]に掲載された、赤門の写真を原本で確認したところ、大棟および軒丸瓦は「三葉葵」の紋様であることをがわかった。（他は「巴」紋かと見受けられる。）次に鬼瓦であるが、赤門の正面から撮影されているため、左右両側の鬼瓦は確認ができない。しかし、御守殿門である赤門は、徳川将軍家姫君の溶姫のために創られた門であることから、赤門創建時の瓦に「梅鉢」紋はなかった可能性は高く[24]、よってこの鬼瓦の

図2 赤門屋根瓦の名称

紋所には、徳川家の家紋「三葉葵」が据えられていたと考えられる。

◎鬼瓦の「學」

東京大学になってからの赤門の主な修理については後述するが、それぞれの工事仕様書は資産管理部資産課に保管されていたので内容を確認した。

まず、最初の工事は一九〇〇（明治三三）年で、左右の棟塀（繋塀・袖塀）の位置替えとその屋根の葺替えなどが行われているが、このとき赤門の屋根瓦および鬼瓦は修理されていない。

次に、一九〇三（明治三六）年に赤門が現在の位置へ一五メートル程前方（西方）に移設された時の「東京帝国大学赤門位置替修繕工事仕様書」について確認した。その資料の中に「大棟及同足元下り棟共鬼瓦損傷ヲ生ジアルニ付波形絵様大寸等在来ニ倣ヒ紋所ハ下ケ渡ス可キ図面の通リ新規仕拵へ太銅線ニテ釣リ合セ…」（訳、大棟と降り棟の鬼瓦が損傷したので波形絵様の大きさは今までと同様にし、紋所は下げ渡す図面のとおりに新規に作って銅線にて釣り合わせ…）と記録があった。果たしてこの図面にはどのような絵様が示され、鬼瓦に取り付けられたのか。残念ながら図面は添付されていなかったが、修繕後の赤門を「一九〇八（明治四一）年医学部卒業アルバム」で確かめることができた。正面右斜めから撮られたその写真には、鬼瓦にはっきりと「學」の文字が浮かび上がっていた。しかも、學の紋様は、それだけではなく、降棟の鬼瓦、軒丸瓦、破風側の丸瓦、そし

て袖塀の軒丸瓦にまで「學」が刻まれていた。それはまるで、赤門そのものが東京帝国大学の象徴であり、看板のように見えた。（このとき、番所の唐破風には「巴」紋様だった。）

　そのなごりは現在、赤門内北側の袖塀（コミュニケーションセンター側）に連なった「學」を見ることができる。

　以上により、一九〇三（明治三六）年の修繕の際、図面に示された鬼瓦の紋所は「學」であり、「三つ葉葵」から「學」へと付け替えられたことがわかった。（學の字体には二種類あり、大棟鬼瓦は図3、軒丸瓦は図4を参照。）

◎軒丸瓦の「學」

　しかし、この工事仕様書で気になる箇所がある。「赤門軒先キ及妻共丸瓦ハ全部新規焼キ方致シ絵様ハ両袖塀に在来使用致シアル物ニ倣ヒ…」（訳、赤門軒先と切妻側の丸瓦は全部新規に焼き、絵様は袖塀に今まで使用していたものと同様にし…）と記述されている。在来に倣った絵様が「學」とするならば、一九〇三（明治三六）年よりも前、一九〇〇（明治三三）年の工事の際に、袖塀にはすでに「學」の紋様が用いられたということになる。

◎現在は「梅鉢」

　現在見られる「梅鉢」紋は、関東大震災後の修繕を伝える『帝国大学新聞』[25]によれば、「このたび補足する瓦は、一番古い所をとって全部梅鉢紋章のつける」とあり、破損し新規に補足する軒丸瓦などは「梅鉢」の紋様に替えられたと判断できる。一九二八（昭和三）年医学部卒業アルバムにおいて、正面側の、赤門軒先と繋塀及び番所の唐破風に付けられた「梅鉢」紋を確認できた。

図3

図4

　『北陸中日新聞』[26]の中で、加賀藩に詳しい吉岡康暢国立歴史民俗博物館名誉教授の話によれば、「大正から昭和初期に初めて梅鉢が現れたのは、あらためて前田家の価値が出てきたことを示すものではないか。」とされているが、あるいは、関東大震災後の一九二六（大正一五）年、赤門脇南西の一角に住まわっていた前田家と東京帝国大学との敷地交換が決まっており、前田家が目黒区駒場へと転居するにあたり敬意を表したのではないかという見方も否めない。

　赤門屋根瓦の変遷にも、移りゆく時代と東京大学にも大きく関係すると考察される。

赤門の修繕（修理）

　東京大学になってからの記録に残る主な修理は、一九〇〇（明治三三）年「正門（赤門）前鉄柵位置変修繕、および「赤門左右棟塀修繕工事」、一九〇三（明治三六）年「赤門位置替修繕并仝門々番所共朱漆繕塗」、一九二六（大正一五）年「赤門および門衛所の修繕」、一九六一（昭和三六）年「赤門保存修理工事」、一九八九（平成元）年「薬医門及び繋塀保存修理工事」および一九九〇（平成二）年「番所・袖塀保存修理工事」とされている。[27] これらの工事内容については別表に示すとおりである。（表1）併せて当時の状況を『東京大学医学部百年史』および『東京大学百年史』、『学内広報』、『東京大学新聞』の記事などにより次に記した。

◎明治期

一九〇〇（明治三三）年、左右の棟塀（繋塀・袖塀）の位置替えが行われた。これは、一九〇一（明治三四）年頃より医学部（当時は医科大学）の建物群が新築されていることから、併せて棟塀（繋塀・袖塀）も整えられたと推測できる。あらためて、塀について各年代の建物配置図や写真で確かめてみると（資料65〜66）、当初、赤門正面の敷地は左右に広がった袖塀により確保されていたが、一八八六（明治一九）年には、北側（左側）の番所に塀がほぼ直角に接続される形となり、北側の敷地が狭められている。この形式は一八九七（明治三〇）年頃まで継続されており、そして拡張工事が施された。

さらにその三年後の一九〇三（明治三六）年、赤門全体の位置替修繕が行われ、従前の位置より五〇尺（一五メートル）前方（西方）へ大移動した（現在位置と同様）。工事は移動修復工事と朱漆塗替工事に分かれた。また、この修繕の際、繋塀（門と番所の間）を板塀から海鼠《なまこ》塀に変更している。

◎大正期

一九二三（大正一二）年九月一日、関東大震災発生後、キャンパス内は、ほとんどの煉瓦造りの建物が倒壊し、および火災でほぼ壊滅状態にあった。このときの火災は、赤門前の医学部化学教室から出火した。烈しい南風により北へ向かった火は広範囲に渡り、鎮火したのは翌日未明だったという。[28] もし風向きが違っていたら赤門は焼失を免れなかったかも知れず、まさに奇跡的に救われたといえる。

しかし、キャンパス内の復興工事は急務だった。『帝国大学新聞』[29]によると、「お化粧はいつ　赤門の今昔　トラック大ふられのこと」のタイトルで、「震災の被害は幸いにも少なかったものの、古いゆかりと新しい由緒とをもつわが赤門がこの頃の姿は、瓦は落ち、丹塗りは剥げて当時の面影も止めぬ哀れさ」（資料72）と伝え、それにもかかわらず、「復興資材の搬入のためトラックが容赦なく赤門から出入しているので、赤門養護のためにどうにかしてほしい」と嘆願のような記事を載せている。今では考えられないほど大胆不敵な光景である。

こののち、一九二五（大正一四）年八月、なかなか進まなかった赤門および門衛所の修繕が開始された。

そして、一九二六（大正一五）年一月、修繕工事は完了した。『帝国大学新聞』[30]には、「白漆喰の色鮮やかに　赤門のお化粧姿」のタイトルで、「新しい赤門の装いに歌舞伎の賢覧な情景でも展開されたよう様」だと表現し、「門を入ればすぐ西洋建築が並び、まるで建築展覧会だ」とも伝えている。悲惨な状況にあった赤門が修復され、その晴れがましい姿が思い浮かばれるが、それより以前には、赤門取壊し説もあっ

実施年	修繕（修理）表題	経費	主な工事内容	工事期間	①契約者　②請負人
1900 (明治33) 年	東京帝国大学 正門(赤門)前 鉄柵位置変修繕	不明	鉄柵及仝受煉化石積 長拾四間位置変	自1900(明治33)年7月以降 至　　　開始より30日間	①東京帝国大学営繕掛 ②浅井三五郎 黒崎仙太郎 桑原仁三郎 吉祥弥平
1900 (明治33) 年	東京帝国大学 赤門左右練塀修繕工事	1,450円	・赤門ヨリ 出番所迄長延拾参尺五寸宛、左右共木造、屋根瓦松皮本葺、内外共腰瓦張付 ・左側出番所ヨリ 曲折ニ長延百四拾四尺、木造、屋根瓦松皮本葺、外部腰瓦張、内部木摺壁枠控取建、高仝断 ・右側仝断、長延百参拾五尺、木造ニシテ前仝断、高仝断	自1900(明治33)年10月29日 至1900(明治33)年12月19日	①文部省総務局建築課 課長 文部技師 久留正道 ②里崎仙太郎 東京市神田区南乗物町 永井寅吉　東京市仝区千代田町
1903 (明治36) 年	赤門位置替修繕并 仝門々番所共朱漆繕塗	3,588円 （位置替） 984円95銭 （朱漆繕塗） 合計 4,572円95銭	赤門位置替修繕工事 ・赤門 壱棟 屋根瓦葺 ・出番所 弐棟 屋根瓦葺 ・赤門左右練塀 腰瓦張屋根瓦葺 ・木造便所 壱坪屋根切妻瓦葺 ・板塀 壱間目板打黒渋塗 ・練塀取毀シ腰瓦張屋根瓦葺 ・赤門、番所、繋塀、便所の50尺前方へ位置替修繕	自1903(明治36)年 8月26日 至1900(明治36)年11月13日	①営繕掛監督 東京帝国大学工学博士 中村達太郎 ②位置替修繕工事 長谷川金太郎 東京市神田区錦町 ※[移動修復工事] 競争入札
			赤門并ニ門番所朱漆繕塗工事		①東京帝国大学営繕掛 ②朱漆繕塗工事 中村八十吉 東京市芝区愛宕町 ※[朱漆塗替工事] 見積り合わせ
1926 (大正15) 年	赤門および門衛所の修繕 (関東大震災後の保存修理)		赤門、番所の補修工事	自1925(大正14)年8月25日 至1926(大正15)年1月 6日	
1961 (昭和36) 年	赤門保存修理工事	13,128,000円	赤門、番所、繋塀、袖塀の全解体修理 ・礎石据直し ・繋塀の腰縦羽目板張りに復元 ・門屋根葺替え、漆塗替え ・袖塀の屋根葺替え、壁塗直し	自1959(昭和34)年10月1日 至1961(昭和36)年3月31日	①文化財保護委員会 直営工事
1989 (平成元) 年	重要文化財旧加賀屋敷 御守殿門（赤門） 薬医門及び繋塀保存 修理工事	文化庁予算 （一般会計） 51,500,000円	・屋根工事 瓦の差替え、据直し ・左官工事 漆喰塗りの上塗り直し ・漆塗工事 全面塗直し ・金具工事・防災工事 修理銘札取付	1989(平成元)年11月6日 1990(平成2)年3月31日	①文化庁 直営工事 ②岸野美術漆工業　栃木県日光市
1990 (平成2) 年	重要文化財旧加賀屋敷 御守殿門（赤門） 番所・袖塀保存修理工事		・番所 屋根工事・左官工事・漆塗工事 金具工事・樋工事・防災工事 ・袖塀 控柱補修工事（在来のコンクリート控柱を木製控柱に変更） 屋根工事（右／全面葺替え、左／部分補修）左官工事	1990(平成2)年 7月25日 1990(平成2)年12月25日	

出店：東京大学資産管理部所蔵文書

たようだ。「・・・いわれある赤門も大震災で大分破損してしまってからは、時代錯誤だから取壊せという説も出たが、姉崎、伊東、関野諸教授の熱烈な反対で命拾いをし、大正一四年秋から大阪の橋本組の手で修築工事がなされた。まず東に傾いている中心の門をおこして骨組みの水平垂直をなおし、屋根は裏板からすっかり張り替え梅鉢紋章入の瓦をふいた。」との記事が『帝国大学新聞』[31]の国宝を伝える記事の中にあった。姉崎正治（図書館長）、関野貞（建築学）、伊東忠太（建築学）、これら三人の名だたる教授により、ここでもまた赤門は九死に一生を得た。

ちなみに、このあとすぐにキャンパス移転問題が浮上する。遠郊移転、近郊移転、本郷拡張の三案に絞られたが、結果移転は実現せずに終わり本郷にとどまった[32]。

震災を契機に、目まぐるしく変わり行くキャンパスを、赤門は今後見届けていくことになる。

◎昭和期

一九六一（昭和三六）年三月三一日、赤門工事竣工。このときの大きな変化は、繋塀の腰部がこれまで「海鼠壁《なまこ》」となっていたもの（明治期に変更）を江戸期本来の形式であった「羽目板」に復元したことにある。工事関係綴りには、「文化財建造物として価値の重要性と今後の保存立場からとを併せ考え工事を実施した」とある。特に漆塗りには古い技法に基づいて塗り直し、従事した工員は延べ三〇〇〇人を要したと記され、その鮮麗な仕上がりは、溶姫を迎え入れた竣工当時を偲ぶほどであったという。また、袖塀は屋根の葺替えと壁の塗直しを行い、番所内が整備された。また、この時の修理銘盤が番所南側の内部に残されている（資料90）。修理前の赤門は、風雪による破損等で屋根にはペンペン草、雨漏りなどかなりひどい状況だったようだ。関東大震災後の修繕から約五〇年、赤門はまた生まれ変わった。

◎平成期

一九八九（平成元）年から一九九〇（平成一一月）の工事は一期、二期に分かれて行われた。また、袖塀の控柱補修工事において、在来のコンクリート控柱を木製の控柱に変更している。このときの修理銘盤が、番所南側の内部に残されている（資料90）。

二〇〇二（平成一四）年二月、赤門前の庭木の手入れなど周辺整備が行われた。前庭に建てられていた「国宝」の標柱は、設置から約七〇年が経ち朽ちていたため撤去された。一九九九（平成一一）年八月に撮った写真では、風雪でかなり損傷している様子がわかる。また、この時外された標柱が、番所南側の内部に納められていたので調べてみると、重要文化財に指定されたあとに、「国宝」の文字を朱色で上塗りしていることが確認された（口絵14）。

文化財としての赤門

◎国宝

一九三一（昭和六）年一二月、江戸時代における諸侯邸宅門の非常に優れた遺構により、赤門が国宝に指定された。

『帝国大学新聞』[33]では、「赤門が国宝となる」のタイトルで「東京帝国大学の通り名にさえなっているおなじみの赤門は・・・いよいよ国宝に指定された。・・・従来大学当局でも特別の保護を加えてきたのであるが、これとは別個にかねて文部省でも国宝としてこれを保存とする意向を有して調査を進め今回の具体化をみた」と伝えている。しかしこれには副題として「円タク通行にも一入の敬意」が付してあり、「円タクの通行も一層の敬意をもってすべきだろう」と注意勧告がされている。国宝に指定されてもなお自動車が通行していることに驚愕するばかりである。しかし、一九三九（昭和一四）年の『東京大学医学部卒業アルバム』には「割かんの円タクで登校」[34]の説明で赤門前の自動車と学生の姿が写る。

また、一九三六（昭和一一）年七月、「国宝赤門」の標柱が、赤門前庭（赤門に向かい右側）に建てられた（資料75）。

さて、第二次世界大戦中、度重なる東京空襲にもかかわらず本郷キャンパスは被災を免れていたが、ただ、一九四五（昭和二〇）年三月九日夜の東京大空襲の際は、本郷三丁目近傍の炎上によって、赤門への延焼の恐れが生じたという。防火活動を行った、当日宿直当番だった文学部助手の談話によると、「大学門前は煙と火気の風洞のようになっていた。大学側近くまで延焼してきたのを赤門の近くにいた数人で、火気と煙がおしよせてくる側に水をかけた。もし、正面からまともに火焔を受けたならば、赤門は助からなかったと思う」と回想している[35]。

かくて国宝赤門は、学内者による必死の防火活動により戦火の危機を脱していた。実際、赤門前でのバケツリレーの訓練写真が、「防空訓練写真」（一九四二（昭和一七）年一一月九日、一一日）に残されている（資料76）。なお、本郷キャンパス内の空襲による被害は南西の一部にとどまったが、前田侯爵家の西洋館で、東京大学の所有となってから「懐徳館」と命名された建物を焼失した。

◎重要文化財

一九五〇（昭和二五）年八月、文化財保護法により（従来の国宝は重要文化財に指定されたことによる）、赤門は重要文化財と指定された。指定内容は、【旧加賀屋敷御守殿門（赤門）一棟】、【三間薬医門、切妻造、本瓦葺、左右繋塀及び離番所附、附 左右袖塀二棟】とある。

一九六八（昭和四三）年から一九六九（昭和四四）年にかけて続いた東大紛争においては、安田講堂での攻防戦を知る人も多いが、赤門も被害を受けていた。『国有財産（重要文化財、旧加賀屋敷御守殿門）のき損について（報告）』が、一九六九（昭和四四）年六月七日、加藤一郎総長より坂田道太文部大臣あてに提出され、その書類が残されている。「午後、対立する二つの派閥の学生約二六〇名が赤門付近で乱闘。投石をくり返し、職員の制止を聞き入れず極めて危険な状態だったため、機動隊の出動を要請し一時間程度で終息した」と記載がある。

一九九三（平成五）年、教員によるコラム「淡青評論」[36]に、修復されたばかりの「赤門扉の飾り釘」の持ち去り記事が寄せられた。「美しい赤門はいつまでも美しく保って置きたい。不埒な行為から守るという理由からとはいえ、間違っても鉄柵などで囲まれた無用な赤門にはしたくない。」と綴っている。

◎文化財防火デー

文化庁のホームページによると、「昭和三〇年の第一回文化財防火デー以来、毎年一月二六日を中心に、文化庁、消防庁、都道府県・市区町村教育委員会、消防署、文化財所有者、地域住民等が連携・協力して、全国で文化財防火運動を展開している。」とある。

東京大学の文化財防火デーに伴うニュースとして、『学内広報』には、一九八八（昭和六三）年第七七九号にはじめて掲載されている。「一月二六日に赤門、一月二七日に標本館（小石川植物園内）で行われた。」と記され、「本郷消防署から消防自動車、はしご車、無線車等が出動し、経済学部自衛消防隊とともに短時間ではあったが実際に放水を行う本格的な演習」だったとしている。以降これまでにも数回の防火演習が行われている。（図5）

また、文化財など数々のライトアップを演出している照明デザイナーの石井幹子氏により、赤門はライトアップされた経験がある。これは、東京大学「Lux Sophiae（知の光）事業」に関連して行われたもので、二〇〇〇（平成一二）年一二月から一月三一日までの間、幻想的で鮮やかな赤門が照らし出された。

なお、防犯対策のため、二〇一〇（平成二二）年七月より、赤門の夜間ライトアップが開始されている。

図5 『学内広報』No1329、2006.2.8

むすびに

東京大学本郷キャンパスは三つ（本郷、弥生、浅野）の地区で成り立っているが、本郷地区は、江戸時代はそのほとんどが加賀藩上屋敷地であり、明治維新後は文部省用地となって、そして東京大学の敷地となった。江戸時代の朱子学者、新井白石によれば、「加州は天下の書府也。」と評した。[37] 五代加賀藩主前田綱紀は、和書、漢書、洋書あらゆる分野の図書収集に努め、学問を重んじたという。この地には、先人たちが一意専心した学問への志が潜在しているのかもしれない。同様に、弥生地区と浅野地区は、日本の歴史書『大日本史』を編纂した水戸藩の中屋敷地であったことを併せて考えてみても、決して無縁ではないように思える。

そして赤門は、江戸時代の加賀藩の伝統文化を残す遺構となり、明治維新後は大学の自治や学問の自由の象徴となって矜持を保ってきた。さらに、二一世紀の今、「閉ざされた大学」から「開かれた大学」への一翼をも担っている。

今年は、溶姫の婚礼、つまり赤門の建立から満一九〇年、記念すべき年である。そして、東京大学は創立一四〇周年、記念すべき年である。いわずもがな一〇年後は赤門二〇〇年、東大一五〇年を迎える。それまでの間、ともにどのような歴史が刻まれることであろうか。

ちなみに、「東京大学創立一三〇周年記念事業」では、シンボルマークとキャラクターを公募した際、赤門がキャラクター「赤門爺《あかもんじい》」になって登場した(38)。また、二〇一六(平成二八)年、「東京大学グローバルキャンパスモデルの構築」の一環として実施されたフォトコンテストでは、「流動性」部門の入賞作品八件中、赤門を中心とした構図の二件が受賞作品に選ばれている(図6)。

これからの赤門は、世界に羽ばたく東京大学の顔にもなっていくのだろうか。

図6 『学内広報』No1484、2016.7.25
上 International Conference Chun Fui Liew
下 Akamon Action Stefan Paul Nikolas Knirck

【註】

1　東京帝國大學編　一九三二『東京帝国大学五十年史』

2　東京大学医学部・医学部附属病院創立一五〇年記念事業委員会編　二〇〇八『東京大学医学部・医学部附属病院一五〇年史』

3　寺崎昌男　一九九二『プロムナード東京大学史』、東京大学出版会

4　東京大学百年史編集委員会編　一九八七『東京大学百年史』通史一、東京大学出版会

5　国史大辞典編集委員会編　『国史大辞典』、大名屋敷「明治元年八月、政府は江戸の武家地の大規模な収公を行ったが、大名については制限つきだが屋敷を構えた。」

6　東京都養育院　一九九五『養育院百二十年史』

7　東京大学百年史編集委員会編　一九八七『東京大学百年史』通史一、東京大学出版会

8　国立公文書館所蔵「公文録」(巻七三、司法省伺二、一八七二年)

9　馬場胡蝶一九九二、「古き東京を思い出て」『明治の東京』、社会思想社

10　中澤賢五郎編　一九六三『東大のあゆみ』、立花書房、及び寺崎昌男　一九九二『プロムナード東京大学史』、東京大学出版会

11　寺崎昌男　一九九二『プロムナード東京大学史』、東京大学出版会、及び古賀徹　二〇〇一「文部省顧問David Murrayに関する在米資料("The Papers of David Murray")の存在―東京大学の関わりに注目して」『東京大学史紀要』一九

12　鈴木博之　一九九八『東京の「地霊」』、文藝春秋

13　三田村鳶魚　一九七六「帝国大学赤門由来記」『三田村鳶魚全集』第一巻、中央公論社

14　中野実　一九九九『東京大学物語―まだ君が若かった頃―』、吉川弘文館

15　東京大学総合図書館所蔵「松乃栄」(三代歌川国貞、一八八九年)

16　東陽堂　一九〇七『新撰東京名所図会』第四十八編本郷区之部其一

17　東京府　一九一九『東京府史蹟』

18　速水清孝　二〇〇七「生き続ける建築―6　内田祥三」Yoshikazu Uchida『INAX REPORT No172』

19　松本裕介　二〇〇〇「加賀藩本郷邸を描いた絵画史料の紹介」『加賀殿再訪』、東京大学出版会

20　東京大学文書館所蔵「文部省往復」(一八八五(明治一八)年分、二冊ノ内甲号)

21　近藤豊　一九八九『古建築の細部意匠』、大河出版、及び坪井利弘　一九八一『古建築の瓦屋根 伝統の美と技術』、理工学社

22　細谷恵子・谷本宗生　二〇〇六「本郷キャンパス史の探訪：育徳園丘上の碑と赤門鬼瓦「學」に関して」『大学史史料室ニュース』三六　本稿では内容を補足した。

23　小川一眞　一九〇〇『写真帖　東京帝国大学』、小川写真製版所

24　東京大学埋蔵文化財調査室、堀内秀樹、成瀬晃司両氏に訊く

25　一九二五(大正一四)年九月一四日付、『帝国大学新聞』、

26　二〇〇六年九月一〇日付、『北陸中日新聞』

27　一九六七『東京大学医学部百年史』、東京大学医学部創立百年記念会ほか

28　一九八七『東京大学百年史』通史二、東京大学出版会

29　一九二五(大正一四)年四月二七日付、『帝国大学新聞』

30　一九二六(大正一五)年二月二二日付、『帝国大学新聞』

31　一九三一(昭和六)年一一月二日付、『帝国大学新聞』

32　一九八七『東京大学百年史』通史二、東京大学出版会

33　一九三一(昭和六)年一一月二日付、『帝国大学新聞』

34　円タクとは「一円タクシー」の略で、東京を一円均一の料金で走ったタクシーのこと

35　一九八七『東京大学百年史』通史一、東京大学出版会

36　一九九三(平成五)年一〇月一八日『学内広報』九六七

37　近藤磐雄　一九〇九『加賀松雲公』上巻、羽野知顕

38　二〇〇七年一月三一日付『学内広報』一三五一「東京大学創立一三〇周年記念事業として、シンボルマークとキャラクターを公募」した際、キャラクターの部入選三作品の一つに、溝口照康氏による「赤門爺」が選ばれた。コンセプトは、「古くからその門を開いて、来る人を向かい入れる威厳ある姿、それでいてあたたかい雰囲気を表現した」そうである。それぞれのキャラクターは栞にデザインされて、本郷・駒場・柏の生協及び広報センターで配布された。老若男女問わず人気を集めて、東大PRの一助となった。

資料61　瓦
伊藤国際学術研究センター地点SX1342出土、20世紀
丸瓦（左・中）、鬼瓦（右）、昭和34〜36年赤門修繕時の廃棄資料。明治36年もしくは大正14年の修繕時に葺き替えられた製品と考えられる。中の丸瓦には「京都西彦」の刻印が認められる。

伊藤国際学術研究センター地点SX1342出土、昭和35年
本瓦（左）、梅鉢紋軒丸瓦（右）、昭和34〜36年の赤門修繕時に注文された瓦で、未使用のまま廃棄された。「昭和35年修補」「ナラ　瓦又」の刻印が認められる製品が含まれる（成瀬）。

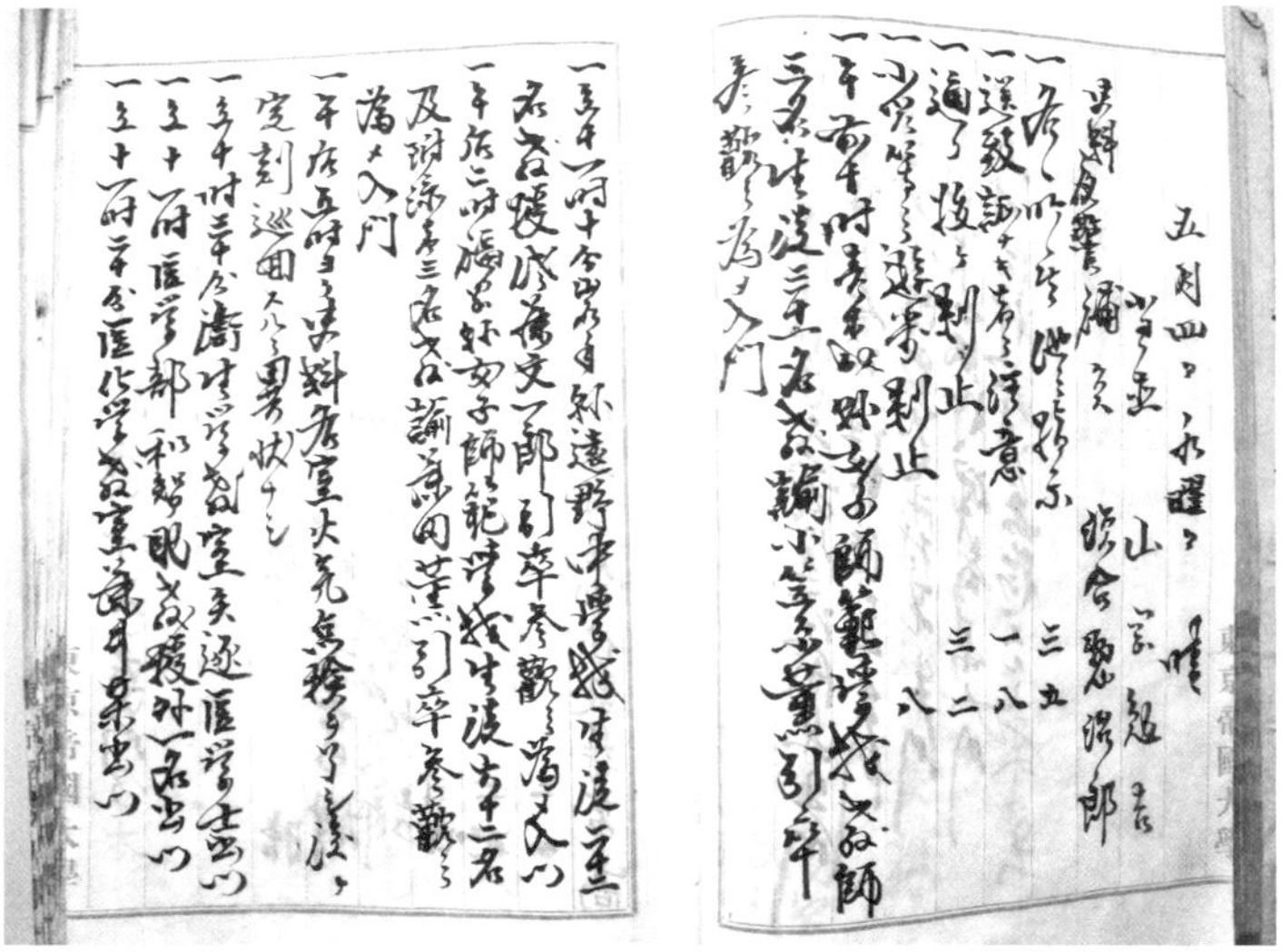

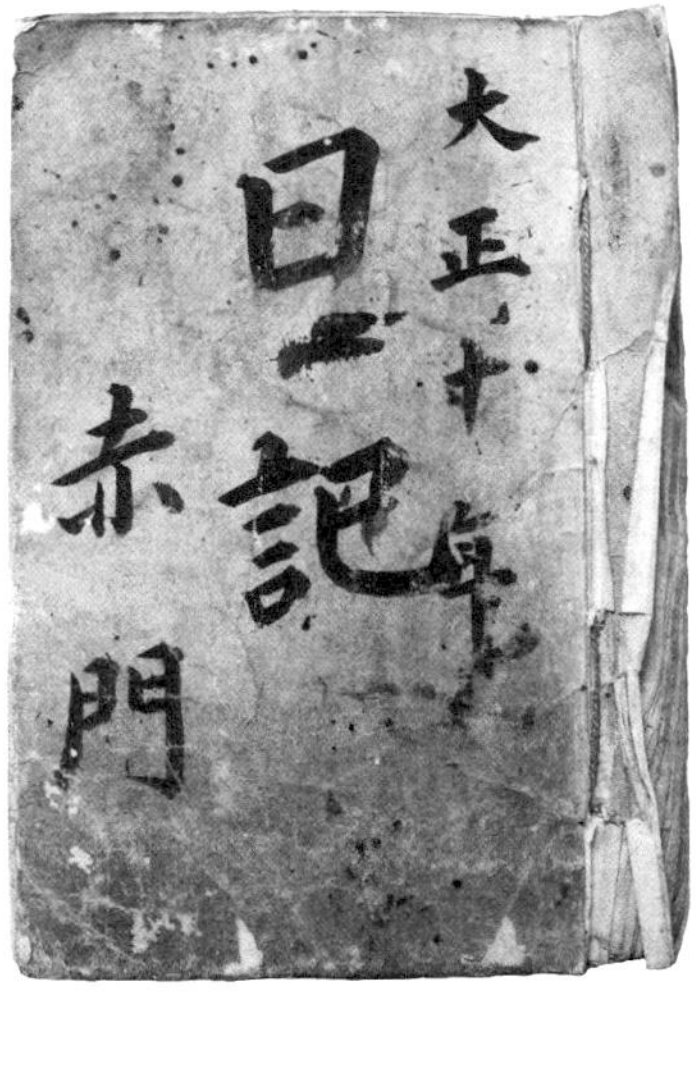

資料62　赤門守衛の勤務日記「大正十年 日記 赤門」
（東京大学文書館所蔵、S0036/0179 学生部旧蔵資料）
赤門に詰めた門衛が書き継いだ勤務日記で、本書は1921（大正10）年元日から大晦日までのもの。門衛は、開門している日中は正門・二門（現・弥生門）・南門（現・龍岡門）などを交代で勤務したが、閉門後の夜間は当直1名と史料編纂掛の夜警をつとめた補員1名が担当した。当時は今ほど自由な往来が認められておらず、構内から「送致証」なしで荷物を持ち出す者に注意をしたり、学外者の通り抜けや遊びで入講する子供を制止した件数が記される。また、修学旅行生についても学校名・引率者名・人数をしっかり記録している（小松）。

第十章 赤門の旧塗装材料に関する基礎調査

北野信彦

はじめに

赤門は、一八二七（文政一〇）年に第一一代将軍徳川家斉の息女溶姫が加賀藩前田斉泰の正室として輿入した際に造営された両番所を備えた薬医門である。旧加賀藩前田家上屋敷の御門であった赤門は、名称通り、建造物部材の外観に赤色塗装が為されている。

東京大学には、一八五七（安政四）年に赤門から取り外されたとされる赤色塗装が残存する部材が二資料保管されている（写真1）。本報では、この部材の赤色塗装に関する調査を行い、江戸時代当時の旧塗装材料を知ることを主目的とした。なお東京大学には、一九六一（昭和三六）年に実施された赤門修理で取り外された鉄板製の部材飾金具も同時に保管されていた（写真2-1、2-2）。白チョークで裏面に記されていた記録から、この資料は、番所部材の腰長押に装着されていた飾金具であることがわかるが、この表面には黒色塗装材料が塗装されていた。この試料についても分析調査を行ったこの結果も併せて報告する。

調査対象試料及び調査方法

本報の調査は、まず東京大学埋蔵文化財調査室において、赤門から取り外されたと考えられる部材二資料と、鉄板製の飾金具一資料の旧塗装材料の現地調査を実施した。次に、各資料から採取可能であった剥落小破片試料五点を注意深く採取して北野研究室に持ち帰り、幾つかの項目に分けた観察および分析調査を実施した。以下、調査対象試料と調査方法を記す。

◎調査対象試料

試料No.1：取り外し部材1の側面に残存していた赤色漆塗装材料（写真3）

試料No.2：取り外し部材2の裏面端に残存していた赤色漆塗材料（写真4）

試料No.3：取り外し部材1の裏面に記載されていた紀年銘墨書の赤色顔料（参考試料）

試料No.4：鉄板製の部材飾金具下層の黒色塗装材料（当初塗装）

試料No.5：鉄板製の部材飾金具上層の黒色塗装材料（修理塗装）

◎調査方法

①赤色及び黒色塗装表面の拡大観察

まず取り外し部材及び飾金具の塗装状態を目視観察した後、細部の観察は（株）スカラ社製のDC-3型デジタル現場顕微鏡を使用し50倍から200倍の倍率で行った。さらに個々の顔料粒子形態や集合状態、色相に関する詳細な拡大観察を実施するため、現地で採取した各試料は、（株）キーエンス社製VHX-1000型デジタルマイクロスコープを用いて500倍から2,000倍の倍率で行った。

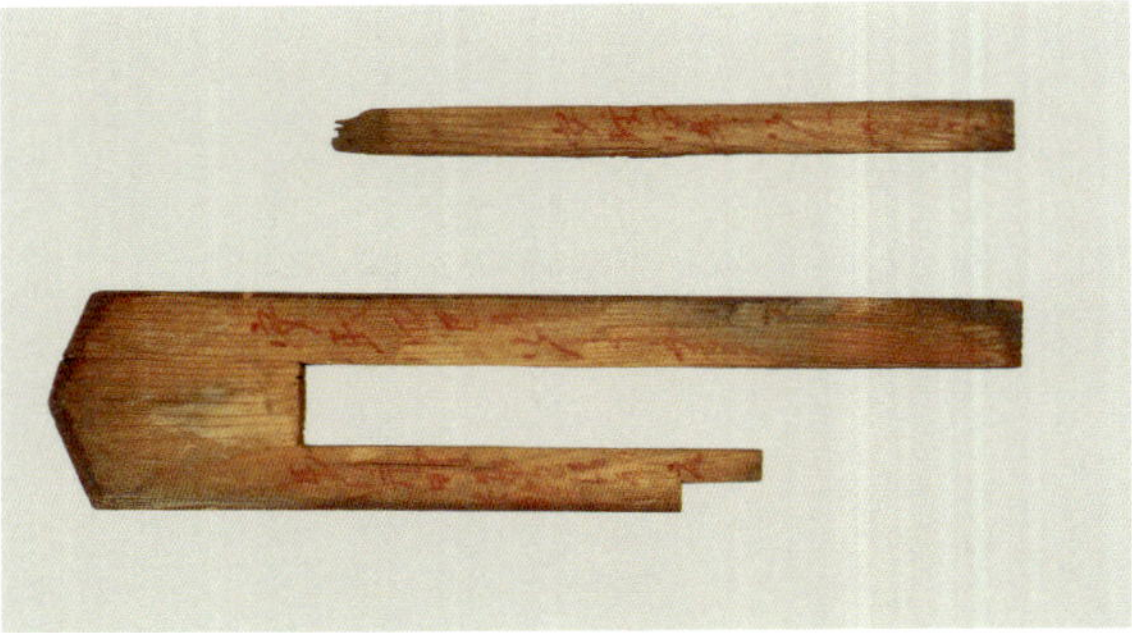

写真1　赤門の取り外し部材

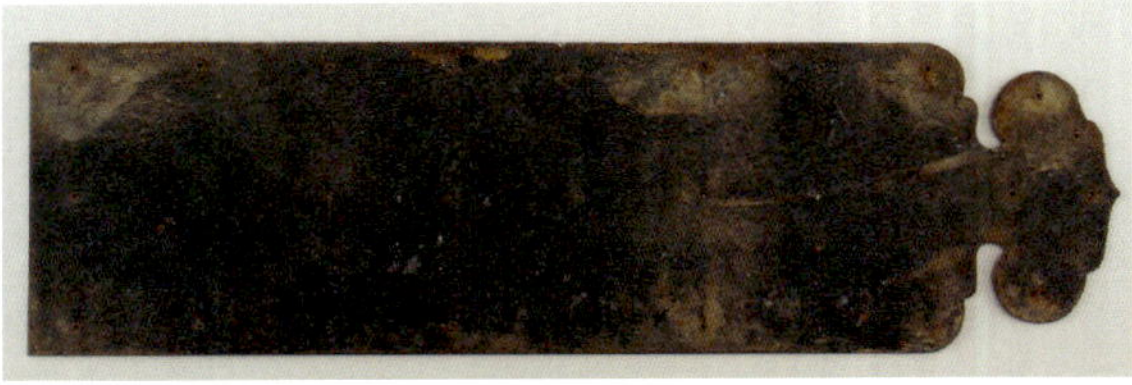

写真2-1　赤門の取り外し飾金具（表面）

写真2-2　同　裏面

写真3　取り外し部材側面の赤色塗装（試料No.1）

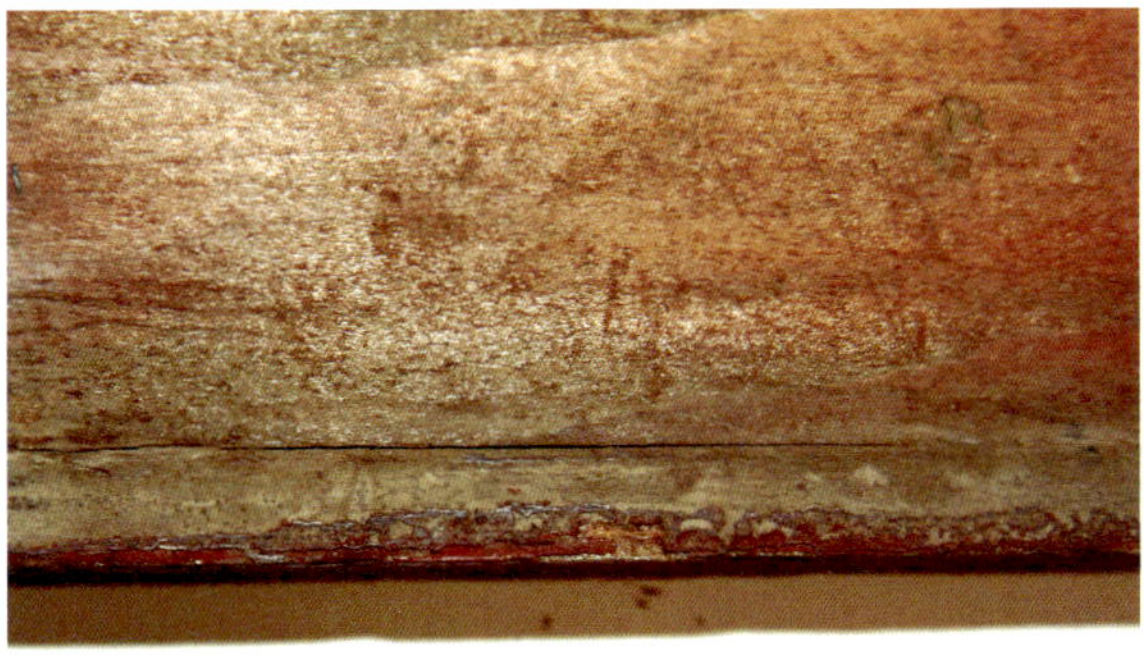

写真4　取り外し部材裏面の赤色塗装（試料No.2）

② 赤色塗装材料の無機元素の定性分析

試料採取が可能であった各試料の無機元素の定性分析については、（株）堀場製作所社製のMESA-500型蛍光X線分析装置を使用した。設定条件は、分析設定時間は600sec、試料室内は真空状態、X線管ターゲットはRh、X線管電圧は15kVおよび50kV、電流は240μAおよび20μA、検出強度は40.0〜160.0cpsである。

③ 赤色塗装材料における鉱物結晶相（化合物）の同定

色塗装材料の使用顔料の結晶鉱物相（化合物）の同定は、（株）リガク製のRINT-2500型X線回析分析装置とJADE-6型定性ソフトウェアを（株）リガク技術センターの協力を得て実施した。測定条件は以下のとおりである。対陰極はCu-K、X線管電圧は50kV、X線管電流は30mA、検出器はシンチレーションカウンタ、走査速度は2°/1min、走査範囲は5-70(2θ°)、散乱スリットは1deg.で受光スリットは0.15mm、モノクロメーターを使用した。

④ 個々の粒子形態の高倍率拡大観察

各試料の個々の粒子形態の観察は、走査型電子顕微鏡を用いた画像（SEM画像）観察を行った。試料は必要量をカーボンテープに固定した上で分析試料台に取り付け、まず100倍〜2,500倍の低倍率観察を（株）日立製作所製のS-415走査型電子顕微鏡に（株）堀場製作所製のEMAX-2000型エネルギー分散型X線分析装置（EDS）を連動させてマッピングを行い、鉄（Fe）が検出される部分を中心に画像観察した。マッピング分析の設定時間は600sec.である。

次に、個々の顔料の粒子形態を詳細に観察するための30,000～50,000倍の高倍率画像観察を、（株）日立ハイテクノロジーズ分析センターにおいて、（株）日立製作所製のS-3200N型走査電子顕微鏡を用いて行った。試料は、先の分析用カーボンテープに固定した試料のうち、実体顕微鏡および金属顕微鏡観察で赤い色相の物質の集積が良好であり、かつ電子顕微鏡観察で鉄（Fe）がマッピング検出された部分を中心に観察した。

⑤黒色塗装材料の塗料に含まれる主要脂質成分の同定

試料の主要脂質成分の詳細分析は、明治大学・理工学部の本多貴之氏の協力を得て、試料小片を熱分析装置に入れて500℃で12sec.間熱分解させた上でGC/MSに導入した。測定装置は、（株）フロンティア・ラボ製のPY-2010D型熱分析装置と（株）HP製のHP689型ガスクロマトグラフ、（株）HP製のHPG5972A型質量分析装置により構成されており、分離カラムはUltra Alloy PY-1(100%methylsillicone 30m × 0.25mm i.d, film 0.25μm) を使用した。

調査結果

◎赤色塗装材料の使用顔料

① 取り外し部材に残存していた赤色塗装材料の塗装状況を拡大観察した結果、試料No.1、試料No.2ともにやや厚みのある赤色塗装の塗膜層が、下地を施さずに木地の上に直接塗装されている状況が確認された（写真5、6）。そして、安政四年の紀年銘墨書の赤色顔料である試料No.3についても、木地の上に夾雑物を含まない赤色顔料が木地の上に直接筆記されていた（写真7）。

② 赤色塗装材料における使用顔料粒子の赤色の色

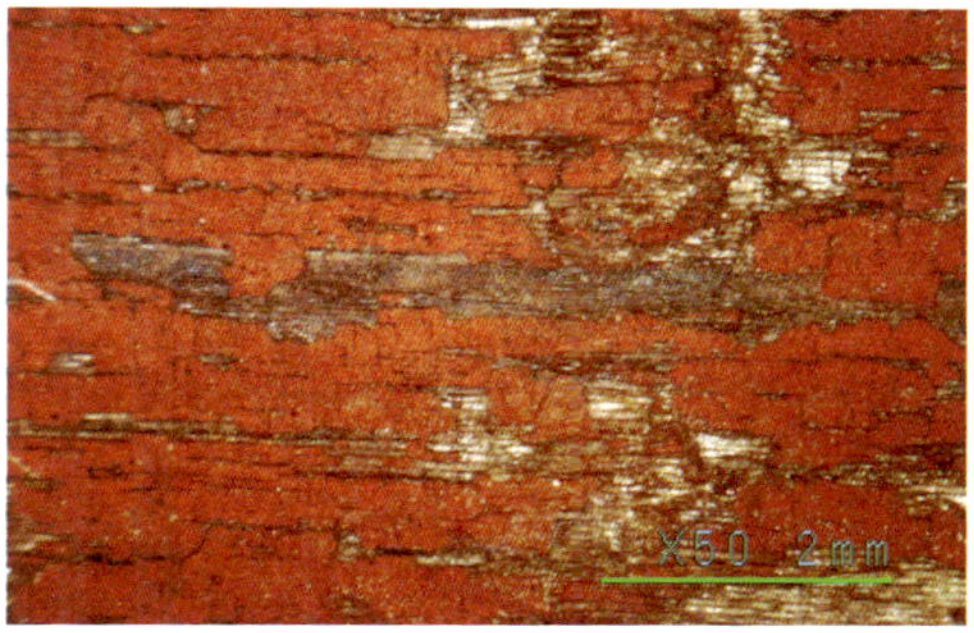

写真5-1　塗装状態の拡大①（試料No.1）

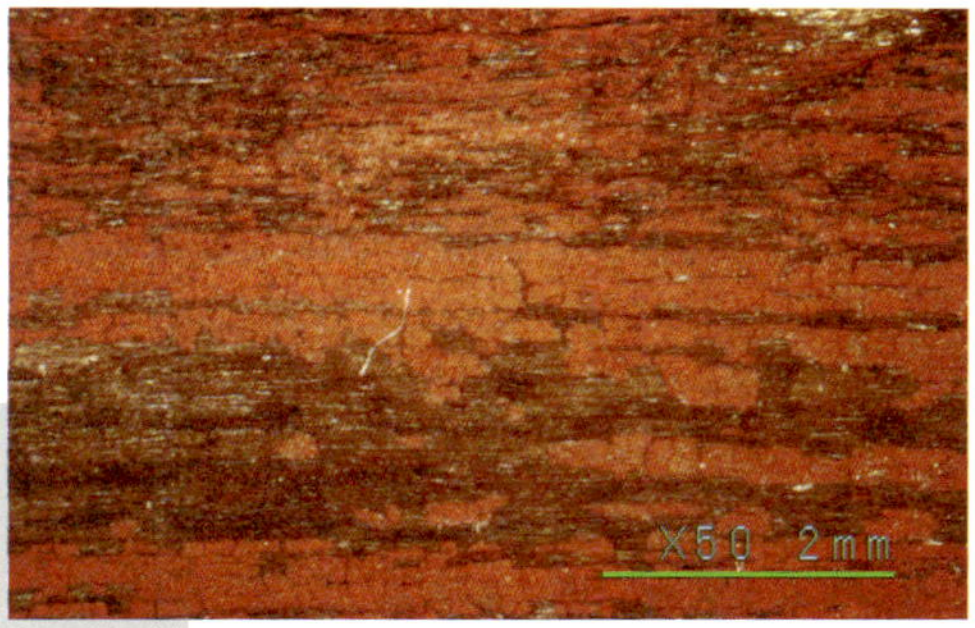

写真5-2　塗装状態の拡大②（試料No.1）

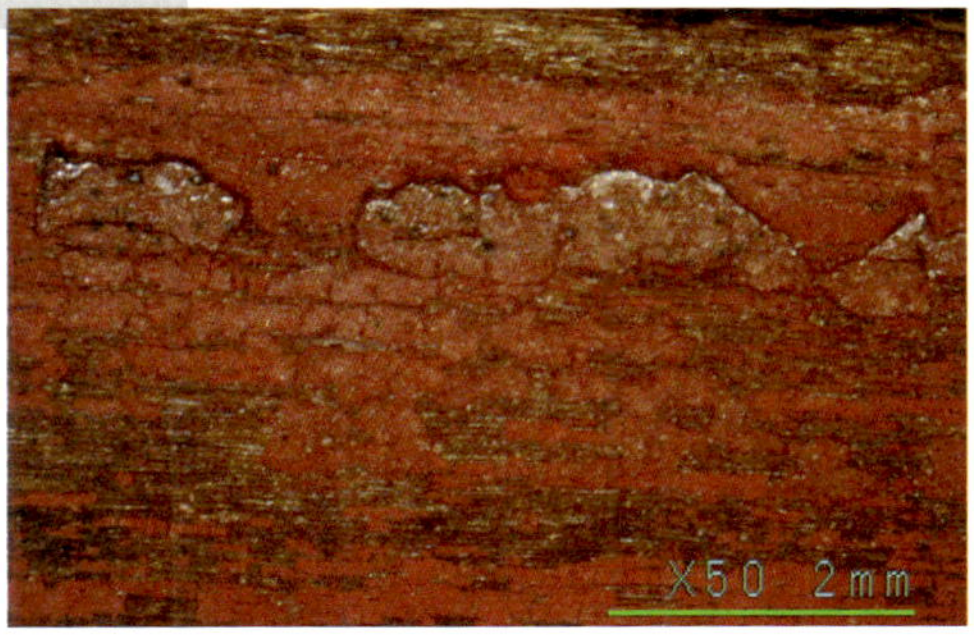

写真6　塗装状態の拡大（試料No.2）

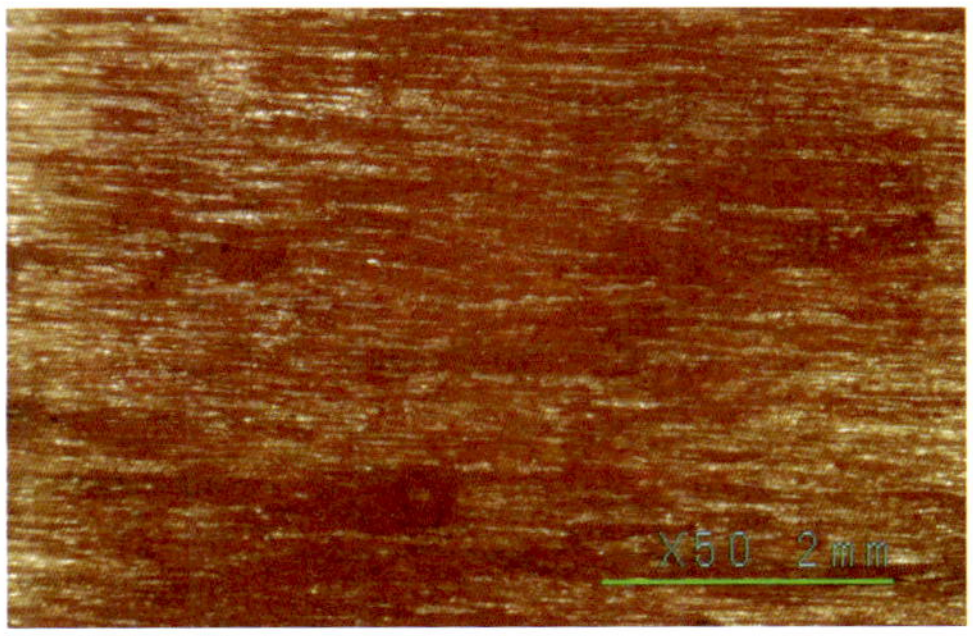

写真7　塗装状態の拡大（試料No.3）

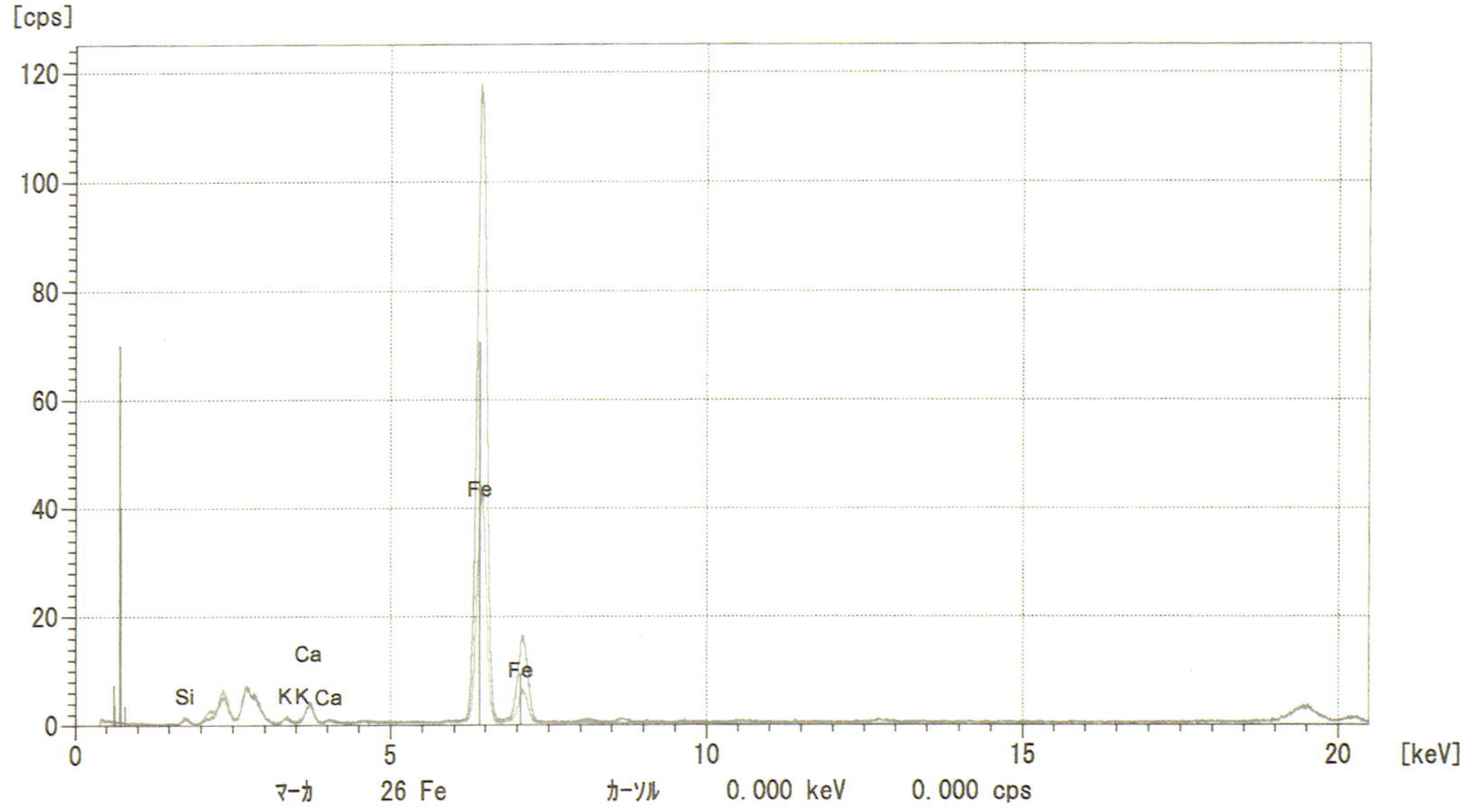

図1 試料No.1の蛍光X線分析結果

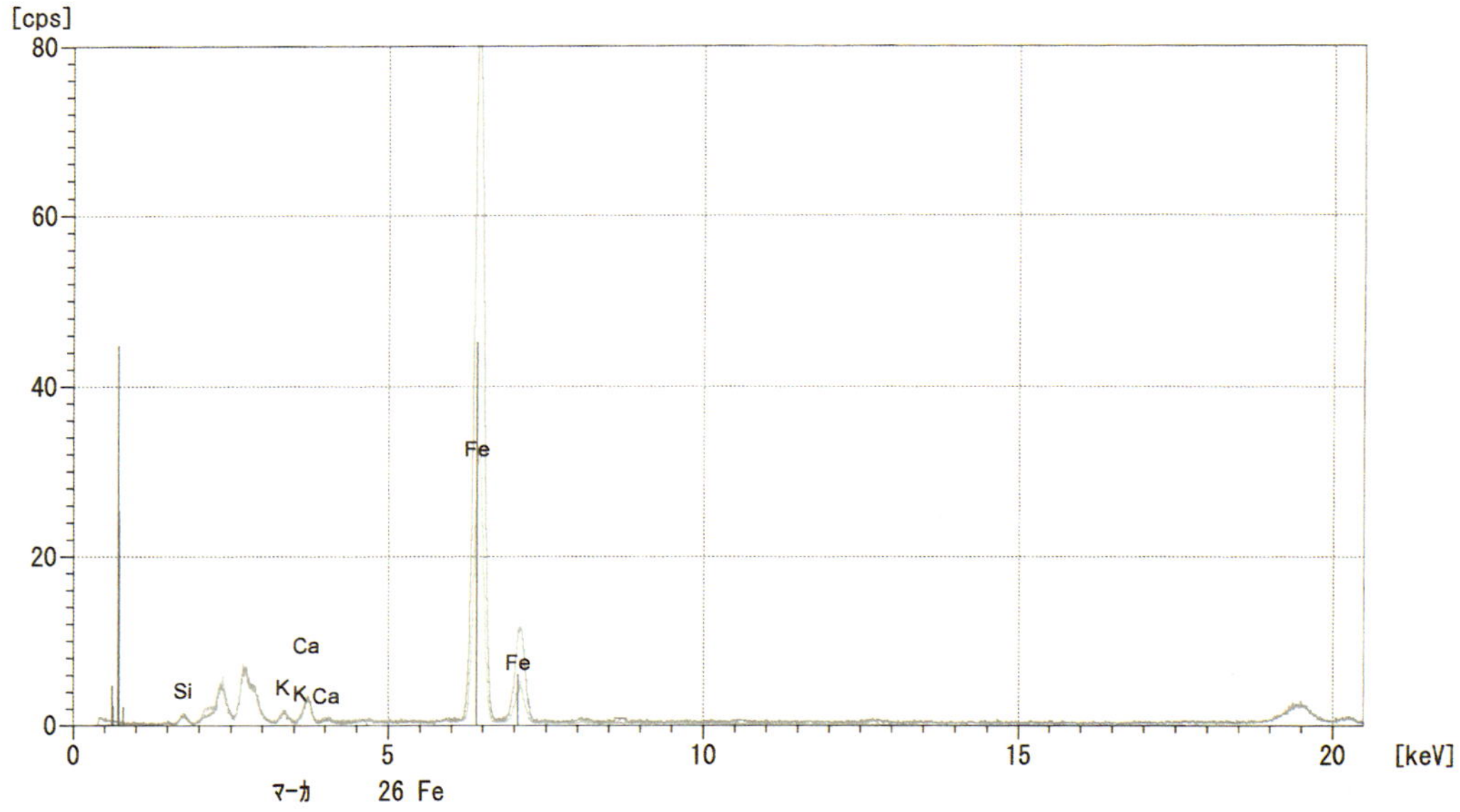

図2 試料No.2の蛍光X線分析結果

相や顔料粒子の集合状態を拡大観察した結果、試料No.1,2,3ともに、赤い色相が統一して良好であり、極めて微細で粒度が均一な顔料粒子の集合体であった（写真8、9、10）。さらに電子顕微鏡観察による高倍率観察を実施した。その結果、この試料群の個々の顔料粒子は0.1μm程度でやや角ばっているものの、均一で粒度が揃った球状微粒子の形態を有することがわかった（写真11）。

③　赤色塗装材料における使用顔料の構成無機元素を分析した結果、試料No.1,2,3ともに、鉄（Fe）の強いピークのみが検出され、水銀（Hg）や鉛（Pb）のピークは全く検出されず、夾雑物に由来すると考えられる物質の無機元素もほとんど検出されなかった。そのため、これらの使用顔料は、水銀系の朱顔料（赤色硫化水銀：HgS）や鉛系の鉛丹顔料（三酸化四鉛：Pb_3O_4）ではなく、いずれも純度が高い酸化鉄系のベンガラ顔料（酸化第二鉄：α-Fe_2O_3）である可能性が指摘された（図1、2、3）。この点を明確にするために、分析用試料の採取量が十分確保できた試料No.1について結晶鉱物相（化合物）の同定を併せて実施した。その結果、この試料からは酸化第二鉄（α-Fe_2O_3）のみの強いピークが検出されたため、純度が高いベンガラ顔料であると同定した（図4）。

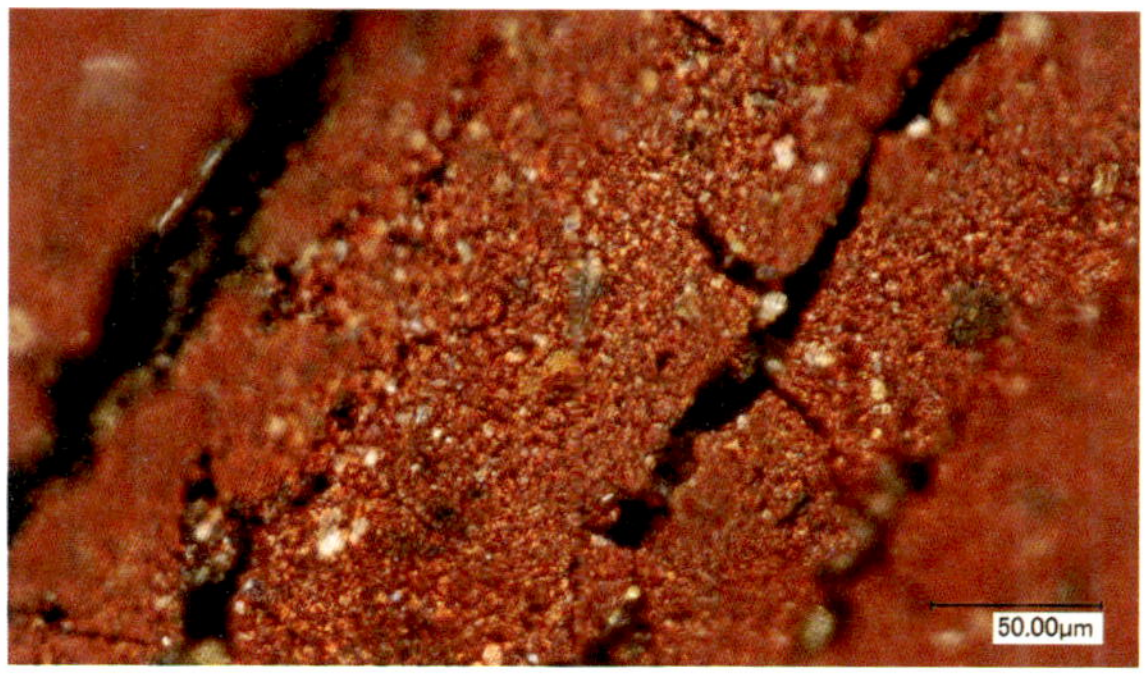

真写8　赤色顔料の色相と集合状態（試料No.1）

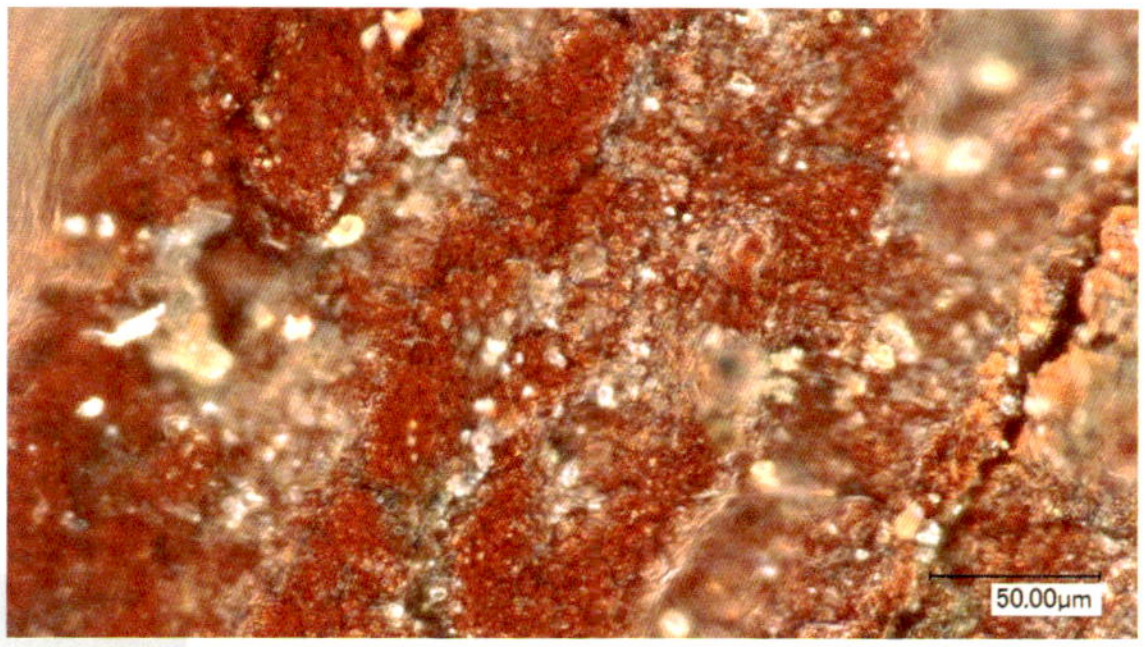

真写9　赤色顔料の色相と集合状態（試料No.2）

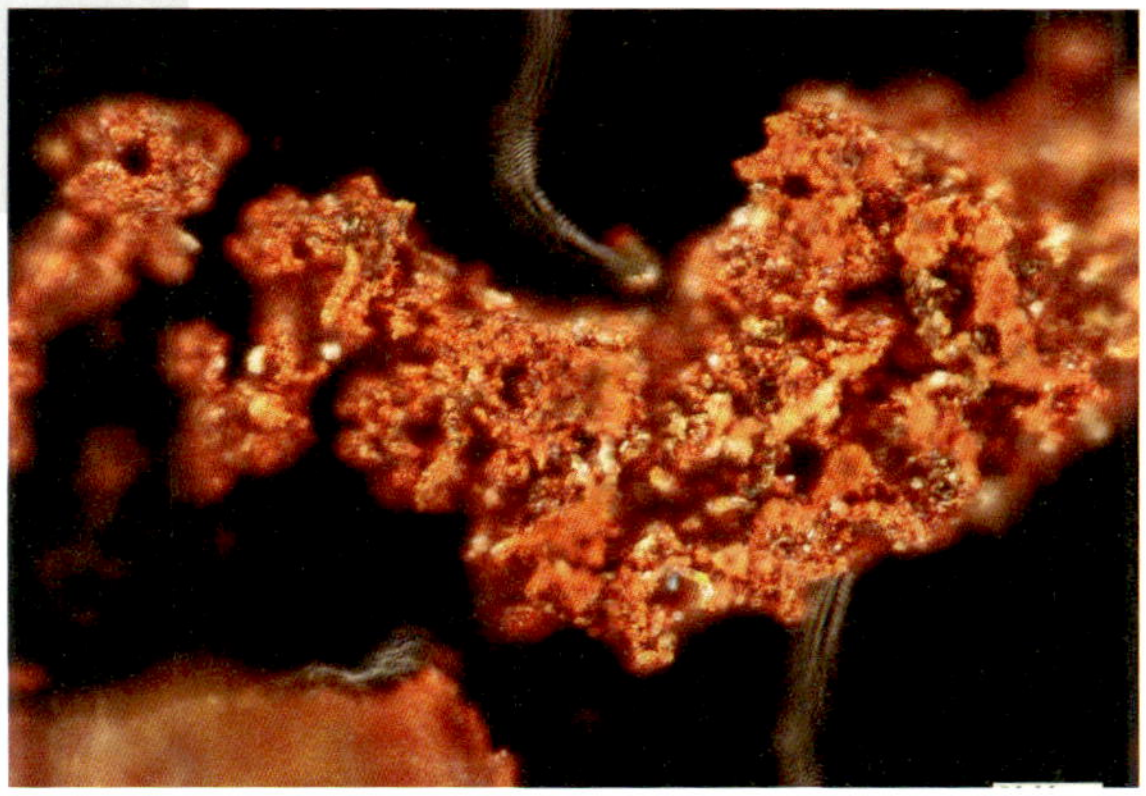
真写10　赤色顔料の色相と集合状態（試料No.3）

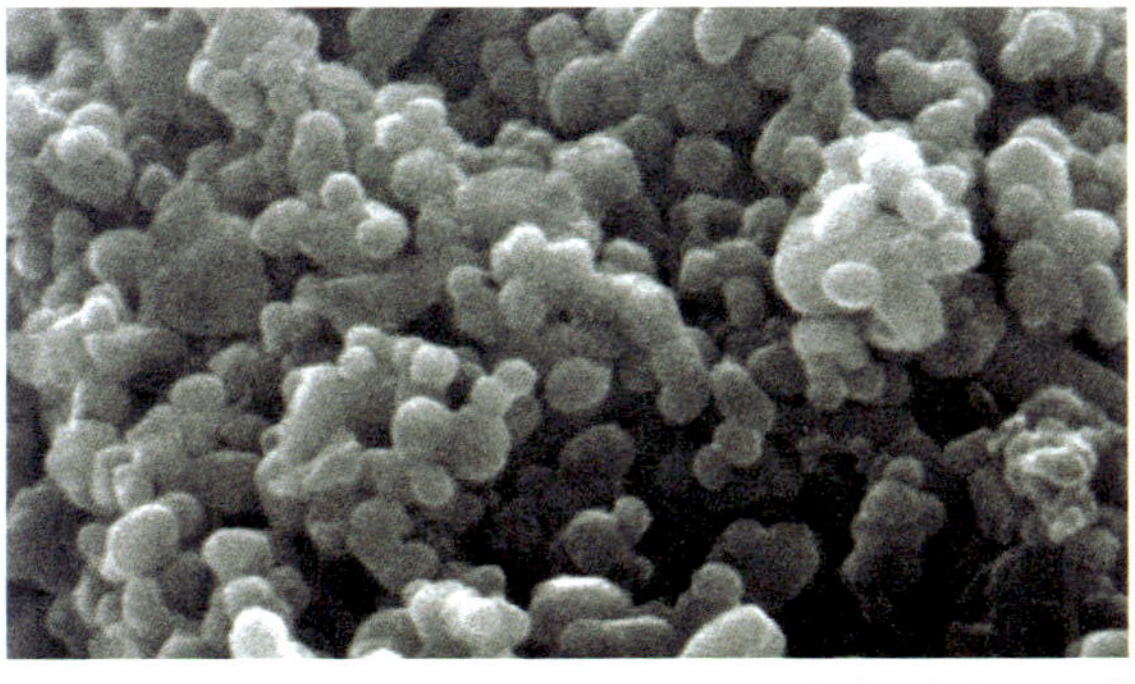
写真11　試料No.1の個々のベンガラ粒子の電子顕微鏡観察（50,000倍）

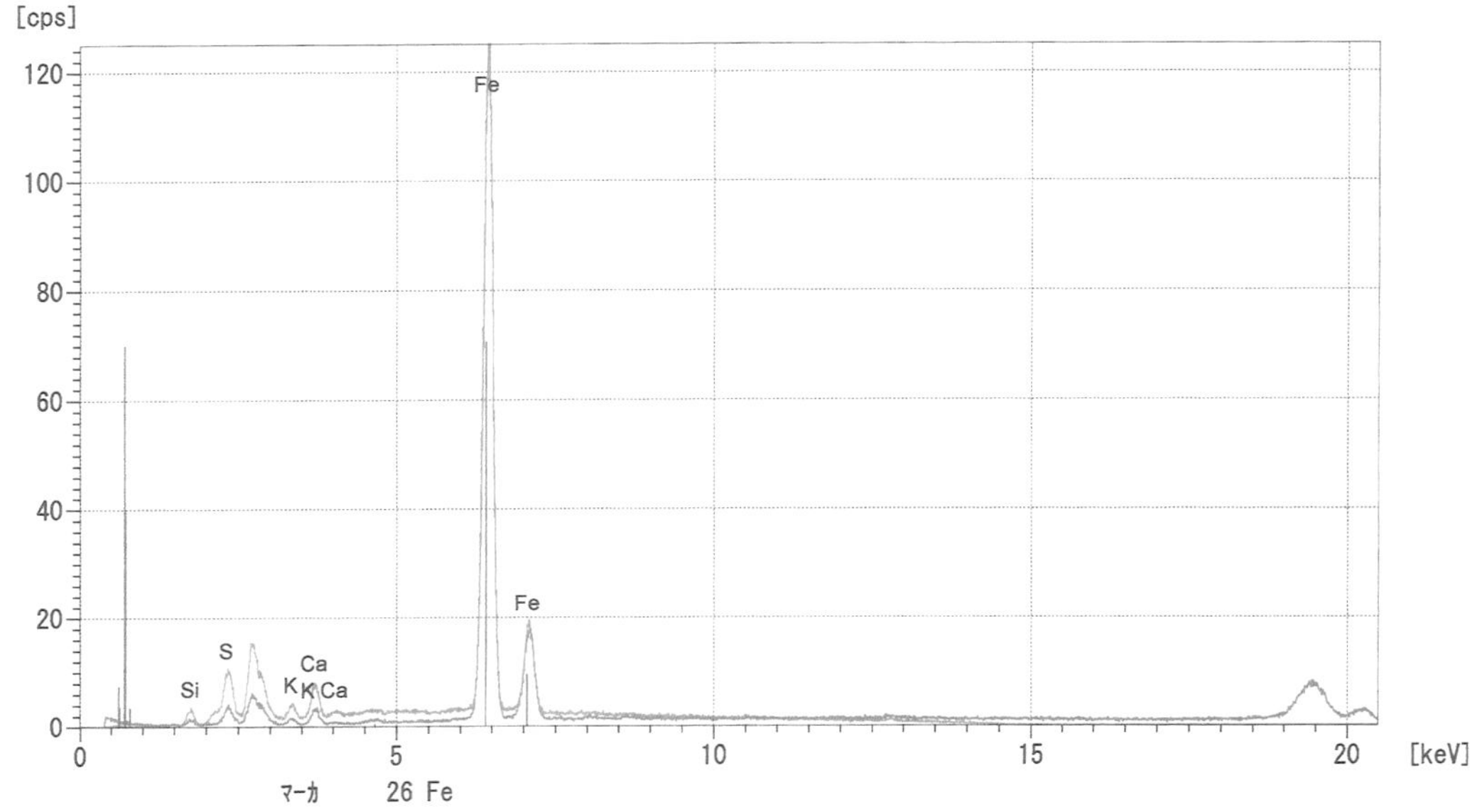

図3 試料No.3の蛍光X線分析結果

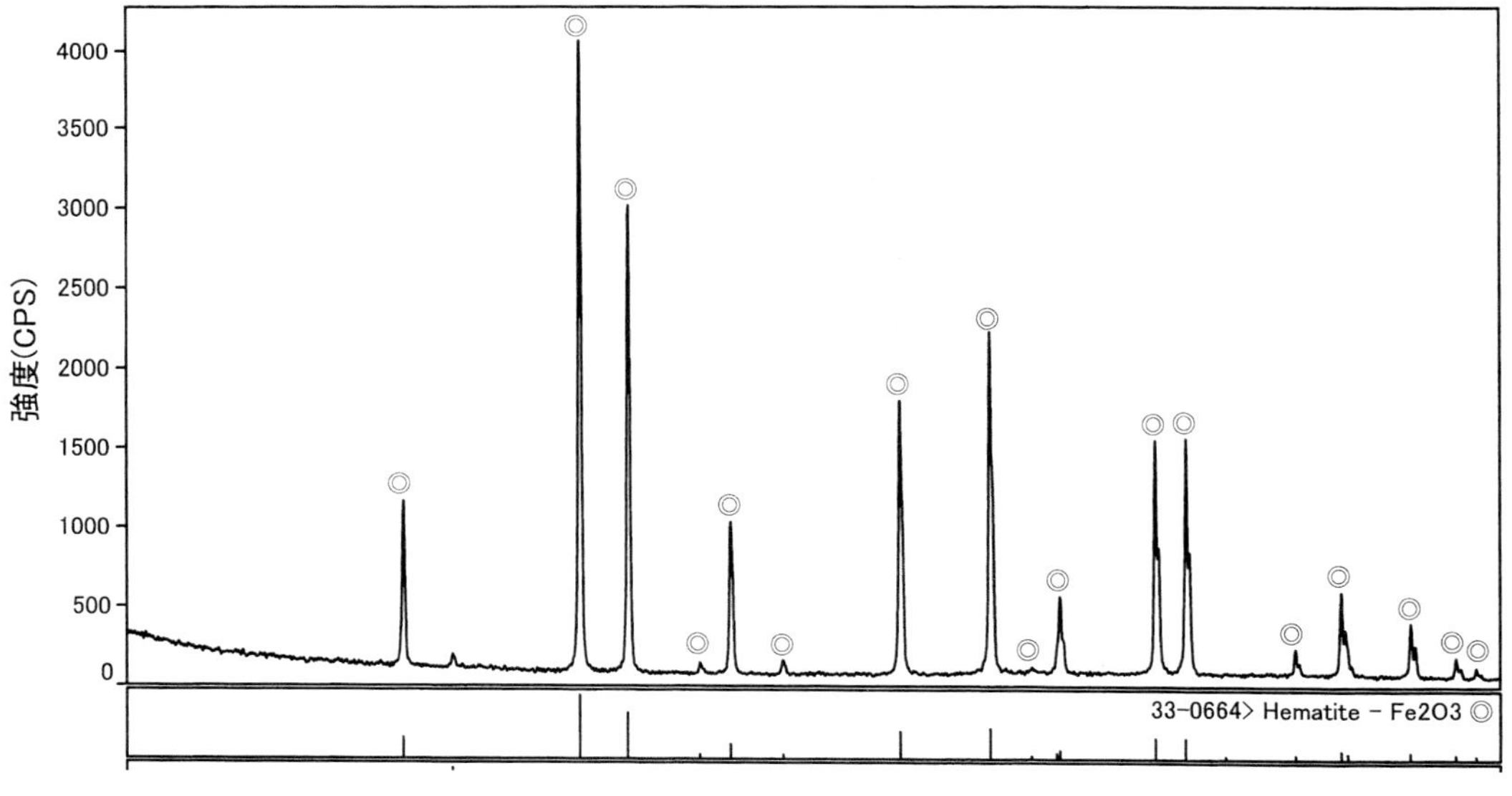

図4 試料No.1のX線回折分析パターン

◎黒色塗装材料の塗料

④　鉄板製の飾金具の表面に塗装されていた黒色塗装材料の塗装状況を拡大観察した結果、鉄板の地金の上に下地を施さない黒色の塗装皮膜層が少なくとも二層分確認された。このうちの地金直上の塗膜層は、薄く密着度が高い塗膜層であり、上層の塗膜層はやや厚みがある肉持がある塗膜層であった。すなわち両者の塗膜層の塗装状態は、拡大観察の結果では異なっていた（写真12-1、12-2）。

⑤　当初塗装材料であると考えられる地金直上の試料No.4は、Py-GC/MS分析の結果、基本的には植物油脂由来の塗料（オイルペイント）であることが想定された（図5）。この点について、分析を実施した明治大学・理工学部・専任講師の本多貴之氏から、「全体にピークが検出されているが、いずれも炭化水素とケトンの成分であり、試料No.5から油脂由来のカルボン酸類を取り除いた様な物質である事が分かった。赤矢印の二成分は環状のケトンであり、熱分解時に環を形成したと考えられることから元々は酸素を含んだ長鎖のケトンであると推定される。植物油由来の塗料であればカルボン酸が検出されるはずであるので、本試料は植物由来の比較的大きなテルペノイド（ジテルペン以上？）に起因する塗料ではないかと予想する。ただし、リグニン類は全く検出されていないのでリグニンや柿渋の可能性は無く、アビエチン酸系列の成分も含まれないことから、松脂などのヤニ類でも無いことは分かった。」という分析コメントを頂いた。

写真12-1　塗装状態の拡大（試料No.4）

写真12-2　塗装状態の拡大（試料No.5）

⑥　修復塗装材料であると考えられる試料No.5は、Py-GC/MS分析の結果、基本的には試料No.4とは異なる植物油脂由来の塗料（オイルペイント）であることが想定された（図6）。この点についても、分析を実施した明治大学・理工学部・専任講師の本多貴之氏から、「主成分は赤矢印に示した部分の成分であり、植物性の油脂が主原料となっていると考えられる。さらに、青の括弧にて囲われた部分からは「酸素（ケトン）を含む構造」、「二重結合を含む構造」、「飽和炭化水素」の組み合わせが規則的に出現しており、塗装の主たる鎖部分を反映している構造と考えられる。また、緑の括弧部分は長鎖を有するケトン類であり、おそらく油脂同士が結合した物が長期の酸化劣化によって切断された際に生じた物であると考えられる。また、顔料として加えられたと思われるスス由来成分も検出された。一方、黄色矢印部分からは窒素に由来すると思われる構造を含んだ構造が見いだされており、効果促進等の目的で加えられた添加物が含まれているのではないかと考えている。ただし、この構造についてはデータベースに存在しておらず同定は出来なかった。」という分析コメントを頂いた。

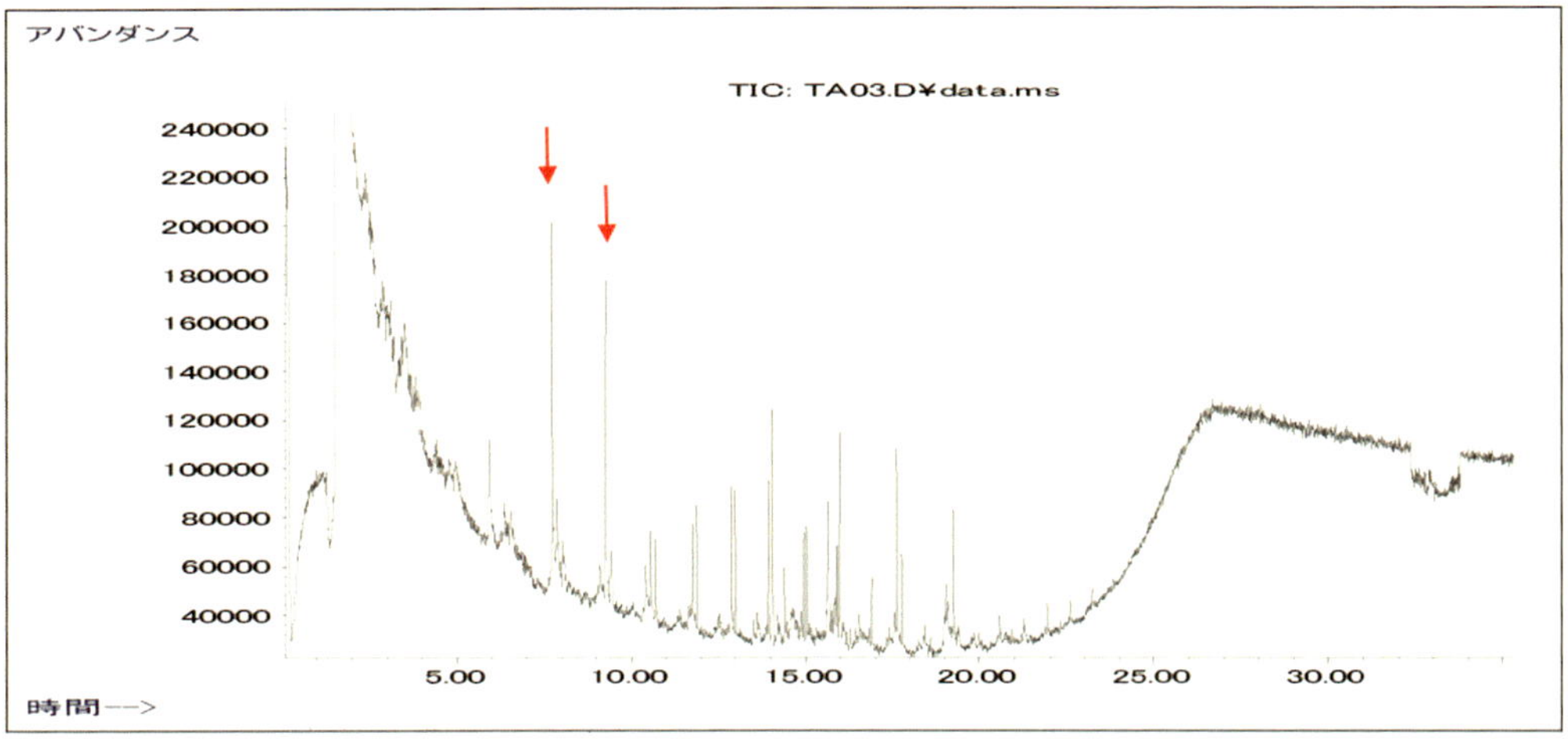

図5 試料No.4のｐｙ－GC・MS分析結果

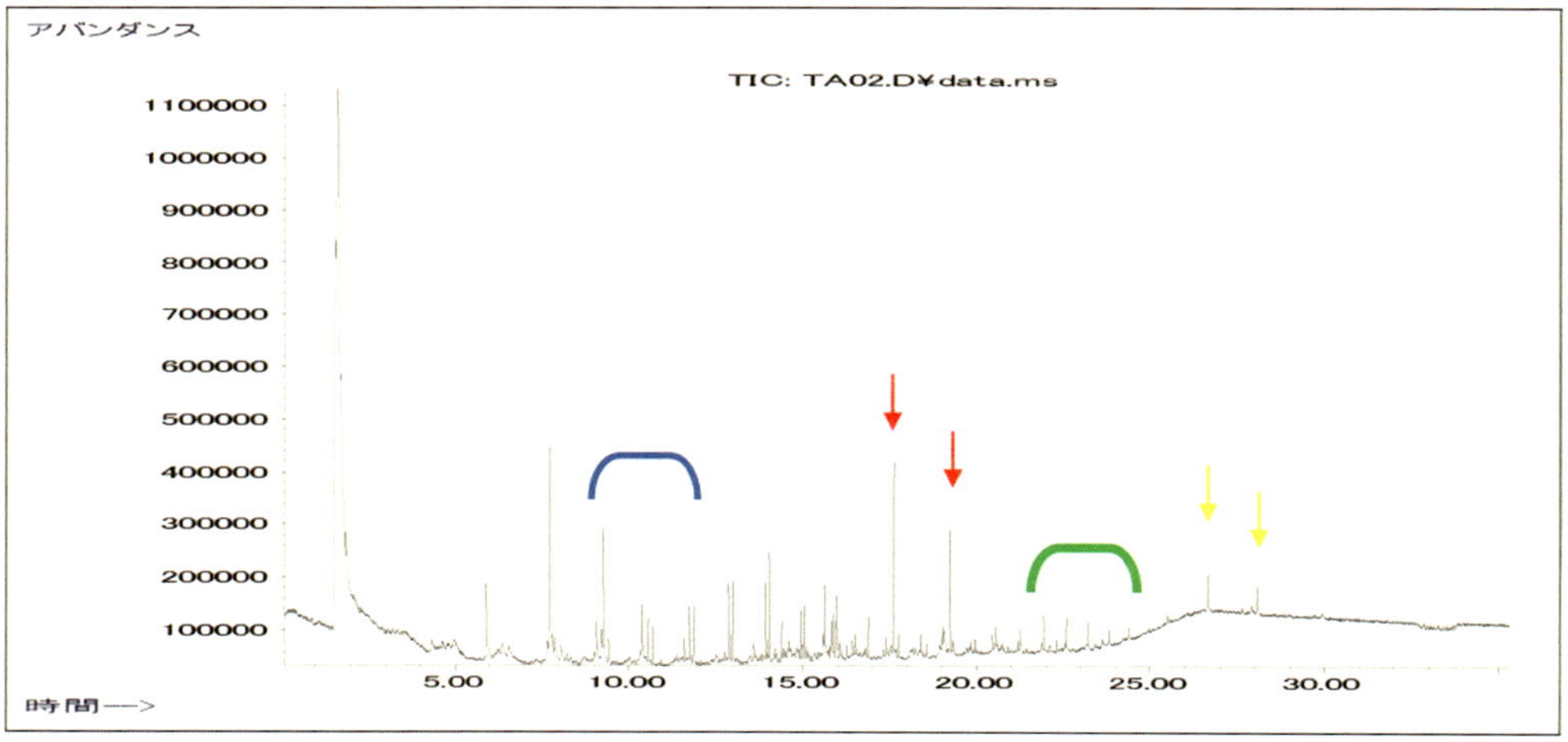

図6 試料No.5のｐｙ－GC・MS分析結果

赤門の赤

旧塗装材料である赤色顔料の検討

本報では、本特別展の主題である徳川将軍家息女の溶姫の加賀藩前田家への輿入れに伴い造営された赤門の赤、すなわち外観部材の旧塗装材料である江戸時代における赤色の使用顔料を中心に調査を行った。その結果、これらは、いずれも純度が高い酸化鉄系のベンガラ顔料(酸化第二鉄:α-Fe_2O_3)であること、個々のベンガラ顔料の粒子形態は、赤い色相が統一して良好であり、0.1μm程度の極めて微細でやや角ばっているものの、均一で粒度が揃った球状微粒子の形態を有していた。この結果を踏まえてこれらのベンガラの性質を検討してみる。北野によるこれまでの先行研究では、同じ酸化鉄系の赤色顔料でも原材料や製法の違いにより、個々の粒子の形態や集合状態、赤い色相は以下に示す7種類の異なるグループに分類される。それは、①文献史料が「代赭」もしくは「赤土」と記し、天然赤鉄鉱を粉砕して磨り潰す、もしくは赤味が強い粘土系の風化生成土壌や赤鉄鉱の鉱石が風化して脆弱粉砕化された細粉集積土壌を精製して作成する。個々の顔料粒子の形態は、薄鱗状(薄板雲母状)を有する(写真13)。平安朝堂院出土瓦や芝増上寺台徳院霊廟部材や有章院二天門、日光東照宮や二荒山神社、輪王寺三仏堂をはじめとする日光二社一寺、浅草浅草寺二天門などの徳川将軍家縁の建造物群で使用を確認している。天然鉱物系の「赤土ベンガラ」、②鉄分を多く含む黄土(水酸化鉄や褐鉄鉱性の風化土壌)を原材料とし、加熱~粉砕~水簸して作成。民俗例では若狭ベンガラなどがある。基本が土壌であるため夾雑物が多く、個々の顔料は極めて不定形である(写真14)。赤い色相は劣るが、量産が可能である。建造物修理報告で「丹」もしくは「丹塗り」と記載されるものの多くは鉛系の鉛丹ではなく、この「丹土」と考えられる。事実、元興寺・浄瑠璃寺・平等院鳳凰堂などの奈良~平安期の寺院建造物のみならず、興福寺・三十三間堂・石山寺など、中・近世のベンガラ塗装でも多用を確認している。粘土土壌系の「丹土ベンガラ」、③外径1μm程度の中空円筒状で定型化した形態を有する(写真15)。赤い色相が良好であるため縄文~古墳時代に至る長期間に亙って各地で広範に用いられた。純度が高い鉄成分が豊富な *Leptothrix Ochraceae* 種などの鉄バクテリアの黄褐色浮遊沈殿物が原材料であるため、量産化には不向きと考えられるが、古代以降の木造建造物では元興寺五重小塔、平安宮堀川殿跡、北白川廃寺などの出土瓦や尼寺廃寺芯礎石などの付着赤色顔料、さらには中世社寺建造物である紀州安楽寺多宝小塔や但馬島田神社などで使用を確認。当時は天然赤鉄鉱を擂り潰して作成する「赤土」に続く良質なベンガラであり、「丹土」より上位に位置する「パイプ状ベンガラ」、④『豊後風土記』は「赤湯泉(あかゆ)」の泥を建造物の柱に塗装したと記す。別府鉄輪温泉の血の池地獄温泉沈殿物が原材料と想定される(写真16)。この赤い色相の由来は、強酸性の硫酸塩温泉水中で析出沈殿した酸化第二鉄の大型

写真13　赤土ベンガラ粒子の電子顕微鏡写真(50,000倍)

写真14　丹土ベンガラ粒子の電子顕微鏡写真(50,000倍)

写真15　パイプ状ベンガラ粒子の電子顕微鏡写真(1,500倍)

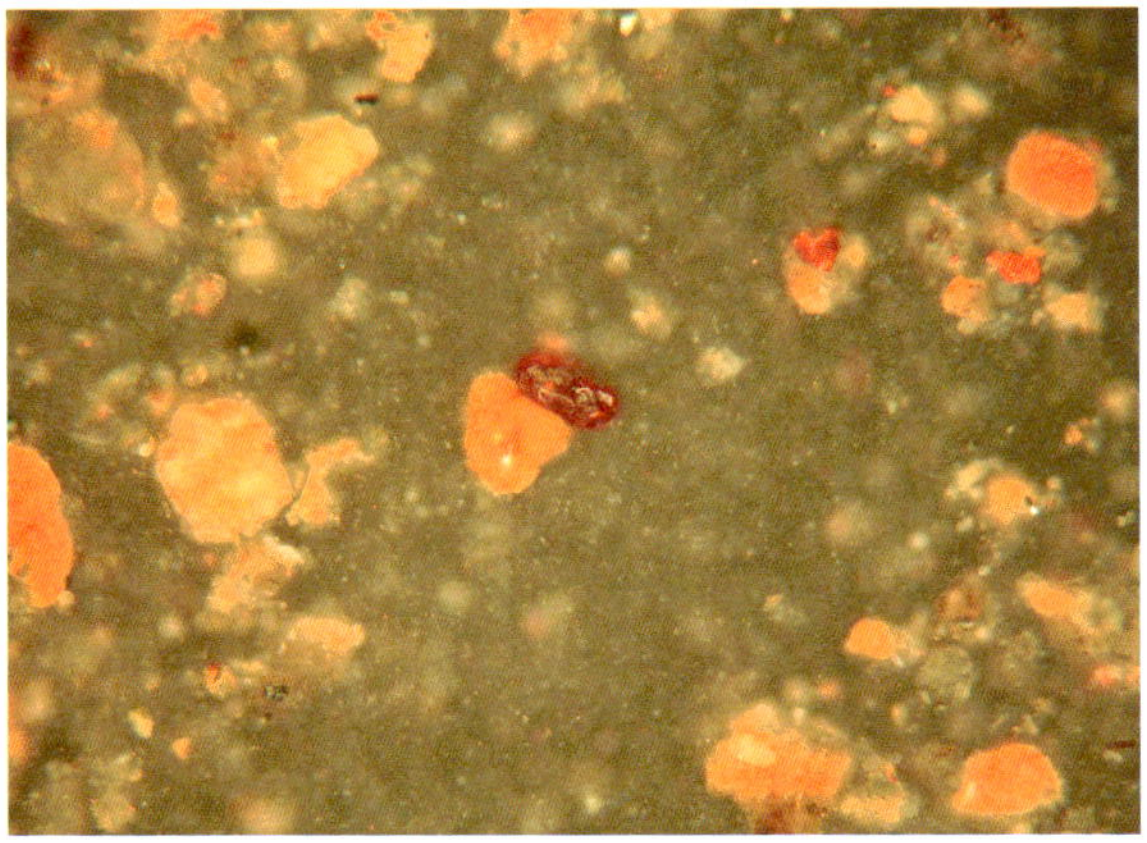

写真16　赤泥ベンガラ粒子の拡大写真（400倍）

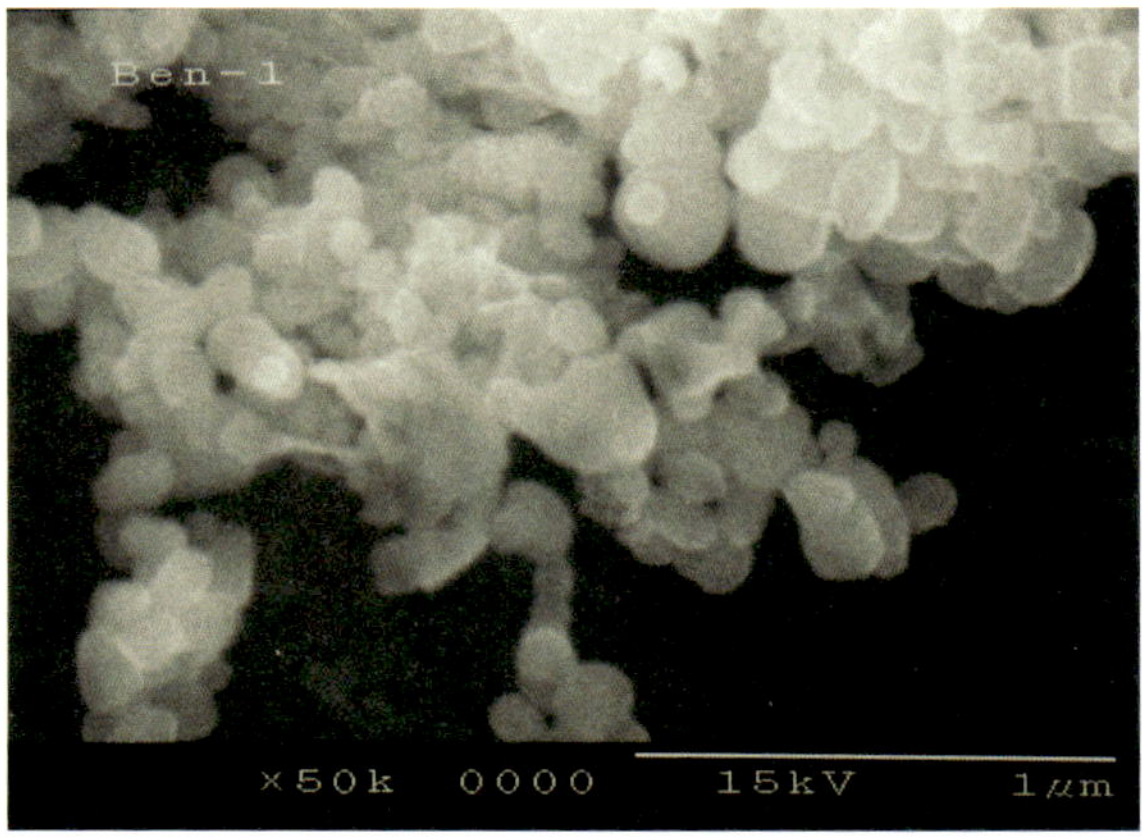

写真17　ローハベンガラ粒子の電子顕微鏡写真(50,000倍)

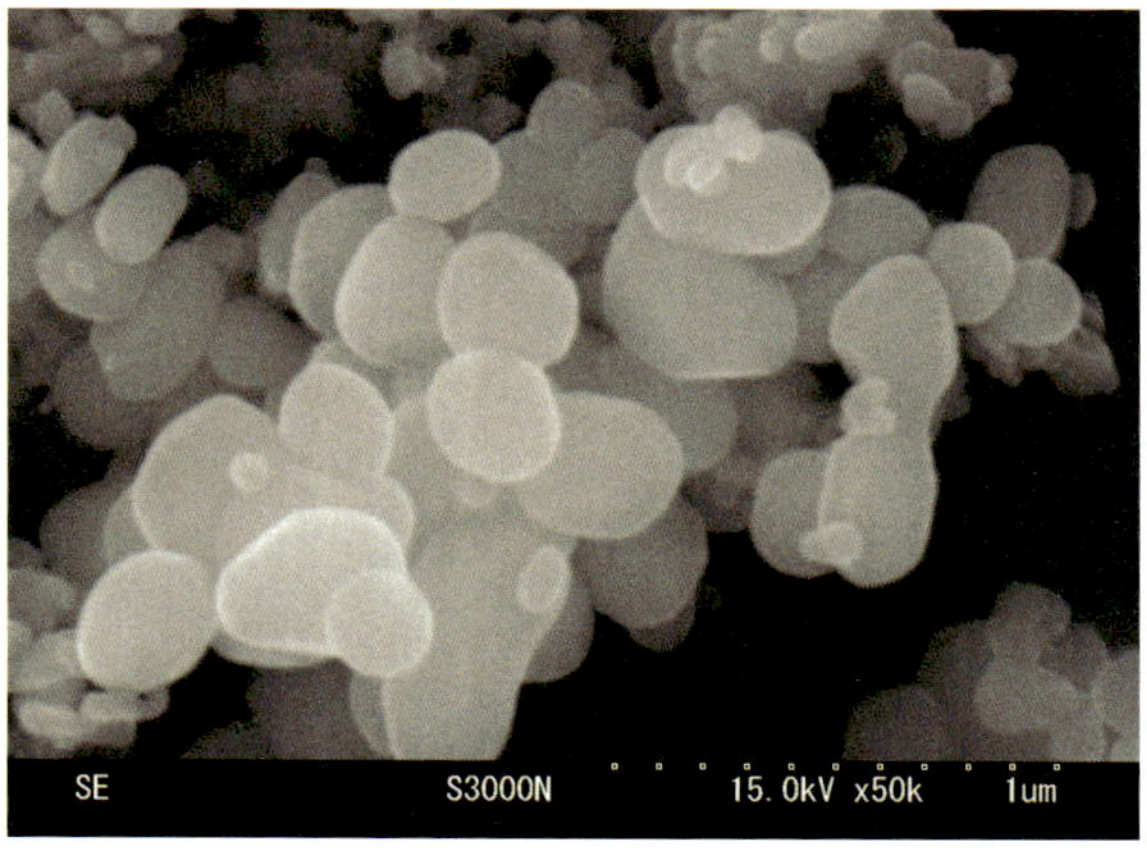

写真18　現代の工業ベンガラ粒子の電子顕微鏡写真(50,000倍)

結晶粒子である。これに白い硫酸基を含む鉄化合物を加熱〜水簸して作成する「赤泥ベンガラ」、⑤近世の文献史料は「鉄丹もしくは鉄屑の弁柄」と記す。鉄サビに酸化促進剤を添加して加熱して作成する。東京大学構内遺跡、大坂市中町屋跡で原材料や生産用具の出土例を確認している（写真19-1、19-2、20-1、20-2）。ローハベンガラに比較して赤い色相はやや劣るものの、個々の顔料は0.1μm以下の球状微粒子でやや角張る（写真19-3、20-3）。近世以降の建造物のベンガラ塗装には多用される人造顔料系の「鉄丹ベンガラ」、⑥文献史料は「礬紅もしくは弁柄」と記し、硫化鉄鉱の風化生成物である緑礬（ローハ）を原材料として、これを加熱〜水簸して作成する。

赤い色相は極めて良好な近世以降に登場する人造顔料系の「ローハベンガラ」（写真17）、⑦湿式沈殿法からなる現代の工業製品としての「現代のベンガラ」（写真18）、などである。とりわけ電子顕微鏡などによる高倍率観察によると、これら個々のベンガラ粒子の形態は大きく異なっている（写真13〜18、19-3、20-3）。江戸時代の百科事典とも言える本草本である『和漢三才図会』や『本草綱目啓蒙』によると、人造ベンガラ系のローハベンガラと鉄丹ベンガラの生産が盛んとなったことを伝えている。とりわけ鉄サビを原材料とする鉄丹ベンガラは、建造物の荘厳や部材の表面保護に、粒子が細かく隠蔽性が高く、物質的にも安定性が高いため赤色の変退色が少ない、などの利点が多い。そのため鉄丹ベンガラによる建造物の塗装材料として、大規模な寺社建造物や「ベンガラ格子」の表現に代表される民家建造物の塗装材料として広く使用されたようである。このような歴史的な背景を考慮に入れつつ、本報で明らかにした赤色塗装材料における使用顔料の特徴である、①不純物や夾雑物が少なく赤い色相が良好な酸化第二鉄の純度が高い、②やや角ばっているものの0.1μm程度の均一な微粒子球状のベンガラ顔料の形態を有する、などの点を総合的に判断すると、江戸時代の加賀藩前田家御門である赤門の赤は、江戸市中や大坂市中で生産されていた良質な「鉄丹ベンガラ」が使用されていたものと結論できよう。

【参考文献】

大阪市文化財協会　二〇〇九『大阪市中央区瓦屋町遺跡発掘調査報告書』

小野蘭山著　木村陽一郎解説　一九九『本草綱目啓蒙』第一巻、東洋文庫五三一、平凡社

北野信彦　二〇一三『ベンガラ塗装史の研究』雄山閣、三三一四頁

寺島良安 著　島田勇雄、竹島澄夫、樋口元己　注釈、一九八七、『和漢三才図絵』第八巻、東洋文庫四七六、平凡社

東京大学埋蔵文化財調査室　二〇〇六『東京大学本郷構内の遺跡工学部一四号館地点発掘調査報告書』

成羽町史編集委員会　一九九四『成羽町史　史料編』

成瀬晃司　一九九七『工学部一四号館地点発掘調査略報』東京大学構内遺跡調査研究年報一』東京大学埋蔵文化財調査室、一三〜一七頁

西山厳　一九七七「べんがら」『改訂増補　最新顔料便覧』日本顔料技術協会編、誠文堂新光社、四四八〜四五一頁

社団法人日本分析化学会編　一九八七『分析化学実験ハンドブック』丸善

原祐一　一九九八「武家屋敷で行なわれた手工業ー工学部一四号館地点の鍛冶関連遺物ー」『加州 第五号』東京大学埋蔵文化財調査室、一〜五頁

三沢俊平　一九七〇「鉄さび生成の現状と未解明点」『防食技術』三二、腐食防食学会、六五七〜六六七頁

吉木文平　一九五九「酸化鉄（Fe_2O_3，FeO）」『鉱物工学』技報堂、一九六〜二一六頁

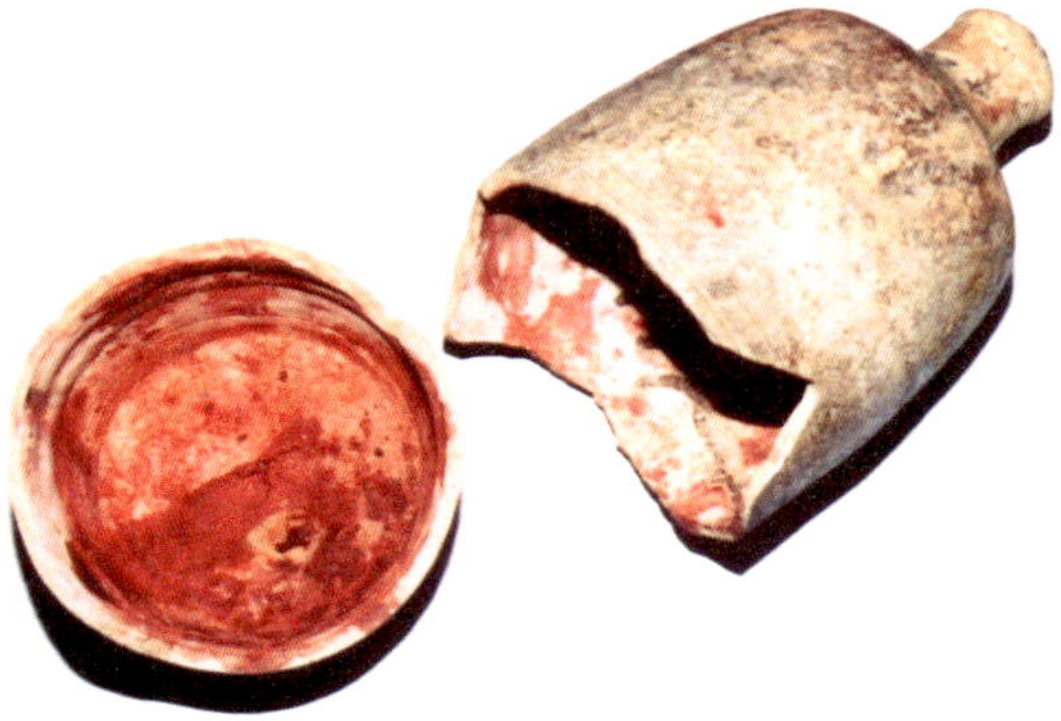

写真19-1 東大鉄丹ベンガラ生産用具（貧乏徳利）

写真20-1 大坂鉄丹ベンガラ生産用具（焙烙鍋）

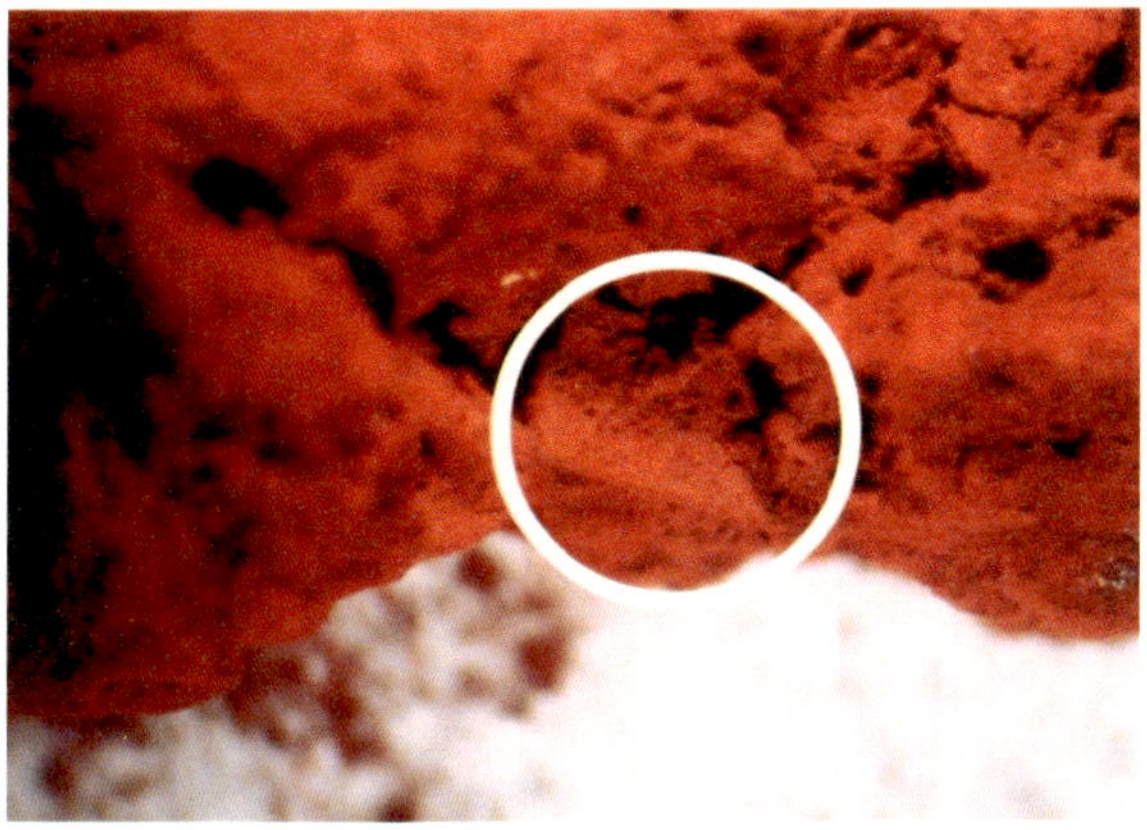

写真19-2 東大鉄丹ベンガラの状態

写真20-2 大坂鉄丹ベンガラの状態

写真19-3 東大鉄丹ベンガラ粒子の電子顕微鏡写真（50,000倍）

写真20-3 大坂市中出土鉄丹ベンガラ粒子の電子顕微鏡写真（50,000倍）

朱に交われば

赤門と総合研究博物館小石川分館

鶴見英成

総合研究博物館が白山キャンパス（小石川植物園）にて運営している小石川分館は、旧加賀藩邸内に一八七六（明治九）年に東京医学校本館として築造された木造二階建て建築が、改築・移築を重ねたものである。東京大学における現存最古の学校建築であり、赤門と並ぶもう一つの国指定重要文化財であるが、実際に赤門の隣に移築され並び立っていた時期があり、関東大震災の折にはともに延焼を免れた。創建時には外壁は全面的に白かったが、百四十年後の現在、四面とも二階部分が鮮やかな赤色に塗られた姿である（図1）。外壁に赤色が加わったのは赤門の隣にあった時期なのであるが、古写真などの情報[1]を集成すると、その過程はなかなか複雑である。本展を機会として、現時点での知見をまとめておきたい。

まず旧東京医学校本館（以下、旧本館と表記する）の歩みを概観しておこう。和小屋・寄せ棟造・桟瓦葺きといった伝統的工法を採りながら、時計を配した塔屋を戴き、正面玄関は半八角形のポーチ、その二階部分は赤い手摺りのバルコニーと、全体として西洋建築を志向した擬洋風建築の好例であった（図2）。竣工の翌年に東京医学校は東京大学医学部となり、旧本館は大学本部や診療所として使われた時期もあった。現在の東大病院敷地内に位置していたが、病院設備の拡充のために一九一一（明治四四）年に解体され、その材を再構成し、もとの意匠を引き継いだ別個の建築として二カ所に移築されることとなった。奥行き方向をおよそ半分に分割し、塔屋を小型化して時計を廃し、ポーチのある正面側を中心として再構築されたのが、本稿で取り上げる旧本館である。赤門の南西側に隣接して建てられ、史料編纂掛の庁舎となった。なおポーチのない側を使用したもう一棟は学士会館として一九一三年に神田に竣工したが、その翌月に焼失している。一九二三年の関東大震災の被害は軽微で済んだが、失われた附属図書館が新築されると、それと合築された新庁舎に史料編纂掛は移転し、旧本館は営繕課の本部となった。やがて経済学部新館（現・赤門総合研究棟）の建設計画に伴って一九六五年に解体され、一九六九（昭和四四）年に小石川植物園内に再度組み立てられ、翌年に国の重要文化財に指定された。学術情報センターが使用したのち、総合研究博物館小石川分館として二〇〇一（平成一三）年に開館するにあたり、保存修理とともに内部がミュージアム空間として整備された。

明治四四年に赤門の隣に移築した際、バルコニーの手摺りに擬宝珠があしらわれるなど、日本建築の意匠が加えられている点は、赤門との調和が図られたものという見方ができる（鈴木二〇〇一）。ポーチの四本の円柱が赤く塗られたのも、赤門を意識した配色かも知れない。同時期に着工した正門も含め、時の総長・濱尾新の意向で和風意匠の大学建築が推進されたという指摘もある（藤尾二〇〇三）。平成の保存修理報告書によると、昭和四四年の復元移築は、明治四四年の赤門脇移築時点の外観を規範としていた。外壁塗装も調査され、明治四四年当時の状態を解明し、それに従って復元したというが（東京大学二〇〇一）、調査内容の詳細は現時点では把握できていない。そして当時の写真は—そもそも白黒写真から色彩を見て取るのは難しく、外壁が汚れていると尚更だが—旧本館が赤門脇に移築されて十年ほどの間、一階と二階を赤色と白色に塗り分けているのかどうか不明瞭で、むしろすべて白一色に見える事例が多いのである[2]（図3、図4）。明治から大正にかけて発行された絵葉書のうち、赤門の背後に旧本館が写っているものを、手彩色

図1 旧東京医学校本館の現在の姿、総合研究博物館小石川分館（撮影：松本文夫）平成13年の修復の際、二階部分の外壁は濃く鮮明な赤色になつた。

図2 東京大学医学部の施設であったころの旧本館（小川一真『東京帝國大学』より）1904（明治37）年の写真集より。「婦人科耳鼻咽喉科及眼科外來診察所」と紹介されている。

絵葉書を中心に四点収集してみたが、やはり旧本館は両階とも白く見える。赤門の背景に写る衛生学教室などはレンガの色が細かく塗り分けられているので、旧本館の彩色だけを割愛したとも思われない（口絵13）。両階とも白く見える旧本館の姿は、市電のレールが本郷通りに附設された大正二年以降の写真絵葉書にも例がある。最も新しい事例は赤門前のガス灯撤去（一九一八年ころ）以後、関東大震災（一九二三年）以前をとらえた写真である（図5）。なおこの写真では、本郷通りに面した西面の二階、三つの窓の全てに、大きな換気口フードが取り付けられたことが分かる。これらのフードは少なくとも一九三一（昭和六）年までの写真に写っている（図6、資料74、81下）。

　一九二二（大正一一）年以降の写真ではしばしば、正面玄関のポーチを擁する北面の二階が、一階に比べて濃く写るようになるため、この頃赤色に塗り直されたと考えられる[3]。また震災後の一九二六年、正面と本郷通り側の西面が同時に写った写真では、北面二階の色が濃いのに対し、それに接する西面はほぼ白色である（図6、資料73）。四面全てではなく、北面だけに赤色を加えるというのは奇妙であるが、理由は推測できなくもない。このころの旧本館の西面は、一九一六（大正五）年に完成した赤門倉庫（現・伊藤国際学術研究センターの一部）と渡り廊下で接続されており、また先述の通り無骨な換気口フードが付いていた。赤門をくぐって右手に広がる北面が施設の「顔」であるのに対し、西面は「裏方」という位置づけで、それが塗装の違いに表出しているのかもしれない。その後の昭和期の写真に、北面と西面の色調の差を示す例は見つからない。しかし後述するように、北面と南面の間には常に色の違いがあったようである。

　一九二八（昭和三）年、竣工まぢかの附属図書館の背景に写り込んだ旧本館の北面は、二階は濃

図3 1911（明治44）年、史料編纂掛となった旧本館（東京大学医学図書館所蔵『東京大学医学部卒業アルバム』明治44年より）赤門の右側に写る、移築後間もない旧本館の外壁は全面的に白いように見える。

図4 1911—18（明治44—大正7）年ころ、絵葉書「東京帝國大學史料編纂掛」（総合研究博物館所蔵）赤門から入構して右手を撮った写真で、右端に赤門の南側番所が写っている。史料編纂所（旧本館）の外壁は全面的に白いように見える。宛名面の特徴から、大正7年以前に撮影・発行された絵葉書と考えられる。

図5 1919—23（大正8—12）年ころ、関東大震災前の赤門と本郷キャンパス（東京大学医学図書館所蔵『東京大学医学部卒業アルバム』大正13年より）旧本館の外壁は全面的に白いように見える。写真左半分の建造物群は震災で消失することになった。

色、一階は淡色と言うより真っ白である（図7）。それまで外壁の汚れが目立つ写真が多かったので、この変化は目を引く。おそらく附属図書館の建設と連動して、外装の塗り直しを含む震災後の補修が施されたのであろう。ところで昭和に入ると、一九三六年の航空写真（東京大学総合研究資料館一九九八：二八―二九）や、一九三八―五一年にかけての記録写真に、旧本館の南面の姿が写っている（図8）。南面は移築当時の北面と似て、二階と一階の間に色調の差が見て取れず、等しく白く見える例も多い。旧本館の南側には、南面に沿って営繕課工作場などの簡素な木造低層建築群が接続している。さらにその南側は、大正一五年の土地交換以前は前田家の敷地であり、旧本館はそれまで本郷キャンパスの周縁にあったと言える。昭和初期、旧本館の南東側に理学部二号館などが建ったが、旧本館に付随する木造低層建築群の周囲は、写真によればしばしば雑草の茂る空き地という体に見える。またそもそも移築の際に、北・西・東面は木摺り漆喰、南面は瓦下地漆喰という工法の差が生じている（東京大学二〇〇二：二二五）。こういったことから管理者にも「北面は正面、南面は裏面」という意識が長らくあったのかも知れない。上述のとおり西面の扱いもふまえて、「大正から昭和にかけて少なくとも北面二階部分だけは赤かった」と本稿では考えてみたい。なお旧本館の東面は椿山[4]に接しており、木々に覆われているせいか写真が少ない（図9）。外壁の色調などは不明であるが、おそらく西面に準じていたであろう。

　戦中、一九四二（昭和一七）年の防空訓練の写真（図10）では、北面の一階外壁に比べて、二階部分は色が濃いのみならず、汚れが目立たない。また二階バルコニーの扉と枠が一段と濃い色に変わっている。これらのことから新たに外壁が塗り直されたと考えられる。戦後においては、階や面への言及はないものの、一九五三年時点の外壁を「薄紅殻色」と表現した例があり（平野一九五八：七七）、一九六〇年発行の写真集ではバルコニーの扉と枠が依然として一段濃く塗られているのがわかる（東京大学出版会一九六〇）。また先述の通り南面は両階とも白いままに見える。総じて、戦時中の塗り分けが戦後も踏襲されていたようである。

　そして旧本館は現在地に移され、外壁は四面とも二階が赤く、一階が白く仕上げられた。昭和四四年の竣工写真にはカラーのものがあるが、二階の赤色は現在よりも淡いように見える。そのため白黒写真の中には色が白く飛んでしまい、一階との色調の差が不明瞭なものもある。本稿ではこれまで、赤門脇における旧本館外壁の二階部分について、「関東大震災の前ころから一貫して赤かったのは北面だけなのではないか」と記述してきた。しかし実際には明治四四年の移築時以来、白黒写真では判別できないほどに薄い赤色で、四面とも塗られていたという可能性も否定できない。もしそうであれば、外壁塗装の調査成果が昭

図6　大正15年3月、震災後に修繕された赤門袖壁の裏手に写る旧本館（総合研究博物館所蔵）
旧本館二階部分の北面と西面に色調の差があるように見える。

図7　1928（昭和3）年、附属図書館（左）と旧本館（右奥）（総合研究博物館所蔵）写真右側、道の突き当たりに写った旧本館は1階部分が際だって白く、補修後間もないことが伺われる。

図8　昭和13年、風害直後の旧本館南面と営繕課工作場（総合研究博物館所蔵）風害を差し引いても、植生や資材が示すように、そもそも南側は北側に比べ雑然としている。外壁は汚れており、塗り分けの証拠を見て取るのは難しい。なお工作場は昭和19年に消失した。

和の移転修復に反映されたというのは、そのことを指すのであろう。いずれにせよ、「北面二階の赤色だけが濃くなる」「バルコニーの扉と枠がさらに濃くなる」といった大正―戦時中の改変がリセットされたという点で、昭和四四年の復元は確かに明治四四年への回帰となっている。

以上、白黒写真から論じるのは本来困難ではあるが、色の問題を中心として旧本館の変遷を考察してきた。検証のためには新たなカラー写真の発掘が期待される。こうして振り返ると、旧本館は赤門脇に移築されて赤色を帯びたとはいえ、完全に色調を揃えようとしたわけではない。その正面は赤門と調和して格調高い建築空間を創出していたが、同時にその背面はキャンパス周縁部の未整備な空隙と馴染んでいた。度重なる移築、改変、使用者の変更といったその変遷は、単独の建造物としてだけではなく、刻々と変容する本郷キャンパスとの時間的・空間的対応においてこそ、理解されるのではないだろうか。

図9　昭和39年、椿山の背後に写った旧本館東面（経済学部所蔵）
経済学部新館工事に際して取り壊される椿山。
右手に積まれた木材は工事中に椿山を囲む柵となった。

図10　昭和17年11月の防空訓練（総合研究博物館所蔵）
旧本館北面の写真。バルコニーに通じる2階中央の扉・枠は色がひときわ濃い。

謝辞：松田陽（本学大学院人文社会系研究科准教授）、松本文夫（本館特任教授）、永井慧彦（本館特任研究員）、阿部聡子（本館研究事業協力者）の各氏には、資料の収集整理にご協力をいただき、また貴重な意見を賜った。

【註】

1　本館所蔵の施設部旧蔵写真資料集のほか、刊行された書籍や写真集や絵葉書、学内の各部局で保管されていたアルバム等に依拠している。

2　移築修理の設計図面はバルコニー手摺りを赤色で示すなど色の指定情報を含むが、外壁は一階・二階とも白色で描かれている。もっとも、色指定のないポーチの円柱が実際には赤色に塗られたように、強い規定ではなかったと見られる

3　図4の写真に対して、AI技術による白黒写真の自動色付け〔Iizuka and Simo-Serra et al. 2016〕を試みたところ、北面二階部分は赤色を示し、隣合う西面は白色のままであった。

4　江戸時代初期より「（本郷の）富士山」として知られる小塚で、加賀藩邸の一角を占め、明治時代以降は椿山と呼ばれた。昭和三九年、経済学部新館築造の際に消失した。

【参考文献】

小川一真　一九〇四『東京帝国大学』
鈴木博之　二〇〇一「第一章　建造物の概要　第一節　概説」『重要文化財　旧東京医学校本館保存修理工事報告書』pp.1-3.
東京大学　二〇〇一『重要文化財　旧東京医学校本館保存修理工事報告書』
東京大学出版会　一九六〇『写真集東京大学』
東京大学医学部　一九一一『東京大学医学部卒業アルバム（明治四四年）』
東京大学医学部　一九二四『東京大学医学部卒業アルバム（大正一三年）』
東京大学総合研究資料館　一九八八『東京大学本郷キャンパスの百年』
平野光雄　一九五八『明治・東京時計塔記』青蛙房
藤尾直史　二〇〇三「旧東京医学校本館（現小石川分館）の保全と活用」『ウロボロス』6(3):8-10
Iizuka, S., E. Simo-Serra and H. Ishikawa. 2016 "Let there be Color!: Joint End-to-end Learning of Global and Local Image Priors for Automatic Image Colorization with Simultaneous Classification". *ACM Transactions on Graphics (SIGGRAPH)*: 35(4).

第十一章

森下　有

情報のひろがりと空間の流れ

三次元スキャンデータのユーザビリティ

序文

本稿では、三次元スキャンにより生成される建築や空間の三次元スキャンデータ[1]が、記録として、また記憶としてどのような情報的意味合いをもつのか記述する。昨今では文化財保存や土木、建設現場などにて空間の形状データの取得を目的とした三次元スキャンのユースケースが増えてきており、各技術的課題や、記録対象に関する文献は少なからずとも存在している。従って本論では、建築のデータを保存するというよりも、むしろ、建築を、情報が伝えるコンテンツを繋ぐ媒体として捉える試論を展開する。ここでは建築空間情報のマネジメントという視点を用い、三次元スキャン技術の特徴を俯瞰視することを通し、三次元スキャンデータが持つ情報的意味合いに関して、ひらかれたデータのユーザビリティがもたらす可能性について言及する。

情報のひろがり

三次元スキャンデータをスクリーン上でイメージとしてみる際（図1）、スキャンを専門としていない情報ユーザーの方々と会話をすると、一見、目の前の人工物の全てがデータ化されているかの認識をもってしまうことが少なくない。ここではスキャンが生成する情報の特徴に関して、建築と空間の記録をつくるということの意味に留意しつつ記述する。

図1　三次元スキャンデータによる赤門

三次元スキャンは対象物の表面形状データに関して、従来の情報生産手法と比較し飛躍的なデータ量を取得することができる(図2)。しかしながら、全ての空間情報を記録できるわけではなく、温湿度のような空間環境データはセンシングされないため[2]、これらの情報のあり様に留意しなくては、形状記録に一辺倒してしまう。また、データ量と作業量の関係を従来と比較すると、情報の量を生産することは容易になったと言えるが、実際に記録されるデータの内容に関しては、依然として、情報を作る行為に関する多大なマネジメントの努力に左右される。大がかりな改修保全工事や記録を主目的とした際には情報生成に関する制約が少ないが[3]、多くのケースにおいては、多様な現実的制約の中でデータ生成が実施される。スキャンされたデータは、時間軸上の参照点として扱うことができる。すなわち、一度スキャンすれば空間情報として十分であるかというと、時間を経た情報のアップデートのためには、再度スキャンを行う必要がある[4]。

これらの制約的な特徴はあるものの、取得された三次元スキャンデータには、物理的な不完全性、誤差、背景、偶然など、これまでの空間情報の生成手法によるものとは異なる性質のデータが含まれる。例えば、歪み、傾き、地盤沈下など、これまで単一の目的ごとに異なる当事者の意図により生成されてきた図面では、一次データ生成時に補正や省略がなされてしまっていたような情報も記録される。そのため、プロジェクトに関与する当事者間をまたぐ情報活用の幅が広

図2 正投影による赤門の詳細

く、専門分野を越えた横断的な利活用が期待される。

三次元スキャンデータは、情報の生成方法が表象や近似を伴わない、世界のある時間における視覚的切り抜きであると言える。そしてそのコピーは決して完全ではないものの、情報をつくる際における恣意性を保留した状態にあり、比較的中庸な性質をもったデータであると考えうる。また、データを扱うことに関しては、データーの作り手により、ある目的をもった視点がフレーミングされる静止画のようなメディアとは異なり、データーを見る側が静止された時間の中へ入り込める、イマーシブなメディアである。情報とのインターフェイスは、データに入り込むことで自身が必要とする情報を探しにいく行為であると言うと、三次元スキャンデータの特徴が分かりやすい。

既往の記録手法とのもっとも顕著な相違点は、データ生成プロセスにおける恣意性の介在の有無、あるいはその程度により得ることが可能となるデータの「ひろがり」であると考えられる。それは、これまでの日本の建築分野における（工学的）記録が、対象とする「もの」に対して意図的優位性を持ち、空間としての記録への注力が少なかった背景を浮かび上がらせる。例えばデービッド・アトキンソンは、これまでの日本における建築の保存と継承が、建築の専門家により、ものとしての建築（建築物）に焦点をあて過ぎており、人が介在した生ける文化としての建築の継承を軽視していると建築偏重の現況を記述している。（アトキンソン二〇一六）もっとも、そのような空間としての記録がなかった訳ではなく、絵画、版画、写真、映画等、過去の工学的視点がデータとして扱うのを困難としてきた分野において記録されていた。三次元スキャンデータの高精度な寸法データと同時に、うつりこみにより得られるパンフォーカス性は、工学的視点に新たな示唆を与える可能性があり、また空間を記録するという行為が何を示唆するかという新たな議論を可能にすると考えられる。

これまでの建築物の記録では、対象とされる建造物とそのコンテクストと呼ばれる空間の情報量に大きな乖離があった。赤門であれば、写真ではフォーカス、図面では単線化、透視図法等、情報生産手法そのものにデータ量の集中と省略が存在し、結果として情報量による空間のヒエラルキーが存在していた。情報生産手法とその記録は、情報生産という行為への投資に強く依存していたとも言えうる。このような背景において、三次元スキャン技術が可能にするデータ量対作業量比による情報生産の経済性向上は、投資に対する結果の依存性が緩くなったとも捉えられる。スキャンを行う機器の性能により相違はあるものの、建築分野の用途にて利用するスキャナのスキャン可能範囲は少なくとも一〇〇メートル半径に及ぶ。そのため、よほどの恣意的なスキャンを行わない限り、あるプロジェクトが対象とする建造物の周辺のデータが必然的に記録される。そこにうつりこむのは、街並み、樹木、電線、郵便ポスト、壁や地面のテクスチャなど、これまで、個別にフォーカスを当てた恣意性が存在しない場合は、記録が少ない、あるいは記録されてこなかった類いの情報である。このような情報群は、建造物を記録の対象とした場合、一般的にコンテクストデータと呼ばれてきたが、そのような呼び方は、記録の対象（もの）を設定したヒエラルキーを暗示した上で成立している。ものではなく、空間を記録するという観点が技術的に可能となると、これまでコンテクストと呼ばれていた情報は、実際に人々が活動をしている空間の記録として存在しないことが逆に人々の記憶的違和感となるのではないかと考えられる。

図3にみる本郷通りの街並みは赤門がある今日の空間の記録である。赤門の前に二〇一六年スキャン時にはどのような建物が建っていたかなど、意思のアンビエント的な情報が実寸情報も含めて記録されるため、時間軸における様々な記録や記憶の参照点的データとしての存在意義がある。

このような三次元スキャンデータのパンフォーカス性は、建築分野におけるひろがりはもちろんのこと、建築以外の様々な分野における建物と空間情報の扱い方に変化を与える可能性を持っている。

空間という「流れ」をかたちづくる情報

前節では三次元スキャンデータの特徴が、これまでの空間情報とどのような相違をもっているか記述してきたが、本節ではそのような相違が何を示唆するのか試論する。

数々な現象を情報化する際、情報の記述形式によ

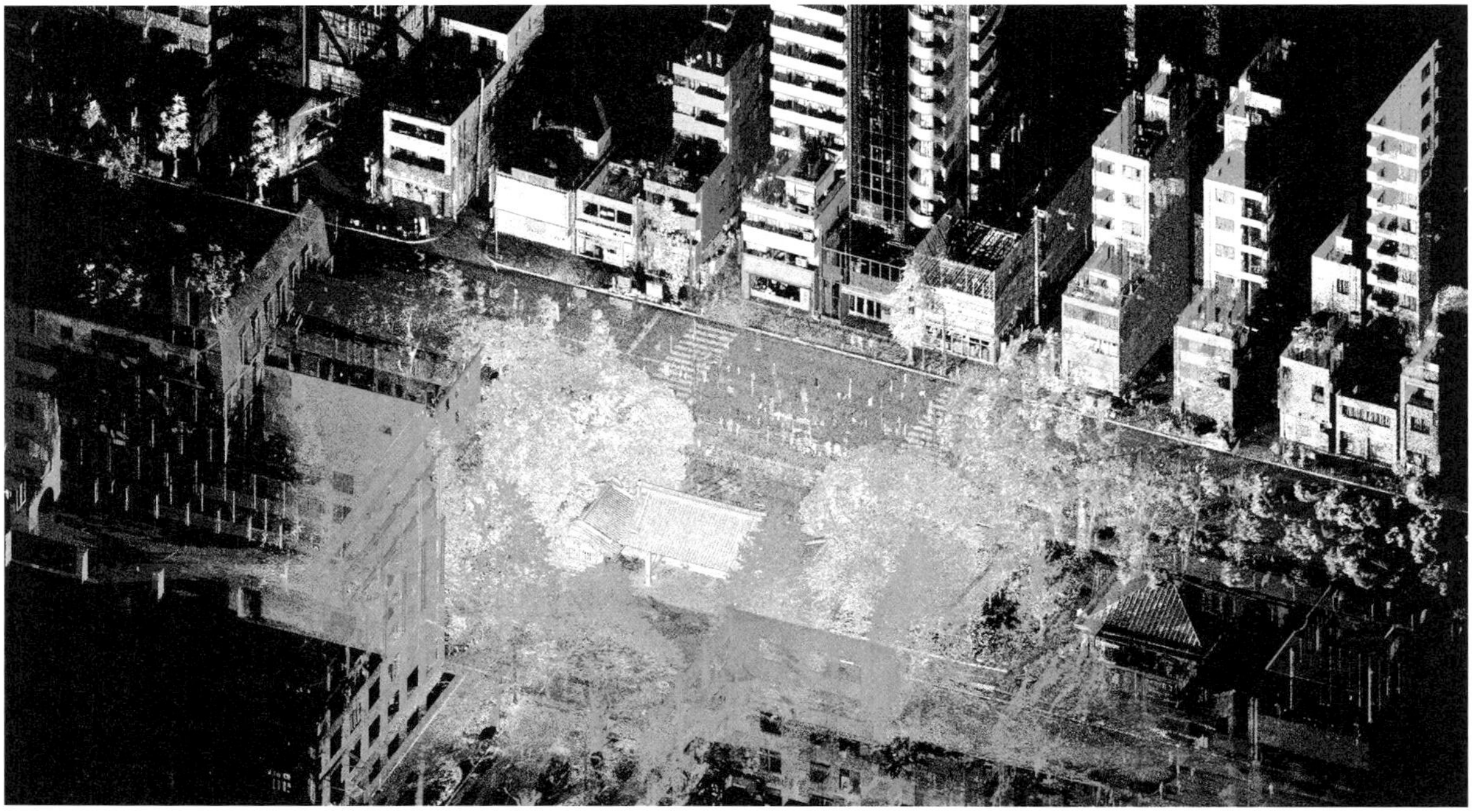

図3 赤門とうつりこむ街並み

る記録への影響や近似的変換の存在について、その制約のありようを、タフトは「フラットランド」という仮言葉を用い指摘してきた。(Tufte 一九九〇)情報の形式が人工物を取り巻く思考の方法と、ものの見方に影響を及ぼしていることに関して、現時点における建築の情報形式の行き詰まりとも言える現象を、哲学的アプローチや建築の生産側の視点[5]が同時代的疑問点として提示している。これらの論考は建築における視覚的な情報の形式(図面)を主に疑問視しているが、抽象化や近似化による、あるリアリティの代替に関する問題点の認識は、フランス革命時に様々な「もの」を比較する目的で共通尺度を導入しはじめた頃よりも存在していた。コンドルセは一七九三年の論考の中で、「人々の必要性と社会の仕組みの考慮に起因する共通尺度は、科学が必要とする精度と不変性とは遠くかけ離れているが…個別のものの相違に対し抽象化をすることで比較可能性を与える…」(Condorcet　一七九六、著者訳)という認識を示していた。計量とコミュニケーションという目的での比較可能性を与えたリアリティの表現は、リアリティの代替であり、そこからは多くの情報(リアリティの構成要素)が漏れているが、「ある目的をある主体間で形成する」ということに関して言えばもっともらしい成り行きである。[6]すなわち、社会におけるコミュニケーションの目的とそれを形成する主体が多様化し得る今日、そのような社会的動向における空間という「流れ」や、人々が生きる活動という「ひろがり」を思考し得る空間情報の形式が求められはじめているとも考えられる。近似や抽象化による形状的情報のみでは、今日的空間や建築が持とうとする意味的な役割を伝達できなくなってきているとも考えられる。

このように空間や建築を思考する上で、形状情報のありようの変化が求められると同時に、形状以外の情報も重要視されはじめている。建築をある主体間で形成された目的にむけた「プロジェクト」という流れをマネジメントする、という観点におき、さらに建築を「つかう」ということに焦点をあてるとFM(Facility Management)において台帳に記録される情報や(多くが表形式)、事業における経営資源としての建物情報(資産情報)、またそのオペレーション情報は、形状的情報ではないものがほとんどであることは以前から変わりがない。[7]これらの情報は、経済活動をはじめとする空間を使うという人々の行動が調整され、コミュニケーションが行われている現場である。

これまでは建築や空間の情報を、社会的流れのある活動として、あるいは、プロジェクトとして捉える観点が希薄であったが、ここで事業やプロジェクトと建築の関係を再考すると、建築は、事業主や発注者が、市場に対しあるサービスを提供するために必要となる性能を提供するものとも考えられる。すなわち、建物のものとしての形状情報は、このような社会的流れの枠組みの中において、建物とそれがもたらすサービスをも含めた多様な情報と同時性を持って考慮し、その中でマネジメント対象となることにより、はじめて空間という動的な流れの一部となることができると言える。建築と情報の関係性に関して、ロビン・エヴァンズは建築のもつ役割は、気象学的な事象に対する厳しさへの防御には限らないと仮定する。修道院、精神病棟、万里の長城などの例を用い、情報の厳しさに対する壁の構築という、情報という社会的な力が作り出す建築の有り様に示唆している。情報に対するマネジメントの行為は、結果として建築を生み出す要因であると捉えている。(Evans 一九七一)プロジェクトにおける情報マネジメントでは、生成されたデータを記録し、とどめる流れ(Fixation)と、つかう流れ(Utilization)がある。そこでは情報に対する意図性、伝達性、利用性が問われ、それらを随時プロジェクトの全体像の中でマネジメントし得る情報形式、あるいは思考方法が求められる。このような流れにおいては、情報は生産されて留めるのみならず、様々な主体にひらかれ、利用されることで、その有用性が明らかになっていく。また情報自身もアクセシブルである以上にユーザビリティというひろがりを持つことが求められる。

空間の情報をつかうということ

このように情報の媒体としての建築をマネジメントするという観点より、三次元スキャンデータの役割を考えると、温熱環境や振動等のセンシングと同様、建築分野が高度情報化していく過程の一部として位置づけられる。これまでの建築における情報というと、設計図書や、仕様書など、建築を生産する過程における情報が一般的な理解であり、竣工後、使うことを目的とした情報や、使い手に関する情報とそのマネジメントは建築が運用される現場においても希薄であったと言える。このことは、日本において施設を物的資源と捉えマネジメントすることが経営において重要であるというＦＭの概念(日本ファシリティマネジメント協会二〇一四)に対する社会の反応が、一九九〇年代にようやく普及の必要性を認識したことからもその後発性が把握できる。建物とその情報を利用して価値を生み出すという、経営の観点からのＦＭの概念普及が日本ではいくつかのリードケースはあるものの、多くの運用現場において、情報管理の煩雑さや更新漏れなどがなお一般的である。

　多くの建築の運用の現場においては、このような思考の不在から、情報を持たず、建物というものに人が直接対峙している現実も少なくはない。あるいは情報が存在していても、その多くが目的別に、また関与主体別に保管(あるいは山積み)されており、体系的に、建物を使うという流れをつくるためにまとめられてこなかった経緯がある。

　しかしながら、既存建築の有効利用や、経済的に優位性のある運用方法を発注者、事業者、あるいは一般ユーザーから求められる今日、建築の運用におけるデータ生産とデータ利用が課題となっている。ＩｏＴやＡＩ等の技術による空間利用情報の取得やエネルギーと設備機器のモニタリング及び制御技術の進化と同時に、建築の形状に関する情報も高度化の傾向がある。(8)三次元スキャンは、図面等が損失や陳腐化しているインフォレスな施設に対しての有用性が語られることが多いが、これまでにも記述してきたように、三次元スキャンの情報形式は多くの異なる目的をもった主体からもアクセシブルであり、高度情報化に遅れをとっている産業のコンテクストにおいて、竣工後も時間を経て行く中での情報の流れとそのひろがりをつくるということに寄与するという観点から、形状情報を既に別の形式で持っている施設に対しても有用性がある。ものとして佇んでいる建造物を多様な主体がアクセスし得る情報の流れに位置付けることは、その空間がデータドリブンなマネジメントやエンジニアリングの対象になり得る可能性を生み出す。

空間の流れをつなぐ

普段歩いている地面の表層から数メートルの厚みに、その場所の過去が埋もれていることは少なくない。普段は掘り返すことのない時間へのアプローチの多くは、同時に、建設の地下工事等により、その過去を残してきた媒体が消える時でもある。東京大学本郷キャンパスの総合図書館前は、新図書館計画により、地下四十メートルに及ぶ新しい書庫建造のため掘削がされたが、その地表数メートル内には、関東大震災で被災した当時の図書館の基礎跡、江戸時代の加賀藩邸跡、さらには新石器時代の遺跡が存在したため、工事の前に埋蔵文化調査が行われた。調査を通し発掘されたものたちは、記録ののち保管が可能なもの以外は破棄されたが、その調査時、既往の専門的調査記録と同時に、可能な範囲において三次元スキャンが行われた。従来の記録方法による情報は、その読解に専門性のガイダンスを必要としているが、今回生成された三次元データは、普段歩くように見慣れている空間と類似しているため、一次情報を読み解くハードルが少なくなる。埋蔵文化調査が明らかにする情報のうち、形状情報に関しては、データがより多くの人にアクセシブルになったという見方もできる。このことは記録された様々なデータをこれまでとは異なる視野から利活用するきっかけともなり、歴史の一時点の記録としての情報から、今をつなぐ記憶としての情報の可能性が示唆される。

これまでと同等の専門的情報を取り出すこともあれば、全く異なる観点、例えば日常性という専門性からもデータを切り出すことも可能となる。ものを媒体として記憶は継承されるが、その媒体を時代の流れの中で失うことはある意味必然でもある一方、失われる情報の記録がアクセシブルであることは、媒体を失うことの認識や、比較的浅い地中に存在する空間と時間が伝える文化の認識、また、他の媒体へ情報を移し替えていく行為への認識を、現在の空間情報の思考に与えうる。専門的手法での歴史と工学的記録の高度化と同時に、見慣れた風景が複製されることで、既往の分野外の専門知識からの空間、建築情報へのアプローチがひらかれる。

三次元スキャンデータのユーザビリティ

三次元スキャンデータそのものの特徴とともに、空間の情報を使うということにおける、ひろがりと、空間の流れをつなぐことにおけるアプローチャビリティという特徴を例示してきた。情報の集約という流れ、情報の分散という流れは様々なところで繰り返されているが、三次元スキャンデータは、分散していく情報をひと束につなぎとめることはなくとも、時間の中における参照点となり、つながりを作るデータとして位置付けられる。生産と運用ということに焦点をあて、情報のひろがりと空間の流れの中における三次元スキャンデータの参照性について一考する。

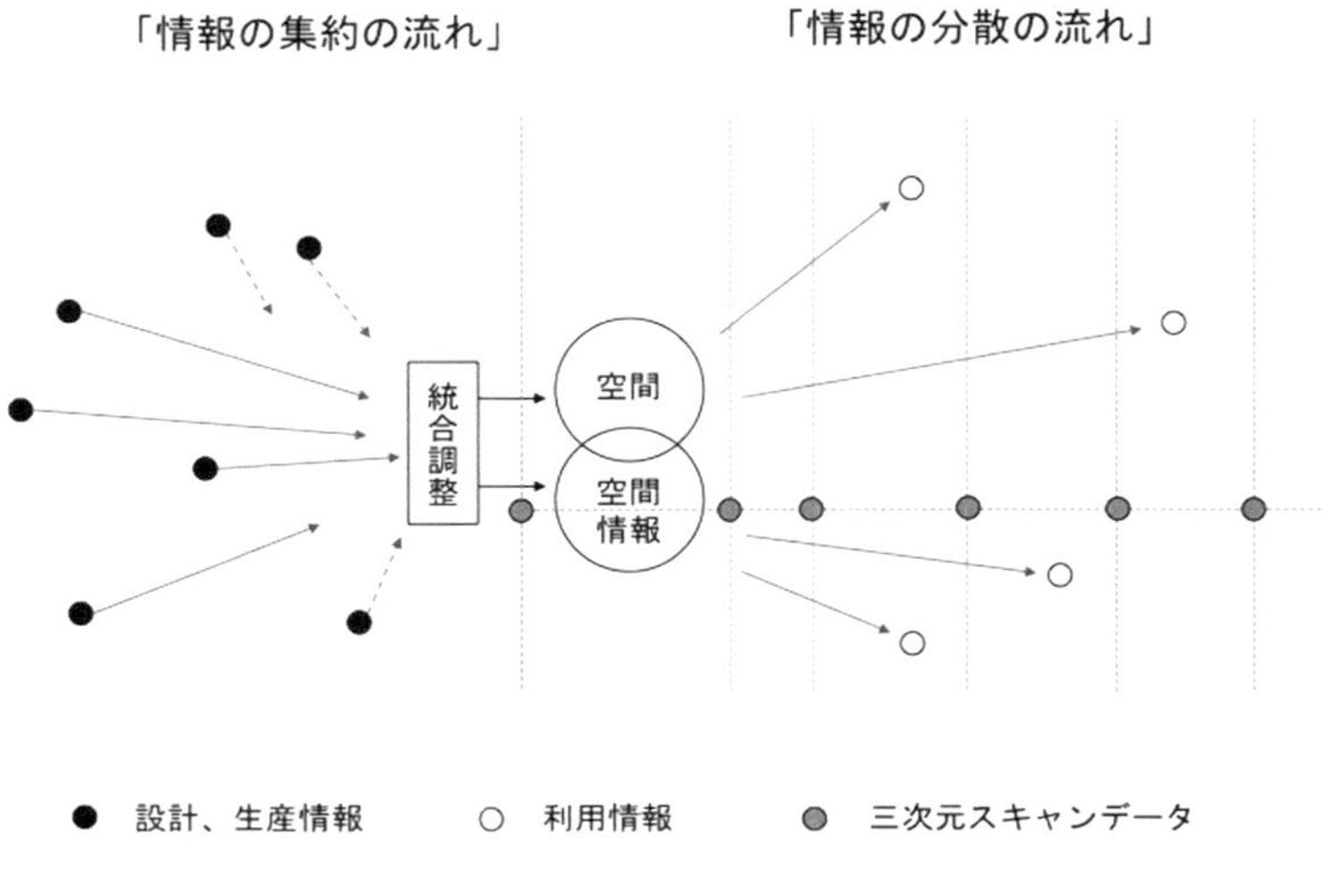

図４ 情報の集約と分散

　前節にて問題視したように、これまで図面という情報形式が建築の情報として代表的にみられてきた背景には、建築情報の集約と分散の流れが関与していると考えられる（図４）。建築の生産時には、建築を建てるという目的のもと、多くの構成要素の情報が一つのもの（一つの空間）になろうと集約する。そして集約した情報を相互調整し、インテグレートされた結果をものへと転写する[9]。この過程において記述可能な情報は、図面や仕様書への集約により調整され、また記述不可能な情報は、現場の技能と調整力により集約と調整がなされる[10]。そして、これらの情報は、集約と調整の末、多くの場合には一元管理され発注者や事業主に建物と一緒に引き渡される。従来はこの引き渡される情報群のうち、建設された建物と最も視覚的に類似するのが、図面やモデル（模型）であり、従って、一般的には建築との同意性を持っていたものと考えられる。

　図面は生産意図とそれが集約した情報のすり合わせの舞台でもあったと考えると、図面とは、線や文字、数字、色を用いて伝達目的とする、寸法、高低差、設計意図、コメント、数量、コスト等のデータを添付し、つながりをつくる土台であった。そこには、形状情報のみならず、形状を実現するための調整情報も記載されることが稀ではない。情報伝達を行う専門職間において読みやすい図面とは、見た目とともに、意図伝達の美しさが備えられた図面のことを示すものと考えられる。例えば、カルロ・スカルパや村野藤吾のような建築家による図面[11]のなかには、線画よりも文字とスケッチが占める割合が多いものも存在するように、つくることを目的とした調整行為による図面は多職能間の技能コミュニケーションの役割を担う場合も多かった。

空間の生産を三次元で調整する、ということに関して、現時点ではＢＩＭ（Building Information Modeling）の技術的導入が進みつつあり、図面ではなく、形状モデルに属性情報を添加することにより、情報が付加されたモデルを構築することで建築情報が伝達される取り組みが行われている。ＢＩＭの導入により図４の左側に示したような情報の集約性は効率化すると考えられており、形状的な調整のみならず、様々な性能を作り込むための情報のすり合わせが、行われることを示唆している。しかしながら、先述したような形状情報が重視される傾向は継続しており、性能に関する情報や、事業に関する情報、またコンストラクタビリティを確保するための技能調整のような情報が、今後どのようにプログラムとして作り込まれていくかは現時点では検討段階である。現時点での技術的方向性としては、一つのソフトウェアを用い、生産に関わる当事者間の全てのコミュニケーションを一元的に管理するセントラルな情報の集約よりも、多分野の多方向からの情報の流れをつなぐことで、統合的な意図の伝達を行おうとする方法論が重視されている。

ここまで情報の集約する流れと現時点での傾向を追ったが、建築の運用時においては、多くの場合が、異なる意図を持った、異なる主体が建築を利用し、コミュニケーションを通して情報を生成していく。従って、これらの情報は分散していることが一般的であり、断片的に管理されることが多く、また事業によっては情報を早くに損失する場合も考えられる。運用という性質上、情報には分散の流れがあると捉えられる。この分散の流れを、予見すべく、建築の生産時に前もって運用時の利用に関する変更の可能性を計画することをシナリオプラニング（Brand 一九九四）といい、またFM分野においてブリーフィングというマネジメント手法も存在するが、実践においては、方向性を作り込むレベルに限られている。実務レベルでの分散化する情報に対する可能性は、ある程度のプラニングと、実運用情報のつながりが示唆する知見を活かしたマネジメントを重要視することで、具体的なひろがりを持つと考えられる。

これまで、既存の建築から情報をつくる行為においては、幾度も異なる業者が現場で採寸を行い、それぞれの既存図を起こし、また個別の保存方法にて情報を記録していた。三次元スキャンデータにより生成される形状情報が、これら個別の利用目的を持ったデータの共通の土台となると考えると、これまでにも分散し、その後消失しがちであった、運用時情報の比較可能性の土台を築くことができ、また時間軸上の参照点ともなる。時間を越えた多様なリアリティのベースに共通の空間形状情報が下敷きとなり、参照点とされると、分散していく多方面の情報に時間的つながりが認識されると考えられる。そのことは、つながりを作り込む機会である一方、空間をつかい、時間をつなぐという行為が失われるということに対し再考の機会をもたらす。

ひらかれる情報の流れ

情報が残されるということが単焦点的であった状況に対し、三次元スキャンデータはパンフォーカス的であり、より多くの人(学術的に捉える人以外も含め)にオープンである。そこには「何かをつくる意図」をもたずに作られた情報、情報としての存在意図はあるが、作られ方に恣意性や意図が少ない、異なる意味での生産的情報としての存在がある。このようにひらかれた情報の「生産性」は時間の流れの中に、オープンな空間・場所を設けるという役割を持ち得る。それは作り手の生産性のみならず、データに居合わせる人々が生産的になりうるという、これまでは生産の結果としての空間を享受されると仮定されてきた人々の生産性に可能性を与える。三次元スキャンデータは、歴史・時間軸上における定点観測であり、様々な関与主体の情報が参照され、空間という活動の流れを歴史上に作っていく、ひろがりを持った情報としての可能性を持っている。

【参考文献】

池内克史　大石岳史　二〇一〇「3次元デジタルアーカイブ：3d digital archiving」東京大学出版会

恩田温司　二〇一五「映画は絵画のように：静止・運動・時間」岩波書店

隈研吾　二〇一六「小さなリズム：人類学者による「隈研吾」論」『日本語版へのあとがき』鹿島出版会

杉本史子他　二〇一一「絵図学入門」『本書の使い方』東京大学出版会

デービッド・アトキンソン　二〇一六「国宝消滅：イギリス人アナリストが警告する「文化」と「経済」の危機」東洋経済新報社

西和夫　二〇一一「絵図学入門」『建築のための図面』東京大学出版会

日本ファシリティマネジメント協会　二〇一四「第4の経営基盤－ファシリティマネジメント」

日本ファシリティマネジメント協会

日本ファシリティマネジメント協会BIM・FM研究部会　日本ファシリティマネジメント協会、二〇一五「ファシリティマネジャーのためのBIM活用ガイドブック」日本ファシリティマネジメント協会

藤本隆宏、野城智也、安藤正雄、吉田敏　二〇一五「建築ものづくり論：Architecture as "Architecture"」有斐閣

Akin, O., Turkaslan-Bulbul, T., & Lee, S. H. 2011 *Embedded Commissioning of Building Systems*. Artech House Publishers.

Brand, S. 1994 *How buildings learn: What happens after they're built*. Viking

Clark, K. B., & Fujimoto, T. 1991 *Product development performance: strategy, organization, and management in the world auto industry*. Harvard Business School Press.

Condorcet Jean-Antoine-Nicolas de Caritat, marquis de, & Baker, K. M. 1976 "A general views of the science of social mathematics (1793)"., in *Condorcet : selected writings*. Bobbs-Merrill.

Evans, R. 1971 "The rights of retreat and the rites of exclusion: Notes towards the definition of WALL". *Architectural Design*, 41(6).

Ikeuchi, K., & Miyazaki, D. 2008 *Digitally archiving cultural objects*. Springer

Latour, B., & Yaneva, A. 2008 "Give me a Gun and I will Make All Buildings Move: An ANT's View of Architecture"., in *Explorations in Architecture: Teaching, Design, Research*. Birkhäuser.

Teicholz, P. M. 2013 *BIM for facility managers*. John Wiley & Sons

Tufte, E. R. 1990 *Envisioning information*. Graphics Press

【註】

1　三次元スキャンと呼ばれる一連の技術は、非接触型の距離センサーにより、対象物との相対的な距離を計測することにより、対象物を三次元のデータとして記録する。この座標値データをイメージとしてスクリーン上等に表現したものを点群データ(Point Cloud Data)と呼び(池内・大石二〇一〇)、三次元スキャンの結果として対象物のイメージが表現される。空間データ生成の工学的技術の研究に関しては、特に文化財保存目的も含め、東京大学生産技術研究所の池内研究室(二〇一五年退官)と大石研究室による研究を参照されたい。(Ikeuchi ed. 二〇〇八、池内・大石二〇一〇など)

三次元スキャンデータの生成を行う行為は、計測、測量、撮影といった、建築を記録する際にこれまでは個別に行われてきた作業を兼ね合わせたものであるため、技術ユーザーの立場からは、空間計測や撮影という言葉よりも、空間のスキャンを行うと言い切った方が技術の理解が容易である。

現時点における空間のスキャンを対象とした市販スキャナでは、対象空間の写真撮影も同一スキャン作業内で行い、距離データと同時に明るさ情報(写真)、GPSデータ、標高等がスキャンデータセットとして記録される。

建築分野における空間を対象とした三次元スキャンは、対象とされる建造物の形状データを記録するのみならず、建物と建物の間の距離など、いわゆるヴォイドの情報も記録するため、オブジェ単体の記録とは異なる意味合いがある。オブジェ単体の記録では、主に自動車産業などで活用されている、リバースエンジニアリングを目的とした三次元スキャンが先行事例として参照できる。

建設産業の実務レベルでは、土量の算出など、より粗いデータ粒度での情報利用が可能な土木分野での現場活用が先行しているが、これは、技術的な利用可能性と同時に、データ生産に対する費用対効果が計測しやすいことも一因となっている。比較的技術浸透の浅い建築分野においては、二〇一七年現在の市場において、点群データを扱うソフトウェア開発や演算機器のスペックが実務利用を視野にいれた汎用化の兆しをみせており、技術と市場の関係性としては、リードユーザーレベルから汎用レベルへ移行中であると考えられる。

本稿では、このような三次元スキャン技術のユーザーとしての立場から、センサー(スキャナ)を用いて取得され、ソフトウェアにて表示される点群データに関して、三次元スキャンデータとよび、空間を記録することの意味合いと、そのデータ・ユーザビリティに関して論考する。

2　技術の原理上、X線を用いたような形状の内部の把握はできず、また透明なガラス等もひと工夫をしなくては記録の対象外となる。また、現時点での三次元スキャンでは、正確な温湿度、表面温度、音、匂い、振動といった環境データは同時に記録されないため、表面形状と空間位置情報以外の空間データの取得は別のセンシングやモニタリングに委ねられる。

3　実際にスキャンを行うことは、意外と簡単ではない。空間の運用を一時的にとめることができるプロジェクトにおいては、時間を十分にかけることができ、従ってデータの精度も良いものが残せる。しかしながら、一般的に運用されている多くの空間や建設現場においては、限られた時間の中で、限られたリソースを持って情報生産を行うことが制約として存在する。そのため、今後の技術的な進展を考慮しても、実際に記録されるデータの内容は、プロジェクトをマネジメントする行為に依存すると考えられる。すなわち、情報生産の費用対効果を、プロジェクトの内部と外部においてどのように位置付けるかが、データの有り様にとって重要となる。

破損や倒壊など、支障が出てからでは情報生産が難しいのは、震災により被害を受けた歴史文化財の事例からも把握できる。これまでは、修繕や改修等の物理的行為に伴い情報が生産されてきたが、三次元スキャンのような比較的生産性の高い情報生産手法を用いることで、形状の記録にとどまるとはいえども、文化財としてのある一時点での参照点を生成することができる。これまでの情報が損失した建造物に対するアプローチが部分的情報からの近似的予想であるのであれば、平常時に記録をまず生成することも建造物を時間軸上に見る上での重要なアプローチになると考えられる。

また建物全てをデータ化するようなテクノロジー・プルービングな事例が多く発表されているが、プロジェクト・マネジメントの観点から考慮すると、より汎用的に多くの現場に技術が浸透するには、プロジェクトとその関係主体の必要性に応じた部分的、分散型の情報生産と、それらをつなぎ、実際にデータを利活用する情報マネジメントの実践に注力することが、より現実的である。沖縄コンベンションセンターや、パシフィコ横浜との共同研究を通して、FM(Facility Management)に三次元スキャンデータの利用を進めている大規模複合施設の事例においても、施設全てを完全に三次元データ化するのではなく、中長期計画上のプロジェクトごとに必要となるスキャンを行い、施設の稼働に支障を来さないように分散型の情報生産を行っている。具体的な例として、赤門をスキャンした際においても、現況の技術を用いてより完全なデータ生成を計画すると、本郷通りの車両及び歩行者交通、赤門の日常的利用、キャンパス内外の工事を考慮し調整を行う必要があり、かなりの困難を極めることは明らかであり、日の出から朝7時に赤門が開門するまでの時間にスキャンを行うのが現実的な実情となる。

4　生成された三次元スキャンデータのことを建築分野の専門的な言葉で、「As-is」(ありのまま)データや「As-built」データと言うが(Akin et al. 二〇一二)、時間軸上にデータが存在することを考慮すると正確には、「As-it-was」データと理解すると意味的により明確であり、ある時点において、そのようであった、というデータを生産する。そのため、時間軸上の人工物や空間の変化を把握するには、再度スキャンを行い、ソフトウェアを介した比較のヴィジュアリゼーションが必要となる。すなわち、昨年スキャンしたデータは、時間軸上の参照点となることはできても、現時点においては改修などによりAs-isではない可能性もあり、建築の中長期保全等において必要とされるリアルタイム性をもつためには、データをアップデートしていく必要がある。

5 例えばブルーノ・ラトゥールは、建物に対し、哲学的観点からユークリッド空間におけるものの近似の歴史、ものの見方への現実の収束が、建築の思考方法を固定化させており、建築を静止しているオブジェではなく、動的なプロジェクトとしてみることを妨げているのではないかと、現在の建築の専門性(ここでは主に設計という専門性を指している)が示唆する思考方法に対し危惧を示している。(Latour & Yaneva二〇〇八)建築の生産側からの観点として、隈研吾は、ラトゥールのアクター・ネットワーク・セオリーをベースとした人類学者ソフィー・ウダールによる自身の建築生産の観察と分析に際して、ユークリッド的、透視図法的な見方でみる建築が、「形態」へと固執してしまい、実際に生活が繰り広げられる、「流れ続ける空間」としての建築を捉えられなくなっていることを示している(隈二〇一六)。

6 近世(絵図の時代)においては、異なる主体ごとに、異なる利用目的ベースでの図面の複製と記述がなされる傾向が顕著に見られ、例えば加賀藩邸の絵図の中には、写しによる敷地平面図に門番の配置を記し、その上に門番の名前を示したものがある。現在の言葉でいうセキュリティ管理図であり、マネジメント目的の痕跡を読むことができるが、ここでは物理的な距離関係や位置関係などの、空間的情報を読み取ることはいささか困難である。異なる主体ごとに作られた情報は、特定の目的に応じて作られたものであり、空間情報も地図のような万人向けのものではなかった。(杉本二〇一一)ここでいう目的とは、マネジメントという観点からすれば、土地、人、生産高、上水、下水等のレイヤーであり、それらは、階層になっているというよりは、目的により随時追加された浮遊するつながりをもっており、同一と認識されるリアリティをもった歴史空間性をかたちづくるものである。しかしながら、これらの分散的に生成された情報から、具体的な統合感をもった空間の全体像を把握することは、現在の情報の読み手の想像にしか存在し得ない。

7 FMを実施する発注者視点からは、実際の日々の建物運用に関しては、形状情報よりも台帳に集約される建物データが重要視されている。(Teicholz二〇一三)もちろん修繕時や改修時においては、形状情報も必要となるが、情報の利用頻度と利用周期いう観点では、圧倒的に台帳データが重要となる。

8 日本ファシリティマネジメント協会によるファイシリティマネージャーのためBIM活用ガイドブック(日本ファシリティマネジメント協会二〇一六) でBIM(Building Information Modeling)とFMの連携に関して専門性の橋渡しを検証している。

9 ものづくり経営学で使われる転写とは、英語では、TransmissionやTransfer (Clark & Fujimoto 一九九一)と表現され、設計という概念を経営に持ち込む際に、設計情報と物(メディウム・媒体)の関係を捉えた言葉使いとなっている。(藤本二〇一五)本稿では、映画に関する学術的背景にて用いられる、転写(作者の意図されない写り込み)(恩田二〇一五)には言及していないが、今後視覚情報としての三次元スキャンデータを検討する際には、興味深い視点を与え得る。

10 このことは建築家という主体が登場する以前の近世においても同様で、西によれば、設計技術により木割が継承され、施工技術により規矩が継承されることで、このような分業と専門知識による技術体型が、図面や仕様書と並行して存在していた。(西和夫二〇一一)

11 例えばカルロ・スカルパによるカステルヴェッキオの図面や、村野藤吾の谷村美術館の図面に見られるような指示書としての役割を担う図面を指す。

写された赤門

成瀬晃司

写真にみる赤門の歴史

赤門は、東京大学が創設された一八七七(明治一〇)年より現在まで大学を代表する門として、大学とともに歩んできた。現在では東京大学の代名詞でもあり、大講堂(安田講堂)と並ぶランドマークである。また東京医学校が本郷に移転した一八七六(明治九)年よりその主要門の一つとして利用されてきた。大学と文部省とのやり取りが記録された「文部省往復」(東京大学文書館所蔵)の一八八五(明治一八)年分の文書に「赤門」の表記が認められるが、「西門」を朱で「赤門」に訂正していることから、赤門表記の初出と考えられる。さらに本文書は当時赤門が大学正門であったことを示す点でも貴重な資料である(口絵12)。

学内所蔵資料には、赤門を写した写真が多く残されているが、特に医学部では、赤門を東京医学校時代から門として利用していた関係もあり、現存する一九〇二(明治三五)年以降の医学部卒業アルバムには必ず掲載され、深い繋がりを知ることができる。こうした学内関係の写真以外にも、江戸時代の大名屋敷を象徴する数少ない現存遺構の一つであることから、明治時代後期には東京名所の一景として絵葉書、雑誌などで紹介された。近年でもオレンジカード、テレホンカード、記念切手のデザインに採用され、大学の門であるとともに、市民の文化財として広く親しまれてきた。医学部卒業アルバムなどの本学所蔵資料、絵葉書などに掲載された写真から赤門の変遷史を辿ってみたい。

資料64は『東京帝國大學五十年史』に掲載された赤門で、門柱に「帝國大學」の表札が掲げられていることから、帝国大学令が発布された一八八六(明治一九)年以降、京都帝國大學が創立した一八九七(明治三〇)年以前の赤門である。門前のアプローチはモースのスケッチ(資料63)同様縁石を有すスロープになっている。また繋塀が羽目板であることからも一九〇三(明治三六)年の位置替え・修繕以前の写真と判断でき、江戸時代の赤門を知る唯一の写真と評価される。資料65も位置替え前の赤門であるが、北側袖塀の位置変更と南側袖塀が板塀に変わっていること、門前のアプローチが無くなったなど門周辺の改変が進んでいる。資料67は一九〇三(明治三六)年の位置替えで西方へ約一五メートル移動した修繕後の赤門である。繋塀は海鼠塀に変えられ、屋根、塀壁面ともに漆喰が白く輝いている様子が窺われる。

この後、赤門前の整備が徐々に行われ、門前アプローチや排水溝の暗渠化整備(資料68)などが行われた。一九一三(大正二)年には市電の本郷三丁目〜本郷追分町間延伸によって、赤門前に「大学赤門前」停留場が設置された。それに伴い車道には軌道整備の切石が敷き詰められ、歩道には時計付きの停留所標柱が建ち、街路樹が植樹されるなど大々的な周辺整備が行われた(資料69)。一九一九(大正八)年刊行の『東京府史蹟』に掲載された赤門写真では(資料70)、北側のガス灯が抜かれ、地面に土山ができている。ガス灯はその後の写真では認められず、この頃何らかの理由で抜かれたことを示す写真である。

一九二三(大正一二)年の関東大震災で赤門は屋根瓦を中心に破損した(資料71)。震災直後は伝言板としての機能が自然発生的に加わり、木部には貼り紙、漆喰には手書きで様々な伝言が書かれていた。震災後、大学内の事情から約二年間放置されたが(資料72)、一九二五(大正一四)年八月、ついに修繕工事が行われた。この時の修繕で現在も番所前から本郷通りへ伸びる鎖繋ぎの砲弾形石柱柵が設置された(資料73)。さらに門周辺の整備は進み、一九二九(昭和四年)度の医学部卒業アルバムでは番所前方に支持丸太で保護された楠の若木が写っており、樹齢約九〇年を数えることを知る(資料74)。

赤門は国宝保存法(昭和四年施行)により、一九三一(昭和六)年一二月一四日国宝に指定された。それを記念して南側番所前には「國寶 赤門」の木製標柱が建てられた(資料75)。国宝保存法は、一九五〇(昭和二五)年の文化財保護法施行に伴い廃止され、赤門標柱からも国寶の文字が塗りつぶされ無くなった(口絵14)。太平洋戦争時の一九四二(昭和一七)年には、東大特設防護団設営部及び営繕課団の防空訓練の一環として赤門前消火応援訓練が行われ、手動消化器やバケツリレーによって赤門火災を想定した訓練が行われた(資料76)。幸い本郷キャンパスは旧前田侯爵邸以外に空襲による被害はなく、赤門も火の粉の雨をかいくぐり無事終戦を迎えた。

　一九五九(昭和三四)年から六一(昭和三六)年にかけて三度目の大規模修繕が行われた。この時の記録は資産管理部保管資料に詳しく知ることができる。この修繕によって、一九〇三(明治三六)年以降続いていた門、番所間の繋塀が約半世紀ぶりに本来の羽目板塀に復元された(資料77)。

　赤門の写真は、卒業アルバム、大学史資料などの大学関連刊行物を始め、絵葉書、刊行誌、史蹟紹介誌などに掲載される。それらの写真から、変遷を序列化することによって、公式記録には残されていない赤門及びその周辺の変遷史を知る手がかりになる。赤門写真を見直すと修繕時の竣工写真以外、ほとんどの写真で大門が開いた様子をとらえている。これは赤門が大学の中心的な門として機能し、親しまれてきたことを示しているといえよう。

赤門修繕記録

　明治以降の赤門修繕は、一九〇三(明治三六)年、一九二五(大正一四)年、一九五九(昭和三四)年、一九九一(平成三)年の四回である。一方、江戸時代については明確な記録が認められない。一九五九年の修繕時に外され、保存された資料は、江戸時代の修繕を示す貴重な資料である。口絵11は、その時、取り外された実肘木と飼楔である。実肘木は斗と組み合わせて、柱上にあって桁と軒を支えるための部材で、寺社建築などで用いられる部材である。赤門の実肘木は、いずれも厚さ約一〇センチメートル以上の部材で、本資料のような板材ではない。本資料は側面に朱が塗られ、表裏両面は白木のままで「安政四年」の年号と「本郷元町家主清助店 大工権兵衛」という大工の名前が朱書きされていることから、組物に生じた隙間の補修材とみられる。記された年号より一八五五(安政二)年の安政江戸地震もしくはその翌年の風災害で生じた門の歪みを修繕したことを示す資料といえる。

　一九〇三(明治三六)年の修繕では、キャンパス計画の一環として、本来の位置から西へ約一五メートル移動し、瓦が葺き直され、朱も塗り直された。この修繕記録は資産管理部で保管され、一般競争入札の様相、請負者、金額、工事内容などの詳細を知ることができる(資料79)。それ以前にも一八八六(明治一九)年以降の大学境界の変更によって袖塀のつけ替えが数度行われた際に、軒丸瓦が「學」字紋に変更されたとみられる。一九〇三年の修繕では、赤門本体の鬼瓦、軒丸瓦なども大学を表す「學」字紋に変更された。

　関東大震災で被災した赤門は二年後の一九二五年に修繕が実施された(資料80)。このときの記録は数冊の写真帖にまとめられ保存されている(資料81・82)。袖塀の海鼠瓦はほとんどはげ落ち、二年間放置されたこともあり、屋根材もかなり腐朽していたことが見てとれる。

　一九五九(昭和三四)年の修繕(一九五九年一〇月〜六一年三月)に関して、資産管理部に保管されている「赤門保存修理工事記録写真集」および工事仕様書から、修繕内容の詳細を知ることができる(資料83〜88)。また、南側番所内にも銅板の修理記が掲示され、主要内容を知ることができる(資料90)。この時の主要改修点として、繋塀が海鼠塀から本来の羽目板塀に戻されたことがあげられよう。工事完了の翌月には竣工記念式典が大学関係者、政府関係者、前田家当主などを招いて赤門前で開催された。式典に関する式次第、席順などの詳細な記録も保管されている(資料89)。

　この修繕に関する廃棄土坑が、伊藤国際学術研究センター地点の調査で検出された。場所は赤門南側の大学境界塀と赤煉瓦倉庫(現・レストラン)の間の植樹帯である。遺構中からは多量の瓦が出土した。瓦には漆喰が付着した使用済み瓦と完形の未使用瓦がある。使用済み瓦には海鼠瓦、本瓦、平瓦に加え、「學」字紋の鬼瓦、軒丸瓦があった(口絵10・資料61)。鬼瓦は、〇に學の文様部分でそのサイズより赤門下り棟の鬼瓦と推定される。竣工後の写真では文様部分が平坦に補修されていることからも改修時に外されたと推定される。また使用済み瓦には「京都 西彦」、未使用瓦には「奈良 瓦又」銘の刻印が認められる。「京都 西彦」は一九三八(昭和一三)年に建設された武道場「七徳堂」にも認められる瓦メーカーで、京都西本願寺、二条城などにもみられ、近代の本瓦生産を行った主要メーカーである。「奈良 瓦又」も同様に多くの寺社建築修繕に関わった瓦メーカーである。この修繕時に門、番所の軒丸瓦が「學」字文から、前田家の家紋である「剣先梅鉢」紋に変更されたと考えられる。

　一九九一(平成三)年の修繕では、塗装修理、左官工事、屋根葺き替えなどが行われた。また一九五九年の修繕でコンクリート製となった袖塀控え柱が再び木製に戻されている(資料85)。

　このように数度の修繕を経て、現在まで赤門は守られてきた。立ち位置こそ明治に移動されたが、家紋瓦の意匠変更、繋塀・袖塀の仕様変更などを通し、江戸時代の赤門の姿に近づき戻されてきたといえよう。

　大学の門として愛され、見守られ続けてきた赤門であるが、最近羽目板塀の朱を手にこすりつけ、繋塀漆喰部分に手形を押す悲しい行為が多発している。施設部では専門家の意見を取り入れ、漆喰面の再生を図る計画を立てている。本展示会期には白く輝く繋塀に戻っていることを期待したい。


【参考文献】

東京大学　一九三二『東京帝國大學五十年史』
東京大学総合研究資料館　一九八八『東京大学本郷キャンパスの一〇〇年』
「東京大学医学部卒業アルバム」(東京大学医学図書館所蔵、一九〇二年〜)

資料63 エドワード・S・モースが描いた赤門(E・S・モース(著)石川欣一(訳)『日本その日その日』平凡社東洋文庫、1970年より)

1878(明治11)年にお雇い外国人教師として大学に招かれたモースのスケッチが『日本その日その日』に掲載され、「門構えの屋根は、大きな屋の棟があり、重々しく瓦が葺いてある。木部は濃い赤で塗られ、鉄の化粧表、棒その他は黒い。これは絵画的で、毎朝その前を通る時、私はしみじみと眺める。屋根を取巻く塀は非常に厚く、瓦とセメントで出来ていて、頑丈な石の土台の上に乗り、道路とは溝を間に立っている。塀の上には、写生図にある通り、屋根瓦が乗っている。」と説明されている。

資料64 帝国大学正門となった赤門(『東京帝國大學五十年史』より)

向かって右側の柱に「帝國大学」の表札がかかる。東大が「帝国大学」と称したのは、帝国大学令が発布された1886(明治19)年から京都帝国大学が創立される1896(明治30)年までのため、その間の写真と考えられる。門へのアプローチは縁石を有した緩やかなスロープになっており、門内の路面は周囲より数十センチメートル高くなっている。スロープ手前には側溝を覆う切石が敷かれ、端部には扇形をした石製の欄干がみえる。

資料65　1900（明治33）年頃の赤門
（小川一真1900『東京帝國大学』より）
1886（明治19）年に、北側番所に板塀の袖塀が接続される。ガス灯や門前の石敷きアプローチが無くなり、一面が土敷きで平準化されている。

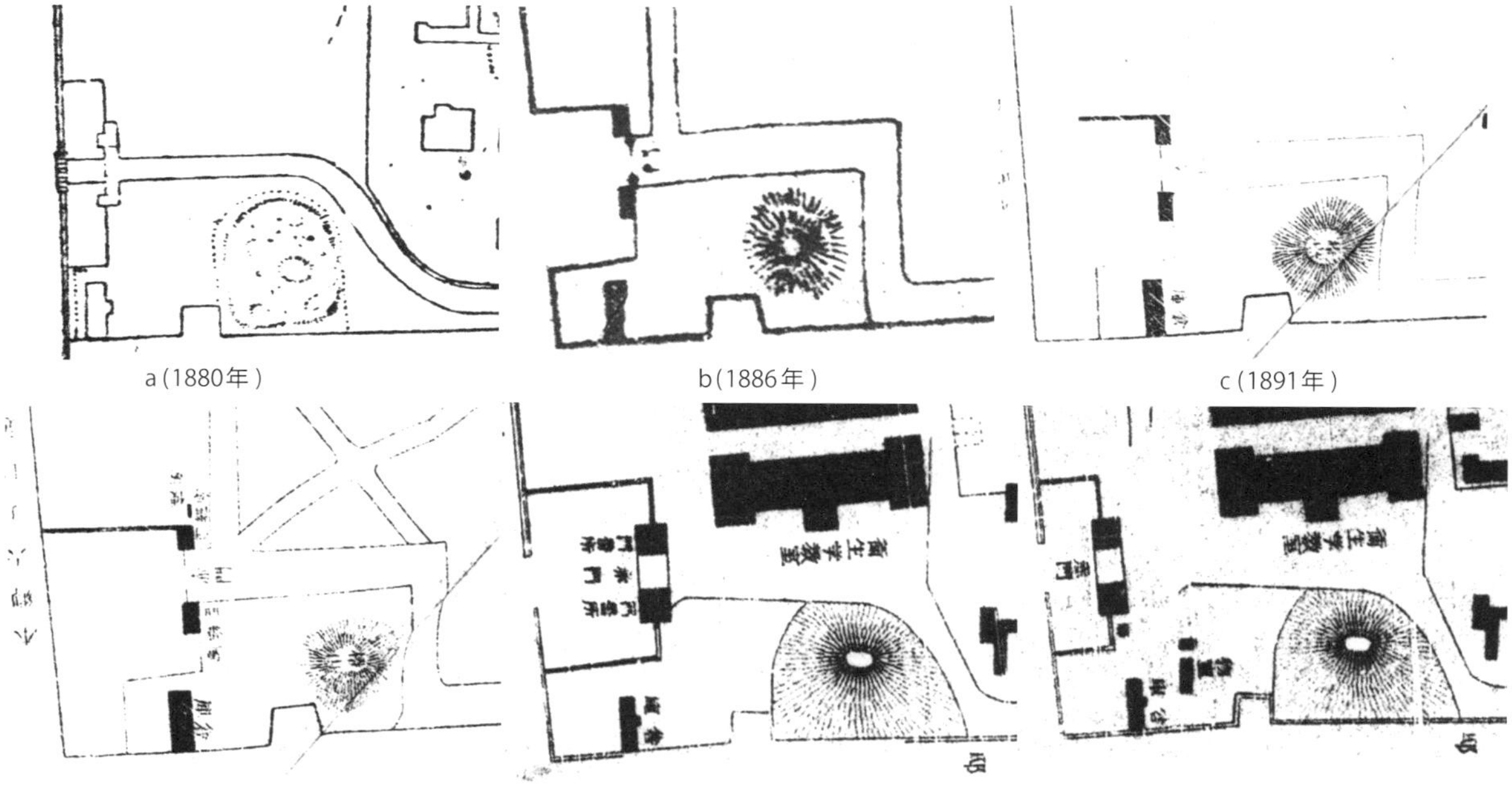

a（1880年）　b（1886年）　c（1891年）
d（1897年）　e（1901年）　f（1903年）

資料66　本郷キャンパス建物配置図（東京大学施設部所蔵）にみる赤門と袖塀の変遷
a：資料63、64の状況で江戸時代からの位置関係を継承している。b：北側番所の袖塀が番所に接続される。c：赤門前火除地が大学敷地に吸収され、北側袖塀との間に空間が生まれる。d：北側袖塀が西側大学境界まで延伸される。e：北側袖塀が番所から離れ、クランク状になる。また江戸時代から続く南側袖塀のクランクが無くなり、西方向へ直線状に伸びる。f：医学部校舎建設に伴い西側へ15メートル移動し、現在の位置に至る。この移動時に大規模修繕が行われた。

資料67　1904（明治37）年の位置替え・修繕後の赤門（小川一真1904『東京帝國大学』より）
キャンパス計画の一環で、赤門は西へ約15メートル移動し、現在の位置となった。この時、合わせて修繕も行われ、繋塀・袖塀が海鼠塀に変更された。下り棟瓦は漆喰で固められ、鬼瓦には「學」文様がみえる。門前のガス灯が復活し、本郷通りとの境界を示す排水溝はまだ開渠のようだ。

資料68　絵葉書にみる赤門1（「東京名所第一輯　帝國大學赤門」）
ガス灯外側に縁石が敷かれ、アプローチが整備された。本郷通りに下水道が通り、大学境界排水溝が暗渠になっている様子がみえる。この絵葉書は1907（明治40）年の郵便規制法改定以降のもので、左下に1913（大正2）年市電延伸のため撤去された電柱の影が写っていることから、1907（明治40）～1913（大正2）年頃の写真と考えられる。

資料69　絵葉書にみる赤門2（「（東京名所）帝國大學赤門」）
1913（大正2）年の本郷三丁目～本郷追分町間の延伸によって、赤門前に新たに「大學赤門前」停留場が設置された。絵葉書の様式から1913（大正2）～1917（大正6）年頃の赤門と考えられる。

資料70　1919（大正8）年頃の赤門（東京府1919『東京府史蹟』より）
1919年に刊行された『東京府史蹟』に掲載された赤門。北側番所前のガス灯が撤去され、掘り起こされた土砂がやや土山状になっている様子が認められる。

資料71　関東大震災直後の赤門（館蔵ガラス乾板）
周囲の足場は震災で落下の危険がある瓦を外すために設けられたものだろう。右から2本目の足場には、「大學生は大學本部に集合され度し（運動場横）」と書かれた木札が掲示される他、門柱や脇門にも安否確認のための様々な伝言が貼り付けられている。

資料72　関東大震災から2年後の赤門
（館蔵「東京帝國大學赤門及同門衛所其他修繕工事写真帖」より）
1925（大正14）年8月に撮影された赤門。震災後も落ちた瓦がそのまま放置されていたことがわかる。大棟の直下に位置する熨斗瓦も落ちて隙間が生じている様子がわかる。

資料73　1926（大正15）年2月の修繕竣工後の赤門
（館蔵「震災復旧営繕工事契約締結報告書」より）
門、番所とも瓦が葺き直され繋塀・袖塀ともに土壁が塗り直された。柱や板の様子から
この修繕では朱漆は塗り直されていないようだ。またこの修繕で、現在も残るアプロー
チ両側の石製円柱柵が設置された。

資料74　昭和初期の赤門
（東京大学医学図書館所蔵『東京大学医学部卒業アルバム』1939年より）
番所前方に現在も残る楠が植樹された。添え木があり、この頃に植樹されたと考えられる。

資料75　国宝になった赤門
（東京大学医学図書館所蔵『東京大学医学部卒業アルバム』1939年より）
「国宝保存法」（1929年施行）により、1931（昭和6）年に赤門は国宝に指定された。これに伴い、赤門の脇には「國寶赤門」の木製標柱が設置された。

資料76　赤門前での消火応援作業
（館蔵「東大特設防護団設営部及営繕課団 防空訓練写真帖」より）
戦時下の1942（昭和17）年11月11日、手動消化器やバケツリレーによって赤門火災を想定した消火訓練が行われた。

資料77　昭和の大修繕後の赤門1
（東京大学資産管理部所蔵
「赤門保存修理工事記録写真集」より）
1959（昭和34）年10月から約1年半かけて行われた昭和の大修繕では、建物全体の解体修理が行われた。この時、1903年に設けられた繋塀の海鼠塀が本来の羽目板塀に変更された。また、下り棟鬼瓦の「學」は外されて漆喰補修され、軒丸瓦の「學」も加賀藩の家紋である「剣梅鉢紋」に付け替えられた。本修繕では、繋塀の控え柱がコンクリート製にされたが、平成3年の修繕時に木柱に戻され、現在に至っている。

資料78　昭和の大修繕後の赤門2
（東京大学資産管理部所蔵「赤門保存修理工事記録写真集」より）
1931（昭和6）年に赤門が国宝に指定されたことをきっかけに設置された標柱は、「文化財保護法」（1950年施行）により重要文化財指定となったことから、「國寶」の2文字が朱漆で塗りつぶされて「赤門」のみの表記に変更された。

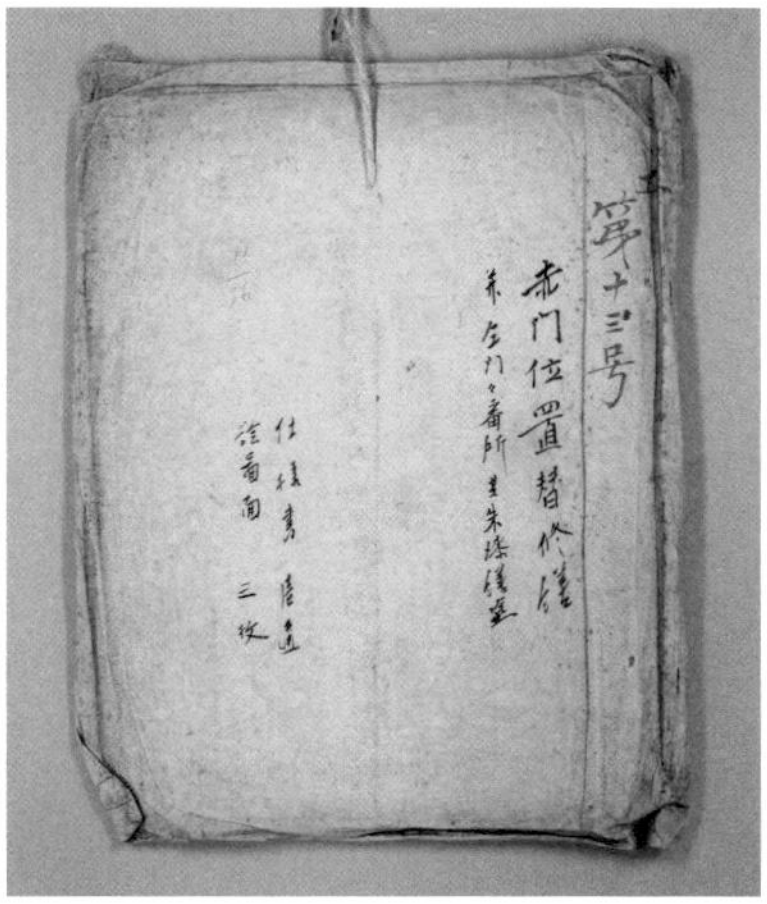

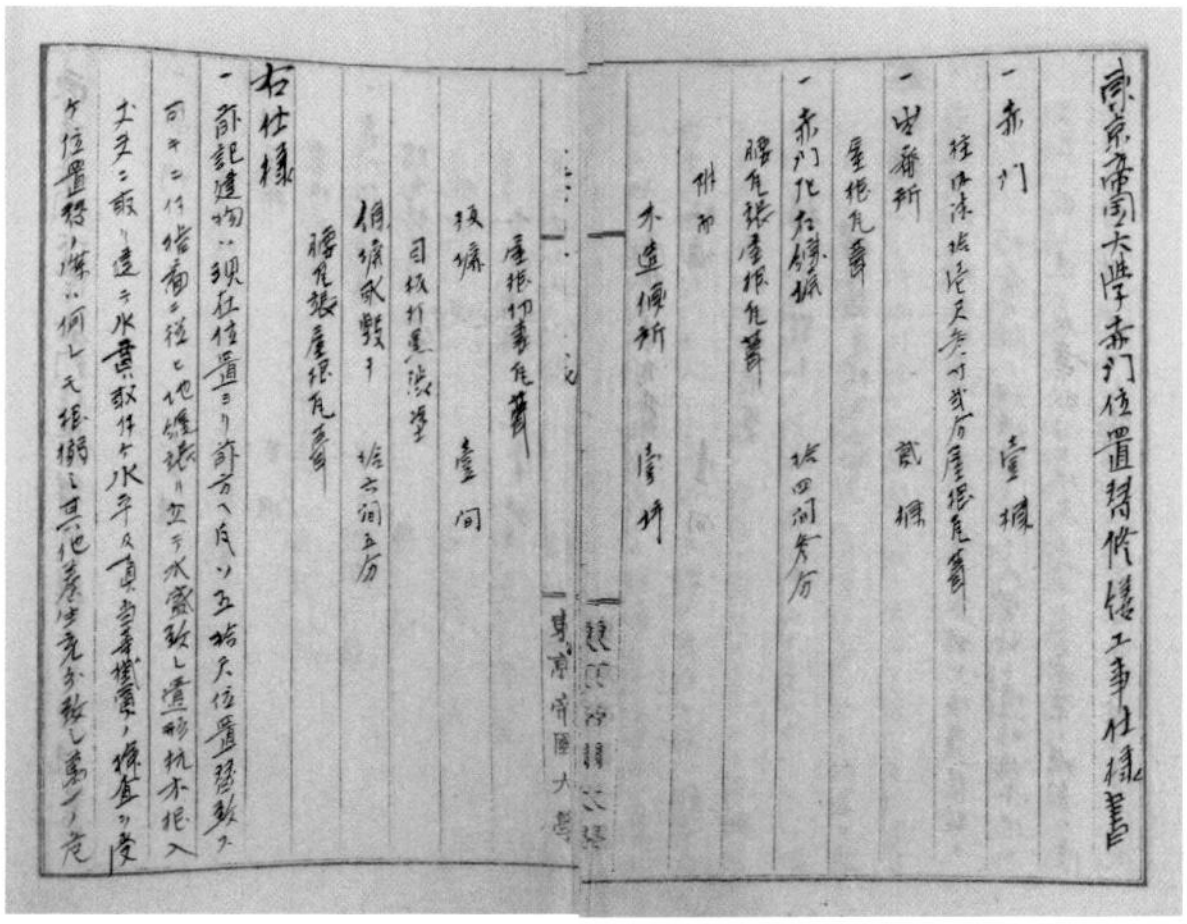

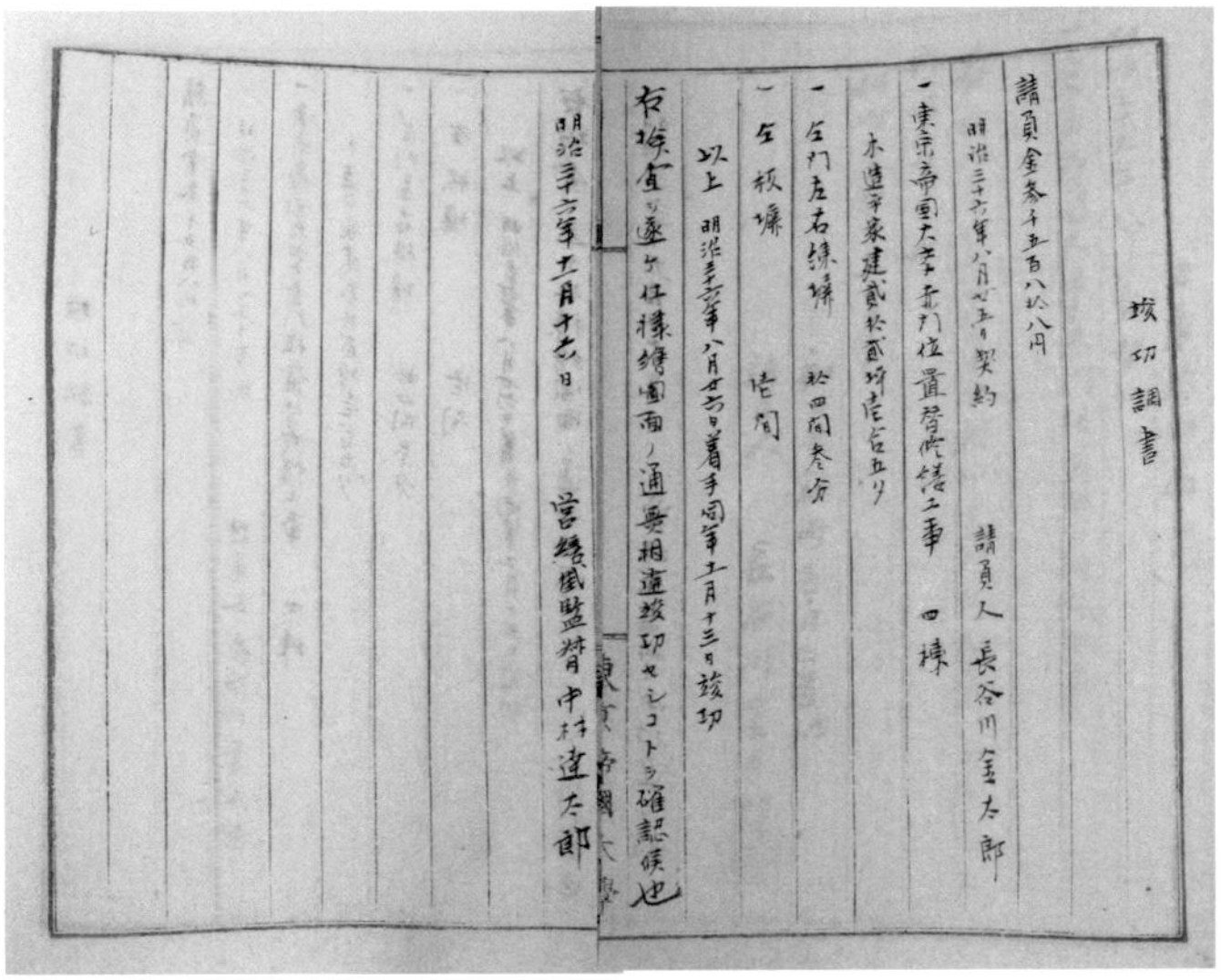

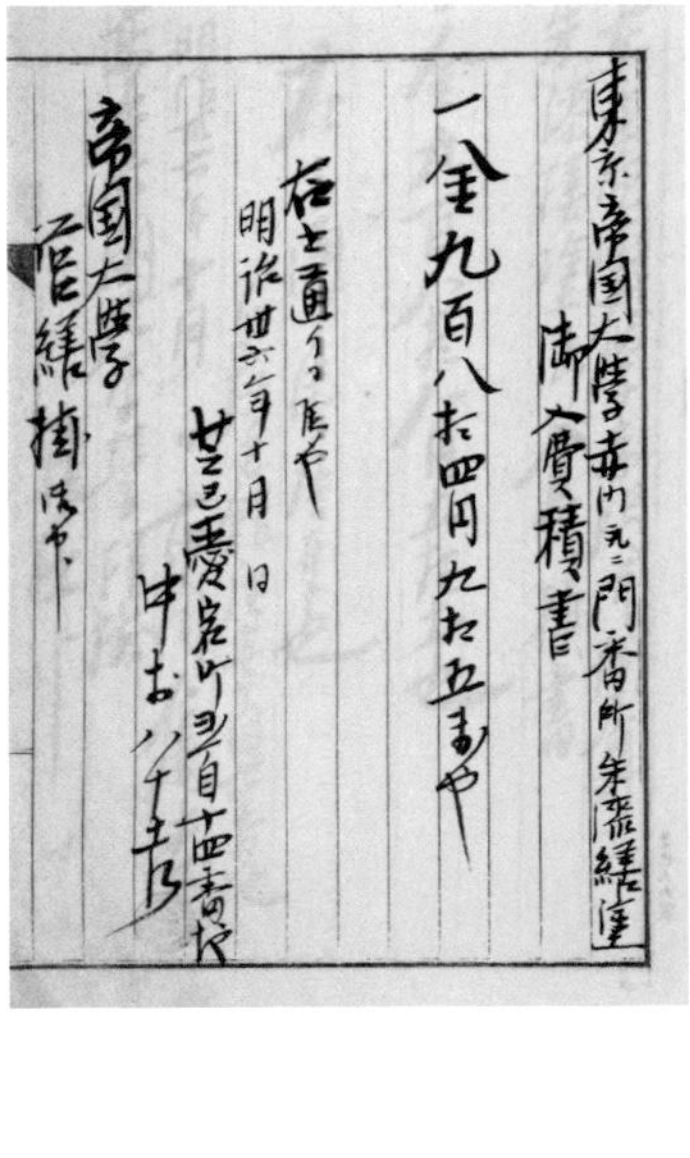

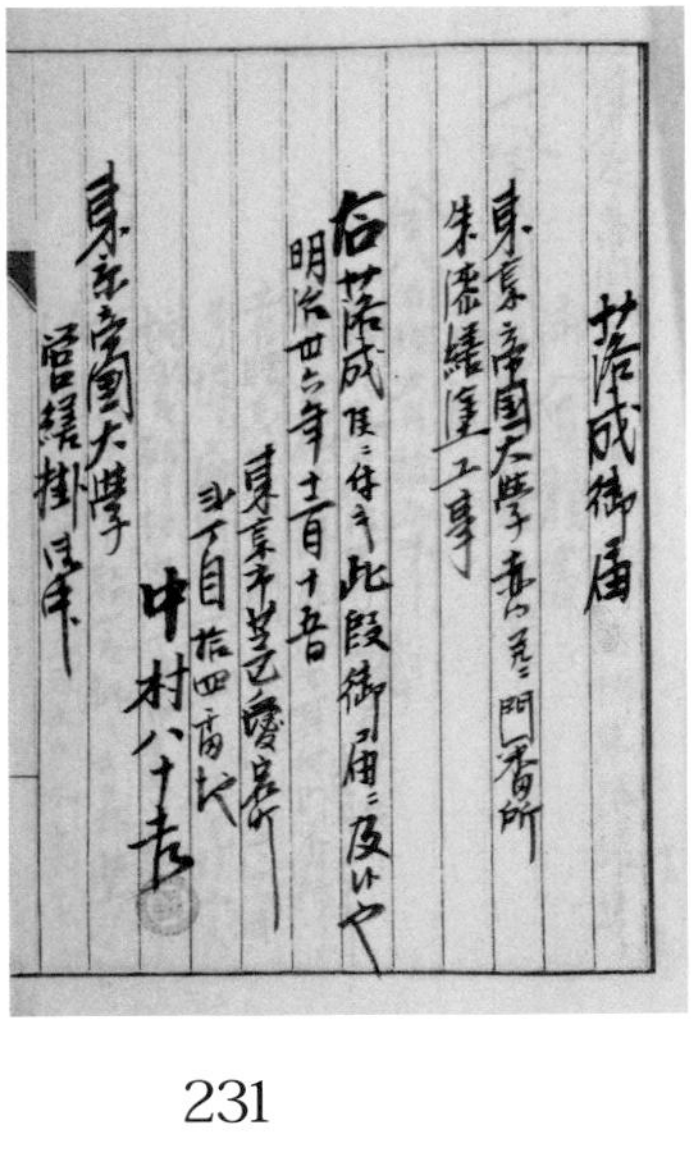

資料79　1903（明治36）年位置替え修繕記録（東京大学資産管理部所蔵「赤門位置替修繕并仝門々番所共朱塗繕塗」より）
上：封筒には、「仕様書 壱通、絵図面 三枚」と書かれているが、残念ながら絵図面は現存しない。本資料には、仕様書・入札書・契約書・竣工書・請求書などが綴られている。仕様書には、「前記建物ハ現在位置ヨリ前方へ凡ソ五拾尺位置替致ス（以下略）」とあり、この修繕工事によって本来の位置から約15メートル西に移動するよう明記されている。
中：この「竣功調書」から、位置替え修繕工事が1903（明治36）年8月26日から11月13日にかけて施工されたことがわかる。請負人の神田区錦町在住の長谷川金太郎は一般競争入札で5件応札の中で落札した。
下：赤門の位置替え修繕工事と並行して、10月に朱漆繕い塗り工事の見積り合わせが行われ、芝区愛宕町在住の中村八十吉が請け負った。工事は12月15日に完了し、赤門位置替え修繕に関する全ての工事が完了した。請負人の中村八十吉は、1870（明治3）年に創業した（株）中村塗装店の創始者である。

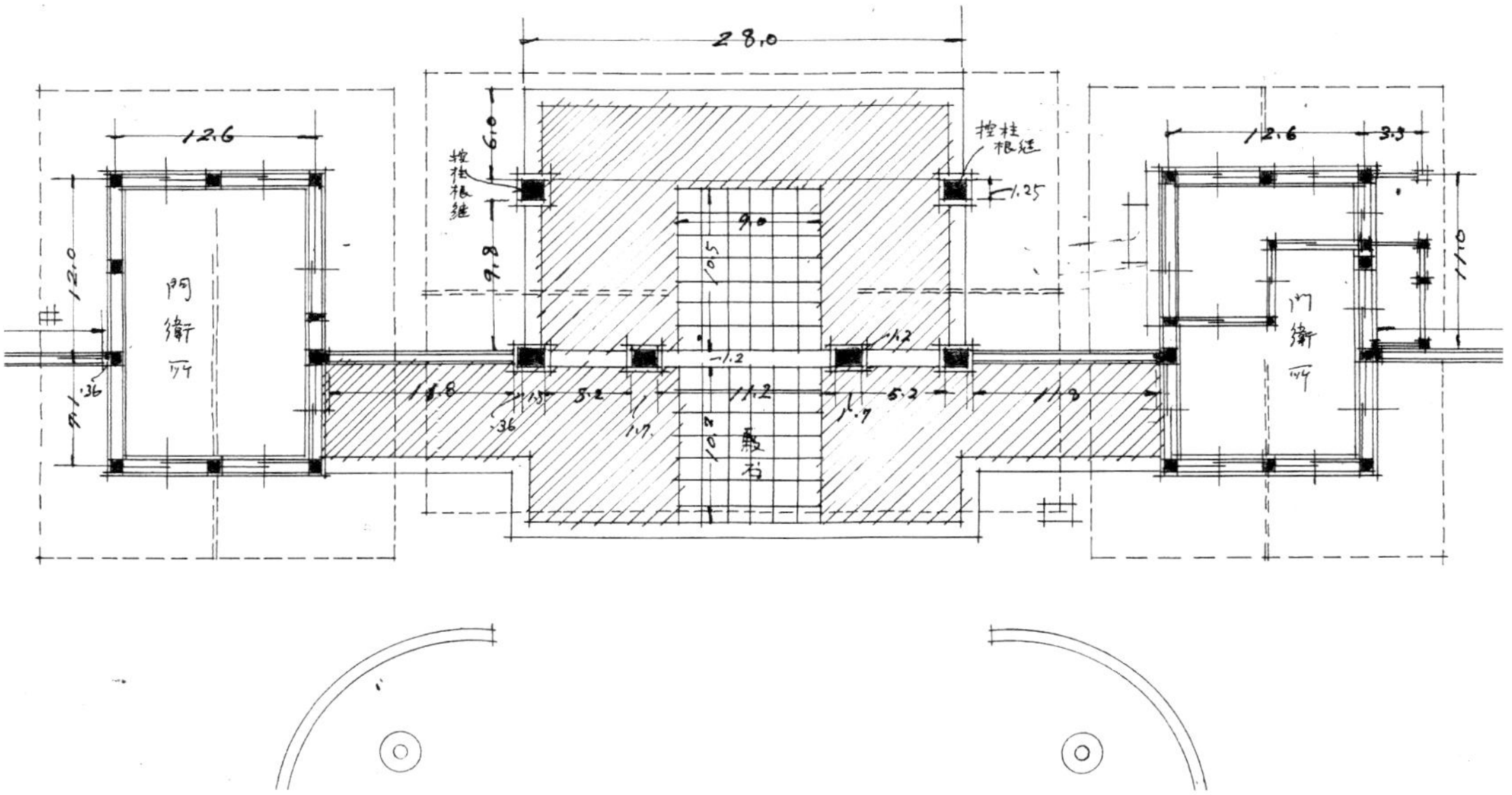

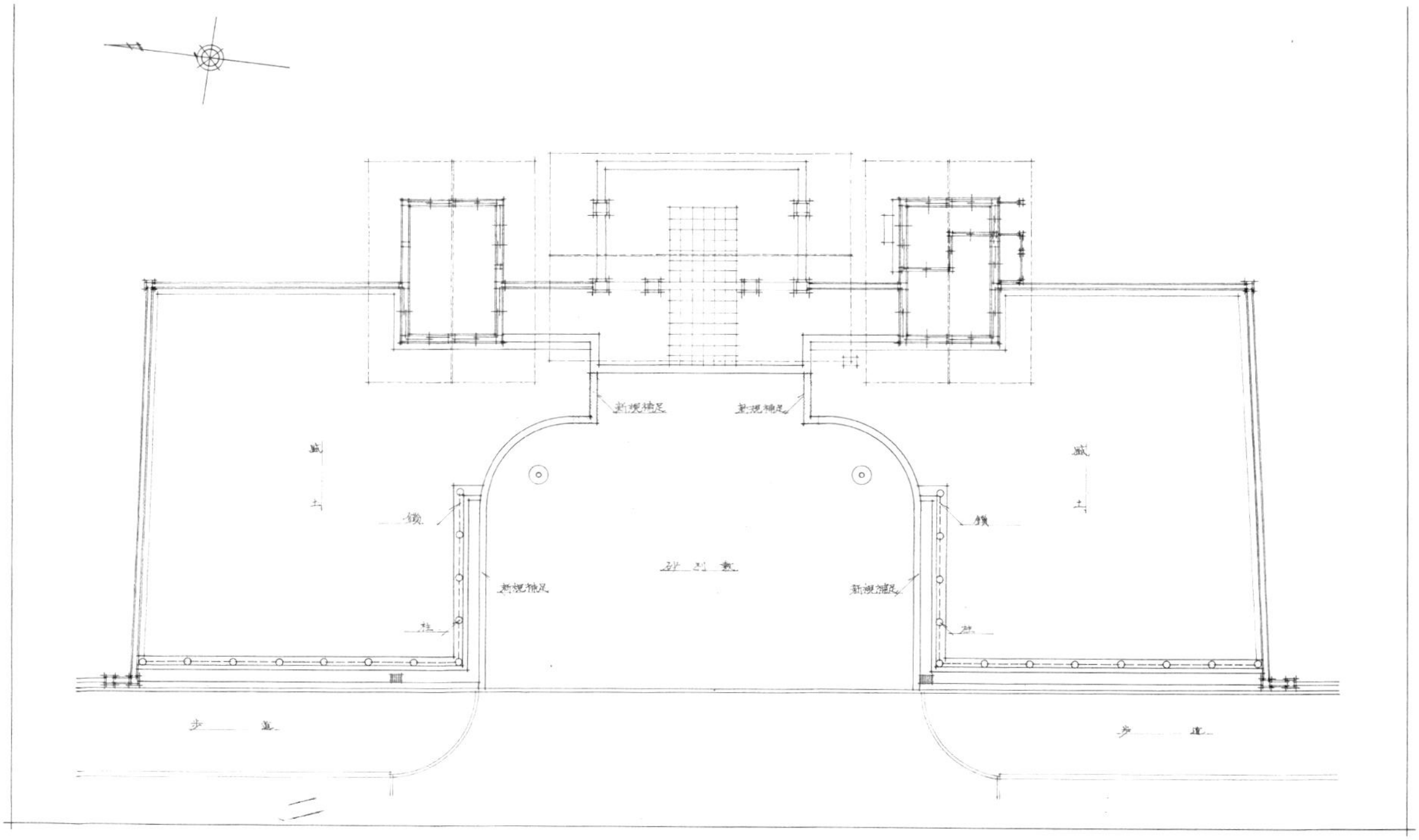

資料80　関東大震災後の修繕図面
（東京大学施設部所蔵「各所修繕及模様替　自大正14年度至昭和6年度」より）
上：赤門及門衛所其他修繕工事のうち「設計変更図」部分　南側番所内に間仕切りがみられる。
下：表側外囲煉瓦墻壁其他修繕工事のうち「赤門外方側溝等詳細図」赤門外側の石製柵設計図。

資料81　関東大震災後修繕前の赤門（館蔵「東京帝國大學赤門及同門衛所其他修繕工事写真帖」より）
番所の屋根には雑草が生い茂り、袖塀の瓦は随所で崩落している。門柱には貼り紙の痕跡が認められるが、繋塀の落書きは消されている。また番所軒丸瓦は三つ巴紋、繋塀には「學」紋様が葺かれている。

資料82　修繕中の赤門（館蔵「東京帝國大學赤門及同門衛所其他修繕工事写真帖」などより）
左上：南側妻軒先の腐朽状態。右上・下：足場が掛けられ、修繕が進む。

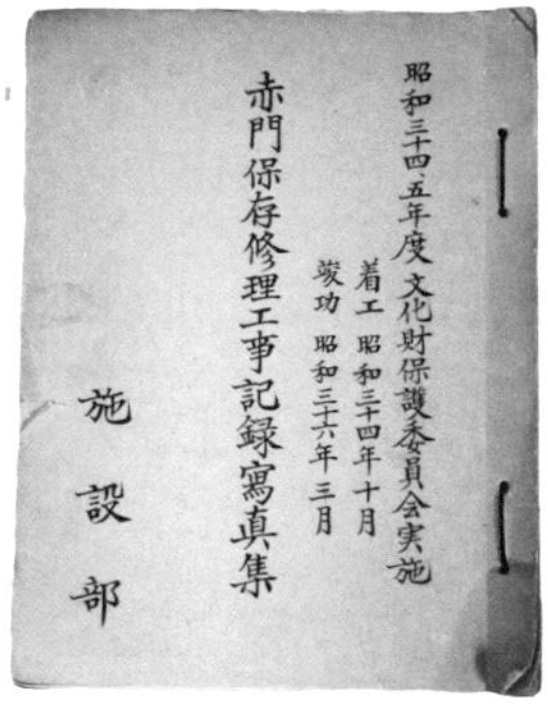

資料83　昭和の大修繕1（東京大学資産管理部所蔵「赤門保存修理工事記録写真集」）
1959（昭和34）年10月から61年3月かけて実施された保存修繕工事写真記録。修繕前写真（上）では海鼠塀であった繋塀が、修繕後（下）写真では本来の羽目板塀に変更されたことがわかる。

資料84　昭和の大修繕２
（東京大学資産管理部所蔵「赤門保存修理工事記録写真集」より）
本郷通り側正面から写された修繕前後の写真。向かって右側の下り棟鬼瓦が、修繕前では「丸に學」紋がはめ込まれていたが、修繕後ではそれが外され、漆喰が塗られていることがわかる。

資料85　昭和の大修繕3
（東京大学資産管理部所蔵「赤門保存修理工事記録写真集」より）
北側番所を南東方向から撮影した写真。番所右手には袖塀とその控え柱が写っている。修繕前は木製柱であったが、耐久性の考慮からコンクリート製に変更された。袖塀右側の建物は現・コミュニケーションセンター。

資料86 解体中の番所
（東京大学資産管理部所蔵「赤門保存修理工事記録写真集」より）
赤門及び両番所を覆う足場が掛けられ、解体修理が行われた。写真下の番所は、引き戸の位置から北側番所と判断される。

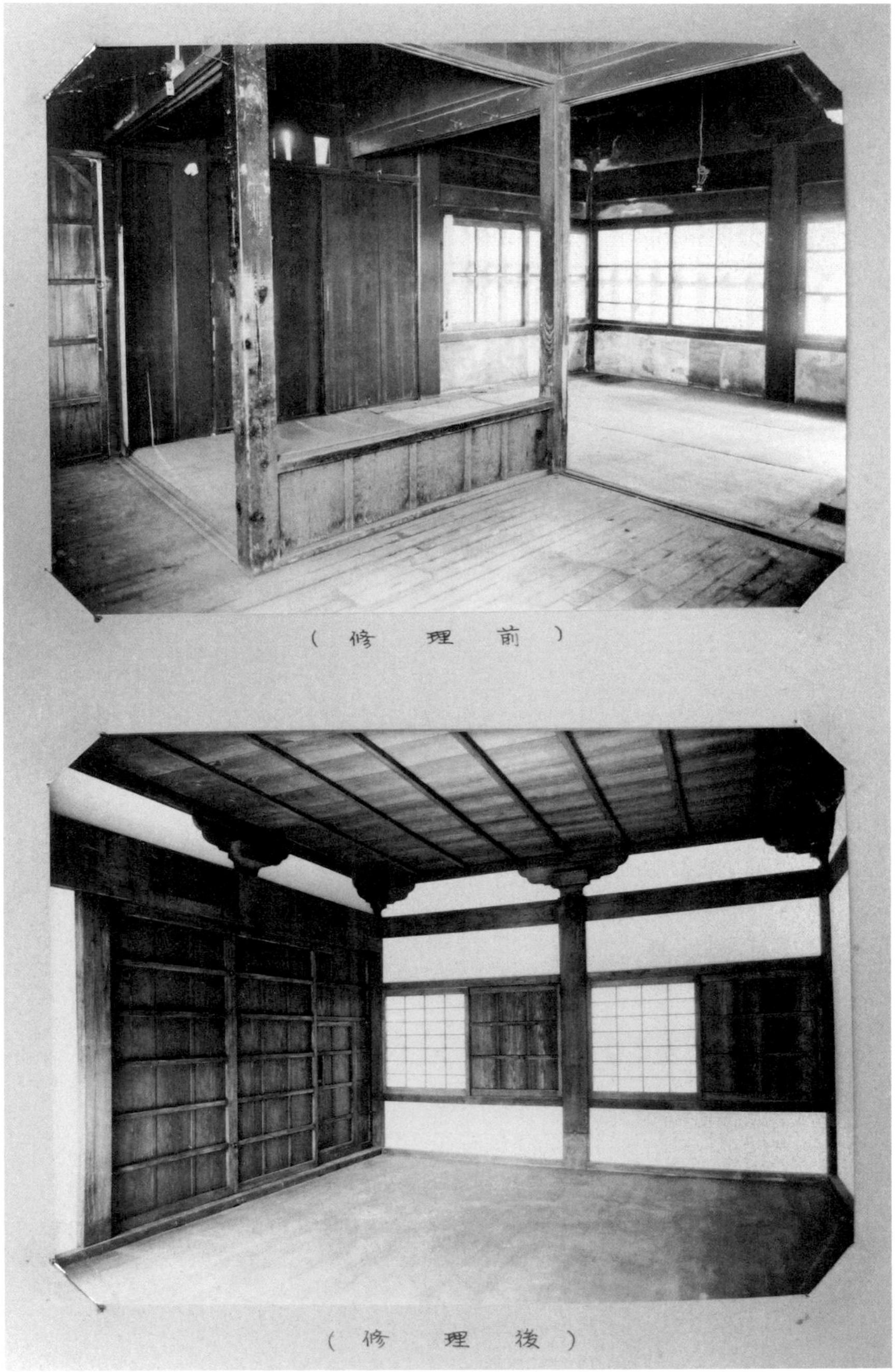

資料87 修繕前後の番所内部
（東京大学資産管理部所蔵「赤門保存修理工事記録写真集」より）
引き戸の位置から南側番所と判断される内部写真。南側番所は、門衛所として使用されていたため、室内に間仕切りが設けられ、写真には写っていないが、囲炉裏も切られていた。また1903（明治36）年の移築修繕時に番所南側に建設された便所は、1950（昭和25）年頃解体された。

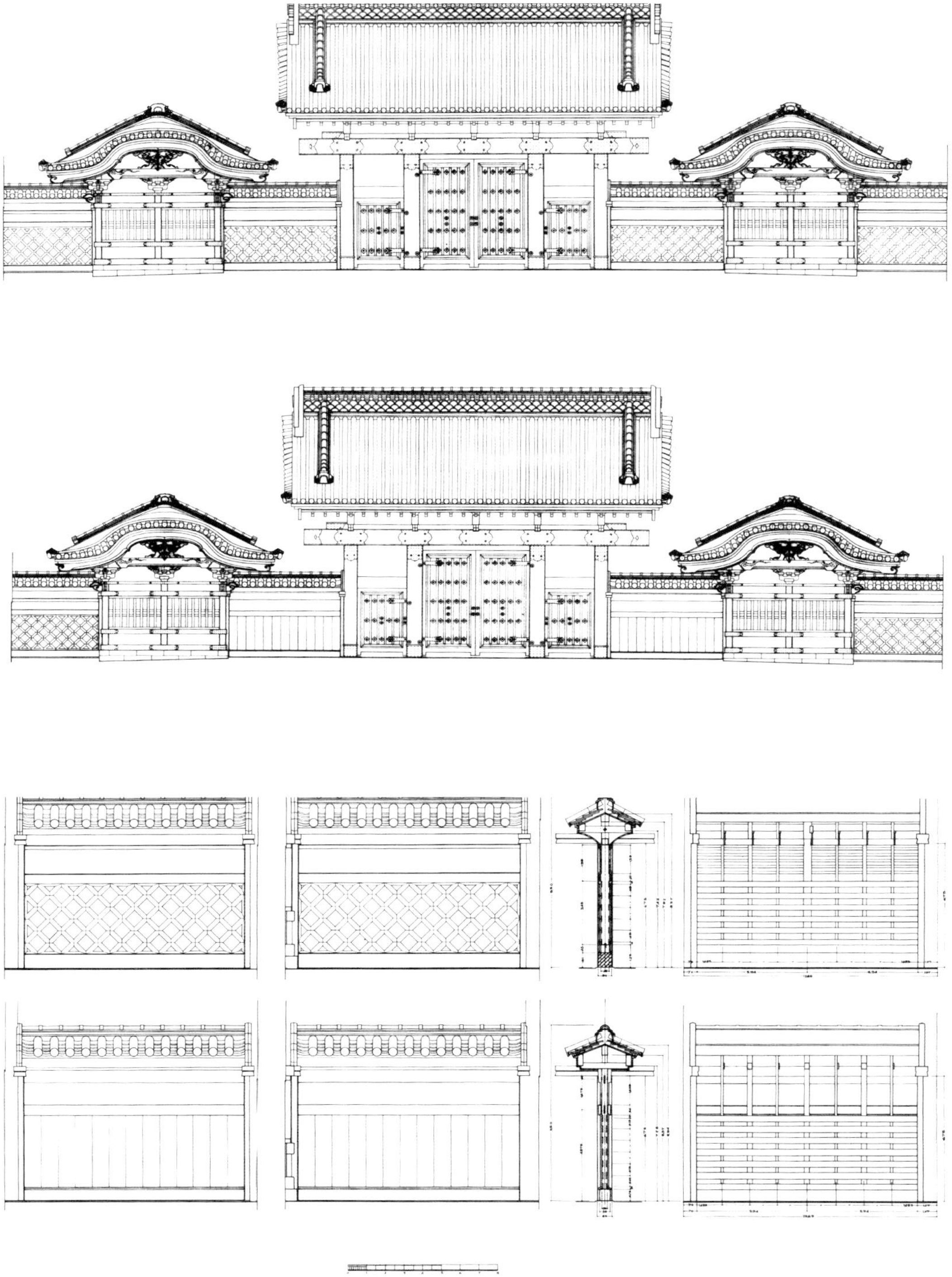

資料88 昭和の大修繕前後の実測図面（東京大学施設部所蔵
「赤門　設計図」のうち「重要文化財　旧加賀屋敷御守殿門図面」）
上：修理前の正面図
中：竣工後の正面図
下：修理前（上）竣工後（下）の繋塀　海鼠塀から羽目板塀への変更設計図

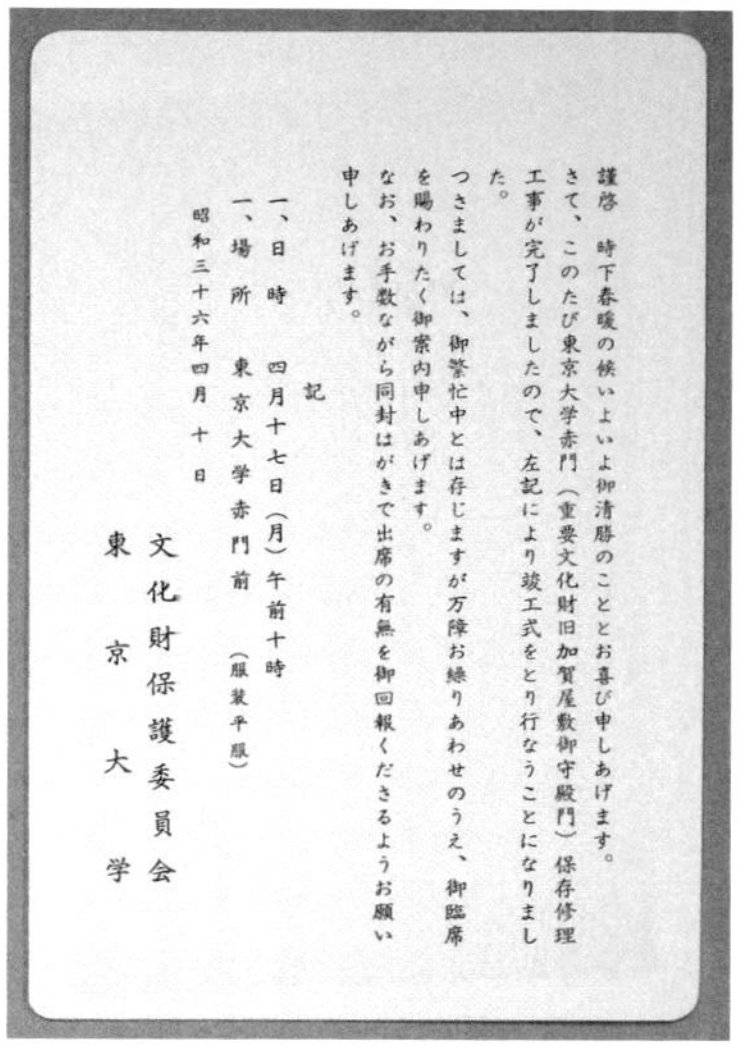

謹啓　時下春暖の候いよいよ御清勝のこととお喜び申しあげます。
さて、このたび東京大学赤門（重要文化財旧加賀屋敷御守殿門）保存修理工事が完了しましたので、左記により竣工式をとり行なうことになりました。
つきましては、御繁忙中とは存じますが万障お繰りあわせのうえ、御臨席を賜わりたく御案内申しあげます。
なお、お手数ながら同封はがきで出席の有無を御回報くださるようお願い申しあげます。

記

一、日　時　四月十七日（月）午前十時
一、場　所　東京大学赤門前　（服装平服）

昭和三十六年四月十日

文化財保護委員会
東　京　大　学

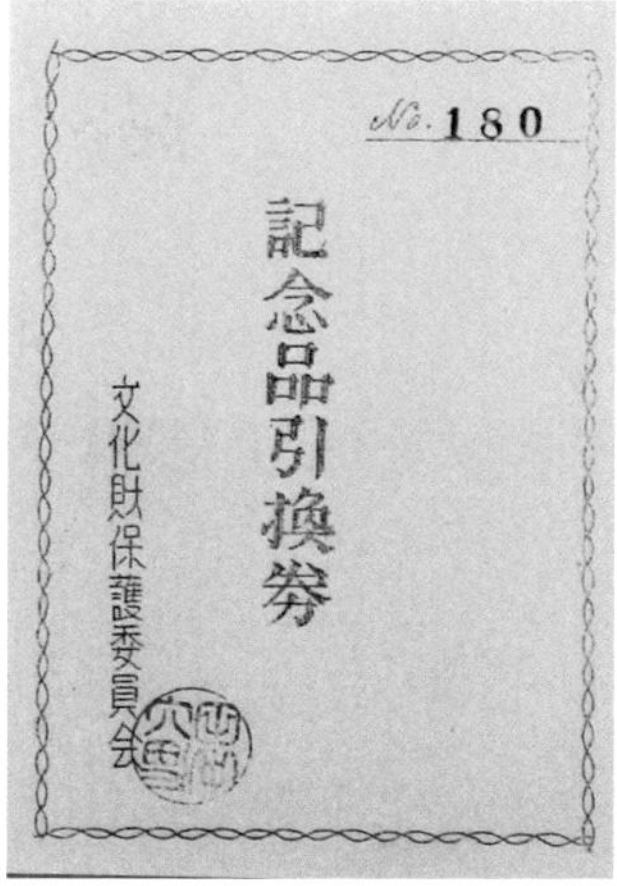

資料89　竣工式典案内
（東京大学資産管理部所蔵「赤門保存修理工事関係綴」より）
工事完了の翌月4月17日に、大学関係者をはじめ、政府関係者、前田家当主などが招かれ、竣工式典が行われた。

【昭和三十六年修理記】

重要文化財旧加賀屋敷御守殿門
（赤門）修理記

事業概要
解体修理工事（袖塀は半解体）
着工　昭和三十四年十月
竣工　昭和三十六年三月
総工費　一三、一二八、〇〇〇円
内訳
門工事費　五、〇九二、一一三円
番所工事費　三、四八六、四一六円
繁塀工事費　五二一、一六七円
附袖塀工事費　九六一、九七二円
共通費　三、〇六六、三三二円
施工者　文化財保護委員会

旧加賀屋敷御守殿門（赤門）は文政六年（一八二三年）四月に徳川第十一代将軍家斉（文恭公）の第二十一女溶姫（徳川偕子）と加賀藩主前田斉泰との縁組に当って文政八年に着工され同十年に竣工した。その後、明治九年（一八七六年）十二月東京大学医学部所属となり、旧加賀屋敷の唯一の遺構として今日に至っている。

昭和六年十二月十四日国宝に指定され、昭和二十五年五月三十日文化財保護法が制定され、同年八月二十九日同法の施行に伴って重要文化財となった。

この門は安政四年（一八五七年）に修理を受け、また明治三十六年（一九〇三年）十二月には旧位置より約十五メートル前方にあたる現位置に移築修理された。

大正十二年（一九二三年）九月の関東大震災の際、門並びに両番所も僅少の損傷を受けたので大正十四年（一九二五年）八月その修理に着手し、翌十五年（一九二六年）一月完了した。その後、昭和六年（一九三一年）に部分的小修理と改造を受けて今日におよんでいる。

今回は門、両番所および繁塀を解体修理し、袖塀は屋根の葺替と壁の塗り直しを行なった。つぎに修理の大要を記す。

一、基礎、礎石の沈下したものは、堀り起してコンクリートの基礎を施した。
一、古材のうち腐朽破損の軽微なものは、継木、矧木、埋木等を施して再用に努めた。
一、屋根瓦の紋様、形式は数種類あったので、補足のものは最も古いものにならって作製した。
一、漆塗の部分は全面たたき落して在来の色合いにならい塗直した。飾金具は一部補修し、大部分を新しく補足した。
一、袖塀は、出桁および野地板を取替えて屋根を葺直した。控柱は腐朽甚だしく欠失したものもあったので、プレスコンクリートに取り替えた。
一、新補材はすべて見え隠れに修理年号を烙印し、使用木材はP・C・Pの水溶液を塗布し防腐処理を施した。また見え掛りの素地の部分には古色塗を施した。

現状変更
繁塀の腰生子壁を廃し、腰竪羽目板とし、土台ならびに腰長押を旧に復した。（旧写真および柄振台の辺付柱に残る痕跡による）

昭和三十六年三月三十一日
文化財保護委員会

【平成三年修理記】
工事概要　塗装修理、左官工事、屋根葺替（右袖塀は全体、他は部分）
本工事（袖塀控柱をコンクリートから木製に復旧）
事業期間　平成元年九月～三年三月

資料90　赤門修理記
南側番所引き戸上部の梁に1961（昭和36）年（右）及び1991（平成3）年（左）時の修理記が掲示されている。

赤門デザイン

成瀬晃司

赤門は、東京大学の象徴としてさらに東京の名所として、近代以降も広く親しまれてきた。それを反映して赤門をデザインした大学記念品や各種商品が製作されている。

資料91は永年勤続表彰として勤続二〇年の教職員（教授、准教授、講師を除く）への記念品である。小磯良平作、鳴海製陶製のボーンチャイナで、裏面にはロット番号が刻印されている。赤門の右手後方には移築された旧医学校本館建物が描かれていること、繋塀が羽目板に改修されていることから、昭和三六年から昭和四二年までの風景を描いた作品である。

資料92は国際部が海外から来訪した来賓への記念品として製作した作品である。笠松紫浪（一八九八～一九九一）作「本郷赤門の雪」は、ワタナベ板の版画で繋塀が海鼠塀であることから、一九五九（昭和三四）年修繕以前の赤門を描いた作品である。また国際部では、新たな記念品として、本展のために共同研究を行った生産技術研究所野城研究室による三次元スキャンデータを利用した「赤門クリスタル」を製作した。

大学管理以外の製品では、絵葉書が最も多く製作されている。絵葉書は一九〇〇（明治三三）年に私製絵葉書の発行が認められ、一九〇七（明治四〇）年から宛名面下部三分の一以内に通信文の記載が認められるようになった。赤門が描かれた絵葉書はこの段階から認められる。絵葉書の仕様は、その後一九一八（大正七）年には通信文記載が二分の一に拡大され、一九三三（昭和八）年に宛名面上部の右読み「便郵はかき」が「便郵はがき」に、一九四六（昭和二一）年には左読みの「郵便はがき」に変更されており、製作年代を知る手がかりとなる。

近年では、切手、オレンジカード、テレフォンカードなどの有価証券のデザインにも使用され、ご当地名所としてその位置を確立している。

また大学キャラクター募集事業では、「赤門爺」としたキャラクターが入選、栞が製作され配布された。

東京大学生活協同組合（東大生協）では、赤門、安田講堂、ひよこをデザインした文房具を製品化し、大学グッズの一環として販売している。

資料 91　永年勤続表彰記念品
小磯良平（1903-1988）作、鳴海製陶製、陶板画

資料 92　海外来賓者記念品
笠松紫浪（1898-1991）作「本郷赤門の雪」は、ワタナベ板の版画で繋塀が海鼠塀であることから、1959（昭和34）年修繕以前の赤門を描いた作品である。また国際部では、新たな記念品として、本展のために共同研究を行った生産技術研究所・野城研究室による三次元スキャンデータを利用した「赤門クリスタル」を製作した。

あとがき◎西秋良宏

本書は東京大学総合研究博物館と同埋蔵文化財調査室が共催した平成二九年度春季特別展示『赤門―溶姫御殿から東京大学へ』の解説書として制作したものである。

赤門は一八二七(文政一〇)年、加賀前田家本郷邸の御守殿門として建立された。本郷邸が、その半世紀後に東京大学用地となって以降も、赤門は大学の最も著名な門として、また都内有数の名所の一つとして、長く親しまれてきたところである。本年は、本郷邸の開設四〇〇周年、本学創立一四〇周年という節目の年にあたる。この二つの歴史をつなぐ遺構として赤門以上にシンボリックなものはない。そこで、赤門やその周囲で展開した歴史に関する研究を提示したというのが本展である。扱っている時代は、門が御守殿門として機能していた江戸末期から東京大学の顔として新たな役割を担いはじめた明治初期にかけてである。

企画の背景となったのは、近年、赤門周辺であいついだ学内開発にともなう埋蔵文化財調査である。門を入って左手の情報学環・福武ホール(二〇〇八年竣工)に始まり、右手の伊藤国際学術研究センター(二〇一一年竣工)、さらには新図書館として建設中のアカデミックコモンズ。それらの建設にともなう事前発掘が赤門や、それを建立させた溶姫の御殿に関する知見を急速に増加させた。福武ホールやアカデミックコモンズ建設地点の調査は御殿女中たちの生活を遺物、遺構でもってつまびらかにしたし、伊藤国際学術研究センター周辺からは、現在の位置にいたるより前、江戸時代において赤門はどこにあったのかの特定に貢献する遺構が見つかっている。一九九〇年代に実施された赤門総合研究棟の調査に際には、姫の御殿の台所遺構が出土している。それら新旧の遺跡調査、さらには関係する文書、建築資料、古写真などをあわせて赤門一帯の歴史を組み立ててみようということになった。

赤門がなぜ、長く親しまれ、指定文化財として保存されているのか、その歴史的価値と由来を建立時にまでさかのぼって整理するのが目的である。

本郷キャンパスは加賀藩はじめいくつもの藩邸跡地にかさなっている。したがって、そこでみつかる遺構の多くは江戸期に由来するものである。もちろん、この台地にヒトが住み着いたのはもっと昔にさかのぼる。二万年以上前の旧石器時代の遺跡が文学部三号館の調査で見つかっているし、弥生式土器の時代の集落があったことも浅野地区の発掘でわかっている。だが、なお、本郷構内をいろどる江戸の歴史は圧巻というよりない。医学部附属病院一帯には富山藩、大聖寺藩の邸宅が埋もれているし、工学部の建物が密集する本郷地区北端から弥生、浅野地区にかけては水戸藩駒込邸や安志藩邸が重なっている。それらが校舎建築のたびに地下から顔を出す。

なぜ、これほどの近世が残っているのかと言えば、明治初期、藩邸跡地をゆずりうけた後も、構内が無秩序な開発にさらされなかったことが奏功したと言うにつきる。周辺にビルの林立が続く中にあっても、木々が繁茂し昆虫や鳥たちが飛び交う緑地とともに豊かな史跡空間が残された。昨今は、新建築があいつぎ、かつてのような見通しのよい景観は減じている。それでも、建設着工の際には必ず埋蔵文化財の事前調査がなされ、史跡の記録保存という手続きが取られているのだから、歴史の趣を失うのと引き替えに歴史に関わる我々の知見は増しているのである。

学内の文化財をめぐる調査、記録は、文化財保護法にもとづいて実施されている。行政的な手続きによるのだとは言え、教育研究組織たる大学がおこなっているのであるから、その活動や成果は教育・研究に大いに資するものとすることが不可欠である。今回のような展覧会の開催は、大学が自らおこなう文化財調査の意義を改めて評価、検証する絶好の機会であるように思う。

一九九六(平成八)年の改組、開館後、総合研究博物館が初めて手がけた学内文化財に関する展覧会は、二〇〇〇（平成一二）年の『加賀殿再訪』展であった。埋蔵文化財調査室の設立十周年を記念する企画として、本郷キャンパスを舞台にして著しく進展した近世考古学の到達点を示したものである。この新しい学問分野は、それ以前から芽はあったものの、バブル期の昭和末から平成初めにかけての大規模な都心再開発とともに一気に走り出し、急速に成長した。本郷キャンパスの調査は、その最先端にあったといってよい。それが、いかに近世考古学という分野の開拓、推進に貢献したのか、展覧会は成果を検証する機会となった（『加賀殿再訪―東京大学本郷キャンパスの遺跡』東京大学出版会、二〇〇〇年）。

では、あれから二〇年近くを経た今回の展示にあたってはどうか。現在の評価は歴史が定めるものなのだろうが、次の着地点の一つへの道筋は見えつつあるように思う。それは、近世考古学の枠を超えた文化財調査と、その教育発信である。誰が意図したわけでもない、この変化は、小規模な展示ではあったけれど二〇一一（平成二三）年に開催した『弥生誌』展の際に、垣間見えていた。『弥生誌』展は本郷キャンパス浅野地区の史跡を扱った展示である。浅野地区が水戸藩邸であったことを示す唯一の構造物、水戸九代藩主・徳川齊昭建立の「向岡記」碑（一八二八、文政十一年）の保存修復がなされたことを機に、その歴史的意義を考察した（『弥生誌―向岡記碑をめぐって』東京大学総合研究博物館、二〇一一年）。同時に、碑に刻まれていた弥生という文字が明治期に弥生町という地名をうみ、後に、そこでみつかった先史土器に弥生式土器という名称を与えることになったという歴史譚、すなわち先史、近世、近現代史が交差するキャンパスの歴史の妙を示すものとなった。

今回の展示にあたっても、埋蔵文化財だけでなく、総合研究博物館の小石川分館が蓄積してきた赤門の古写真や瓦など関連資料の研究を刺激することとなった。加えて、これまでに幾度となく実施されてきた赤門の補修、改築に際して本部に残された文書記録、そして建築部材や瓦などのモノ資料の収集、調査もおこなうことができた。そもそも、近世、近現代のように文字資料や建物、民俗、伝世資料などが豊富に利用できる時代の歴史は、埋蔵文化財の研究のみで語りうるものではない。本郷キャンパスの史跡が総合的な研究の舞台として活用されるべきことは当初から約束されていたことなのであろう。

もう一つ顕著な近年の動きは、構内史跡の積極的な活用の試みである。浅野地区の校舎裏にひっそりと建っていた向岡記碑は、二〇〇八（平成二〇）年以降、浅野地区南門脇に移築され見学しやすくなった。二〇一四（平成二六）年には文京区指定文化財とされるにいたり、多くの一般来訪者を迎えている。また、数年前から文学部・大学院人文社会研究科において文化資源学研究室が「東京大学探索」という講義を開いていることも特記すべきである。埋蔵文化財調査室、建築史、史料編纂所、文書館、総合研究博物館など関連部局の教員も加わり、学内の史跡や遺構、その文化資源的価値を伝える講義である。そのような企画を生じせしめ、中身を豊かなものにしているのは、四半世紀以上も続いてきた学内文化財調査の蓄積であることにうたがいはない。

学内の史跡や文化財の総合調査と教育発信。史跡の上にある大学として、それらの推進に責任を負うことは当然である。バブル期にパワフルに走り出した近世考古学の到達点を提示するという、かつてのような力強い展覧会メッセージとは比較できないのかも知れないが、埋蔵文化財を核とした学内史跡調査が時をへて成熟し、余裕をみせ、さらに次の段階を模索する渦中を我々は目撃しているように思う。本郷キャンパスは近世考古学の誕生から展開の様子を長期的に観察しうる希有な舞台である。この現在地が、今後どのように展開するのか、さらなる期待を抱きつつ観察していただきたく思う次第である。

前田家・徳川家系図

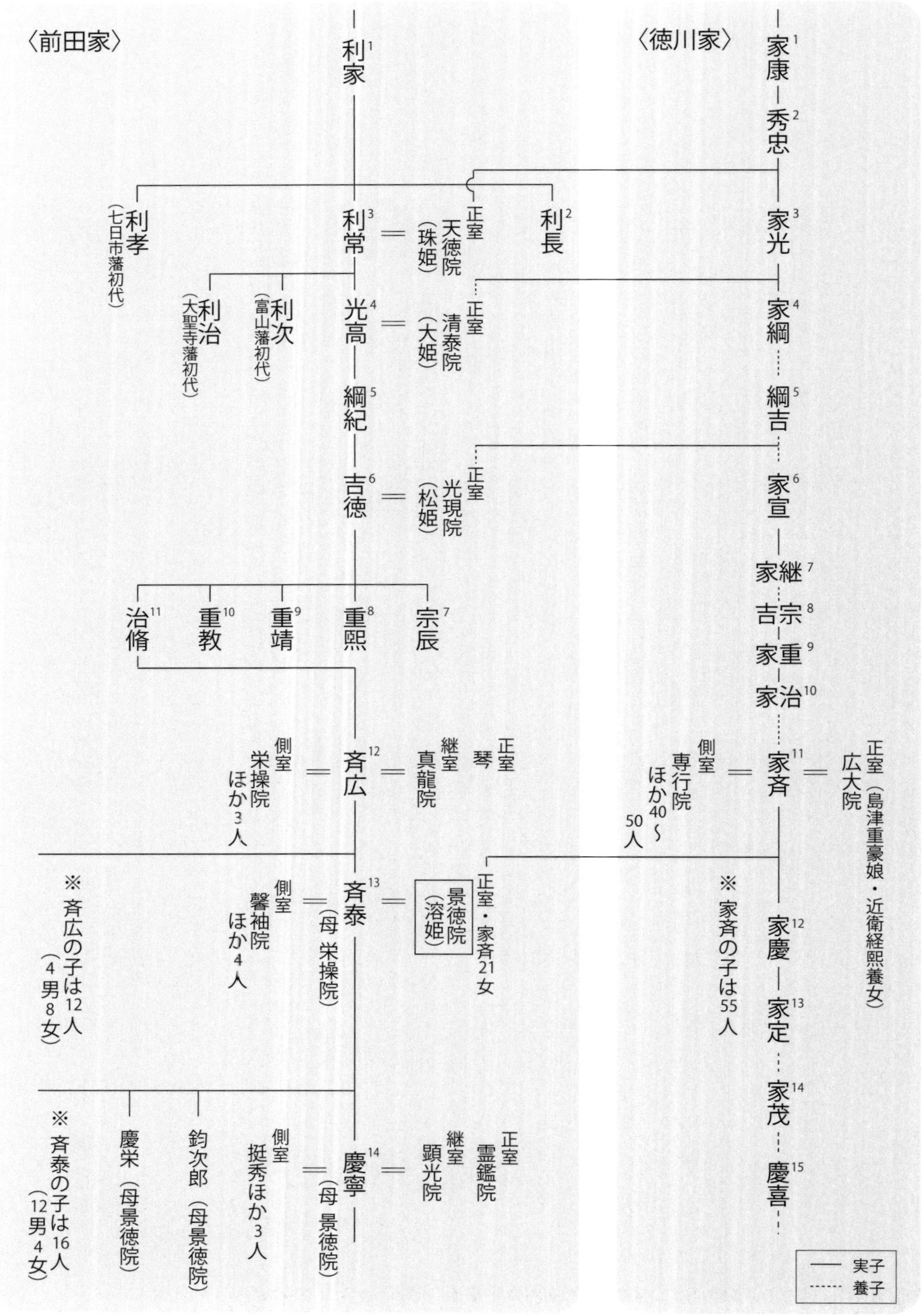
〈前田家〉
利家1
利長2
利孝（七日市藩初代）
利常3
正室 天徳院（珠姫）
光高4
利次（富山藩初代）
利治（大聖寺藩初代）
正室 清泰院（大姫）
綱紀5
吉徳6
正室 光現院（松姫）
宗辰7
重熙8
重靖9
重教10
治脩11
斉広12
正室 琴
継室 真龍院
側室 栄操院 ほか3人
斉泰13（母 栄操院）
景徳院（溶姫）
正室・家斉21女
側室 馨袖院 ほか4人
※ 斉広の子は12人（4男8女）
慶寧14（母 景徳院）
正室 霊鑑院
継室 顕光院
側室 挺秀ほか3人
鈞次郎（母景徳院）
慶栄（母景徳院）
※ 斉泰の子は16人（12男4女）
〈徳川家〉
家康1
秀忠2
家光3
家綱4
綱吉5
家宣6
家継7
吉宗8
家重9
家治10
家斉11
正室 広大院（島津重豪娘・近衛経熙養女）
側室 専行院 ほか40～50人
※ 家斉の子は55人
家慶12
家定13
家茂14
慶喜15
実子
養子

加賀藩歴代藩主表

		生	襲封	致仕	没（享年）	父母	正室
1	利家《トシイエ》 （高徳院）	天文7. 12. 25 （1538）	永禄12. （1569）	慶長3. 4. 20 （1598）	慶長4. 閏3. 3 （1599）(62)	父　利昌 母　竹野氏	篠原主計女 （松、芳春院）
2	利長《トシナガ》 （瑞龍院）	永禄5. 1. 12 （1562）	慶長3. 4. 20 （1598）	慶長10. 6. 28 （1605）	慶長19. 5. 20 （1614）（53）	父　利家 母　芳春院	織田信長4女 （永、玉泉院）
3	利常《トシツネ》 （微妙院）	文禄2. 11. 25 （1593）	慶長10. 6. 28 （1605）	寛永16. 6. 20 （1639）	万治1. 10. 12 （1658）(66)	父　利家 母　寿福院	将軍徳川秀忠2女 （子々、珠、天徳院）
4	光高《ミツタカ》 （陽広院）	元和1. 11. 20 （1615）	寛永16. 6. 20 （1639）	—	正保2. 4. 5 （1645）(31)	父　利常 母　天徳院	将軍徳川家光養女 実：水戸藩徳川頼房娘 （糸、大、阿智、清泰院）
5	綱紀《ツナノリ》 （松雲院）	寛永20. 11. 16 （1643）	正保2. 6. 13 （1645）	享保8. 5. 9 （1723）	享保9. 5. 9 （1724）(82)	父　光高 母　清泰院	会津藩保科正之2女 （摩須、松嶺院）
6	吉徳《ヨシノリ》 （護国院）	元禄3. 8. 8 （1690）	享保8. 5. 9 （1723）	—	延享2. 6. 12 （1745）（56）	父　綱紀 母　預玄院	将軍徳川綱吉養女 実：尾張藩徳川綱誠娘 （磯、松、光現院）
7	宗辰《ムネトキ》 （大応院）	享保10. 4. 25 （1725）	延享2. 7. 25 （1745）	—	延享3. 12. 8 （1746）(22)	父　吉徳 母　浄珠院	会津藩保科正容娘 （常、梅園院）
8	重熙《シゲヒロ》 （謙徳院）	享保14. 7. 24 （1729）	延享4. 1. 26 （1747）	—	宝暦3. 4. 8 （1753）(25)	父　吉徳 母　心鏡院	高松藩徳川頼泰娘 （長）*婚約のみ
9	重靖《シゲノブ》 （天珠院）	享保20. 11. 8 （1735）	宝暦3. 5. 18 （1753）	—	宝暦3. 9. 29 （1753）(19)	父　吉徳 母　善良院	紀州藩徳川宗直娘 （賢）*婚約のみ
10	重教《シゲミチ》 （泰雲院）	寛保1. 10. 23 （1741）	宝暦4. 3. 11 （1754）	明和8. 4. 23 （1771）	天明6. 6. 12 （1786）(46)	父　吉徳 母　実成院	紀州藩徳川宗将長女 （勝、套、千間、寿光院）
11	治脩《ハルナガ》 （太梁院）	延享2. 1. 4 （1745）	明和8. 4. 23 （1771）	享和2. 3. 9 （1802）	文化7. 1. 7 （1810）(66)	父　吉徳 母　寿清院	大聖寺藩前田利道2女 （利、俊、正、法梁院）
12	斉広《ナリナガ》 （金龍院）	天明2. 7. 28 （1782）	享和2. 3. 9 （1802）	文政5. 11. 21 （1822）	文政7. 7. 10 （1824）(43)	父　重教 母　貞琳院	尾張藩徳川宗睦養女 実：高須藩松平勝当娘 （琴）*離縁 鷹司政煕娘（夙、真龍院）
13	斉泰《ナリヤス》 （温敬公）	文化8. 7. 10 （1811）	文政5. 11. 21 （1822）	慶応2. 4. 4 （1866）	明治17. 1. 16 （1884）(74)	父　斉広 母　栄操院	将軍徳川家斉21女 （溶、偕、景徳院）
14	慶寧《ヨシヤス》 （恭敏公）	天保1. 5. 4 （1830）	慶応2. 4. 4 （1866）	—	明治7. 5. 18 （1874）(45)	父　斉泰 母　景徳院	久留米藩有馬頼徳娘 （親、祟、霊鑑院） 鷹司政通女 （貴、範、吉、通、顕光院）

注　『山上会館・御殿下記念館地点第3分冊』（東京大学埋蔵文化財調査室、1990）資料1に加筆修正、同書第5表
『金沢市史』資料編3近世1所収「本藩歴譜」（金沢市、1999）、『寛政重修諸家譜』（17、続群書類従完成会、1965）などを参照した

展示関係年表

西暦	年号		事項
1616〜17	元和2〜3		3代利常、旧・大久保忠隣邸を下屋敷地として拝領
1626	寛永3	秋	藩主や藩主家族の館、将軍の御成御殿、家中住居の長屋の建築を開始
1629	6	4.26	将軍徳川家光、本郷邸に御成
		4.29	大御所徳川秀忠、本郷邸に御成
1639	16	6.20	3代利常、隠居許可、長男光高家督相続. 次男利次・三男利治は分家し、邸内東側を上屋敷地として貸与
1640	17	3.28	将軍徳川家光、本郷邸に御成
1650	慶安3	3.29	本郷富士塚周辺からの火事で本郷邸全焼（翌年再建）
1657	明暦3	1.19	明暦の大火で上屋敷辰口邸全焼. 5代綱紀は本郷邸に避難し、以後定住
		7.10	収公された中屋敷牛込邸6万坪の代替地の一部として本郷邸南側の同心屋敷地2万坪を拝領
1663	寛文3	3.17	表門前の道路拡幅のため、本郷5・6丁目の町屋敷を購入
1682	天和2	12.28	白山からの出火で本郷邸全焼（八百屋お七火事）
1683	3	3.	上屋敷筋違邸が収公され、本郷邸が上屋敷となる. 以後、数年かけて本郷邸の整備を行う
1687	貞享4	9.13	本郷邸の殿舎が完成し、5代綱紀が避難先の駒込邸から移転
1702	元禄15	4.26	将軍徳川綱吉、本郷邸に御成
1703	16	11.29	水戸藩上屋敷からの出火で本郷邸全焼（水戸様火事、1708年再建）
1708	宝永5	4.9	6代吉徳、将軍徳川綱吉養女松姫（光現院）と婚約
		8.12	本郷邸に松姫「御守殿」造営開始
		11.18	松姫、本郷邸内「御守殿」に入輿
1720	享保5	9.20	松姫死去
1721	6	2.27	松姫「御守殿」解体
1730	15	1.11	下谷七軒町からの火事で本郷邸ほぼ全焼（同年最小限で再建）
1738	元文3	7.10	本郷邸の大書院・小書院・舞台などが竣工
1771	明和8	2.29	本郷丸山よりからの火事で本郷邸内北西が類焼（目黒行人坂火事）. 竣工間近の10代重教隠居所「西御殿」を焼失
1802	享和2	10.	内馬場・厩跡地に10代重教正室寿光院の居所「梅之御殿」を新築（寿光院没後は11代治脩正室法梁院が居住）
1811	文化8	7.10	勝千代（13代前田斉泰）、金沢城にて誕生（父・12代前田斉広、母・側室栄操院）
1812	9	12.29	斉泰、高松藩松平頼儀娘律と婚約（のち同人死去により婚約解消）
1813	10	3.27	溶姫誕生（父・将軍徳川家斉、母・側室専行院）
		12.14	斉泰、富山藩前田利幹娘銈と婚約（のち同人死去により婚約解消）
1814	11	11.29	斉泰、秋田藩佐竹義和娘利瑳と婚約（のち利瑳死去により婚約解消）
1822	文政5	11.21	12代斉広、隠居許可、斉泰家督相続
		12.9	幕府、前田家に将軍姫君との縁談を打診
1823	6	4.11	斉泰、溶姫と婚約
1824	7	7.10	12代斉広、金沢城竹沢御殿にて死去（享年43）
1825	8	7.29	本郷邸に溶姫「御住居」造営開始. これに先立ち「梅之御殿」を解体
		12.9	本郷邸「北御居宅」内から出火. 隣接する富山藩邸などを焼失
1826	9	12.8	幕府が火防のため「御住居」に近い本郷5・6丁目町家を収公
1827	10	11.27	溶姫、本郷邸内「御住居」に引移り婚礼
1828	11	3.13	将軍家斉が本郷邸を通抜け御成
1830	天保元	5.4	溶姫、長男犬千代（14代慶寧）を出産

西暦	年号		事　項
1832	天保3	2.28	12代斉広継室・真龍院、本郷邸から中屋敷駒込邸へ転居（のち天保9年帰国）
		7.2	溶姫、2男釣次郎を出産（翌年5.10死去）
1834	5	3.23	溶姫、三男亀丸（利順のち鳥取藩11代池田慶栄）を出産
1840	11	2.2	慶寧の元服後の住まい「東御居宅」の造営開始（翌年6月転居）
		10.	溶姫、「梅松双鶴図」を制作
1841	12	閏1.30	大御所徳川家斉死去（享年69）
		初秋	溶姫、「併蔕茄子図」を制作
		10.5	幕府・天保改革で（溶姫母専行院の実父とされる）日啓を処分、感応寺廃寺
1842	13	初秋	斉泰、脚気を患う（1844年まで在国）
1843	14	5.13	幕府・天保改革により溶姫御住居費用が削減される
		8.23	斉泰、脚気快気により、金沢宮腰へ行歩．宮腰町年寄中山家を訪問
1847	弘化4	4.13	慶寧、久留米藩有馬慶頼妹親と婚礼
1848	5	7.13	幕府より3男利順を鳥取藩池田慶行の養子とする内命あり
		10.21	利順、鳥取藩邸へ転居
		12.9	利順、鳥取藩池田家の家督相続（池田慶栄）
1850	嘉永3	3.21	将軍家慶が本郷邸へ通抜け御成
		5.23	池田慶栄、伏見にて死去（享年17）
1851	4	8.5	溶姫、浜御殿御庭へ出御
1852	5	2.25	菅原道真950年忌．斉泰・溶姫合作の「菅公神号及梅図」を制作
1853	6	4.4	斉泰、海防のため能登を巡見
1854	7	1.19	幕府より江戸近海防備を命じられ、芝増上寺内清光寺へ出陣
1855	安政2	2.	溶姫、「寿老人対机揮毫図」を制作
		10.2	安政江戸地震、邸内全体が被害
1856	3	2.2	溶姫「御住居」を「御守殿」に改称許可
		6.4	溶姫、斉広継室・真龍院古稀の祝いに「福禄寿図」三幅対を贈る
		8.25	大風雨により、邸内全体が被害
1857	4	3.-	御守殿表御門前に「御物見」が移転
		8.-	御守殿表御門の修復を行う
1858	5	1.8	慶寧、久我建通娘貴と再婚．
	5.5		溶姫、「鍾馗図」を制作
1859	6	11.-	溶姫、「梅竹鳩雀図」を制作
1861	文久元	12.-	溶姫、「梅花華表図」を制作
1862	2	閏8.22	幕府・文久改革により参勤交代制が緩和
		9.18	慶寧ら帰国．その後本宅御広式（前田家の奥御殿）や家中長屋の一部を撤去
1863	3	4.3	溶姫帰国．金沢城二ノ丸「御守殿」に滞在
1864	4	3.19	溶姫、白山宮を参詣
		7.19	慶寧、禁門の変の最中、警衛中の京都から帰国．以後謹慎
		9.2	幕府、参勤交代制を復し溶姫に帰府を命じる
		11.22	溶姫江戸着
1865	慶応元	4.10	慶寧の謹慎解除
1866	2	4.4	13代斉泰、隠居許可、慶寧家督相続
1868	4	3.4	慶寧、朝廷に溶姫の帰国を出願
		3.24	溶姫、危険を避けるため金沢に帰国

西暦	年号		事項
1868	慶応4	4.11	江戸城開城
		閏4.17	本郷春木町からの出火で本郷邸大部分を焼失
		5.1	溶姫、金沢で死去（享年56）
	明治元	9.8	改元
		10.27	明治天皇、大宮氷川神社行幸途中に本郷邸御物見に立ち寄る
		12.24	新政府より上屋敷を郭内におくよう命じられ、本郷邸は中屋敷となる
1869	2	11.2	武家地が東京府管轄となる
1870	3	8.-	本郷邸を加賀藩官邸とする
		閏10.-	明治天皇、再び本郷邸御物見に立ち寄る
1871	4	6.26	本郷邸103,822坪のうち、南西隅15,078坪を除いて収公、東京府用地となる
1872	5	10.15	旧本郷邸東京府用地の空長屋に東京市中に徘徊する浮浪乞食を臨時収容
		11.-	旧本郷邸東御門周辺に獄舎を建築
1873	6	3.27	旧本郷邸東京府用地を正院御用地とする
		5.17	旧本郷邸正院御用地を文部省用地とし、獄舎を市谷谷町へ移転．一部土地を陸軍省と替地
		6.-	旧本郷邸文部省用地内に御雇教師館を建築
1874	7	11.	東京医学校、旧本郷邸文部省用地内に移転決定
1875	8	1.27	巡査屯所建築地1600坪余りを東京府へ引渡す
		6.-	東京医学校建築地所として前田家より542坪余の献納を受ける
1876	9	12.30	東京医学校、神田和泉町から移転
1877	10	4.12	東京大学創設（東京開成学校・東京医学校を合併、法理文3学部と医学部とし東京大学予備門・小石川植物園を附属する）
1884	17	8.-	本部事務所・法・文学部、神田錦町から移転
1885	18	7.20	「赤門」を東京大学正門とする
		9.-	理学部、神田錦町から移転
1886	19	3.1	帝国大学令公布、大学院新設、法・医・工・文・理の5つの分科大学となる
1891	24		赤門の北に「仮正門」を設置
1897	30	6.-	帝国大学から東京帝国大学に改称
1900	33	10.-	赤門の左右練塀の修繕工事を行う
1903	36	8.26	赤門を西に50尺程（約15m）位置替えし、修繕工事を行う
1912	45	6.-	正門を新設
1923	大正12	9.1	関東大震災、構内全体が被害
1925	14	8.25	震災で大破した赤門の修繕工事を行う（翌年1.6竣工）
1926	15	8.2	前田家と土地交換を行う
1931	昭和6	12.14	赤門が国宝に指定
1947	22	10.	東京大学と改称
1949	24	5.	新制東京大学設立
1950	25	8.29	文化財保護法により赤門が重要文化財に指定
1959	34	10.	赤門の大規模修繕を行う（1961年3月竣工）
1965	40		経済学部本館建設にともない椿山（富士権現）消滅
1969	44	6.7	大学闘争で赤門が毀損
1989	平成元	9.	赤門の修繕を行う（1991年3月竣工）
2000	12	5.20	特別展「加賀殿再訪」にともない赤門番所を公開
2007	19	11.10	東京大学創立130年記念事業の一環で赤門番所を公開

「本郷邸年表」（『東京大学遺跡調査室発掘調査報告書1　理学部7号館地点』、1989）、『加賀藩史料』（1〜15・藩末上下、清文堂出版）、前田育徳会所蔵「本藩歴譜」（『金沢市史』資料編3近世1、1999）、国立公文書館所蔵「公文録」、『本郷キャンパスの百年』（東京大学総合研究資料館特別展示実行委員会編、1988）などを元に作成

品番	品名	摘要 （①種別 ②所蔵先 遺跡名 遺構名 ③産地 ④年代 ⑤法量* ⑥備考）	図録掲載番号
下屋敷時代の本郷邸			
0-1	瑠璃地白花牡丹文盤	①磁器 ②山上会館地点 3号遺構,法学部4号館地点 E11-1号土坑 ③中国景徳鎮 ④15世紀 ⑤[12.0]×-×-	資料10
0-2	青花幾何学文碗(祥瑞)	①磁器 ②中央診療棟地点 L32-1 ③中国景徳鎮 ④17世紀前半 ⑤11.1×4.6×6.8	資料9
0-3	青花芙蓉手鉢	①磁器 ②入院棟A地点 C2層 ③中国景徳鎮 ④17世紀前半 ⑤(34.8)×(15.6)×13.3	資料12
0-4	色絵瓢形瓶(金襴手)	①磁器 ②入院棟A地点 C2層 ③中国景徳鎮 ④17世紀前半 ⑤(34.8)×(15.6)×13.3	資料4
0-5	青磁三足盤	①磁器 ②中央診療棟地点 L32-1 ③中国龍泉 ④14～15世紀 ⑤23.4×7×8.8	資料11
0-6	色絵大皿(古九谷様式)	①磁器 ②入院棟A地点 SK3 ③肥前 ④17世紀後半 ⑤32.5×18.3×7.1	資料1
0-7	色絵芙蓉手花篭文大皿	①磁器 ②御殿下記念館地点 391号遺構 ③肥前 ④17世紀後半 ⑤32×14×6.8	資料2
0-8	色絵燭台(古九谷様式)	①磁器 ②入院棟A地点 SK3 ③肥前 ④17世紀後半 ⑤13.8×11×-	資料3
0-9	溶着資料(古九谷様式)	①磁器 ②入院棟A地点 C2層 ③肥前 ④17世紀後半 ⑤(44)×-×-	資料6
0-10	色絵皿(古九谷様式)	①磁器 ②入院棟A地点 C2層 ③肥前 ④17世紀後半 ⑤(46)×-×-	資料5
0-11	染付鯉文皿	①磁器 ②入院棟A地点 C3層 ③肥前 ④17世紀後半 ⑤21.6×14×2.4	資料7
0-12	白磁猪口	①磁器 ②入院棟A地点 C2層 ③肥前 ④17世紀後半 ⑤-×-×5.2	資料8
0-13	蕎麦茶碗	①陶器 ②看護師宿舎地点 SK299 ③朝鮮 ④16世紀 ⑤-×5.4×-	資料16
0-14	白磁碗	①磁器 ②看護師宿舎地点 SK299 ③朝鮮 ④16世紀 ⑤-×6.3×-	資料16
0-15	象嵌筒茶碗(雲鶴)	①陶器 ②看護師宿舎地点 SK299 ③朝鮮 ④16世紀 ⑤-×-×[7.8]	資料16
0-16	茶碗	①陶器 ②看護師宿舎地点 SK299 ③朝鮮 ④16世紀 ⑤(15)×5.8×7.8	資料16
0-17	天目茶碗	①陶器 ②看護師宿舎地点 SK299 ③瀬戸・美濃 ④16世紀 ⑤(14.6)×5.4×7.1	資料17
0-18	練込碗	①陶器 ②看護師宿舎地点 SK299 ③瀬戸・美濃 ④17世紀 ⑤(13)×-×-	資料17
0-19	灰釉碗	①陶器 ②看護師宿舎地点 SK299 ③肥前？ ④17世紀前半 ⑤13.1×6.2×8.1	資料17
0-20	灰釉碗	①陶器 ②看護師宿舎地点 SK299 ③肥前 ④17世紀前半 ⑤(11.6)×5.4×7.5	資料17
0-21	青磁硯屏	①磁器 ②看護師宿舎地点 SK299 ③中国龍泉 ④14～15世紀 ⑤-×-×[9.9]	資料14
0-22	青磁花入	①磁器 ②看護師宿舎地点 SK299 ③中国龍泉 ④13～14世紀 ⑤(8)×-×-	資料14
0-23	青磁香炉(蓋)	①磁器 ②看護師宿舎地点 SK299 ③中国龍泉 ④13～14世紀 ⑤10.2×-×-	資料14
0-24	青磁花入	①磁器 ②看護師宿舎地点 SK299 ③中国龍泉 ④13～14世紀 ⑤8.4×-×-	資料14
0-25	青磁器台	①磁器 ②看護師宿舎地点 SK299 ③中国龍泉 ④13～14世紀 ⑤4.2×5×4.5	資料14
0-26	白釉蓮弁文水指	①陶器 ②看護師宿舎地点 SK299 ③ベトナム ④14世紀 ⑤(13.8)×14.8×17.7	資料15
0-27	色絵瓢形瓶(金襴手)	①磁器 ②法学系総合研究棟地点 SK42 ③中国景徳鎮 ④16世紀 ⑤2.6×(7.6)18.4	資料4

展示品目録

品番	品名	摘要　(①種別 ②所蔵先 遺跡名 遺構名 ③産地 ④年代 ⑤法量* ⑥備考)	図録掲載番号
0-28	青磁鳥形香炉	①磁器 ②法学系総合研究棟地点 SK42 ③中国龍泉 ④14～15世紀 ⑤-×-×[9.8]	資料13
0-29	青磁水注	①磁器 ②法学系総合研究棟地点 SK42 ③中国景徳鎮 ④16世紀 ⑤-×8.4×-	資料13
0-30	青磁香炉	①磁器 ②法学系総合研究棟地点 SK42 ③中国龍泉 ④13～14世紀 ⑤(7.2)×-×-	資料13
0-31	青磁舟形水滴	①磁器 ②法学系総合研究棟地点 SK42 ③中国龍泉 ④14～15世紀 ⑤[11.8]×[6.0]×[6.8]	資料13
0-32	青磁硯屏	①磁器 ②法学系総合研究棟地点 SK42 ③中国龍泉 ④14～15世紀 ⑤13.6×6.6×-	資料13
0-33	青磁硯屏	①磁器 ②法学系総合研究棟地点 SK42 ③中国龍泉 ④14～15世紀 ⑤13.2×6.6×-	資料13
0-34	白磁小鉢	①磁器 ②薬学部資料館地点 SE13 ③肥前 ④17世紀後半 ⑤8.4×3×4.8	資料19
0-35	青花小坏	①磁器 ②薬学部新館地点 SE105 ③中国景徳鎮 ④17世紀前半 ⑤(6.4)×2.2×3.5	資料18
0-36	鉄絵灰釉皿	①陶器 ②薬学部資料館地点 SK6 ③肥前 ④17世紀前半 ⑤-×4×-	資料19
0-37	志野皿	①陶器 ②薬学部新館地点 SE105 ③瀬戸・美濃 ④17世紀前半 ⑤(11.8)×(7.2)×2.5	資料18
0-38	蘭竹文皿	①陶器 ②薬学部新館地点 SK58 ③美濃 ④17世紀前半 ⑤12×7×2.7	資料18
0-39	蘭竹文皿	①陶器 ②薬学部新館地点 SE67 ③美濃 ④17世紀前半 ⑤(14.4)×(8)×3	資料18
0-40	灰釉皿	①陶器 ②薬学部新館地点 SE67 ③瀬戸・美濃 ④17世紀前半 ⑤15.7×7.6×3.9	資料18
0-41	灰釉皿	①陶器 ②薬学部資料館地点 Ⅰ層 ③瀬戸・美濃 ④17世紀前半 ⑤14×6.2×3.8	資料18
0-42	総織部皿	①陶器 ②薬学部新館地点 SE67 ③瀬戸・美濃 ④17世紀前半 ⑤15×7.5×(4.4)	資料18
0-43	華南三彩盤	①陶器 ②薬学部資料館地点 Ⅰ層 ③中国南部 ④16世紀 ⑤[4.8]×-×-	資料19
0-44	染付皿	①磁器 ②薬学部新館地点 SK49 ③肥前 ④17世紀前半 ⑤14.4×4.9×3.5	資料18
0-45	白磁皿	①磁器 ②薬学部資料館地点 Ⅰ層 ③肥前 ④17世紀前半 ⑤13.8×5×4.1	資料18
0-46	褐釉碗	①磁器 ②薬学部資料館地点 SK8 ③肥前 ④17世紀前半 ⑤(11)×4.4×7.5	資料18
0-47	灰釉碗	①陶器 ②薬学部資料館地点 SK6 ③瀬戸・美濃 ④17世紀前半 ⑤11.2×5.4×7.5	資料18
0-48	灰釉碗	①陶器 ②薬学部資料館地点 SK6 ③瀬戸・美濃 ④17世紀前半 ⑤10.4×5.4×7.8	資料18
0-49	鉄釉灰釉散し碗	①陶器 ②薬学部資料館地点 SK6 ③瀬戸・美濃 ④17世紀前半 ⑤10.5×4.8×6.8	資料18
0-50	染付碗	①磁器 ②薬学部資料館地点 SK10 ③肥前 ④17世紀前半 ⑤10.1×4.3×7.1	資料18
0-51	鉄釉擂鉢	①陶器 ②薬学部新館地点 SE67 ③瀬戸・美濃 ④17世紀前半 ⑤-×9.6×-	資料19
0-52	ほうろく	①土器 ②薬学部新館地点 SE105 ③江戸在地？ ④17世紀前半 ⑤(32.2)×20.6×5.9	資料19

品番	品名	摘要 （①種別 ②所蔵先 遺跡名 遺構名 ③産地 ④年代 ⑤法量* ⑥備考）	図録掲載番号
0-53	灰釉鉢？	①陶器 ②薬学部新館地点 SK66 ③瀬戸・美濃 ④17世紀前半 ⑤4.7×4.5×8.6	資料19
0-54	塩壺	①土器 ②薬学部新館地点 SE67 ③関西 ④17世紀前半 ⑤5.6×5.1×9.7	資料19
0-55	志野織部瓶	①陶器 ②薬学部新館地点 SE67 ③瀬戸・美濃 ④17世紀前半 ⑤-×7×-	資料19
0-56	かわらけ	①土器 ②薬学部資料館地点 SK10 ③江戸在地 ④17世紀前半 ⑤12×7×2.2	
0-57	かわらけ	①土器 ②薬学部資料館地点 SK10 ③江戸在地 ④17世紀前半 ⑤8.8×5.8×1.8	資料19
0-58	かわらけ	①土器 ②薬学部資料館地点 SK10 ③江戸在地 ④17世紀前半 ⑤11.6×7.2×2.4	資料19
0-59	かわらけ	①土器 ②薬学部資料館地点 SK10 ③江戸在地 ④17世紀前半 ⑤11.6×6.4×2.5	資料19
0-60	かわらけ	①土器 ②薬学部資料館地点 SK10 ③江戸在地 ④17世紀前半 ⑤9.4×6.4×2.1	
0-61	かわらけ	①土器 ②薬学部資料館地点 Ｉ層 ③加賀？ ④17世紀前半？ ⑤(9)×(6.3)×2.5	資料19
0-62	二彩唐津鉢	①陶器 ②薬学部新館地点 SU51 ③肥前 ④17世紀後半 ⑤(27.1)×(10.5)×7.7	資料19
0-63	金箔鯱瓦	①瓦 ②第2中央診療棟地点 5～8層 ④17世紀前半 ⑤-×[14.0]×-	資料20
0-64	金箔鯱瓦	①瓦 ②第2中央診療棟地点 SD1737 ④17世紀前半 ⑤[12.0]×-×-	資料20
0-65	金箔軒平瓦	①瓦 ②第2中央診療棟地点 SX1793 ④17世紀前半 ⑤-×[14.0]×-	資料20
0-66	金箔軒菊丸瓦	①瓦 ②第2中央診療棟地点 5層 ④17世紀前半 ⑤-×10.8×1.9	資料20
0-67	金箔滴水瓦	①瓦 ②第2中央診療棟地点 SX1659 ④17世紀前半 ⑤-×[24.0]×-	資料20
0-68	金箔軒丸瓦	①瓦 ②第2中央診療棟地点 5層D‐14グリッド ④17世紀前半 ⑤-×[16.5]×-	資料20
0-69	金箔梅鉢文棟瓦	①瓦 ②総合研究棟(文・経・教・社研)地点 SK505 ④17世紀前半 ⑤[14.0]×-×2.5	資料20
0-70	金箔梅鉢文棟瓦	①瓦 ②総合研究棟(文・経・教・社研)地点 SK505 ④17世紀前半 ⑤[20.0]×-×-	資料20
0-71	金箔かわらけ	①土器 ②医学部教育研究棟地点 SK4516 ③加賀？ ④17世紀前半 ⑤(13.2)×-×2	資料21

第1部 江戸の赤門

1-1	国宝赤門標柱	①木 ②東京大学総合研究博物館 ④1933(昭和8)年以前 ⑤23.8×23.5×218	口絵14
1-2	「松乃栄」	①錦絵 ②東京大学総合図書館 ④1889(明治22)年11月 ⑤35.5×71.6	口絵2
1-3	赤門垂木	①木 ④19世紀 ⑤206×7×9 ⑥昭和34～36年赤門修繕時保存部材	
1-4	赤門番所垂木	①木 ④19世紀 ⑤174×7×9 ⑥昭和34～36年赤門修繕時保存部材	
1-5	「江戸本郷邸間取図」	①絵図 ②横山隆昭氏 ④1827(文政10)～1838(天保9)年 ⑤70×77	口絵3
1-6	「江戸御上屋鋪惣御絵図」	①絵図 ②金沢市立玉川図書館 ④1840(天保11)～1845(弘化2)年 ⑤102×172	口絵3

品番	品名	摘要（①種別 ②所蔵先 遺跡名 遺構名 ③産地 ④年代 ⑤法量* ⑥備考）	図録掲載番号

第2部 溶姫－歴史資料が語る実像

2-1	「温敬公親筆菅公神号及景徳夫人画梅図」	①絵画 絹本著色 ②前田育徳会 ④1852(嘉永5)年2月25日 ⑤本紙104.3×43.8 ⑥前田斉泰筆、溶姫画	資料22
2-2	「景徳夫人画福禄寿図」左幅 百鹿	①絵画 絹本著色 ②前田育徳会 ④1856(安政3)年6月4日 ⑤本紙138.8×61.2 ⑥3幅のうち、溶姫画	資料23
2-3	「景徳夫人画福禄寿図」中幅 百老	①絵画 絹本著色 ②前田育徳会 ④1856(安政3)年6月4日 ⑤本紙138.5×61.3 ⑥3幅のうち、溶姫画	資料23
2-4	「景徳夫人画福禄寿図」右幅 百蝠	①絵画 絹本著色 ②前田育徳会 ④1856(安政3)年6月4日 ⑤本紙139.6×61.2 ⑥3幅のうち、溶姫画	資料23
2-5	「景徳夫人画桜花野馬図」	①絵画 絹本著色 ②前田育徳会 ⑤本紙31.7×48.2 ⑥溶姫画	口絵6
2-6	「景徳夫人画梅松双鶴図」左幅 松鶴	①絵画 絹本著色 ②前田育徳会 ④1840(天保11)年10月 ⑤本紙101.3×42.5 ⑥2幅のうち 、溶姫画	資料24
2-7	「景徳夫人画梅松双鶴図」右幅 梅鶴	①絵画 絹本著色 ②前田育徳会 ④1840(天保11)年10月 ⑤本紙101.9×42.2 ⑥2幅のうち、溶姫画	資料24
2-8	「景徳夫人画鍾馗図」	①絵画 絹本著色 ②前田育徳会 ④1860(万延元)年5月5日 ⑤本紙75×28 ⑥溶姫画	資料25
2-9	「景徳夫人画松旭日之図」	①絵画 絹本著色 ②前田育徳会 ⑤本紙47×67.9 ⑥溶姫画	資料26
2-10	「景徳夫人画寿老人対机揮毫図」	①絵画 絹本著色 ②前田育徳会 ④1855(安政2)年2月 ⑤本紙32×50.7 ⑥「有卦入之図」、溶姫画	資料27
2-11	「黒塗松唐草御紋散御料紙硯箱」	①蒔絵製品 ②前田育徳会 ④1827(文政10)年 ⑤23×24.8×5.5 ⑥葵紋蒔絵調度品Ⅰのうち	口絵4
2-12	「黒塗松唐草御紋散拾貳手箱」	①蒔絵製品 ②前田育徳会 ④1827(文政10)年 ⑤外箱26×31.8×23.3 ⑥葵紋蒔絵調度品Ⅰのうち	口絵4
2-13	「温敬公日記」第21冊	①古文書 ②前田育徳会 ④1833(天保4)年7～8月 ⑤13.3×19.8 ⑥前田斉泰筆	資料28
2-14	「溶姫君様御細工御袂提」	①絹製品 ②個人蔵 ④1845(弘化2)年頃 ⑤各14.5×5.5×0.5 ⑥12点、溶姫作	口絵5

第3部　溶姫をとりまく社会－考古資料が語る御殿生活

3-1	染付大皿	①磁器 ②情報学環・福武ホール地点 SK10 ③肥前 ④19世紀中葉 ⑤55.4×28×8.2 ⑥釘書「守セン　三」輪違	口絵9
3-2	石皿	①陶器 ②情報学環・福武ホール地点 SK10 ③瀬戸・美濃 ④19世紀中葉 ⑤36.8×17.6×7.8 ⑥墨書「文久元年、八月新出来」「□せ(カ)」	資料30
3-3	文久永宝	①金属 ②情報学環・福武ホール地点 SK10 ④1863～1867年 ⑤2.6×-×0.1	資料30
3-4	緑釉流掛灰釉捏鉢	①陶器 ②情報学環・福武ホール地点 SK10 ③瀬戸・美濃 ④19世紀中葉 ⑤32×15×18.4 ⑥墨書「□ スセン」	資料42
3-5	染付皿	①磁器 ②情報学環・福武ホール地点 SK10 ③肥前 ④19世紀中葉 ⑤14.8×8.8×4.4 ⑥釘書「守テ」	
3-6	染付皿	①磁器 ②情報学環・福武ホール地点 SK10 ③瀬戸・美濃 ④19世紀中葉 ⑤10.4×6.1×2.4 ⑥釘書「守　下」	

品番	品名	摘要 （①種別 ②所蔵先 遺跡名 遺構名 ③産地 ④年代 ⑤法量* ⑥備考）	図録掲載番号
3-7	染付皿	①磁器 ②情報学環・福武ホール地点 SK10 ③瀬戸・美濃 ④19世紀中葉 ⑤(10)×5.1×- ⑥釘書「守　二百」	資料31
3-8	石皿	①陶器 ②情報学環・福武ホール地点 SK10 ③瀬戸・美濃 ④19世紀中葉 ⑤37.2×15.2×6.6 ⑥墨書「守 □」	
3-9	緑釉流掛灰釉練鉢	①陶器 ②総合研究棟(文・経・教・社研)地点 SK107 ③瀬戸・美濃 ④19世紀中葉 ⑤-×16.5×- ⑥墨書「ロ御膳所」	
3-10	染付半球碗	①磁器 ②情報学環・福武ホール地点 SK10 ③肥前 ④19世紀中葉 ⑤(9)×3×4.1 ⑥釘書「右」	
3-11	染付皿	①磁器 ②情報学環・福武ホール地点 SK10 ③瀬戸・美濃 ④19世紀中葉 ⑤9.7×4.8×2.3 ⑥釘書「右」	資料31
3-12	染付皿	①磁器 ②情報学環・福武ホール地点 SK10 ③瀬戸・美濃 ④19世紀中葉 ⑤13.7×6.7×3 ⑥釘書「右」	資料31
3-13	染付燗徳利	①磁器 ②情報学環・福武ホール地点 SK10 ③関西？ ④19世紀中葉 ⑤2.9×5.3×18.1 ⑥墨書「右」	
3-14	染付皿	①磁器 ②情報学環・福武ホール地点 SK10 ③肥前 ④19世紀中葉 ⑤12.9×7.6×3.4 ⑥墨書「本 □ 御末」、釘書「御末」	
3-15	染付皿	①磁器 ②情報学環・福武ホール地点 SK10 ③肥前 ④19世紀中葉 ⑤9.9×5.2×2.5 ⑥釘書「御すへ」(カ)	
3-16	染付燗徳利	①磁器 ②情報学環・福武ホール地点 SK10 ③肥前 ④19世紀中葉 ⑤3.6×5.3×17.7 ⑥墨書「御三の間」	
3-17	三彩土瓶蓋	①陶器 ②情報学環・福武ホール地点 SK10 ③産地不明 ④19世紀中葉 ⑤7.6×-×4.2 ⑥墨書「御三の間」	資料31
3-18	鉄釉土瓶	①陶器 ②情報学環・福武ホール地点 SK10 ③産地不明 ④19世紀中葉 ⑤8.8×8.5×11.7	
3-18	鉄釉土瓶蓋	①陶器 ②情報学環・福武ホール地点 SK10 ③産地不明 ④19世紀中葉 ⑤9.8×-×3.1 ⑥墨書「御三の間」	
3-19	染付皿	①磁器 ②情報学環・福武ホール地点 SK10 ③肥前 ④19世紀中葉 ⑤13.3×7.6×3.6 ⑥墨書「濱山のへや」	資料31
3-20	灰釉捏鉢	①陶器 ②情報学環・福武ホール地点 SK10 ③瀬戸・美濃 ④19世紀中葉 ⑤21.2×10.3×12.8 ⑥墨書「かせ部屋」	資料31
3-21	染付ハの字形形蓋付碗	①磁器 ②情報学環・福武ホール地点 SK10 ③関西？ ④19世紀中葉 ⑤(9.2)×(3.6)×4.5	
3-21	碗蓋	①磁器 ②情報学環・福武ホール地点 SK10 ③関西？ ④19世紀中葉 ⑤8.2×(2.9)×2.4	
3-22	染付端反碗	①磁器 ②情報学環・福武ホール地点 SK10 ③瀬戸・美濃 ④19世紀中葉 ⑤8.8×4.5×3.4	資料32
3-23	染付端反碗	①磁器 ②情報学環・福武ホール地点 SK10 ③瀬戸・美濃 ④19世紀中葉 ⑤9.1×3.3×4.6	資料32
3-24	染付ハの字形碗	①磁器 ②情報学環・福武ホール地点 SK10 ③関西？ ④19世紀中葉 ⑤9.6×3.4×4.2	資料32
3-25	染付丸碗	①磁器 ②情報学環・福武ホール地点 SK10 ③瀬戸・美濃 ④19世紀中葉 ⑤9.6×3.5×5.4	

品番	品名	摘要 （①種別 ②所蔵先 遺跡名 遺構名 ③産地 ④年代 ⑤法量* ⑥備考）	図録掲載番号
3-26	染付丸碗	①磁器 ②情報学環・福武ホール地点 SK10 ③瀬戸・美濃 ④19世紀中葉 ⑤10.3×4.3×5.3	
3-27	染付丸碗	①磁器 ②情報学環・福武ホール地点 SK10 ③関西？ ④19世紀中葉 ⑤9.4×3.5×4.8	資料32
3-28	染付半球碗	①磁器 ②情報学環・福武ホール地点 SK10 ③関西？ ④19世紀中葉 ⑤(8.4)×3.2×4.3	
3-29	染付皿	①磁器 ②情報学環・福武ホール地点 SK10 ③肥前 ④19世紀中葉 ⑤12.3×6.4×3.2	資料32
3-30	上絵(江戸絵付)小坏	①磁器 ②情報学環・福武ホール地点 SK10 ③瀬戸・美濃 ④19世紀中葉 ⑤-×1.8×-	資料32
3-31	上絵(江戸絵付)半球碗	①磁器 ②情報学環・福武ホール地点 SK10 ③瀬戸・美濃 ④19世紀中葉 ⑤(9.8)×3.1×4.5	資料33
3-32	上絵(江戸絵付)半球碗	①磁器 ②情報学環・福武ホール地点 SK10 ③瀬戸・美濃 ④19世紀中葉 ⑤9.7×3×4.3	資料33
3-33	上絵(江戸絵付)小坏	①磁器 ②情報学環・福武ホール地点 SK10 ③瀬戸・美濃 ④19世紀中葉 ⑤6.4×2.2×2.9	資料33
3-34	色絵小坏	①磁器 ②情報学環・福武ホール地点 SK10 ③加賀(九谷) ④19世紀中葉 ⑤6.3×2.7×4.1 ⑥「九谷」銘	口絵9
3-35	色絵小坏	①磁器 ②情報学環・福武ホール地点 SK10 ③加賀(九谷) ④19世紀中葉 ⑤(6.1)×3×4 ⑥「九谷」銘	口絵9
3-36	色絵小坏	①磁器 ②情報学環・福武ホール地点 SK10 ③加賀(九谷) ④19世紀中葉 ⑤7.1×3.5×6.1 ⑥「九谷」銘	口絵9
3-37	色絵端反碗	①磁器 ②情報学環・福武ホール地点 SK10 ③瀬戸・美濃 ④19世紀中葉 ⑤(8.8)×(3.8)×5	
3-38	染付端反碗	①磁器 ②情報学環・福武ホール地点 SK10 ③瀬戸・美濃 ④19世紀中葉 ⑤9.1×3.5×4.9	
3-39	青磁染付端反碗	①磁器 ②情報学環・福武ホール地点 SK10 ③瀬戸・美濃 ④19世紀中葉 ⑤8.2×3.1×4.3	資料35
3-40	染付端反碗	①磁器 ②情報学環・福武ホール地点 SK10 ③瀬戸・美濃 ④19世紀中葉 ⑤8.4×3.3×4.4	資料35
3-41	染付半球碗	①磁器 ②情報学環・福武ホール地点 SK10 ③肥前 ④19世紀中葉 ⑤9.9×3.2×4.4	資料35
3-42	上絵(江戸絵付)半球碗	①磁器 ②情報学環・福武ホール地点 SK10 ③瀬戸・美濃？ ④19世紀中葉 ⑤9.5×3.2×4.5	
3-43	染付半球碗	①磁器 ②情報学環・福武ホール地点 SK10 ③関西？ ④19世紀中葉 ⑤10×3×4.2	資料35
3-44	染付半球碗	①磁器 ②情報学環・福武ホール地点 SK10 ③関西？ ④19世紀中葉 ⑤10.2×3.1×4.1	
3-45	染付半球碗	①磁器 ②情報学環・福武ホール地点 SK10 ③関西？ ④19世紀中葉 ⑤(9.7)×3.3×4.2	
3-46	染付丸碗	①磁器 ②情報学環・福武ホール地点 SK10 ③肥前 ④19世紀中葉 ⑤10.2×3.2×5	

品番	品名	摘要 （①種別 ②所蔵先 遺跡名 遺構名 ③産地 ④年代 ⑤法量* ⑥備考）	図録掲載番号
3-47	色絵丸碗	①磁器 ②情報学環・福武ホール地点 SK10 ③瀬戸・美濃 ④19世紀中葉 ⑤9.6×3.9×5.2	
3-48	染付端反形蓋付碗	①磁器 ②情報学環・福武ホール地点 SK10 ③肥前 ④19世紀中葉 ⑤9.4×3.6×5.6	
3-48	染付端反碗蓋	①磁器 ②情報学環・福武ホール地点 SK10 ③肥前 ④19世紀中葉 ⑤8.4×3.3×2.6	
3-49	染付ハの字形蓋付碗	①磁器 ②情報学環・福武ホール地点 SK10 ③関西？ ④19世紀中葉 ⑤9.7×3.6×4.9	
3-49	染付ハの字形碗蓋	①磁器 ②情報学環・福武ホール地点 SK10 ③関西？ ④19世紀中葉 ⑤8.5×2.6×3.3	
3-50	染付ハの字形蓋付碗	①磁器 ②情報学環・福武ホール地点 SK10 ③肥前 ④19世紀中葉 ⑤9×3..4×4.2	資料35
3-50	染付ハの字形碗蓋	①磁器 ②情報学環・福武ホール地点 SK10 ③肥前 ④19世紀中葉 ⑤8.4×3.2×2.2	資料35
3-51	染付ハの字形蓋付碗	①磁器 ②情報学環・福武ホール地点 SK10 ③関西？ ④19世紀中葉 ⑤9.8×3.5×4.2	
3-51	染付ハの字形碗蓋	①磁器 ②情報学環・福武ホール地点 SK10 ③関西？ ④19世紀中葉 ⑤8.6×3.3×2.4	
3-52	染付ハの字形蓋付碗	①磁器 ②情報学環・福武ホール地点 SK10 ③関西？ ④19世紀中葉 ⑤9.6×3.4×4.2	
3-52	染付ハの字形碗蓋	①磁器 ②情報学環・福武ホール地点 SK10 ③関西？ ④19世紀中葉 ⑤8.6×3.2×2.5	
3-53	染付ハの字形蓋付碗	①磁器 ②情報学環・福武ホール地点 SK10 ③関西？ ④19世紀中葉 ⑤9.5×3.7×4.2	資料35
3-53	染付ハの字形碗蓋	①磁器 ②情報学環・福武ホール地点 SK10 ③関西？ ④19世紀中葉 ⑤(8.6)×(3.6)×2.5	資料35
3-54	染付変形皿	①磁器 ②情報学環・福武ホール地点 SK10 ③肥前 ④19世紀中葉 ⑤14.8×7.5×4.3 ⑥焼継、焼継印	資料36
3-55	染付皿	①磁器 ②情報学環・福武ホール地点 SK10 ③瀬戸・美濃 ④19世紀中葉 ⑤10.3×5.5×2.2	資料36
3-56	染付皿	①磁器 ②情報学環・福武ホール地点 SK10 ③関西？ ④19世紀中葉 ⑤12.6×8.2×2.2	
3-57	染付皿	①磁器 ②情報学環・福武ホール地点 SK10 ③関西？ ④19世紀中葉 ⑤13.2×7×3.2	資料36
3-58	馬目皿	①陶器 ②情報学環・福武ホール地点 SK10 ③瀬戸・美濃 ④19世紀中葉 ⑤19.8×10.8×4.7	
3-59	染付小坏	①磁器 ②情報学環・福武ホール地点 SK10 ③瀬戸・美濃 ④19世紀中葉 ⑤6.8×2.8×5	
3-60	色絵小坏	①磁器 ②情報学環・福武ホール地点 SK10 ③肥前 ④19世紀中葉 ⑤8×3.2×4.1	
3-61	染付小坏	①磁器 ②情報学環・福武ホール地点 SK10 ③関西？ ④19世紀中葉 ⑤7.1×2.5×3.1	資料37

品番	品名	摘要　(①種別 ②所蔵先 遺跡名 遺構名 ③産地 ④年代 ⑤法量* ⑥備考)	図録掲載番号
3-62	染付小坏	①磁器 ②情報学環・福武ホール地点 SK10 ③関西？ ④19世紀中葉 ⑤7.7×3.2×3.7	
3-63	ビラ掛け小坏	①陶器 ②情報学環・福武ホール地点 SK10 ③萩 ④19世紀中葉 ⑤(7)×3×4.6	
3-64	灰釉鉄絵小坏	①陶器 ②情報学環・福武ホール地点 SK10 ③京都・信楽 ④19世紀中葉 ⑤(5.9)×2.3×4.5	
3-65	上絵(江戸絵付)坏	①磁器 ②情報学環・福武ホール地点 SK10 ③瀬戸・美濃 ④19世紀中葉 ⑤(10.9)×4.3×4.4	資料37
3-66	上絵(江戸絵付)小坏	①磁器 ②情報学環・福武ホール地点 SK10 ③瀬戸・美濃 ④19世紀中葉 ⑤6×2.2×2.2	資料37
3-67	上絵(江戸絵付)端反形小坏	①磁器 ②情報学環・福武ホール地点 SK10 ③瀬戸・美濃 ④19世紀中葉 ⑤7.2×2.8×3.6	
3-68	上絵(江戸絵付)小坏	①磁器 ②情報学環・福武ホール地点 SK10 ③瀬戸・美濃 ④19世紀中葉 ⑤5.6×2.3×2.7	資料37
3-69	上絵(江戸絵付)小坏	①磁器 ②情報学環・福武ホール地点 SK10 ③瀬戸・美濃 ④19世紀中葉 ⑤6.5×2.2×2.6	資料37
3-70	色絵小坏	①磁器 ②情報学環・福武ホール地点 SK10 ③瀬戸・美濃 ④19世紀中葉 ⑤(6.6)×2.7×2.9	資料37
3-71	染付燗徳利	①磁器 ②情報学環・福武ホール地点 SK10 ③関西？ ④19世紀中葉 ⑤2.7×4.4×15.6	
3-72	染付燗徳利	①磁器 ②情報学環・福武ホール地点 SK10 ③関西？ ④19世紀中葉 ⑤2.9×5.4×18.4	資料37
3-73	染付燗徳利	①磁器 ②情報学環・福武ホール地点 SK10 ③関西？ ④19世紀中葉 ⑤2.1×6×18.1	資料37
3-74	染付燗徳利	①磁器 ②情報学環・福武ホール地点 SK10 ③関西？ ④19世紀中葉 ⑤2.2×5.9×18.2	
3-75	緑釉燗徳利	①陶器 ②情報学環・福武ホール地点 SK10 ③産地不明 ④19世紀中葉 ⑤4×6.4×21.1	
3-76	染付鉢	①磁器 ②情報学環・福武ホール地点 SK10 ③肥前 ④19世紀中葉 ⑤15.1×4.8×6.8	資料38
3-77	染付鉢	①磁器 ②情報学環・福武ホール地点 SK10 ③肥前 ④19世紀中葉 ⑤17.2×9×6.9	資料38
3-78	染付鉢	①磁器 ②情報学環・福武ホール地点 SK10 ③肥前 ④19世紀中葉 ⑤18.5×8.7×6.9	資料38
3-79	染付蓮華	①磁器 ②情報学環・福武ホール地点 SK10 ③瀬戸・美濃 ④19世紀中葉 ⑤10.6×5.1×4.4	
3-80	褐釉水注	①磁器 ②情報学環・福武ホール地点 SK10 ③肥前 ④19世紀中葉 ⑤4.1×3.7×7.1	
3-81	三彩土瓶蓋	①陶器 ②情報学環・福武ホール地点 SK10 ③産地不明 ④19世紀中葉 ⑤6.9××3.1 ⑥墨書「御茶」	資料39
3-82	急須	①陶器 ②情報学環・福武ホール地点 SK10 ③常滑？ ④19世紀中葉 ⑤6.7×8×5.7	資料39

品番	品名	摘要　(①種別 ②所蔵先 遺跡名 遺構名 ③産地 ④年代 ⑤法量* ⑥備考)	図録掲載番号
3-82	急須蓋	①陶器 ②情報学環・福武ホール地点 SK10 ③常滑？ ④19世紀中葉 ⑤5.4×-×1.7	資料39
3-83	錆絵染付土瓶	①陶器 ②情報学環・福武ホール地点 SK10 ③産地不明 ④19世紀中葉 ⑤7.3×7.4×7.4	資料39
3-83	土瓶蓋	①陶器 ②情報学環・福武ホール地点 SK10 ③産地不明 ④19世紀中葉 ⑤8.9×-×3.4	資料39
3-84	鉄絵刷毛目土瓶	①陶器 ②情報学環・福武ホール地点 SK10 ③産地不明 ④19世紀中葉 ⑤11.5×9.7×12.8	資料39
3-84	土瓶蓋	①陶器 ②情報学環・福武ホール地点 SK10 ③産地不明 ④19世紀中葉 ⑤10.6×-×2.4	資料39
3-85	柿釉鍋	①陶器 ②情報学環・福武ホール地点 SK10 ③産地不明 ④19世紀中葉 ⑤16.7×6.8×8.4	資料40
3-86	行平鍋	①陶器 ②情報学環・福武ホール地点 SK10 ③産地不明 ④19世紀中葉 ⑤13.7×5.7×8.3	資料40
3-86	行平鍋蓋	①陶器 ②情報学環・福武ホール地点 SK10 ③産地不明 ④19世紀中葉 ⑤13.1×3.9×2.3	資料40
3-87	擂鉢	①陶器 ②情報学環・福武ホール地点 SK10 ③堺 ④19世紀中葉 ⑤45.1×19.8×17	資料42
3-88	塩壺	①土器 ②情報学環・福武ホール地点 SK10 ④19世紀中葉 ⑤6.9×4.6×6.9	資料41
3-88	塩壺蓋	①土器 ②情報学環・福武ホール地点 SK10 ④19世紀中葉 ⑤6.4×-×1	資料41
3-89	砥石	①石 ②情報学環・福武ホール地点 SK10 ④19世紀？ ⑤15×4.1×3.1	資料41
3-90	復興織部蓋物	①陶器 ②情報学環・福武ホール地点 SK10 ③瀬戸・美濃 ④19世紀中葉 ⑤7.6×5.1×6	
3-90	復興織部蓋物蓋	①陶器 ②情報学環・福武ホール地点 SK10 ③瀬戸・美濃 ④19世紀中葉 ⑤9.4×-×1.6	
3-91	柿釉甕	①陶器 ②情報学環・福武ホール地点 SK10 ③瀬戸・美濃 ④19世紀中葉 ⑤10.6×6.3×9.7	資料43
3-92	柿釉甕	①陶器 ②情報学環・福武ホール地点 SK10 ③瀬戸・美濃 ④19世紀中葉 ⑤29×22.4×26.3	資料43
3-93	柿釉ぺこかん徳利	①陶器 ②情報学環・福武ホール地点 SK10 ③瀬戸・美濃 ④19世紀中葉 ⑤(2.1)×5×10.7	資料44
3-94	柿釉ぺこかん徳利	①陶器 ②情報学環・福武ホール地点 SK10 ③瀬戸・美濃 ④19世紀中葉 ⑤2.4×5.7×14.6	資料44
3-95	ぺこかん徳利	①陶器 ②情報学環・福武ホール地点 SK10 ③備前 ④19世紀中葉 ⑤2.4×6.6×17.3	資料44
3-96	柿釉ぺこかん徳利	①陶器 ②情報学環・福武ホール地点 SK10 ③瀬戸・美濃 ④19世紀中葉 ⑤(2.5)×7.4×19.8	資料44
3-97	柿釉ぺこかん徳利	①陶器 ②情報学環・福武ホール地点 SK10 ③瀬戸・美濃 ④19世紀中葉 ⑤3.1×11×31.4	資料44
3-98	灰釉油皿	①陶器 ②情報学環・福武ホール地点 SK10 ③京都・信楽 ④19世紀中葉 ⑤10×4.3×2.2	資料45

品番	品名	摘要 （①種別 ②所蔵先 遺跡名 遺構名 ③産地 ④年代 ⑤法量* ⑥備考）	図録掲載番号
3-99	灰釉油受皿	①陶器 ②情報学環・福武ホール地点 SK10 ③京都・信楽 ④19世紀中葉 ⑤10.6×4×2.1	資料45
3-100	灰釉脚付油受皿	①陶器 ②情報学環・福武ホール地点 SK10 ③京都・信楽 ④19世紀中葉 ⑤8.2×6×5.3	資料45
3-101	油受皿	①土器 ②情報学環・福武ホール地点 SK10 ③江戸在地 ④19世紀中葉 ⑤10.9×4.6×2.7	資料45
3-102	ひょうそく	①土器 ②情報学環・福武ホール地点 SK10 ③江戸在地 ④19世紀中葉 ⑤6.8×3.5×2.6	資料45
3-103	火打石	①石 ②情報学環・福武ホール地点 SK10 ④19世紀？ ⑤3.1×2.8×1.4	資料41
3-104	火打鎌	①石 ②情報学環・福武ホール地点 SK10 ④19世紀？ ⑤2.5×7.7×0.5	
3-105	蚊遣り豚	①土器 ②情報学環・福武ホール地点 SK10 ③江戸在地 ④19世紀中葉 ⑤26.1×19.2×23.5	資料48
3-106	染付仏飯器	①磁器 ②情報学環・福武ホール地点 SK10 ③肥前 ④19世紀中葉 ⑤5.4×4×4.5	資料46
3-107	染付御神酒徳利	①磁器 ②情報学環・福武ホール地点 SK10 ③肥前 ④19世紀中葉 ⑤1.5×2.4×7.4	資料46
3-108	染付筆立て	①磁器 ②情報学環・福武ホール地点 SK10 ③瀬戸・美濃 ④19世紀中葉 ⑤3.8×3.7×9.4	資料47
3-109	硯	①石 ②情報学環・福武ホール地点 SK10 ④19世紀中葉 ⑤13.6×6.3×-	資料47
3-110	七輪	①土器 ②情報学環・福武ホール地点 SK10 ③江戸在地 ④19世紀中葉 ⑤26×15.7×21.4	資料49
3-111	風口	①土器 ②情報学環・福武ホール地点 SK10 ③江戸在地 ④19世紀中葉 ⑤15×8.3×4.1	資料49
3-112	灰釉鳥餌水入れ	①陶器 ②情報学環・福武ホール地点 SK10 ③瀬戸・美濃 ④19世紀中葉 ⑤6.4×6.7×3.1	
3-113	植木鉢	①土器 ②情報学環・福武ホール地点 SK10 ③江戸在地 ④19世紀中葉 ⑤11.3×7.6×7.7	資料53
3-114	灰釉植木鉢	①陶器 ②情報学環・福武ホール地点 SK10 ③瀬戸・美濃 ④19世紀中葉 ⑤15.2×9.5×13.2	資料53
3-115	染付植木鉢	①磁器 ②情報学環・福武ホール地点 SK10 ③肥前 ④19世紀中葉 ⑤25.4×12.3×19	資料53
3-116	キセル吸口	①金属 ②情報学環・福武ホール地点 SK10 ④19世紀？ ⑤6×0.9 ⑥加飾：鷺	資料50
3-117	キセル雁首	①金属 ②情報学環・福武ホール地点 SK10 ④19世紀？ ⑤7.1×1.6	資料50
3-118	ミニチュア鉢	①土器 ②情報学環・福武ホール地点 SK10 ③江戸在地 ④19世紀中葉 ⑤2.9×2×1.3	資料52
3-119	泥面子	①土器 ②情報学環・福武ホール地点 SK10 ③江戸在地 ④19世紀中葉 ⑤2.2×-×0.6	資料52
3-120	泥面子	①土器 ②情報学環・福武ホール地点 SK10 ③江戸在地 ④19世紀中葉 ⑤2.3×-×0.7	資料52
3-121	ミニチュア刀(柄)	①金属 ②情報学環・福武ホール地点 SK10 ④19世紀？ ⑤8.5×1.7×0.5	資料52

品番	品名	摘要 （①種別 ②所蔵先 遺跡名 遺構名 ③産地 ④年代 ⑤法量* ⑥備考）	図録掲載番号
3-122	碁石状土製品(白)	①土器 ②情報学環・福武ホール地点 SK10 ③江戸在地 ④19世紀中葉 ⑤2×-×0.6	資料52
3-123	碁石状土製品(白)	①土器 ②情報学環・福武ホール地点 SK10 ③江戸在地 ④19世紀中葉 ⑤2.1×-×0.7	資料52
3-124	碁石状土製品(白)	①土器 ②情報学環・福武ホール地点 SK10 ③江戸在地 ④19世紀中葉 ⑤2×-×0.7	資料52
3-125	碁石状土製品(白)	①土器 ②情報学環・福武ホール地点 SK10 ③江戸在地 ④19世紀中葉 ⑤2×-×0.7	資料52
3-126	碁石状土製品(白)	①土器 ②情報学環・福武ホール地点 SK10 ③江戸在地 ④19世紀中葉 ⑤2×-×0.7	資料52
3-127	碁石状土製品(白)	①土器 ②情報学環・福武ホール地点 SK10 ③江戸在地 ④19世紀中葉 ⑤2×-×0.7	資料52
3-128	碁石状土製品(白)	①土器 ②情報学環・福武ホール地点 SK10 ③江戸在地 ④19世紀中葉 ⑤1.9×-×0.6	資料52
3-129	碁石状土製品(白)	①土器 ②情報学環・福武ホール地点 SK10 ③江戸在地 ④19世紀中葉 ⑤2×-×0.6	資料52
3-130	碁石状土製品(白)	①土器 ②情報学環・福武ホール地点 SK10 ③江戸在地 ④19世紀中葉 ⑤1.9×-×0.6	資料52
3-131	碁石状土製品(白)	①土器 ②情報学環・福武ホール地点 SK10 ③江戸在地 ④19世紀中葉 ⑤2.1×-×0.7	資料52
3-132	碁石状土製品(黒)	①土器 ②情報学環・福武ホール地点 SK10 ③江戸在地 ④19世紀中葉 ⑤2×-×0.7	資料52
3-133	碁石状土製品(黒)	①土器 ②情報学環・福武ホール地点 SK10 ③江戸在地 ④19世紀中葉 ⑤2.2×-×0.7	資料52
3-134	碁石状土製品(黒)	①土器 ②情報学環・福武ホール地点 SK10 ③江戸在地 ④19世紀中葉 ⑤2×-×0.6	資料52
3-135	碁石状土製品(黒)	①土器 ②情報学環・福武ホール地点 SK10 ③江戸在地 ④19世紀中葉 ⑤2.1×-×0.6	資料52
3-136	碁石状土製品(黒)	①土器 ②情報学環・福武ホール地点 SK10 ③江戸在地 ④19世紀中葉 ⑤2.1×-×0.6	資料52
3-137	碁石状土製品(黒)	①土器 ②情報学環・福武ホール地点 SK10 ③江戸在地 ④19世紀中葉 ⑤2×-×0.6	資料52
3-138	碁石状土製品(黒)	①土器 ②情報学環・福武ホール地点 SK10 ③江戸在地 ④19世紀中葉 ⑤2.1×-×0.6	資料52
3-139	碁石状土製品(黒)	①土器 ②情報学環・福武ホール地点 SK10 ③江戸在地 ④19世紀中葉 ⑤2.1×-×0.7	資料52
3-140	碁石状土製品(黒)	①土器 ②情報学環・福武ホール地点 SK10 ③江戸在地 ④19世紀中葉 ⑤2×-×0.6	資料52
3-141	碁石状土製品(黒)	①土器 ②情報学環・福武ホール地点 SK10 ③江戸在地 ④19世紀中葉 ⑤2.1×-×0.6	資料52
3-142	色絵紅坏	①磁器 ②情報学環・福武ホール地点 SK10 ③瀬戸・美濃 ④19世紀中葉 ⑤7.9×2.5×4.2 ⑥「小町紅」	資料55

品番	品名	摘要 （①種別 ②所蔵先 遺跡名 遺構名 ③産地 ④年代 ⑤法量* ⑥備考）	図録掲載番号
3-143	色絵角形段重(上)	①磁器 ②情報学環・福武ホール地点 SK10 ③中国景徳鎮 ④19世紀 ⑤8.8×8.1×4	口絵9
3-143	色絵角形段重(中)	①磁器 ②情報学環・福武ホール地点 SK10 ③中国景徳鎮 ④19世紀 ⑤8.9×8.1×4	口絵9
3-143	色絵角形段重(下)	①磁器 ②情報学環・福武ホール地点 SK10 ③中国景徳鎮 ④19世紀 ⑤8.8×8.8×4	口絵9
3-144	鉄絵鬢水入れ	①陶器 ②情報学環・福武ホール地点 SK10 ③京都・信楽④19世紀中葉 ⑤-×13×2.6	資料55
3-145	染付油壺	①磁器 ②情報学環・福武ホール地点 SK10 ③肥前 ④19世紀中葉 ⑤2×5.3×5.4	資料55
3-146	染付蓋物	①磁器 ②情報学環・福武ホール地点 SK10 ③肥前 ④19世紀中葉 ⑤5.2×2.6×2.9	資料54
3-146	染付蓋物蓋	①磁器 ②情報学環・福武ホール地点 SK10 ③肥前 ④19世紀中葉 ⑤5.4×-×1.9	資料54
3-147	染付蓋物	①磁器 ②情報学環・福武ホール地点 SK10 ③肥前 ④19世紀中葉 ⑤11.9×6×6.5	資料54
3-147	染付蓋物蓋	①磁器 ②情報学環・福武ホール地点 SK10 ③肥前 ④19世紀中葉 ⑤12.2×-×4	資料54
3-148	染付蓋物	①磁器 ②情報学環・福武ホール地点 SK10 ③肥前 ④19世紀中葉 ⑤18.2×9.2×9.3	資料54
3-148	染付蓋物蓋	①磁器 ②情報学環・福武ホール地点 SK10 ③肥前 ④19世紀中葉 ⑤19.1×-×-	資料54
3-149	染付蓋物	①磁器 ②情報学環・福武ホール地点 SK10 ③肥前 ④19世紀中葉 ⑤17.9×10.2×9.4	資料54
3-149	蓋物蓋	①磁器 ②情報学環・福武ホール地点 SK10 ③肥前 ④19世紀中葉 ⑤18.4×-×- ⑥焼継	資料54
3-150	灰釉三耳壺(お歯黒壺)	①陶器 ②情報学環・福武ホール地点 SK10 ③瀬戸・美濃 ④19世紀中葉 ⑤10.3×11.2×23	資料55
3-151	灰釉徳利転用品(お歯黒壺)	①陶器 ②情報学環・福武ホール地点 SK10 ③瀬戸・美濃 ④19世紀 ⑤-×10×[20.9] ⑥釘書「一△」、頸部打ち欠き	資料55
3-152	簪	①金属 ②情報学環・福武ホール地点 SK10 ④19世紀 ⑤15.4×2.6×0.1	資料56
3-153	簪	①金属 ②情報学環・福武ホール地点 SK10 ④19世紀 ⑤11×-×0.1	資料56
3-154	簪	①金属 ②情報学環・福武ホール地点 SK10 ④19世紀 ⑤12.3×-×0.2	資料56
3-155	笄	①金属 ②情報学環・福武ホール地点 SK10 ④19世紀 ⑤11.3×1.9×0.1	資料56
3-156	簪	①金属 ②情報学環・福武ホール地点 SK10 ④19世紀 ⑤13×1.6×0.2	資料56
3-157	笄	①ガラス ②情報学環・福武ホール地点 SK10 ④19世紀 ⑤-×2×0.5	資料56
3-158	笄	①ガラス ②情報学環・福武ホール地点 SK10 ④19世紀 ⑤-×0.5×0.5	資料56
3-159	笄	①ガラス ②情報学環・福武ホール地点 SK10 ④19世紀 ⑤-×0.6×0.3	資料56
3-160	笄	①骨角 ②情報学環・福武ホール地点 SK10 ④19世紀 ⑤-×0.6×0.6	資料56
3-161	笄	①骨角 ②情報学環・福武ホール地点 SK10 ④19世紀 ⑤9.2×0.5×0.13	資料56
3-162	鏡	①金属 ②アカデミックコモンズ地点 SK204 ④19世紀 ⑤10.9×6.7×0.5	
3-163	簪	①金属 ②アカデミックコモンズ地点 SK204 ④19世紀 ⑤15.4×0.8×0.6	

品番	品名	摘要 （①種別 ②所蔵先 遺跡名 遺構名 ③産地 ④年代 ⑤法量* ⑥備考）	図録掲載番号
3-164	簪	①金属 ②アカデミックコモンズ地点 SK204 ④19世紀 ⑤10.7×0.6×0.6	
3-165	簪	①金属 ②アカデミックコモンズ地点 SK204 ④19世紀 ⑤12×0.6×0.6	
3-166	寛永通宝　四文銭	①金属 ②アカデミックコモンズ地点 SK204 ④1769(明和6)年～1860年代 ⑤2.9×-×0.1	
3-167	寛永通宝	①金属 ②アカデミックコモンズ地点 SK672 ④1660～1860年代 ⑤2.8×-×0.1	資料51
3-168	寛永通宝　四文銭	①金属 ②アカデミックコモンズ地点 SK672 ④1769(明和6)年～1860年代 ⑤2.8×-×0.2	資料51
3-169	寛永通宝　四文銭	①金属 ②アカデミックコモンズ地点 SK672 ④1769(明和6)年～1860年代 ⑤2.8×-×0.1	資料51
3-170	寛永通宝　四文銭	①金属 ②アカデミックコモンズ地点 SK672 ④1769(明和6)年～1860年代 ⑤2.8×-×0.1	資料51
3-171	寛永通宝　四文銭	①金属 ②アカデミックコモンズ地点 SK672 ④1769(明和6)年～1860年代 ⑤2.8×-×0.1	資料51
3-172	寛永通宝　四文銭	①金属 ②アカデミックコモンズ地点 SK672 ④1769(明和6)年～1860年代 ⑤2.8×-×0.1	資料51
3-173	寛永通宝　四文銭	①金属 ②アカデミックコモンズ地点 SK672 ④1769(明和6)年～1860年代 ⑤2.8×-×0.1	資料51
3-174	寛永通宝　四文銭	①金属 ②アカデミックコモンズ地点 SK672 ④1769(明和6)年～1860年代 ⑤2.8×-×0.1	資料51
3-175	寛永通宝　四文銭	①金属 ②アカデミックコモンズ地点 SK672 ④1769(明和6)年～1860年代 ⑤2.8×-×0.1	資料51
3-176	寛永通宝　四文銭	①金属 ②アカデミックコモンズ地点 SK672 ④1769(明和6)年～1860年代 ⑤2.8×-×0.1	資料51
3-177	寛永通宝　四文銭	①金属 ②アカデミックコモンズ地点 SK672 ④1769(明和6)年～1860年代 ⑤2.8×-×0.1	資料51
3-178	寛永通宝　四文銭	①金属 ②アカデミックコモンズ地点 SK672 ④1769(明和6)年～1860年代 ⑤2.8×-×0.1	資料51
3-179	寛永通宝　四文銭	①金属 ②アカデミックコモンズ地点 SK672 ④1769(明和6)年～1860年代 ⑤2.8×-×0.1	資料51
3-180	寛永通宝　四文銭	①金属 ②アカデミックコモンズ地点 SK672 ④1769(明和6)年～1860年代 ⑤2.8×-×0.1	資料51
3-181	寛永通宝　四文銭	①金属 ②アカデミックコモンズ地点 SK672 ④1769(明和6)年～1860年代 ⑤2.8×-×0.1	資料51
3-182	寛永通宝　四文銭	①金属 ②アカデミックコモンズ地点 SK672 ④1769(明和6)年～1860年代 ⑤2.8×-×0.1	資料51
3-183	襟留め	①金属 ②アカデミックコモンズ地点 SK672 ④19世紀 ⑤3.6×0.4×1.2	
3-184	簪	①金属 ②アカデミックコモンズ地点 SK672 ④19世紀 ⑤13.5×0.7×0.5	
3-185	簪	①金属 ②アカデミックコモンズ地点 SK672 ④19世紀 ⑤11.4×0.7×0.4	
3-186	染付皿	①磁器 ②情報学環・福武ホール地点 SK10 ③肥前 ④19世紀中葉 ⑤23.6×13×3 ⑥釘書角枠「治」	

品番	品名	摘要 （①種別 ②所蔵先 遺跡名 遺構名 ③産地 ④年代 ⑤法量* ⑥備考）	図録掲載番号
3-187	灰釉徳利(二合半)	①陶器 ②情報学環・福武ホール地点 SK10 ③瀬戸・美濃 ④19世紀 ⑤3.5×6.4×20.5 ⑥釘書ヤマ「加」	
3-188	灰釉徳利(五合)	①陶器 ②情報学環・福武ホール地点 SK10 ③瀬戸・美濃 ④19世紀 ⑤3×7.1×20.4 ⑥釘書イリヤマ「加」、墨書痕あり側面	資料34
3-189	灰釉徳利(一升)	①陶器 ②情報学環・福武ホール地点 SK10 ③瀬戸・美濃 ④19世紀 ⑤4×10.3×23.9 ⑥釘書イリヤマ「加」	
3-190	灰釉徳利(二合半)	①陶器 ②情報学環・福武ホール地点 SK10 ③瀬戸・美濃 ④19世紀 ⑤2.9×6.2×19.1 ⑥釘書「高嵜」	資料34
3-191	灰釉徳利(二合半)	①陶器 ②情報学環・福武ホール地点 SK10 ③瀬戸・美濃 ④19世紀 ⑤3.4×6×19.4 ⑥釘書「一△」	
3-192	灰釉徳利(五合)	①陶器 ②情報学環・福武ホール地点 SK10 ③瀬戸・美濃 ④19世紀 ⑤-×7.5×- ⑥釘書「一△」	
3-193	灰釉徳利(一升)	①陶器 ②情報学環・福武ホール地点 SK10 ③瀬戸・美濃 ④19世紀 ⑤3.1×10.4×23.8 ⑥釘書「一△」	資料34
3-194	梅鉢紋軒丸瓦	①瓦 ②情報学環・福武ホール地点 SK10 ④19世紀 ⑤-×-×[4.2] ⑥1868年被災資料	資料57
3-195	軒桟瓦	①瓦 ②情報学環・福武ホール地点 SK10 ④19世紀 ⑤-×-×7.8 ⑥1868年被災資料	資料57
3-196	軒桟瓦	①瓦 ②アカデミックコモンズ地点 SE188 ④19世紀 ⑤-×-×7.2 ⑥1868年被災資料	
3-197	軒桟瓦	①瓦 ②情報学環・福武ホール地点 SK10 ④19世紀 ⑤-×-×[4.5] ⑥1868年被災資料	資料57
3-198	桟瓦	①瓦 ②情報学環・福武ホール地点 SK10 ④19世紀 ⑤25.5×-×- ⑥1868年被災資料	
3-199	桟瓦	①瓦 ②情報学環・福武ホール地点 SK10 ④19世紀 ⑤26.5×28×2.2 ⑥1868年被災資料、刻印「今六」	
3-200	鬼瓦	①瓦 ②情報学環・福武ホール地点 SK10 ④19世紀 ⑤21.5×38.9×7.7 ⑥1868年被災資料	資料57
3-201	平・桟	①瓦 ②情報学環・福武ホール地点 SK10 ④19世紀 ⑥1868年被災資料	口絵10
3-201	平・桟	①瓦 ②情報学環・福武ホール地点 SK10 ④19世紀 ⑥1868年被災資料	口絵10
3-201	平・桟	①瓦 ②情報学環・福武ホール地点 SK10 ④19世紀 ⑥1868年被災資料	口絵10
3-201	平・桟	①瓦 ②情報学環・福武ホール地点 SK10 ④19世紀 ⑥1868年被災資料	口絵10
3-201	不明	①瓦 ②情報学環・福武ホール地点 SK10 ④19世紀 ⑥1868年被災資料	口絵10
3-201	不明	①瓦 ②情報学環・福武ホール地点 SK10 ④19世紀 ⑥1868年被災資料	口絵10
3-201	不明	①瓦 ②情報学環・福武ホール地点 SK10 ④19世紀 ⑥1868年被災資料	口絵10
3-201	不明	①瓦 ②情報学環・福武ホール地点 SK10 ④19世紀 ⑥1868年被災資料	口絵10
3-201	不明	①瓦 ②情報学環・福武ホール地点 SK10 ④19世紀 ⑥1868年被災資料	口絵10
3-201	不明	①瓦 ②情報学環・福武ホール地点 SK10 ④19世紀 ⑥1868年被災資料	口絵10
3-201	不明	①瓦 ②情報学環・福武ホール地点 SK10 ④19世紀 ⑥1868年被災資料	口絵10
3-202	マダカアワビ	①貝骨 ②情報学環・福武ホール地点 SK10	資料58
3-203	メガイアワビ	①貝骨 ②情報学環・福武ホール地点 SK10	資料58
3-204	クロアワビ	①貝骨 ②情報学環・福武ホール地点 SK10	資料58

品番	品名	摘要　(①種別 ②所蔵先 遺跡名 遺構名 ③産地 ④年代 ⑤法量* ⑥備考)	図録掲載番号
3-205	サザエ・殻	①貝骨 ②情報学環・福武ホール地点 SK10	
3-206	サザエ・蓋	①貝骨 ②情報学環・福武ホール地点 SK10	
3-207	サザエ・殻	①貝骨 ②情報学環・福武ホール地点 SK10	
3-208	バイ	①貝骨 ②情報学環・福武ホール地点 SK10	資料58
3-209	ミルクイ	①貝骨 ②情報学環・福武ホール地点 SK10	
3-210	アカガイ	①貝骨 ②情報学環・福武ホール地点 SK10	
3-211	ハマグリ	①貝骨 ②情報学環・福武ホール地点 SK10	
3-212	シジミ類	①貝骨 ②情報学環・福武ホール地点 SK10	
3-213	シオフキ	①貝骨 ②情報学環・福武ホール地点 SK10	
3-214	アサリ	①貝骨 ②情報学環・福武ホール地点 SK10	
3-215	サルボウ	①貝骨 ②情報学環・福武ホール地点 SK10	
3-216	貝杓子	①貝骨 ②情報学環・福武ホール地点 SK10	
3-217	貝杓子・復元資料	①貝骨 ②情報学環・福武ホール地点 SK10	
3-218	マグロ属・尾椎	①貝骨 ②情報学環・福武ホール地点 SK10	資料59
3-219	マグロ属・鰭棘	①貝骨 ②情報学環・福武ホール地点 SK10	資料59
3-220	マダイ亜科・右前上顎骨(体長推定)	①貝骨 ②情報学環・福武ホール地点 SK10	資料59
3-221	マダイ亜科・前上顎骨	①貝骨 ②情報学環・福武ホール地点 SK10	資料59
3-222	マダイ亜科・主上顎骨＋前上顎骨(切痕)	①貝骨 ②情報学環・福武ホール地点 SK10	
3-223	マダイ・現生標本	①貝骨 ②情報学環・福武ホール地点 SK10	
3-224	マダイ・前頭骨	①貝骨 ②情報学環・福武ホール地点 SK10	資料59
3-225	ボラ科・主鰓蓋骨	①貝骨 ②情報学環・福武ホール地点 SK10	
3-226	ヒラメ・歯骨(J)	①貝骨 ②情報学環・福武ホール地点 SK10	
3-227	ヒラメ・歯骨	①貝骨 ②情報学環・福武ホール地点 SK10	
3-228	アンコウ科・前上顎骨	①貝骨 ②情報学環・福武ホール地点 SK10	資料59
3-229	コイ・咽頭骨	①貝骨 ②情報学環・福武ホール地点 SK10	資料59
3-230	ブリ属・尾椎	①貝骨 ②情報学環・福武ホール地点 SK10	
3-231	サバ属・尾椎(B)	①貝骨 ②情報学環・福武ホール地点 SK10	
3-232	サバ属・腹椎(C)	①貝骨 ②情報学環・福武ホール地点 SK10	
3-233	コチ・腹椎	①貝骨 ②情報学環・福武ホール地点 SK10	
3-234	スズキ属・腹椎	①貝骨 ②情報学環・福武ホール地点 SK10	
3-235	カレイ科・尾椎	①貝骨 ②情報学環・福武ホール地点 SK10	
3-236	ネズミザメ科・椎骨	①貝骨 ②情報学環・福武ホール地点 SK10	
3-237	ヒラメ・尾椎(G)	①貝骨 ②情報学環・福武ホール地点 SK10	
3-238	ヒラメ・尾椎	①貝骨 ②情報学環・福武ホール地点 SK10	
3-239	カツオ・尾椎(H)	①貝骨 ②情報学環・福武ホール地点 SK10	
3-240	カツオ・尾椎	①貝骨 ②情報学環・福武ホール地点 SK10	
3-241	ニシン科・腹椎／尾椎	①貝骨 ②情報学環・福武ホール地点 SK10	
3-242	キス属・腹椎(I)	①貝骨 ②情報学環・福武ホール地点 SK10	
3-243	キス属・腹椎／尾椎	①貝骨 ②情報学環・福武ホール地点 SK10	
3-244	ウロコ	①貝骨 ②情報学環・福武ホール地点 SK10	

品番	品名	摘要 （①種別 ②所蔵先 遺跡名 遺構名 ③産地 ④年代 ⑤法量* ⑥備考）	図録掲載番号
3-245	ガン類・上腕骨	①貝骨 ②情報学環・福武ホール地点 SK10	資料60
3-246	ガン類・脛足根骨	①貝骨 ②情報学環・福武ホール地点 SK10	資料60
3-247	ガン類・手根中手骨	①貝骨 ②情報学環・福武ホール地点 SK10	資料60
3-248	カモ類・手根中手骨	①貝骨 ②情報学環・福武ホール地点 SK10	資料60
3-249	カモ類・手根中手骨	①貝骨 ②情報学環・福武ホール地点 SK10	資料60
3-250	ニワトリ・脛足根骨	①貝骨 ②情報学環・福武ホール地点 SK10	資料60
3-251	キジ・大腿骨	①貝骨 ②情報学環・福武ホール地点 SK10	資料60
3-252	カラス類・幼鳥上腕骨	①貝骨 ②情報学環・福武ホール地点 SK10	資料60
3-253	カラス類・幼鳥尺骨	①貝骨 ②情報学環・福武ホール地点 SK10	資料60
3-254	カラス類・尺骨	①貝骨 ②情報学環・福武ホール地点 SK10	資料60
3-255	チドリ類・手根中手骨	①貝骨 ②情報学環・福武ホール地点 SK10	資料60
3-256	チドリ類・手根中手骨	①貝骨 ②情報学環・福武ホール地点 SK10	資料60
3-257	チドリ類・足根中足骨	①貝骨 ②情報学環・福武ホール地点 SK10	資料60
3-258	チドリ類・足根中足骨	①貝骨 ②情報学環・福武ホール地点 SK10	資料60
3-259	ハト類・大腿骨	①貝骨 ②情報学環・福武ホール地点 SK10	資料60
3-260	クイナ類・上腕骨	①貝骨 ②情報学環・福武ホール地点 SK10	資料60
3-261	クイナ類・大腿骨	①貝骨 ②情報学環・福武ホール地点 SK10	資料60
3-262	便槽桶内土壌	①土 ②アカデミックコモンズ地点 SK204 ④1868年	
3-263	梅鉢紋軒丸瓦	①瓦 ②情報学環・福武ホール地点 SK10 ④19世紀 ⑤-×15.3×-	口絵10
3-264	三葉葵紋軒丸瓦	①瓦 ②情報学環・福武ホール地点 SK10 ④19世紀 ⑤-×14.9×-	
3-265	三葉葵紋軒丸瓦	①瓦 ②情報学環・福武ホール地点 SK10 ④19世紀 ⑤-×15.1×-	口絵10
3-266	丸瓦	①瓦 ②情報学環・福武ホール地点 SK10 ④19世紀 ⑤-×14.3×6	
3-267	丸瓦	①瓦 ②総合研究棟(文・経・教・社研)地点 SK107 ④19世紀 ⑤29.1×14.1×7	資料29
3-268	平瓦	①瓦 ②総合研究棟(文・経・教・社研)地点 SK107 ④19世紀 ⑤28×25.3×2.1	資料29
3-269	青海波瓦	①瓦 ②情報学環・福武ホール地点 SK10 ④19世紀 ⑤14.1×30.3×3.7	資料29
3-270	青海波瓦	①瓦 ②情報学環・福武ホール地点 SK10 ④19世紀 ⑤15.3×-×4	資料29
3-271	三葉葵紋菊丸瓦	①瓦 ②情報学環・福武ホール地点 SK10 ④19世紀 ⑤-×11.3×-	
3-272	熨斗瓦	①瓦 ②情報学環・福武ホール地点 SK10 ④19世紀 ⑤25.3×-×3.3	
3-273	飼楔	①木 ②東京大学埋蔵文化財調査室 ④1857(安政4)年 ⑤-×3.7×0.7 ⑥昭和34～36年赤門修繕時保存部材	口絵11
3-274	実肘木	①木 ②東京大学埋蔵文化財調査室 ④1857(安政4)年 ⑤68×15.3×2.5 ⑥昭和34～36年赤門修繕時保存部材	口絵11
3-275	番所腰長押飾金具	①金属 ②東京大学埋蔵文化財調査室 ④19世紀 ⑤53.3×15.8×0.2 ⑥昭和34～36年赤門修繕時保存部材	
3-276	番所腰長押飾金具留鉄鋲	①金属 ②東京大学埋蔵文化財調査室 ④19世紀 ⑤2.3×1.2×- ⑥昭和34～36年赤門修繕時保存部材	
3-277	鎹	①金属 ②総合研究棟(文・経・教・社研)地点 SK107 ④19世紀 ⑤3.4×13.9×0.8	
3-278	鉄釘	①金属 ②総合研究棟(文・経・教・社研)地点 SK107 ④19世紀 ⑤11.2×1.2×0.4	

品番	品名	摘要 (①種別 ②所蔵先 遺跡名 遺構名 ③産地 ④年代 ⑤法量* ⑥備考)	図録掲載番号
3-279	鉄釘	①金属 ②総合研究棟(文・経・教・社研)地点 SK107 ④19世紀 ⑤10.9×1.4×0.4	
3-280	鉄釘	①金属 ②情報学環・福武ホール地点 SK10 ④19世紀 ⑤6.3×0.7×0.3	
3-281	鉄釘	①金属 ②情報学環・福武ホール地点 SK10 ④19世紀 ⑤6.5×1×0.4	
3-282	鉄釘	①金属 ②情報学環・福武ホール地点 SK10 ④19世紀 ⑤6.1×0.9×0.4	
3-283	鉄釘	①金属 ②情報学環・福武ホール地点 SK10 ④19世紀 ⑤6.4×0.9×0.4	
3-284	鉄釘	①金属 ②情報学環・福武ホール地点 SK10 ④19世紀 ⑤5.9×0.9×0.4	
3-285	鉄釘	①金属 ②情報学環・福武ホール地点 SK10 ④19世紀 ⑤5.1×0.7×0.3	
3-286	鉄釘	①金属 ②情報学環・福武ホール地点 SK10 ④19世紀 ⑤5.5×0.8×0.4	
3-287	鉄釘	①金属 ②情報学環・福武ホール地点 SK10 ④19世紀 ⑤5.1×0.6×0.3	
3-288	鉄釘	①金属 ②情報学環・福武ホール地点 SK10 ④19世紀 ⑤5.6×0.8×0.3	
3-289	鉄釘	①金属 ②情報学環・福武ホール地点 SK10 ④19世紀 ⑤5.3×0.8×0.4	
3-290	海鼠瓦	①瓦 ②総合研究棟(文・経・教・社研)地点 SK107 ④19世紀 ⑤-×-×2.5	
3-291	海鼠瓦	①瓦 ②総合研究棟(文・経・教・社研)地点 SK107 ④19世紀 ⑤-×-×2.2	資料29
3-292	桟瓦	①瓦 ②総合研究棟(文・経・教・社研)地点 SK107 ④19世紀 ⑤42.6×28.6×2.1	
3-293	軒桟瓦	①瓦 ②情報学環・福武ホール地点 SK10 ③江戸在地 ④19世紀 ⑤-×28×1.9	
3-294	軒桟瓦	①瓦 ②情報学環・福武ホール地点 SK10 ③江戸在地 ④19世紀 ⑤-×-×1.8	

第4部　東京大学の赤門へ

4-1	「學」紋鬼瓦	①瓦 ②伊藤国際学術研究センター地点 SX1342 ③京都？ ④1900年代 ⑤7×-×18.5 ⑥昭和34～36年修繕時廃棄資料	口絵10
4-2	「學」紋軒丸瓦	①瓦 ②伊藤国際学術研究センター地点 SX1342 ③京都？ ④1900年代 ⑤-×-×15 ⑥昭和34～36年修繕時廃棄資料	口絵10
4-3	三葉葵紋菊丸瓦	①瓦 ②伊藤国際学術研究センター地点 SX1342 ④19世紀 ⑤-×-×11.7 ⑥昭和34～36年修繕時廃棄資料	
4-4	鬼瓦	①瓦 ②伊藤国際学術研究センター地点 SX1342 ④19～20世紀 ⑤-×-×[15.0] ⑥昭和34～36年修繕時廃棄資料	資料61
4-5	丸瓦	①瓦 ②伊藤国際学術研究センター地点 SX1342 ④19～20世紀 ⑤27.2×13.4×6 ⑥昭和34～36年修繕時廃棄資料	資料61
4-6	丸瓦	①瓦 ②伊藤国際学術研究センター地点 SX1342 ③京都 ④1900年代 ⑤-×14.3×7 ⑥昭和34～36年修繕時廃棄資料、刻印「右五」「京都西彦」	資料61
4-7	梅鉢紋軒丸瓦	①瓦 ②伊藤国際学術研究センター地点 SX1342 ③奈良？ ④1960年 ⑤-×-×15 ⑥昭和34～36年修繕時新調部材廃棄資料	資料61
4-8	丸瓦	①瓦 ②伊藤国際学術研究センター地点 SX1342 ③奈良？ ④1960年 ⑤29.3×[14.3]×6 ⑥昭和34～36年修繕時新調部材廃棄資料	資料61
4-9	海鼠瓦	①瓦 ②伊藤国際学術研究センター地点 SX1342 ③奈良 ④1960年 ⑤26.5×26.5×2 ⑥昭和34～36年修繕時新調部材廃棄資料、刻印「昭和35年補修」「ナラ瓦又」	
4-10	青海波瓦	①瓦 ②伊藤国際学術研究センター地点 SX1342 ③奈良 ④1960年 ⑤-×-×14.5 ⑥昭和34～36年修繕時新調部材廃棄資料	

品番	品名	摘要 （①種別 ②所蔵先 遺跡名 遺構名 ③産地 ④年代 ⑤法量* ⑥備考）	図録掲載番号
4-11	赤門大扉塗膜	①漆膜 ②東京大学埋蔵文化財調査室 ⑤13×6×0.1 ⑥昭和34～36年赤門修繕時保存部材	
4-12	文部省往復 明治十八年分 二冊ノ内甲号	①文書 ②東京大学文書館 ④1885年 ⑤27.3×19.5×7 ⑥重要文化財、S0001/Mo082	口絵12
4-13	赤門位置替修繕 并仝門々番所共朱漆膳塗	①文書 ②東京大学資産管理部 ④1903年 ⑤25×17.5(35)×-	資料79
4-14	東京帝國大学赤門及同門衛所 其他修繕工事写真帖	①写真 ②東京大学総合研究博物館 ④1925年 ⑤18×50	資料82
4-15	赤門保存修理工事記録写真集	①写真 ②東京大学資産管理部 ④1959～1961年 ⑤31.5×24(42.5)	資料83
4-16	永年勤続表彰記念赤門陶板画	①陶器 ⑤34.2×41.5 ⑥小磯良平(1903-1988)作、鳴海製陶製、 (東京大学人事部管理)	資料91
4-17	海外来賓者記念品版画 「本郷赤門の雪」	①絵画 ④1935年作 ⑤40×53 ⑥笠松紫浪(1898-1991)作、 渡邊木板美術画舗版、(東京大学人事部管理)	資料92
4-18	海外来賓者記念品 「赤門クリスタル」	①ガラス製品 ④2017年 ⑤5×8×5 ⑥生産技術研究所野城研究室 三次元スキャンデータ利用による制作、(東京大学国際部管理)	
4-19	大正十年　日記　赤門	①文書 ②東京大学文書館 ④1921年 ⑤24.5×16.5×3.5 ⑥S0036学生部旧蔵資料、S0036/0179	資料62
4-20	赤門三次元スキャンイメージ	①三次元スキャンデータ ④2017年 ⑥生産技術研究所野城研究室	口絵15

*法量は　たて・口径・奥行×よこ・底径・幅×高さ・器高・厚さ　で表記した. ( )は復元値、[ ] は残存値. 単位は全てセンチメートル.

■実行委員会
西野嘉章（東京大学総合研究博物館館長）
大貫静夫（東京大学大学院人文社会系研究科教授・埋蔵文化財調査室室長）
西秋良宏（東京大学総合研究博物館教授）
洪　恒夫（東京大学総合研究博物館特任教授）
堀内秀樹（東京大学埋蔵文化財調査室准教授）

■展示プラン
西秋良宏、洪　恒夫、鶴見英成、小髙敬寛（東京大学総合研究博物館）
堀内秀樹、成瀬晃司、小松愛子（東京大学埋蔵文化財調査室）

■展示設計
洪　恒夫

■展示グラフィック
関岡裕之（東京大学総合研究博物館）

■展示協力（五十音順、敬称略）
石川県立美術館、石川県立歴史博物館、石川県金沢城調査研究所
金沢市立玉川図書館近世史料館、公益財団法人成巽閣
公益財団法人前田育徳会、東京大学医学図書館、東京大学広報課
東京大学国際部、東京大学資産管理部、東京大学施設部
東京大学総合図書館、東京大学文書館
阿部聡子、阿部常樹、石田寛人、石野友康、猪熊花那子、江田真毅
岡崎道子、岡嶋隆司、小川やよい、加藤より子、金子浩昌、菊池浩幸
木越隆三、北野信彦、木下（深瀬）はるか、ウィリアム・コールドレイク
住田高市、袖吉正樹、高嶋清栄、高野和徳、滝川重徳、谷本宗生
塚本洋司、冨田和気夫、中山周比古、納屋内高史、西田郁乃、西野瞳子
野久保雅嗣、野本禎司、畑山智史、畑尚子、林亮太、細谷恵子
本間泰輔、前田利祐、三國博子、三本和実、宮下和幸、村上尚子
村瀬博春、森下有、森本祥子、野城智也、横山隆昭、吉竹泰雄

■本書執筆者（執筆順）
西野嘉章（東京大学総合研究博物館）
大貫静夫（東京大学大学院人文社会系研究科）
堀内秀樹（東京大学埋蔵文化財調査室）
小川祐司（東京大学埋蔵文化財調査室）
畑　尚子（東京都江戸東京博物館）
ウィリアム・コールドレイク（東京大学大学院情報学環）
小松愛子（東京大学埋蔵文化財調査室）
林　亮太（金沢大学大学院人間社会環境研究科）
菊池浩幸（公益財団法人前田育徳会）
木下（深瀬）はるか（熊本県立図書館　くまもと文学・歴史館）
宮下和幸（金沢市立玉川図書館近世史料館）
石野友康（石川県金沢城調査研究所）
滝川重徳（石川県金沢城調査研究所）
成瀬晃司（東京大学埋蔵文化財調査室）
阿部常樹（國學院大學研究開発推進機構学術資料センター）
畑山智史（埼玉大学大学院文化科学研究科）
平石冬馬（東京大学埋蔵文化財調査室）
細谷恵子（文化資源学会会員）
北野信彦（龍谷大学文学部）
鶴見英成（東京大学総合研究博物館）
森下　有（東京大学生産技術研究所）
西秋良宏（東京大学総合研究博物館）

■特別展示
赤門――溶姫御殿から東京大学へ

会期：二〇一七年三月一八日～五月二八日
会場：東京大学総合研究博物館
主催：東京大学総合研究博物館
　　東京大学埋蔵文化財調査室

書名：赤門――溶姫御殿から東京大学へ
発行日：二〇一七年三月一七日
編者：堀内秀樹・西秋良宏
製作・発行：東京大学総合研究博物館
表紙デザイン：関岡裕之
レイアウト：コスギ・ヤヱ
発売：一般財団法人　東京大学出版会
　一五三-〇〇四一　東京都目黒区駒場四-五-二九
電話〇三-六四〇七-一〇六九
印刷・製本：秋田活版印刷（株）

ISBN978-4-13-020270-1 Printed in Japan